재일디아스포라와 글로컬리즘 3

사회·문화

동국대학교 일본학연구소 연구총서

재일디아스포라와 글로컬리즘 3
사회·문화

동국대학교 일본학연구소 편

보고사
BOGOSA

머리말

연구팀의 아젠다인 '재일디아스포라의 생태학적 문화지형과 글로컬리티'는 재일코리안 관련 자료를 총체적으로 조사·발굴·수집하고 이를 생태학적 관점에서 분석해 체계화된 문화지형을 구축하고, 이를 통해 '탈경계적이면서도 다중심적인' 글로컬리티의 관점에서 재일디아스포라의 삶과 사회적 기반활동을 규명하고자 한 학제 간 연구이다. 재일디아스포라에 관한 통합적인 연구는 오늘날 빠르게 다민족·다문화 사회로 재편되고 있는 한국과 일본 사회에 문화적 소수자와의 공존에 필요한 실천적 이론 모델을 제시했다는 점에서 의의가 있다.

연구총서 『재일디아스포라와 글로컬리즘 3 사회·문화』는 재일디아스포라의 사회문화적 존립양식의 특수성과 다양성을 논의한 글들을 모았다.

제1장 '재일디아스포라 커뮤니티의 형성과 전개'에서는 재일디아스포라 사회가 민족 정체성을 형성·유지하기 위한 커뮤니티의 역할을 고찰하였다. 「전후 재일코리안 청년 학생 운동-민단계 청년 학생운동을 중심으로-」(이진원)는 민단계 청년 학생운동에 주목하여 조직의 결성과 전개, 배경, 성격 등을 검토한 글이다. 「민단의 문화진흥의 흐름과 성격-2000년대 활동을 중심으로-」(정성희)는 '문화 의식화'의 관점에서 2000년대 시기 민단의 재일코리안 사회에 대한 문화진흥 활동을

고찰한 글이다. 「재일한인 디아스포라와 원 코리아 운동」(전진호)은 문화 활동을 통한 재일디아스포라의 통합을 목표로 한 원코리아 페스티벌의 활동상을 논의한 글이다. 「일본의 다문화공생사회와 재일코리안 3세」(이지영)는 일본의 다문화공생정책과 관련하여 다문화의 원류인 재일디아스포라 사회단체가 수행해온 역할을 검토한 글이다.

제2장 '재일디아스포라 소통의 공론장'에서는 다양한 매체를 중심으로 재일디아스포라의 정체성과 사회적 갈등상을 다룬 글을 모았다. 「『계간 잔소리』와 재일코리안 2세의 자기의식 - 잡지 앙케트와 독자투고란을 중심으로 - 」(이한정)는 재일디아스포라 2세들의 잡지 속 '독자투고란'에 주목하여 일상적 목소리를 분석함으로써 재일디아스포라의 정체성을 검토한 글이다. 「NHK 한글강좌의 탄생 - 재일조선인을 둘러싼 연대와 균열 - 」(정충실)은 'NHK의 한글강좌'에 주목하여 주류미디어를 통한 재일디아스포라의 정체성 강화와 함께 한국어에 대한 일본인의 인식과 변화를 논의한 글이다. 「재일사회와 유교문화의 공과(功過) - 가부장적 유교문화에 대한 재일여성의 비판과 극복 담론을 중심으로 - 」(신승모)는 소설 『82년생 김지영』을 둘러싼 일본사회와 재일디아스포라 사회의 관심 요소로 유교문화를 지목하고 분석한 글이다. 「재일조선인의 세대갈등과 국적·귀화·결혼 - 잡지 『계간 마당(季刊まだん)』의 기사를 중심으로 - 」(이영호)는 1970년대 재일디아스포라의 결혼, 귀화, 국적 문제와 관련하여 잡지 『계간 마당』의 기사에 나타난 재일디아스포라 사회의 변화와 세대갈등에 주목한 글이다.

제3장 '재일디아스포라 민중문화의 발신'에서는 재일디아스포라가 아이덴티티를 유지 계승해온 민중문화에 주목한 글들을 모았다. 「재일조선인 민중문화 운동과 민중문예 종합지 『민도』 - 1970~1980년대 민중문

화 운동과 잡지의 실천을 중심으로-」(신재민)는 1970년대~1980년대 재일디아스포라 민중문화 운동을 종합적으로 고찰하고, 1987년에 등장한 민중문예 종합지로서 『민도』의 의의를 논의한 글이다. 「2000년대 일본 사회 저항적 목소리의 '재생'과 문예지 『전야(前夜)』」(이승진)는 재일디아스포라의 저항적 목소리가 문예지를 통하여 재생산되는지에 주목한 글이다. 「재일조선인 잡지 『계간 삼천리』와 코리안 디아스포라」(이한정)는 잡지 『계간 삼천리』의 특집호인 '해외 재주 조선인의 현재'를 통해 해외 코리안디아스포라를 조명하고 재일디아스포라의 민족감정과 민족문화가 어떻게 계승되는지를 분석한 글이다. 「재일코리안 집중거주 지역의 언어경관-이쿠노 코리아타운을 중심으로-」(정성희)는 재일디아스포라가 집중적으로 거주하는 지역의 경관 특징에 주목한 글이다.

제4장 '재일디아스포라의 교류와 연대'는 글로벌한 관점에서 재일디아스포라가 재외 디아스포라사회와 교류하는 문제를 다룬 글을 모았다. 「냉전과 해빙의 시대 재일코리안과 고려인 디아스포라-재일코리안 잡지 『청구(靑丘)』의 기사를 중심으로-」(이영호)는 잡지 『청구』의 기사에서 재외 동포사회의 상호 교류를 검토한 글이다. 「계간지 『한국문예(韓国文藝)』가 한일 문화교류에 미친 영향」(나리카와 아야)은 한일문화교류를 표방하는 잡지인 『한국문예』를 발굴하여 그 역할을 검토한 글이다. 「국제규범을 통해 본 재일코리안의 인권에 관한 시론-일본의 대북제재와 조선학교 무상화운동을 중심으로-」(권연이)는 조선학교 무상화운동에 대한 한일간의 연대활동과 그 의의를 살핀 글이다.

이번 연구총서의 발간은 동국대학교 일본학연구소의 그간의 연구 활동의 결실이자 재일디아스포라의 총체를 이해하기 위한 초석이 될

것이다. 이번 연구총서 발간에 도움을 주신 故이시가미 젠노(石上善応)
교수님, 故이희건 회장님, 김종태 사장님, 왕청일 이사장님께 감사의
말씀을 드린다. 그리고 이번 연구총서 발간에 함께 해주신 모든 선생님
들께 깊은 감사를 드린다.

2023년 겨울
재일디아스포라의 생태학적 문화지형과 글로컬리티
연구팀을 대표하여
김환기 씀

차례

제2장 _ 재일디아스포라 소통의 공론장

제3장 _ 재일디아스포라 민중문화의 발신

제4장 _ 재일디아스포라의 교류와 연대

제1장

재일디아스포라 커뮤니티의 형성과 전개

전후 재일코리안 청년 학생 운동

민단계 청년 학생운동을 중심으로

이진원

1. 머리말

1945년 일본 패전 직후 일본 땅에 살고 있던 한반도 출신자들은 단체를 결성하여 자신들의 이익을 대변하고자 하였다.[1] 재일코리안은 모두의 목소리를 모아 행동을 하기 위한 대중조직을 결성하였고, 청년과 학생들은 자신들의 입장에서 필요한 목소리를 모아 행동할 수 있는 단체를 각 각 조직하였다. 재일코리안들은 일본이 패전을 하면서 매우 신속하게 단체를 조직하여 행동을 취했다. 대중조직[2] 1945년 8월 22일 재일조선인거류연맹을 결성한 것을 비롯하여 공식적인 단체인 재일조선인연맹(조련)은 1945년 10월에 발족을 하였다. 청년 학생 조직으로는 1945년 9월4일 재일조선학생청년동맹이 결성되고 9월 14일에는 학생 조직인 재일조선유학생동맹이, 11월 16일에는 조선건국촉진청년동맹(건청)이 결성되었다. 재일코리안의 조직들이 일본 패전 이후 신속하게

---

[1] 이 중에는 일본 제국주의 시절부터 존재하고 있던 단체를 토대로 한 것도 있었지만 대부분은 새로운 이름의 단체를 결성하여 새로운 출발을 다짐하였다.

[2] 본 논문에서는 모든 재일코리안 조직을 청년 학생 조직과 같이 특정 분야의 구성원을 상대로 하지 않는 조직을 대중조직이라고 부른다.

결성된 배경에는 한반도가 일본의 식민지 지배로부터 해방되어 식민지 시절 직·간접적인 강제로 한반도를 떠나 일본에 거주하게 된 한반도 출신자들을 무사히 귀국을 시키고 생활을 안정시키기 위한 각종 대책이 필요하였기 때문이다. 즉 식민지 시절 일본에서 겪었던 억압과 차별을 극복하기 위해서는 집단적이고 통일적인 행동이 요구되었던 것이다.

그렇지만 재일코리안 조직은 조국인 한반도의 정세와 이를 둘러싼 국제정세에 따라 분열되어 재일코리안으로서 통일적인 목소리와 행동을 취할 수 없게 되었다. 한반도는 국제적인 냉전의 흐름에 격하게 휩쓸려 남과 북으로 갈라지고 나아가 남과 북이 전쟁까지 치르면서 더욱더 심한 이념 대립으로 치달았다. 이에 따라 재일코리안 조직도 남과 북의 정권을 각 각 지지하는 단체로 분열되어 서로를 적대시하게 되있다. 남한을 지지하는 조직 사이에서도 남한 정권의 국정운영을 둘러싸고 갈등과 분열을 거듭하였다. 특히 청년 학생 조직은 남한 정권을 둘러싼 입장의 차이로 모 단체인 거류민단(민단)과 심한 갈등을 겪으면서 분열과 독자적 행동을 하는 모습을 보였다. 민단계 청년 학생조직의 이러한 발자취는 냉전으로 인한 분열과 냉전 하의 시대적 상황을 극단적으로 반영하는 것이라고 할 수 있다.

이 글에서는 냉전시대의 재일코리안 운동을 첨예하게 반영하고 있는 민단계 재일코리안 청년학생운동에 대해 분석을 하고자 한다. 이를 위해 먼저 1945년 이후 재일코리안 조직의 대중조직, 청년 학생 운동 조직의 흐름과 그 배경에 대해 살펴보고 민단계 재일코리안 청년 학생 조직의 성격에 대해 살펴볼 것이다.

여기서는 재일코리안 청년 학생운동의 조직별 특징을 분석함으로써 그 성격을 규명하고자 한다. 특히 재일코리안 청년 학생운동 전체의 흐름을 정리하고 그 조직별 특징을 대조하여 보는 데 초점을 맞추어 기술을 하고자 한다. 이 글은 관련 연표, 재일코리안 사전의 기본적인 자료와 더불어 오사카 지역에서 재일코리안 청년 학생 운동에 관계하였던 복수의 경험자들의 증언을 토대로 작성한 것이다.[3]

2. 재일코리안 단체의 흐름

1) 대중 조직

일본의 패전 이후 재일코리안 대중 조직으로 본격적으로 조직된 것은 재일조선인연맹(조련; 이하 조련)이다. 1945년 10월 16일에 발족한 조련은 '우리들은 새로운 조선 건설에 헌신적으로 노력한다.' '우리들은 세계 평화의 항구적 유지를 도모한다.' '우리들은 재류동포의 생활 안전을 도모한다.' '우리들은 귀국동포의 편의와 질서를 도모한다.' '우리들은 목적 달성을 위해 대동단결한다.'를[4] 강령으로 내세워 당시 세계적인 문제, 조국의 문제 시야에 넣어 가면서 일본에서 재일코리안들이 살아가는 데 필요한 활동을 하고자 하였다. 그렇지만 조련을 둘러싸고 구성원 사이의 갈등과 외부로부터의 압력 등은 원만한 조련의 운영을 방해하였다. 재일조선인 공산주의자와 민족주의자, '친일파'까지 참가한 조련은 일본공산당 중앙위원회가 자신들의 지도하에 조련을 두고자 하기 위해 압력을 행사하였기 때문에 원활한 운영에 어려움을

---

3) 재일코리안 청년 학생운동을 경험하고 현재 관계하고 있는 증언자들의 이름은 개인 정보 보호와 본인들의 요구에 따라 익명으로 처리하고자 한다. 증언자A는 30대 남성, 증언자B는 50대 남성, 증언자C는 70대 남성, 증언자D는 50대 남성이다.

4) 姜徹 編著, 『在日朝鮮韓国人史綜合年表』, 雄山閣, 2002.

겪었다. 특히 1946년 2월에 개최된 임시대회에서는 공산당과 공산주의자 운동과 깊은 관련이 있는 실세가 우파와 친일파로 낙인이 찍힌 구성원들을 배제하는 사건이 발생하였다. 조련 내 세력들은 한반도에서 전개되고 있던 '신탁통치'를 둘러싼 정세에 영향을 받아 '친탁'과 '반탁' 등을 둘러싸고 갈등을 일으켰고 결국 조련에서 배제당한 사람들은 조련에서 이탈하여 조직을 결성하여 조련과 대립하였다.

이후 조련은 일본공산당과 좌파 계열의 단체와 함께 활동을 하면서 북한을 지지하고 조선 노동당과 깊은 관련을 갖게 되었다. 이에 대해 세계적인 냉전의 분위기는 조련의 활동을 좌시하지 않았다. 동아시아에서의 공산주의 확산을 우려한 일본 정부와 미점령당국 GHQ는 1949년 9월 조련을 '폭력주의적 단체'라고 하여 해산 명령을 내렸고 조련은 해산되었다.[5] 조련의 계보를 이은 단체가 탄생한 것은 1955년 5월이다. 재일본조선인총연합회(총련; 이하 총련)은 재일동포의 '북한(조선민주주의 인민공화국) 정부의 주위'로 결집한다는 것을 강령으로 조직되어 활동을 하게 되었다.[6]

한편 조련의 좌경화에 반대하고 비판을 한 이유로 조련에서 배제된 인사들은 1945년 11월 '조선건국촉진청년동맹(건청; 이하 건청)'을 결성하고 1946년 1월에는 '신조선건설동맹(건동; 이하 건동)'을 결성하였다. 그리고 1946년 10월에 건청본부를 본부로 하고 건동을 해산하면서 '재일본조선거류민단'을 결성하였다. 그 후 1948년 대한민국 정부가 수립되면서 '재일본조선거류민단'은 대한민국이 공인하는 재일코리안단체

---

5) 청암대학교 재일코리안 연구소, 『재일코리안 사전』, 선인, 2010 참조.
6) 총련은 이후 내부의 권력 다툼이 일어나지만 북한 정권과의 밀접한 관계를 가지면서 70년대 절정기를 맞이하지만 1990년대 이후 조직이 쇠퇴하게 된다. 이 글에서는 총련은 분석의 대상에서 제외한다.

로 인정을 받으면서 명칭도 '재일본대한민국거류민단'(민단; 이하 민단)
으로 변경하였다. 민단은 '우리들은 대한민국의 국시를 준수한다.' '우
리들은 재일동포의 권익 옹호를 도모한다.' '우리들은 재일동포의 민생
안정을 도모한다.' '우리들은 재일동포의 문화 향상을 도모한다.' '우리
들은 세계 평화와 국제 친선을 도모한다.'[7]를 강령으로 하였다. 대한민
국 정부를 조국으로 한다는 것을 명확하게 하였고 재일코리안의 생활
안정과 권익 옹호를 위한 단체라는 것을 명시하였다. 이로써 냉전에
의한 남북의 분단과 남북 분단에 따라 재일코리안 사회의 대중조직은
두 갈래로 갈라지게 되었다.

　민단이 내부적으로 심한 갈등을 겪게 되는 것은 1960년 4.19학생
혁명과 1961년 박정희에 의한 5.16군사쿠데타가 계기가 되었다. 4.19
혁명으로 이승만 정권이 무너지게 되자 민단은 1960년 5월 민단 제3선
언에서 본국과의 관계에 대해 "앞으로 해외 동포에 대한 시책, 대일
정책에 대한 시시비비의 태도를 견지하고, 국내 정책에서 국헌에 반하
는 정책에 대해서는 거부하는 태도를 명확하게 한다."라고[8] 하였다.
그러나 박정희 군사쿠데타 이후 상황이 변하여 박정희 정권은 민단을
어용화하기 위해 주일대표부를 통하여 간섭을 강화하였다고 한다.[9]
이에 반발한 민단 내부의 일부가 1961년 민단 정상화유지간담회(유지
간; 이후 유지간)을 조직하고 민단의 자주화, 민주화, 한일조약반대투쟁
을 벌이게 된다.[10] 임무택은 그의 저서에서 당시 민단의 상황에 대해

---

7) 청암대학교 재일코리안 연구소, 『재일코리안 사전』, 선인, 2010 참조.

8) 鄭哲, 『民團-在日韓国人の民族運動』, 洋洋社, 1967年(尹健次, 「日韓条約の締結と総
　連·民団の対立、そして在日二世の葛藤」, 『人文学研究所報』53, 神奈川大学 人文学研
　究所, 2015.3. pp.2~3.) 재인용.

9) 尹健次, 위의 책. pp.2~3.

"민단은 61년 쿠데타에 의해 탄생한 박정권에 지나칠 정도로 충성을 하여 재일에게는 당연하면서도 절실한 법적지위 권리 주장에 대해 압력과 강권으로 억압하고……"라고 하면서 그 후 청년단체인 재일한국청년동맹(한청; 이하 한청)[11]과 유지간이 민단의 민주화를 본국의 반독재 민주화와 연결하면서 투쟁하게 되었다고 한다.[12]

　민단의 내부 갈등은 한국과 일본의 국교 정상화 과정에서 더욱 첨예하게 표출되었다. 민단의 산하 조직인 한청과 재일한국학생동맹(한학동; 이하 한학동)은 한일기본조약에 재일코리안의 안정된 법적지위를 확실하게 보장할 것을 요구하는 운동을 펼쳤다. 이에 대해 민단 중앙은 남한 정부의 한일회담 추진을 무조건적으로 지지하며 재일코리안의 법적지위 문제에 대해서는 소극적이고 비주체적 태도로 일관하고, 청년 학생 단체는 이를 강력하게 비판하였다. 민단 중앙은 한청과 한학동에 대해 경고, 직할 처분을 내리는 조치를 취하고, 한청과 한학동은 유지간과 함께 민단 정상화 민주화 운동을 펼쳤다.

　민단 내 갈등은 본국 정부를 지지하는 그룹과 이를 비판하는 그룹으로 분열되면서 더욱 심화되었다. 본국 정부는 민단을 본국 정부를 지지하는 단체로 만들려고 하였고 이에 반발하는 그룹은 민단의 민주화 자주화를 주장하였다. 1971년의 녹음테이프사건은 이 갈등을 보여주는 대표적인 사례이다. 1971년 민단 중앙대회에 참석한 주일한국대사관의 공사는 대사관 측이 지지하는 후보를 민단의 단장으로 당선시키기 위해 유지간 측이 지지하는 상대후보의 운동원이 조총련 간부와 만나

---

10) 尹健次, 위의 책.
11) 한청은 재일한국청년동맹의 약자로 한청동과 동일하게 사용되고 있다.(증언자 A, B, C)
12) 林茂澤, 『在日韓國靑年同盟の歷史』, 新幹社, 2011, p.121.

국가를 전복하려는 대화를 나누었고 이를 녹음한 테이프가 있다고 발언하였다. 이 녹음테이프의 존재 여부를 둘러싸고 민단 내에서는 적지 않은 갈등이 있었고 결국은 날조된 것으로 판명이 되었지만[13] 이 사건을 통해 대한민국 정부에서 민단을 조정하려는 시도가 있었다는 것을 알 수 있다.[14]

유지간은 한청, 한학동 그리고 민단 도쿄도 본부와 함께 '민단 자주수호위원회'를 결성하여 민단중앙본부의 불신임과 주일공관의 개입을 비판하였다. 그러자 민단 중앙은 도쿄도본부도 직할처분을 하고 유지간의 간부를 제명처분하고 도쿄도본부단장도 직권정지 처분을 내렸다. 유지간 등은 1972년에 민단에 대해 '민단에 관헌을 개입시키지 말 것' '모든 처분을 철회할 것' '사태수습을 위해 중앙위원회 및 중앙임시대회를 조속히 개최할 것'을[15] 요구하였지만 받아들여지지 않았고 민단은 혼란이 더욱 심해졌고 다른 한편으로는 그 영향력은 약화되었다.

유지간 등이 민단 중앙에 대해 확실하게 등을 돌리게 된 것은 박정희 정권에 의한 1972년의 10월유신이다. 민단 중앙은 '10월유신'에 맞춰 스스로를 '유신민단'이라고 부르며 본국의 정권에 대한 지지를 표명하고 충성을 맹세했다고 한다.[16] 대한민국의 유신정권에 의한 민주세력 탄압은 재일코리안 사회에도 적지 않은 영향을 미쳤다. 1972년 7월 4일 남북공동성명을 계기로 '민단자주수호위원회' 등은 공동성명을 지지함과 동시에 '민족통일협의회(민통협; 이하 민통협)'를 구성하고 1973년 '한

13) 청암대학교 재일코리안 연구소, 『재일코리안 사전』, 참조.
14) 이에 대해 증언자 C는 녹음테이프에 대한 발언을 한 공사가 대한민국 중앙정보부의 간부였다고 하면서 이를 '정보권력'이라고 불렀다고 한다.
15) 尹健次, 「日韓条約の締結と総連・民団の対立、そして在日二世の葛藤」, p.21.
16) 청암대학교 재일코리안 연구소, 『재일코리안 사전』, 참조.

국민주회복통일촉진국민대회(한민통; 이하 한민통)'로 발전하였다. 한민통의 활동은 시대적 상황을 반영하여 재일코리안의 생활 등에 관한 문제 보다는 한국 정치의 민주화 운동에 중점을 두고 활동을 전개하였으며 1989년 '재일한국민주통일연합(한통련; 이하 한통련)'으로 개편된 후 1978년 대한민국 대법원은 한통련을 반국가단체로 규정하였다.

한국민족자주통일동맹(한민자통; 이하 한민자통)도 초기에는 민단을 비판하면서 탄생한 단체이다. 1965년 자주적 평화통일을 내세우며 결성한 한민자통은 당시의 한일회담 자체에 반대하는 입장을 취하면서 과격한 주장을 하여 민단이 적성단체로 규정하였다. 이러한 한민자통의 과격한 주장에 대해 임무택은 이러한 과격한 주장은 자기만족적인 주장이고 한청과 한학동의 활동에 적지 않은 지장을 초래하였다고 평가하고 있다. 디불어 한민자통과 그 산하 청년조직인 한국민족자주통일청년동맹(한민자청; 이하 한민자청)은 한청의 운동을 '권익옹호지상주의'라고 비판하였다. 그리고 한민자통은 과격한 슬로건과 관념적 통일론을 주장하고 있다고 평가하고 있다.[17]

그렇지만 한민자통은 1960년대 말부터 북한 정권을 비판하며 대한민국의 박정희 정권을 용인하는 방향으로 전환하였고 민단은 이러한 한민자통의 행동을 긍정적으로 평가하여 적성단체 규정을 해제하였다. 그 후 한민자통과 한민자청의 구성원들은 재일한국청년회, 학생회를 주도하고 민단 중앙에 영향력을 확보하게 된다.[18] 이러한 한민자통

17) 林茂澤, 『在日韓國靑年同盟の歷史』, pp.135~136.
18) 청암대학교 재일코리안 연구소, 『재일코리안 사전』, 참조.

〈그림1〉 재일코리안 대중조직의 흐름[19]

년도	주요 사건	[총련계]		[민단계]
1945년	해방		재일조선인연맹(조련)	
1946년		재일조선인연맹 (조련)		신조선건설동맹
1946년				재일본조선거류민단
1948년	남북한 단독정권			재일본대한민국거류민단
년도	주요 사건	[총련계]		[민단계]
1949년		조련 해산		
1950년	한국전쟁			
1951년		재일조선통일 민주전선(민전)		
1955년		재일본조선인 총연합회(총련)		
1960년	4.19학생혁명			
1961년	박정희쿠데타			
1962년	한국군베트남파병			
1965년	한일국교 정상화		한국민족자주통일동맹 (한민자통:민단의성단체규정)	
1972년	남북공동성명 10월유신		민족통일협의회 (민통협)	한국민족자주통일동맹 (한민자통:북한정권 비판 등으로 민단적성단체규정 해제)
1973년			한국민주회복통일 촉진국민대회 (한민통:1978년 한국으로부터 반국가단체지정)	
1974년			민족차별과 투쟁하는 연락협의회 (민투련)	
1977년			민주민족통일해외한국인연합 (한민련)	
1989년			재일한국민주통일연합 (한통련:한민통의 개편) (1990년 한국으로부터 반국기단체지정	
1994년				재일본대한민국민단 (거류민단의 거류 삭제 개칭)

19) 본 표를 비롯한 재일코리안 흐름도는 필자가 각종 자료를 토대로 작성하였음.

과 한민자청의 변화에 대해 한청 기관지『한국청년신문』(1972년 5월 5일
호)는 "한국영사관 측은 ***공사 직계 ***정보영사의 진두지휘 하에
적성단체가 된 소위 한민자청을 이용하여 반민족 반 민단적 관제대회
를 날조하여 한청동, 한학동에 압력을 가했다. 이에 응답하듯이 한민자
통의 멤버들은 탄압을 좀 더 용이하게 하기 위해 극좌적 언사와 과격한
언동으로 한청과 학동을 민단 밖으로 밀어내어 자신들의 세력을 확대
하고 민단에 대항하는 조직을 만들기 위해 적성단체 규정을 고맙게
받아들이고 민단 외에서 자유로운 활동을 하는 정치 비밀결사 운운이
라고 하면서 유망 청년들을 꾀어 민단사회로부터 나가려고 하였다."고
하여 한민자통과 한민자청의 활동에 대해 의혹과 비판을 가하였다.[20]

   이상에서 본 바와 같이 재일코리안 대중 조직의 흐름은 냉전이라는
시대적 상황을 바탕으로 한반도의 정세와 밀접한 관계를 갖고 전개되
었다. 민단계의 경우 한반도의 정치에 좌우 되면서 재일코리안 사회에
적지 않은 영향을 미쳤다고 할 수 있다. (〈그림1〉 참조)

 2) 청년 학생 조직

   재일코리안 청년 학생 조직은 대중조직에 비해 한반도 정세에 좀
더 민감하게 반응하고 있다. 한반도 분단의 결과 재일코리안의 대중조
직이 분열됨에 따라 청년학생 조직도 분열되었고, 분열 초기에는 물리
적으로 충돌하는 사건도 발생하였다. 이후에 민단계 청년 학생 조직은
대한민국의 정국의 변화와 밀접한 관계를 가지면서 갈등과 분열을 거

---

20) 한민자통을 설립한 이영근에 대해 증언자 C는 이영근이 일본에 입국한 배경과 본인이
    주장하는 경력 등이 검증이 되지 않은 부분이 많다고 하였다.

듭하게 되었다. 재일코리안 청년 학생 조직이야말로 냉전이라는 국제 정세와 대한민국의 정국 변화에 민감하게 반응하였다고 할 수 있다.

재일코리안 청년단체로 조선건국촉진청년동맹(건청)이 1945년 11월 결성되었다. 건청은 결성 당시 좌파가 주도하고 있던 조련과 다르게 조련에 반감을 가진 구성원들이 주요 세력을 이루고 있었다. 1946년 이후에는 한반도의 정국을 흔들었던 신탁통치를 둘러싼 논쟁에서 신탁통치 반대를 주장하였지만 남과 북이 통일된 정부를 세우지 못하고 남한의 이승만이 단독정부를 수립하자 이에 대한 의견을 둘러싸고 이승만 단독선거를 지지하는 파와 남북협상과 통일을 주장하는 파로 나뉘게 되었다. 1948년 7월 임시대회에서는 단독선거 반대 협상 노선 지지가 결의되지만 1948년 10월과 1949년 6월에는 이승만 정권을 지지하는 세력이 우위를 차지하게 되었다. 이 사건을 계기로 건청은 분열되어 남북협상과 통일을 지지하는 파는 조련 민청 등을 지지하여 후에는 총련 산하단체가 되었고 남한 단독정권을 지지하는 파는 본국 정부의 요청으로 1950년 8월에 재일본대한청년단으로 재설립되었다.[21]

한편 일본 패전 이후 일본의 대학에 재학하고 있던 유학생들은 1945년 9월 재일조선학생동맹(조학동; 이하 조학동)을 결성하였다. 이들은 강령에서 '우리 학생은 그 본분을 견지하고 진리 연구에 매진한다.' '우리 학생은 그 본분을 지각하고 조선문학 건설에 노력한다.' '우리 학생은 그 본분을 발휘하고 세계 문과 발전에 공헌한다.'라고[22] 밝힌 것처럼 학생으로써의 본분에 충실한 비정치적 입장을 견지하였다. 그러나 1948년 이후

21) 청암대학교 재일코리안 연구소, 『재일코리안 사전』, 참조.

22) MINDAN 学生会, http://www.mindan.org/www/ksaj/front/info5.php (검색일: 2018. 9.1)

조학동도 한반도의 정세에서 자유롭지 못했다. 조학동 내의 좌우 대립으로 1949년 5월의 메이지대학 강당에서 개최된 조학동 정기총회에서 난투극이 발생하였다.(5.8학생사건) 우익계 학생들은 1950년 한학동을 결성하였다. 학생조직의 좌우대립은 그 이후에도 지속되어 1950년 5월 21일에는 호세이(法政)대학에서 개최된 조학동 총회에 우익계 학생들이 참여하여 총회개최의 부당성을 지적하고 난투극이 일어나 결국 사상자까지 발생하는 소위 '법대사건'이 발생하였다. 1952년 메이지(明治)대학에서 개최된 조학동 총회에는 재일 한국학생이 참석하여 조학동 활동의 부당성과 한국전쟁의 장본인을 규탄하자 이들을 반동분자로 인민재판을 하는 소위 '명대(明大)사건'도 발생하였다.[23]

이상과 같이 냉전의 한가운데 서 있던 한반도 정세에 직접적으로 영향을 받고 있던 재일코리안 청년 학생 조직은 이번에는 대한민국의 정국에 영향을 받기 시작했다. 1960년 대한민국에서는 이승만 정권의 독재를 타도하는 4.19학생혁명이 성공을 거두게 되었다. 정아영은 4.19 학생 혁명이 재일 청년에 끼친 영향이 매우 크다고 하면서 "재일 2세 학생 청년들에게 …… 한국을 재발견하게 한 것과 동시에 일본에서의 소외감에 가득 찬 일상을 벗어나는 새로운 민족관과 재일 사회에서 살아가는 근거를 보여준 계기로 받아들였다."라고 하면서 1966년 와세다대학 한문연 잡지 『고려(高麗)』 제6호에서는 "4.19학생 혁명은 …… 우리 일본에 사는 한국 학생이 본국 국민과 함께 민족적으로 해방된 자주 독립의 모국을 바라는 민주 민족 혁명의 일익을 담당하는 것을 목표로 하게 되었다."는 내용을 강조하고 있다.[24] 재일코리안 청년 학

---

23) MINDAN 學生会, 위의 글.
24) 鄭雅英, 「在日韓國人學生の1960年代 – 早大韓文硏『高麗』を読みながら」, 『戰争と平和』

생들은 일본에 거주하는 사람으로서뿐만 아니라 대한민국 국민으로서
정당하지 못한 것에 대해 당당하게 자신들의 목소리를 낼 수 있는 자신
감을 갖게 되었던 것이다. 4.19학생혁명을 계기로 한청은 이름을 재일
한국청년동맹(한청; 이하 한청)[25]으로 개칭하였다. 기존의 재일본대한청
년단은 군사적 이미지가 강했다고 판단한 결과이다.

1961년 박정희에 의한 군사쿠데타에 대해 재일코리안 청년 학생들은
자신들의 목소리를 내기 시작하였다. 대한민국에서 군사쿠데타가 발생
하자 전술한 바와 같이 민단은 1년 전의 선언을 뒤집고 군사정권을
지지하는 성명을 발표하자 한청은 민정이양을 요구하고, 한학동은
'5.16 쿠데타 반대 성명'을 발표하여 군정을 비판하면서 "재갈이 물려진
조국 학생들의 입을 대변하고, 부러진 조국 학생들의 다리를 대신하여
우리들은 일어서야 한다."라고 하면서 구국운동의 선두에 설 것을 천명
하였다.[26] 이에 대해 민단은 한청과 한학동의 위원장과 집행부의 직권
정지처분 내려 한청과 한학동의 활동을 약화시켰다. 결국 1972년 민단
집행부는 한청과 한학동을 산하단체에서 취소하는 결정을 내리고[27]
한청과 한학동은 민단과 다른 길을 걷게 되었다. 이후 한청은 한민통
결성에 참여하고 한민통이 한통련으로 개편되면서 그 산하단체가 되어
활동을 하고 있다.[28]

---

25) 기존의 한청과 구별하여 한청동이라 칭하는 경우도 있으나 본고에서는 한청으로 한다.

26) 鄭雅英, 「在日韓國人學生の1960年代 - 早大韓文研『高麗』を読みながら」, p.105.

27) 한학동의 산하단체 취소에 대해 민단은 학생회의 역사에 "1972 …… 한학동내 불순세
력과 동조하여 반정부 운동을 적극적으로 전개하였기 때문에 7월 7일 제29회 정기
중앙대회에서 한학동을 산하단체에서 취소하였다."라고 설명하고 있다.(MINDAN 學
生會, 위의 글)

28) 한학동은 현재 거의 활동을 하지 않는 상태가 되었다. 이에 대해 증언자C는 민족의식이

산하에 청년 학생 조직의 필요성을 느낀 민단은 1977년 재일본대한민
국청년회(청년회; 이하 청년회) 중앙본부를 결성하고 1981년에는 재일본
대한민국학생회(학생회; 이하 학생회) 중앙본부를 결성하였다. 청년회와
학생회의 구성에는 전술한 바와 같이 민단을 비판하는 입장에 있다가
민단이 적성단체 규정을 해제하면서 민단 조직에 흡수된 한민자통 산하
의 한민자청 구성원들이 역할을 한 것으로 일러지고 있다.[29] 청년회와
학생회는 재일코리안 청년학생 운동의 주도권을 둘러싸고 한청 등과
갈등을 겪었다. 1977년 8월 한민통이 주최한 회의에 청년회 회원이 한
청과 충돌하여 청년회 회원이 체포되는 사건이 발생하기도 하였다.[30]

한편 재일코리안 사회의 청년 학생 조직으로 민단산하의 청년회,
학생회와 민단과 결별한 한청, 한학동의 구 계열이 존재하던 상황에서
새로운 재일코리안 청년조직이 탄생하였다. 1991년 2월 재일한국청년
연합(한청련; 이하 한청련)이 결성되었다. 한청련은 자신들의 역사에 대
해 '민주적인 조직의 풍토와 1990년대의 시대 정세에 유연하게 대응하
기 위해 한청에서 이탈하여[31] 청년대중 조직'을 결성하였다고 설명하고
있다.[32] 한청련은 당시 세계정세와 재일코리안을 둘러싼 환경은 「냉

희박한 세대로 교체, 활동 공간이 대학으로 제한되어 인원이 제한적이고 학생운동
자체가 매우 약해진 것 등을 이유로 들고 있다.

29) 증언자A, 증언자B, 증언자C, 증언자D가 같은 내용을 증언하고 있다.

30) 이에 대해 청년회는 홈페이지에 "본국의 실상을 직시하려고 하지 않는 일본 매스컴의
보도 자세와 상대적인 시점을 갖지 못하고 비판을 위한 비판을 되풀이하는 구한청(한청
동)에의 분노가 분출한 것"이라고 설명하고 있다.
(재일본대한민국청년회 http://www.seinenkai.org/history/ 검색일: 2018.09.10)

31) 증언자D는 당시 한청의 경우 대한민국이 제도적으로는 민주화가 이루어지고 있음에도
불구하고 반민주 투쟁에 초점을 맞추는 등 경직된 운동 방식을 취하고 있었다고 지적하
고 있다.

32) 在日コリアン青年連合, 『在日韓国青年連合/在日コリアン青年連合(KEY)結成20周年記
念誌』, イニュニック, 2011.

전」「분단」「독재」라는 기본틀이 변화하고 있다고 인식하여 새로운
방향으로 '냉전 이데올로기를 매개로 한 재일동포사회와 본국 정권의
경직적 수직적인 관계 완화' '조국과 관계를 맺으면서 본국 정부에 대해
자율성을 갖는 재일동포사회의 건설' '재일동포 스스로의 주체적 역량
에 의한 재일동포 권리문제의 해결'을 제시하고 있다.[33] 특히 한청련은
재일코리안 사회의 변화에 대해서는 "세대교체의 진행, 국제결혼의 증
가 귀화요건의 완화 등에 의해 국적으로 보면 재일동포사회는 확실히
축소되는 추세…「국적」, 「아이덴티티」를 국적뿐만 아니라 출신지와
아이덴티티에 두어야 한다는 (시대적) 요구…한일 신시대를 맞이하여
〈가교〉로서의 역할 다민족문화공생사회의 실현의 주역."이라고[34] 판
단하고 있다. 즉 재일코리안 청년층의 세대교체에 따라 재일코리안을
다민족, 다문화의 관점에서 바라보고자 하였다.[35] 한청련이 제시한 재
일코리안 청년상은 '재일에 뿌리를 두고, 조국에 참가하며, 세계와 연
결하다.'로[36] 설정하고 한통련 산하인 한청과도 거리를 두었으며 민단
산하인 청년회 학생회와도 별도인 시민의 시대에 부응하는 '재일코리
안의 NGO'의 입장을 취하였다. 한청련은 다양화하는 재일코리안 사회
에 부응하고자 하였고 2003년 명칭을 재일코리안청년연합(KEY: 이하
KEY)으로 변경하였다.

---

33) 在日韓国青年連合, 『在日韓国青年連合 結成10周年記念 韓青連 10年の歩みと21世紀へ
の飛躍』, ユニワ―ルド印刷センタ―, 2001.
34) 在日韓国青年連合, 위의 책.
35) 한청, 민단 등을 경험한 증언자C는 재일한국청년연합의 운동 방향이 앞으로 재일코리
안 조직이 취해야 할 방향으로 평가하고 있다.
36) 在日韓国青年連合, 『在日韓国青年連合 結成10周年記念 韓青連 10年の歩みと21世紀へ
の飛躍』.

〈그림2〉 재일코리안 청년조직의 흐름

년도	주요사건	[총련계]	[민단계]
1945년	해방		조선건국촉진청년동맹(건청)
1946년			
1947년		재일본조선민주청년동맹 (민청)	
1948년	남북한 단독정권	건청 분열	
		조선건국촉진청년동맹 (건청; 통일파)	
1950년	한국전쟁		재일본대한청년단(한청)
1953년		재일조선민주애국청년동맹 (민애청)	
1955년		재일본조선청년동맹 (조청)	
1960년	4.19학생 혁명		재일한국청년동맹 (한청, 한청동)
1961년	박정희 쿠데타		
1962년	한국군 베트남파병		재일한국청년동맹 (의장 권리정지)
1965년	한일국교 정상화		
1966년		한국민족자주통일 청년동맹 (한민자청; 민단이 모단체인 한민자통과 동일처분)	
1972년	남북한 공동성명 10월유신	재일한국청년동맹 (한학동과 더불어 민단 산하단체 인정취소)	한국민족자주통일청년동맹 (한민자청; 민단이 모단체인 한민자통과 동일처분)
1977년			재일본대한민국청년회 (청년회)
1991년		재일한국청년연합	
2003년		재일코리안청년연합 (KEY)	

<그림3> 재일코리안 학생조직의 흐름

년도	주요사건	[총련계]	[민단계]
1945년	해방	재일조선학생동맹	
1948년	남북한 단독정권		
1949년		재일조선학생 동맹 분열	
1950년	한국전쟁	재일조선학생동맹	재일한국학생동맹(한학동)
1955년		재일본조선유학생동맹 (유학동)	
1960년	4.19 학생혁명		
1961년	박정희 쿠데타		
1962년	한국군 베트남파병		
1965년	한일국교 정상화		
1972년	남북 공동성명 10월유신	재일한국학생동맹 (한학동: 한민자통계 존재 이유로 민단 산하단체 취소)	
1981년			재일본대한민국학생회(학생회)

　이로써 민단계 청년 학생조직은 민단과 거리를 둔 한청, 민단 산하 청년회, 학생회 그리고 중립적 입장인 KEY로 나뉘어 졌다.(그림2, 그림3 참조) 다음에는 민단계 청년 학생 조직을 민단과 거리를 둔 조직과 민단 산하 조직, 중립적 입장의 조직으로 구분하여 운동의 내용과 특징을 정리 분석하고자 한다.

3. 재일코리안 청년 학생 운동의 내용 및 특징

1) 민단계 재일코리안 청년 운동의 내용

본격적인 민단계 청년 학생 조직이라고 할 수 있는 한청[37]은 그 강령에서 '우리들은 재일한국청년의 총력을 결집하고 조국의 완전한 통일 독립을 위해 헌신한다.' '우리들은 모든 비민주주의적 세력을 반대하고 민주주의의 올바른 발전과 실천을 위해 노력한다.' '우리들은 심신을 단련하고 교양을 닦아 우방 국가의 청년들과 제휴하면 진정한 세계 평화 건설에 기여한다.' '우리들은 재일한국청년의 민족의식을 높이고 재일거류민의 권익 옹호를 위해 전력을 다한다.'라고 하면서 한반도 통일, 민주주의 발전, 세계평화, 재일코리안 권익옹호를 조직의 목적으로 하였다. 보다 구체적으로는 '조국의 자주적 평화통일의 실현' '민중이 주인공인 사회의 건설' '폭력에 의한 지배구조를 없애고 평화로운 세계의 창조' '재일동포가 당당하게 살아가기 위한 권리획득'을[38] 제시하였다. 한청은 이러한 운동 방향에 따라 재일코리안의 권익옹호 운동으로 일본 정부의 외국인학교법안 제정이 민족교육을 말살하는 정책이라며 반대하고 이를 암묵적으로 지지하는 민단과 대한민국 정부를 비판하였다. 또한 재일코리안의 정치 활동을 봉쇄하려는 출입국관리법안 제정에 대해서도 반대투쟁을 벌였다. 1972년 민단에 의해 산하단체 인정이 취소되자 한청은 민단 및 대한민국 정부를 상대로 민단의 민주화 투쟁에 힘을 기울였다. 한청은 대한민국의 박정희 정권이 민단에

---

37) 한청과 한학동 이전에 건청이 있었지만 본고에서는 본격적인 민단계 청년 학생 조직인 한청, 한학동의 운동부터 설명하고자 한다.

38) 在日韓国青年同盟 http://hanchung.org/(검색일: 2018.9.10.)

부당하게 개입하여 민단의 자주성을 훼손하고 있다고 주장하며 민단 정상화를 위한 투쟁을 전개하였다. 한청의 운동은 1972년 이후 한반도의 정치적 상황을 개선하려는 목적으로 전개되었다. 1972년의 '7.4남북공동성명지지' '김대중납치사건 규탄 및 진상규명'을 시작으로 민단과 거리를 두고 한민통과 협동하면서 1980년 이후에는 '반외세 민족자주화, 반독재 민주화 투쟁'을 하였다. 1987년 대한민국이 6월 민중항쟁으로 제도적 민주화를 어느 정도 이룬 이후에는 '조국통일 투쟁'을 기치로 내세웠고 2000년 6.15남북공동선언 이후에는 총련계와 조직과도 공동으로 행사를 진행하였다. 한반도의 정세가 변화하면서 한청은 남쪽의 청년운동단체와 자매결연 사업을 추진하는 것 이외에 남과 북 해외 청년들과 공동으로 통일운동을 추진하였다. 한청은 정치적 경향이 강한 운동 이외에 재일코리안의 정체성을 확립하기 위해 일상활동으로 한국의 문화, 언어 등을 습득하는 사업을 진행하였다. 임무택이 정리한 한청의 활동을 보면 한청은 일상활동을 통하여 '자신을 찾는 것'을 목적으로 설정하고 이를 위해 민족의 언어와 조국의 역사를 배우는 활동을 전개하였다.[39] 2010년 12월 설립 50년 선언에도 '우리는 재일동포의 역사와 전통과 문화를 계승하고……민족적 주체성을 확립하는 청년학교 민족마당'[40]을 언급하였다.

　한학동의 운동 목표와 활동을 보면 '재일코리안의 모든 권익 옹호'와 '민족적 아이덴티티 확립' '조국의 민주화' '통일'을 운동의 기본과제로[41] 하고 있다. 전술한 바와 같이 한학동은 1945년 9월에 결성된 조학동

---

39) 林茂澤, 『在日韓國靑年同盟の歷史』, pp.57~58.
40) 在日韓国青年同盟 http://hanchung.org/(검색일: 2018.9.10.)
41) 在日韓国学生同盟 http://youth-forum.soc.or.jp/(검색일: 2018.9.10.)

내의 좌우 대립으로 조학동에서 분리 독립하면서 초기에는 '조학동과의
투쟁' '학생진학지도' '한국문화연구' '각 대학 내 한국학생 동창회' '조선
장학회 장학금 지급 요청' '민단 및 주일대표부에 학생동맹 후원 요청'
등의 운동을 전개하였다. 한학동의 활동은 주로 대학별 한국문화연구소
(한문연: 이하 한문연)를 통하여 이루어졌다. 1952년부터 주요 활동으로
'한국문화 소개' '섬머캠프' '대학문화제 학술연구발표회'를 통하여 회원
들 간의 친목을 도모하고 한국문화를 소개, 습득, 소개하였다. 이와 함께
재일코리안 권익 옹호 운동도 전개하여 한학동은 홈페이지를 통하여
1960년대 한학동은 주로 재일코리안의 권익옹호 운동에 중점을 두었다
고 설명하고 있다.[42] 1960년 4.19학생혁명과 5.16군사쿠데타가 발생하
자 4월 학생혁명을 지지하고 군사쿠데타를 반대하는 운동을 전개하였
다. 1972년 한청과 더불어 민단으로부터 배제 당하자 민단 및 대한민국
정부를 반대하는 운동을 전개하기 시작하여 민단의 자주성 확립 및 민주
화를 주장하였다. 특히 1970년대 이후에는 유신독재에 반대하는 운동을
하였다. 전술한 바와 같이 현재 한학동의 활동은 거의 소멸된 상태이지만
중점을 두고 전개한 사업은 대학 내의 활동으로 일상적인 학습회, 공개학
습회, 심포지엄 등이 있으며 일상활동으로 우리말(한글) 학습회, 풍물과
사물놀이 등 전통문화 수업, 일본인 학생과의 연대, 대학의 강의로 한글
을 제2외국어로 인가할 것을 요구'하는[43] 등의 활동을 전개하였다.

　한청, 한학동과 다른 입장인 청년회와 학생회의 강령을 보면 청년회
의 강령에 '우리는 대한민국의 국시와 한국 민단의 선언 및 강령을 준수
한다.' '우리는 재일동포의 지위향상과 권익옹호의 전위로 된다.' '우리

---

42) 在日韓国学生同盟, 위의 글.
43) 在日韓国学生同盟, 위의 글.

는 조국의 근대화와 평화통일에 헌신한다.' '우리는 우방 청년과의 우호 친선을 도모하며 세계 평화에 기여한다.' '우리는 심신 단련과 교양을 향상하여 동포청년의 교류 및 단결을 도모한다.'라고 하여 민단이 산하단체라는 것을 제일 먼저 강조하고 있다. 청년회는 자신들의 활동 방향에 대해 '일본에서 '자신다운' 생활을 위해 재일 한국인의 교육 사회적 권리 향상에 힘을 기울이면서 청년들 간의 교류와 국적을 불문한 다양한 시점에서 활동을 하고 있다.'라고 밝히고 주요 활동으로 '권익옹호운동' '문화 서클' '한국어강좌 실시' '모국방문사업'을 꼽고 있다. 구체적으로는 권익옹호활동으로 '국민연금획득운동' '일본사회교과서 사실 왜곡문제' '외국인등록법 개정운동' '한일법적지위 재협상운동'을 하고 있으며 농악, 사물놀이, 한국무용연습 등 문화운동과 한국어학습회, 연수여행 등이 있다.[44] 청년회는 결성 초기에는 한청동을 비롯한 한민통과의 투쟁이 주된 활동의 하나였지만 1980년대 이후 자신들의 운동 방향을 권익옹호와 친목도모 문화운동으로 정립하였다.

같은 민단 산하단체인 학생회의 강령도 '우리는 조국의 평화통일과 근대화에 공헌한다.' '우리는 재일동포의 기본적 인권확립과 지위 향상을 도모한다.' '우리는 재일 한국인 학생의 연대와 자질 향상을 도모한다.' '우리는 민족주체성 및 학구정신을 가진 인류의 정의와 진보를 도모한다.' '우리는 국제친선 및 세계 평화에 공헌한다.'이다. 1981년 11월 재일본대학민국학생회 중앙본부는 학생회의 운동의 방향을 '동포학생 상호간의 공통적인 문제를 해결한다.' '활동과정에서 참가학생 각자의 민족적 자긍심을 배양하고 인생을 주체적으로 개척해 가는 자세를 확립하는 모임을 한다.' '고립 분산된 동포학생과 연대 및 친목을

---

44) 在日本大韓民国青年会 http://www.seinenkai.org/(검색일: 2018.12.28.)

도모한다.' '학생의 본분인 면학에 힘쓰며 학습한 지식 기술로 동포학생을 인솔하고 동포사회에 환원한다.' '조국 근대화 평화통일에 공헌한다.' '재일동포에 밝은 장래상 정립을 위해 생활안정 및 권익옹호를 쟁취하기 위해 최선을 다한다.'고 하였다. 이를 위해 구체적으로 진행한 활동은 친목을 위한 활동으로 '크리스마스파티' '테니스대회' '스키투어'를 실시하였다. 재일동포 학생들의 현실적인 문제인 진로와 취입 문제를 개선하기 위해 일본 기업을 대상으로 한 앙케트 조사와 재일동포 학생들의 의식조사 사업 등 실용적인 문제에 초점을 맞추고 있다. 또한 재일동포의 생활안정과 권익옹호를 위한 운동으로 외국인등록법 개정운동과 지방참정권 취득운동도 전개하고 있다. 학생회는 자신들의 조직을 재일동포 학생들이 자신의 과제 해결을 위해 진심으로 이야기를 나눌 수 있는 장으로 제공하려는 노력을 강조하였다.[45]

가장 최근에 결성된 한청련(KEY)은 '한국의 민주화와 조국의 자주적 평화통일' '재일동포의 민족적 제 권리의 옹호' '세계의 평화와 진보에 공헌'을[46] 기본 운동 목표로 하고 있다. 전술한 바와 같이 세계적인 변화의 흐름에 재일코리안 사회를 둘러싼 환경도 변화하고 있다는 인식하에 재일 코리안 청년들도 운동의 방향과 내용의 전환을 시도하였다. KEY는 홈페이지에서 운동 과제로 '다민족 다문화 공생사회의 실현' '역사인식에 기초한 동아시아 평화실현'을 제시하고 활동의 주요 내용으로 '배움과 교류를 통한 재일코리안 청년에게 힘을 주는 활동'으로 한글강좌, 평화 인권 역사를 주제로 한 KEY-s 강습회, 장고 춤 무용 태권도 가야금 등 민족 전통문화를 연습하는 코리아 문화서클을

---

45) MINDAN 学生会, 위의 글.
46) 在日コリアン青年連合(KEY) https://www.key-j.net/(검색일: 2018.12.27.)

운영하고 있다. '시민단체로서의 사회활동 자원봉사 사업'으로 다민족 다문화 공생사회 실현을 위한 동아시아 평화, 한일, 북일관계 심포지엄을 개최하였다. '재일코리안 청년단체로서의 정보활동'으로 코리안타운 필드워크 안내, 인권 연수 등에 강사 파견도 진행하고 있다. KEY는 마이너리티로서의 재일코리안 청년들이 동아시아 공생사회를 위해 이러한 활동을 전개한다고 주장한다.[47]

2) 민단계 재일코리안 청년 운동의 특징

시기와 결성 배경은 다르지만 재일코리안 청년 학생 조직의 목적에서 보이는 공통 단어는 '재일코리안의 권익옹호' '조국통일' '세계평화 실현'이다. 재일코리안 청년 학생들은 무엇보다도 자신들의 정체성이 '재일코리안'이라는 것과 그들의(자신들을 포함) '권익옹호' 그리고 자신들의 뿌리인 '조국'의 아픔을 극복하는 '통일'이 무엇보다도 중요하다는 것을 강조하고 있고 나아가 세계 평화를 구현하는 데 공헌해야 한다고 하였다.

공통적인 운동의 내용도 있다. 한국문화를 습득, 소개하는 사업과 한글강좌가 대표적이다. 조직과 시기에 따라 사업 내용 명칭은 다르지만 한국문화인 장고, 사물놀이, 무용 등을 연습하는 강습회와 서클을 만들어 민족고유의 문화를 익히고 즐기려고 하였다. 한국어를 익히는 활동에도 힘을 기울였다. 이러한 활동에는 재일코리안뿐만 아니라 일본인들에게도 참여하는 기회를 제공하여 민족 고유의 문화를 일본 사회와 공유하고자 하였다.

---

47) 在日コリアン青年連合(KEY) https://brand-pledge.jp/associate/koreanyouth/vision
(검색일: 2018.9.10.)

　　그렇지만 자신들의 입장에 따라 운동의 목적과 그 구체적인 내용의 차이점도 작지 않다. 1970년대 이후 민단과 거리를 두고 운동을 하고 있는 한청과 한학동은 민단을 박정희 정권과 종속적인 관계에 있다고 여기고 민단을 비판하는 입장이다. 강령에도 '조국의 완전한 통일 독립' '모든 비민주주의 세력을 반대'를 표명하고 '자주적 통일' '폭력에 의한 지배구조 타파'를 주장하였다. 운동의 내용도 정치적인 색채가 강하여 '민족 자주', '반독재 민주화'를 위한 투쟁 운동을 전개하였다. 한학동도 한청과 유사한 특징을 갖고 있다. 4.19 학생혁명과 5.16군사 쿠데타가 발생하자 학생혁명을 지지하고 군사정권에 반대하는 운동을 비롯하여 유신독재를 반대하는 투쟁을 하였다. 민단에 대해서도 박정희 정권에 종속되어 자주성을 상실한 채 진정한 재일코리안의 권익을 대변하지 못하고 있다고 하면서 민단의 정상화 투쟁을 전개하였다. 한청과 한학동의 이러한 입장에 대해 증언자A, 증언자B, 증언자C, 증언자D의 의견을 종합하면 한청과 한학동은 재일코리안의 권익 옹호를 위한 투쟁의 방법론에서 민단과 대한민국 정부와 갈등을 일으키게 되고 그 배경을 한반도의 분단과 이를 둘러싼 국제적인 정치 상황이라고 보았다. 이 영향으로 대한민국의 정권이 외세의 압력에서 벗어나지 못해 독재정치를 하였고 민단에 개입하여 민단이 자주적으로 재일코리안의 입장을 정당하게 대변하지 못하게 되었다고 생각하고 있다. 즉 재일코리안들의 진정한 권익을 보호하고 생활이 안정된 환경을 만들기 위해서는 대한민국의 독재 정권과 민단의 정상화를 우선 과제로 설정하였던 것이라고 설명하고 있다.

　　반면 민단 산하단체로 결성된 청년회와 학생회는 한청, 한학동과는 다른 입장과 운동 내용을 보였다. 강령에서 대한민국과 민단의 입장에 철저하게 따른 다는 입장을 밝히고 대한민국 정부나 민단을 비판하거나 반대하는 정치적인 운동은 전혀 보이지 않는다. 사업 내용을 보면 재일코리안들이 직접 체감할 수 있고 생활에 직접 도움이 되는 프로그램이 중심이다.

한청련(KEY)은 변화하는 한반도 정세와 국제 정세를 반영하지 못하고 강한 반 대한민국, 민단이라는 정치적인 색채를 유지하고 있는 한청과 거리를 두고 있다. 그렇지만 정치적 주장을 전혀 하지 않은 청년회 학생회와도 다른 성격의 사업을 전개하였다.

한국적 조선적 일본적 등 국적을 불문하고 한반도에 뿌리를 둔 청년들을 대상으로 하고 있으며 다양성과 마이너리티를 존중해야 한다는 원칙하에 활동을 하였다. 다민족 다문화 공생 사회 실현을 위한 프로그램을 진행하고 동아시아 공생사회를 통해 세계 평화를 구축하기 위한 기초를 구축하고자 하였다. 일본 내의 장애우문제, 반전 주장하는 시민 NGO 등과 보조를 맞추고 마이너리티로서 재일코리안의 민족 문화 활성화를 위한 활동을 하였다. 2009년의 '재일외국인 청년 심포지엄'은 대표적인 사업 중의 하나이다. 동아시아의 평화를 위해서는 올바른 역사인식에 기초한 공생사회의 중요성을 강조하며 전후보상 문제 등에 대해 지속적 관심을 표명하였다.[48] 아울러 1994년 북한의 핵의혹 문제에 대한 평화적 해결을 촉구하고 일본의 배외주의에 대한 규탄 운동도 전개하였다.[49] 한청련(KEY)은 세계의 흐름을 원칙적이고 충실하게 반영하여 '다양성 존중' '마이너리티 존중' '평화' '시민사회'를 운동의 중심에 두고 이를 실현하기 위해 다방면의 사업을 구상 추진하였다.

---

48) 在日コリアン青年連合(2011), 『在日韓国青年連合/在日コリアン青年連合(KEY)結成20周年記念誌』.

49) 在日コリアン青年連合, 위의 책.

이상 재일코리안 청년 학생 운동 조직의 활동을 보면 모든 조직의 공통점은 '재일동포의 권익 옹호'를 중시하고 '조국 통일'과 '세계 평화'를 지향한다. 또한 모든 조직이 '한국문화 습득' '한국어 강좌 개설'을 주요 사업으로 추진하여 자신들이 한반도에 뿌리를 두고 있으며 이에 대한 끊임없는 자기 확인을 위해 노력하고 있다. 차이점으로는 한청 한학동의 경우 '민단'과 '대한민국 정부'에 반대하고 비판하는 정치적 색채가 강한 운동이 매우 특징적이다. 대한민국의 민주화와 민단의 민주화 자주화를 이루지 못하고는 재일코리안의 진정한 권익 옹호 투쟁이 불가능하다고 생각하였다. 청년회 학생회는 재일코리안의 실생활을 개선하는 프로그램 위주의 사업과 같이 매우 실용적인 활동을 전개하였다. 한청련(KEY)는 시민이 중심이 되고 다양성이 중요해지는 시대의 흐름에 맞추어 자신들의 위상을 일본NGO단체로 규정하면서 재일코리안 문제를 다문화 다민족, 마이너리티의 시각에 바라보았다. 또한 진정한 세계 평화는 동아시아의 공생사회의 실현이며 이를 위한 올바른 역사적 인식의 공유해야 한다는 매우 원칙적인 입장을 취했다.

〈그림4〉 재일코리안 청년 학생 운동의 성격

		한청, 한학동	한청련(KEY)	청년회, 학생회
기본 방향	공통점	재일코리안 권익옹호, 조국 통일, 세계평화 실현		
	차이점	한반도 민주화, 민단의 민주화	다문화다민족 공생사회 실현, 올바른 역사인식에 따른 동아시아 평화	대한민국 국시· 민단선언 중시, 심신단련·교양향상
대표적인 운동내용	공통점	한국 문화 강습, 한국어 강좌		
	차이점	반독재, 민단 정상화투쟁	동아시아평화심포지엄, 마이너리티로서의 재일코리안 활동	재일동포의식조사 모국방문
성격		원론주의	원칙주의	실용주의

4. 맺음말

일본 패전 이후 재일코리안의 조직은 대중조직, 청년 학생 조직으로 크게 분류할 수 있다. 이 조직들은 냉전이라는 국제정세와 한반도의 분열의 영향으로 일차적으로 북한 정권을 지지하는 총련 계열 조직과 남한정권을 지지하는 민단 계열 조직으로 분열되었다. 그 이후 민단 계열 조직은 대한민국의 정치적 변동에 영향을 받아 내부의 갈등을 빚었다. 대한민국의 박정희 정권과 민단의 집행부를 비판한 청년 학생 조직인 한청과 한학동에 대해 민단은 산하단체 인정 취소 처분을 내렸다. 한청과 한학동은 재일코리안들의 진정한 권익옹호를 위해서는 민단의 민주화 정상화가 해결되어야 하는데, 이는 대한민국의 민주화와도 연결되어 있으며 나아가 한반도의 분단과 냉전이라는 세계질서를 배경으로 하고 있다고 판단하여 조국 통일, 대한민국 민주화, 민단의 정상화를 주장하였다.

한편 산하에 청년 학생 조직이 없어진 민단은 새로운 청년 학생 조직으로 청년회 학생회를 조직하였다. 청년회 학생회는 대한민국의 국시와 민단의 선언 내용의 범위 내에서 활동하였다. 즉 재일코리안의 생활과 밀접한 관계가 있는 사업을 중심으로 그 내용이 정치적으로 확산되지 않았다. 한편 한청과 한학동이 대한민국 정세의 변화를 반영하지 못하고 세계적인 시대의 흐름을 읽지 못하고 있다고 판단한 청년이 새로운 청년 조직인 한청련(KEY)을 결성하였다. 한청련(KEY)은 세계적 환경이 전환기에 있다고 판단하고 새로운 시대는 시민들이 결성한 NGO가 사회의 주체로 등장할 것이라는 인식 하에 재일코리안 NGO 성격의 조직을 결성하였다. 새로운 시대에는 다양성을 중시하여 마이너리티가 존중되는 사회가 될 것을 확신하며 마이너리티로서의 재일코리안 청년들의 역할을 강조하면서 운동의 방향과 내용을 구성하였다. 다양성의 존중은 올바른 역사인식이 기초가 되어야 하며 이를 통해 세계 평화를 구현할 수 있다고 하였다.

민단계 청년학생운동은 크게 세 갈래로 구분이 되고 운동의 방향과 내용을 종합한다면 한청 한학동를 원론주의, KEY를 원칙주의, 청년회 학생회를 실용주의라고 성격 규정을 할 수 있다.

이 글은 동국대학교 일본학연구소의 『日本學』 제48집에 실린 논문 「전후 재일코리안 청년 학생 운동의 성격-민단계 청년 학생 운동을 중심으로」를 수정·보완한 것임

참고문헌

鄭雅英, 「在日韓國人學生の1960年代 – 早大韓文研『高麗』を読みながら」, 大阪国際 平和研究所紀要, 『戦争と平和』 17, 2002年 3月.

MINDAN 學生會 (http://www.mindan.org/www/ksaj/front/info5.php 2018.

姜徹 編著, 『在日朝鮮韓国人史綜合年表』, 雄山閣, 2002.

김인덕, 「재일조선인 단체의 형성과정-조련 민단 총련」, 『내일을 여는 역사』, 2016.

林茂澤, 『在日韓國靑年同盟の歷史』, 新幹社, 2011.

尹健次, 「日韓条約の締結と総連·民団の対立、そして在日二世の葛藤」, 神奈川大学 人文学研究所, 『人文学研究所報』 53, 2015.3.

在日コリアン青年連合(KEY) https://www.key-j.net/(검색일: 2018.12.27.)

在日コリアン青年連合, 『在日韓国青年連合/在日コリアン青年連合(KEY)結成20周年 記念誌』, イニュニック, 2011.

在日本大韓民国青年会 http://www.seinenkai.org/(검색일: 2018.12.28.)

在日韓国青年同盟 http://hanchung.org/(검색일: 2018.9.10.)

在日韓国青年連合, 『在日韓国青年連合 結成10周年記念 韓青連 10年の歩みと21世紀 への飛躍』, ユニワールド印刷センター, 2001.

在日韓国学生同盟 http://youth-forum.soc.or.jp/(검색일: 2018.9.10.)

정아영, 「재일동포사회와 한국 4.19혁명-한국민단계 학생운동을 중심으로」, 『국제고려학』 13, 국제고려학회, 2009.

鄭哲 『民團-在日韓國人の民族運動』 洋洋社, 1967年(尹健次, 「日韓条約の締結と総連·民団の対立、そして在日二世の葛藤」, 神奈川大学 人文学研究所, 『人文学研究所報』 53, 2015.

청암대학교 재일코리안 연구소, 『재일코리안 사전』, 선인, 2010.

최영호, 「재일교포사회의 형성과 민족 정체성 변화의 역사」, 『한국사 연구』 140, 한국사연구회, 2008.

_____, 「재일조선인·한국인 사회의 '본국' 로컬리티-초기 민단의 경우」, 『로컬리티인문학』, 부산대학교 한국민족문화연구소, 2009.

민단의 문화진흥의 흐름과 성격

2000년대 활동을 중심으로

정성희

1. 들어가며

2000년 6월, 두 개의 분단국가인 대한민국과 조선민주주의인민공화국의 '남북정상회담'이 처음으로 열렸다. 이날은 1945년 이후 한반도 정세에 농락당해 온 재일코리안[1]들에게도 '남과 북'이라는 경계가 없어진 날이었다. 또한 그들이 염원하던 '통일'의 가능성에 대해 희망을 갖고 기대하였다. 그러나 재일코리안 사회는 지금도 한반도와 같은 분단 속에 있다. 재일코리안 사회는 정치적으로 남과 북으로 나눠진 채, 긴 세월 간 생활 속에서 서로 경쟁하며 공존해 왔으며, 그 구성원들은 오랜 세월 동안 분단의 관계 속에서 긴밀하게 지내왔다.

특히 재일코리안 사회는 대한민국–재일본대한민국민단(在日本大韓民国民団, 이하 민단)과 조선민주주의인민공화국–재일본조선인총연합

---

1) 재일코리안은 '재일조선인' '재일한국인' '자이니치(在日)' '올드 커머(old comer) 등으로 다양한 명칭이 있고, 각 용어마다 고유한 함의가 있다. 본 연구에서는 일본에 의한 식민지 지배의 영향으로 일본에 이주하여 정주하는 한민족의 총체를 지칭하는 용어로서 '재일코리안'을 사용한다. 또한 1980년대 이후 일본의 출입국관리법개정을 경제적 활동을 목적으로 일본에 이주한 이주자들과, 재일코리안을 구별을 하기 위해 본고에서는 1980년대 이후의 이주자들은 가리키는 용어로 뉴커머(new comer)를 사용한다.

회(在日本朝鮮人總聯合會, 이하 조총련)의 두 민족단체를 중심으로 이분되어왔다. 민단은 1946년, 조총련은 1955년에 창단하여, 각 국가의 이데올로기의 영향을 받아 다양한 활동을 전개해 왔다.

그러나 상반된 두 단체가 친밀했던 시기도 있었다. 그게 바로 2000년대이다. 2000년에는 '남북정상회담'이 열려, '6.15남북공동성명'을 발표, 금강산가극단(金剛山歌劇團)의 공연이 한국에서 열리는 등 문화교류도 활발해졌다.[2] 또한 '2002년 FIFA 월드컵(2002 FIFA World Cup)'의 한일 공동개최를 계기로 일본에서 '한류 붐(韓流ブーム)'이 일어났다. 나아가 2006년에는 민단과 조총련이 재일코리안 사회의 복지, 권익옹호 등 여섯 사항에 합의하여 역사적인 화해를 하여, 민단과 조총련이 공동 주최하는 행사[3]가 이루어지는 등 2000년대는 조국의 분단 속에서 살아온 재일코리안에게 중요한 의미를 지닌 시기라고 할 수 있다.

이때 남과 북, 민단과 조총련, 재일코리안 사회 각각을 연결하는 역할을 한 것 중 하나가 바로 '문화'일 것이다. 재일코리안은 대한민국과 조선민주주의인민공화국, 그리고 일본의 문화를 가지고 있다. 분단은 한반도 내의 남과 북에 큰 영향을 끼쳤고, 또한 한반도 밖인 일본에 거주하는 재일코리안 사회까지 남과 북으로 나누어 서로 분쟁하는 상황을 촉발했고, 언어나 예술 등의 문화 측면에서도 남과 북의 문화를

---

[2] 금강산가극단은 2000년 12월 17일에 분단 이후 첫 남한공연을 가졌다. 2003년에는 윤도현밴드와 함께 '오! 통일코리아' 콘서트를, 2006년 6월에는 서울에서 단독공연을 실시하는 등 현재까지 한국에서 몇 차례에 걸쳐 공연을 펼쳤다.

[3] 2001년·2003년·2005년에는 오사카에서 민단과 조총련이 공동주최한 '오사카 하나마투리'가 열렸다. 2001년 5월에는 민단과 조총련 히로시마현본부가 함께 '제35회 히로시마플라워페스티발'에서 원코리아 퍼레이드에 참여하였다. 또한 2001년에는 민단과 조총련 야마구치현본부가 6.15공동선언 1주년 야마구치동포 교류회를 공동개최하는 등 다양한 행사가 펼쳐졌다.

각각 나누어 계승하도록 만든 것이다.

조총련의 경우 문화의 중요성을 서둘러 인식하여 성악, 무용 등의 재일코리안 예술인들을 중심으로 1955년이란 이른 시기에 재일본조선인중앙예술단(在日本朝鮮人中央芸術団)을 창단하였다. 그 후 문화선전대나 문화공작대란 이름으로 활동하며 재일코리안들이 거주하는 지역을 순회하면서 재일코리안들을 조총련으로 결집시키기 위한 세몽활동을 펼쳤다.[4] 또한 1974년 6월에는 김일성이 북한을 방문한 제15차 재일교포조국방문단 성원들과 한 담화를 통해 해외에서 조국을 옹호하고, 사회주의적이며 애국적인 예술 발전을 위해 적극적으로 투쟁한다며 재일코리안 예술인들을 높이 평가하였다.[5] 같은 해 8월에는 김일성이 재일본조선인중앙예술단을 금강산가극단으로 개명하여[6], 재일코리안 예술인을 유성하는 체계가 이루어졌다. 이후 금강산가극단은 2021년 현재까지 일본을 중심으로 민족문화를 계승하여 중국, 러시아 등 해외 공연을 전개해 왔다. 그렇다면 민단은 어떠한 방식으로 재일코리안 사회에 문화진흥을 이룬 것일까.

이에 이 글에서는 민단의 문화진흥에 대한 인식의 흐름을 살펴본 후, 문화라는 측면에서 중요한 시기라고 할 수 있는 2000년대에 이루어진 민단의 문화진흥에 대해 검토하고자 한다. 특히 그중에서도 'MINDAN『효행상』효도 에세이 콘테스트(MINDAN『孝道賞』親孝行エッ

---

4) 고정자, 「재일동포들의 민족문화 전승의 현황과 전망」, 『제1회 해외동포민족문화·교육발전과 연대를 위한 국제학술심포지움 논문집』, 해외동포민족문화·교육네트워크, 2007, pp.19~20.

5) 김일성, 『김일성선집 54(1974.3~1974.6)』, 조선로동당출판사, 2004, pp.441~447.

6) 고정자, 「일본에서 전승되는 경기도 예술 – 재일코리안들의 민족예술 전승의 변천」, 『우리춤과 과학기술』, 한양대학교 우리춤연구소, 2009, pp.178~183.

セイコンテスト)'와 '재일한인역사자료관(在日韓人歷史資料館)'에 주목하여, 한국의 공인단체인 민단이 조직활동 속의 문화를 어떻게 자리매김하여 활동해 왔는지 고찰하고자 한다.

2. 재일코리안 사회와 '문화의 의식화'

문화의 정의는 다양하나, 윌리엄스(Williams)는 문화에 대해 현재 통용되는 용법을 "지적, 정신적, 미학적, 발달의 전체적인 과정", "어떤 국민, 시대, 집단, 또는 인간 전체의 특정한 생활양식", "지적, 특히 예술 활동의 실천이나 그로부터 탄생되는 작품"의 세 가지로 분류하였다.[7] 이러한 세 개의 용법 중 두 번째에 있어서는 그것을 실천하는 사람들에게는 특히 의식되어 있지 않았던 문화였다.

이러한 문화의 의식에 대해 에링턴(Errington)과 게위츠(Gewertz)는 파푸아뉴기니(Papua New Guinea)에서의 조사를 통해 1975년 독립 이후 그들이 그 어느 때보다 문화를 정체성의 원천이나 정치적 자원으로 중요시하고 있음을 밝혔다.[8] 또한 가지와라(梶原)는 이러한 사람들이 다른 문화와의 접촉에 의해 자신들의 문화를 강하게 의식하게 되는 것을 '문화의 의식화'라고 하였다.[9] 또한 에부치(江渕)는 이 '문화의 의

---

7) 레이먼드 윌리엄스, 『키워드』, 김성기·유리 역, 민음사, 2010, pp.123~131.

8) Frederick Errington and Deborah Gewertz, "The Individuation of Tradition in a Papua New Guinea Modernity", *American Anthropologist* 98(1), 1996, pp.114~126.

9) 梶原景昭, 「課題としての文化」, 青木保 他, 『文化という課題』, 岩波書店, 1998, pp.3~16.

식화'를 자신들의 문화를 강하게 의식할 뿐 아니라 "자신의 문화를 적극적으로 외부세계에 제시하려는 움직임"을 포함하여 '문화의 의식화'로 정의하였다.[10] 그렇다면 재일코리안이 자신의 문화를 의식하고 적극적으로 외부에 제시하려고 한 것은 언제부터일까.

재일코리안의 해방 직후 역사를 살펴보면, 일본에 살게 된 재일코리안 1세들이 가장 우선직으로 생각했던 것은 사녀에 대한 교육이었다고 할 수 있다. '돈이 있는 사람은 돈을, 힘이 있는 사람은 힘을, 지식이 있는 사람은 지식을'이라는 모토를 가지고 창고 및 공장의 일부, 또는 일본 학교의 교실을 빌려 전국 각지에 약 600개의 학교를 열었다. 그러나 1948년 1월 민족학교는 미국을 중심으로 하는 일본 점령군의 지도하에 내려진 일본 정부의 민족학교 강제 폐쇄 명령을 받았다. 민족학교가 일본의 학교기본법 등을 따르지 않는다는 이유로 재일코리안의 자녀들이 일본인 학교에 다니도록 조치한 것이다. 이에 대해 야마구치현(山口県)과 한신(阪神)지역에서 반대 운동이 일어났으며, 그로 인해 약 1,700명이 체포되고, 그중 136명이 군사재판소에 회부되었는데, 그 가운데 한 소년이 총에 맞아 사망하는 비극이 일어났다.

이 사건을 '4.24한신교육투쟁(4.24阪神教育闘争)'이라 하는데[11] 이러한 일련의 움직임은 재일코리안이 자신들의 문화를 의식화하였던 흔적이라고 해석할 수 있다. 이것은 일본 사회라는 마조리티(Majority) 집단이 재일코리안 사회라는 마이너리티(Minority) 집단에게 교육 또는 언어적인 측면이 동화(同化)되도록 강제한 것이라고 말하고 있다. 그런 마조

---

10) 江淵一公, 『文化人類学研究-環太平洋地域文化のダイナミズム』, 放送大学教育振興会, 2002, p.223.
11) 民族教育ネットワーク, 『民族教育と共生社会-阪神教育闘争50周年集会の記録』, 東方出版, 1999, pp.7~11.

리티 집단의 문화적 지배에 대해 재일코리안들은 자신들의 문화를 지키기 위해 자신들의 문화를 의식하여 저항했다고 볼 수 있기 때문이다.

또한 재일코리안 2·3세들에게는 1983년부터 시작한 '이쿠노민족문화제(生野民族文化祭)'[12]를 비롯한 재일코리안의 축제 즉 민족축제로부터도 재일코리안이 자신들의 문화를 의식화하였던 흔적을 찾을 수 있다. 당시 재일코리안 2·3세들은 일본 사회 내의 배외주의적인 성향, 정체성 갈등, 재일코리안 사회에서의 민족의 분단 등 여러 사회적 갈등을 가지고 있었다. 이에 대해 재일코리안 2·3세들은 마당극이나, 무용, 전통악기 등을 활용하는 축제를 통해 일본 사회 및 재일코리안 사회에 자신들의 문화를 제시하여, 일본 사회에서 투명 인간 취급을 받은 재일코리안의 존재를 나타내며, 재일코리안 사회 속의 38도선을 없애려고 하였던 것이다. 그렇다면 민단은 언제부터 조직으로서 재일코리안의 문화 및 한국의 문화를 제시하려고 한 것일까.

3. 민단의 문화진흥에 대한 인식

1945년 8월 15일, 조국 해방 이후, 재일코리안은 귀국 및 생활 문제에 대응하기 위해 1945년 10월에 '재일조선인연맹(在日朝鮮人連盟, 이하 조련)'을 결성하였다. 그러나 조련은 일본공산당의 지휘 아래 좌경화로

---

12) 이쿠노민족문화제는 1983년부터 2002년까지 이어진 오사카 재일코리안의 축제이며, '하나가 되어 키우자, 민족의 문화를! 넋을!'이라는 표어로 시작하였다. 또한 이쿠노민족문화제가 계기가 되어 2012년까지 121개의 민족축제가 개최되었다.
飯田剛史 編, 『民族まつりの創造と展開 上·論考編』, JSPS 日学術振興会科学研究費·基盤研究(C), 2014, pp.3~40 참고.

기울어지게 되어, 그것에 반발한 일부의 재일코리안들이 1945년 11월에 '조선건국촉진청년동맹(朝鮮建国促進青年同盟)'과 1946년 1월에 '신조선건설동맹(新朝鮮建設同盟)'을 결성하였다. 그 후 두 단체가 선두에 서서 1946년 10월에 재일동포의 민생안정, 교양향상, 국제친선을 목적으로 한 '재일본조선인거류민단(在日本朝鮮居留民団)'이 결성이 되었다. 또한 민단은 1948년 대한민국 정부 수립 후, 명칭을 '새일본대한민국거류민단'으로 변경하여, 한국 정부는 민단을 재일코리안의 공인단체로 인정하였다.

민단은 1948년의 '민단 제2차 선언' 이후 강령을 채택하여 조직 성격과 목표를 분명히 해왔고, 1948년에는 "대한민국의 국시를 준수한다, 재류동포의 민권옹호, 재류동포의 민생안정, 재류동포의 문화향상, 국제친선"[13]의 5대 강령을 표명하였다. 여기서 5대 강령 중 하나인 '문화향상'에 대해 주목하고자 한다. 민단의 강령은 1948년 이후, 1960년·1966년·1976년·1996년·2012년 다섯 번에 걸쳐 발표가 있었고, '문화향상'이라는 용어가 2012년에 '문화진흥'으로 변경이 되었으나 강령에서 '문화'가 삭제된 적은 없었다. 이에 따라 민단이 창단 당시부터 재일코리안 문화에 대해서 중요하게 여기고 있었던 것으로 확인할 수 있다. 그렇다면 민단은 문화진흥에 대해 어떤 인식을 가지고 있었는지 조금 더 구체적으로 살펴보자.

민단은 지금까지 공식적으로 『민단30년사(民団30年史)』를 비롯하여 민단 중앙본부, 민단 각 지부를 통해 다양한 민단사에 관한 책이 발행됐다. 그러나 거기에는 민단의 역사, 올림픽 등의 모국 후원 사업 등의 각종 사업에 대한 기술이 대부분이며, 구체적인 문화진흥 사업에 대해

---

13) 재일본대한민국민단, 『民団70年史』, 재일본대한민국민단, 2018, pp.311~319.

파악할 수 있는 기술은 적다. 그런 가운데『민단사십년사(民團四十年史)』의 제29회 정기중앙위원회의 총괄보고(1979년)에서 문화활동에 대해 다음과 같은 설명이 있다.

> 민단 사회에서 문화·학술활동을 하고 있는 단체로서는 도쿄를 중심으로 하는 '신한학술연구회(新韓学術研究会)'와 오사카를 중심으로 하는 '고려학사클럽(高麗学士俱楽部)'을 비롯하여 한국연구원 또는 한국사료연구원 등이 있을 뿐이며 그 외 문인(文人), 평론가들의 단체나 기관 등은 실로 요요한 상태에 놓여있다.
>
> 이와 같은 현황은 우리 민단이 이들 분야 활동에 대하여 적극적인 자세가 결여됐다는 중대요인을 자각할 때, 그 책임을 통감하지 않을 수 없다. 앞으로 민단 사회의 지적 향상을 도모하고 2·3세와의 접적 지도를 지향하고 나아가 일본 사회의 지식인·문화인 또는 그들의 조직과 교류에 의한 이해를 증진시키려면 차제에 민단 자체가 이에 대한 깊은 반성과 응당한 대책을 세워야 한다고 느낀다.
>
> 그리하여 이전 및 기존단체에 대한 적극지원과 아울러 널리 문화인의 통합단체의 새로운 발족을 종용할 것과 일본의 문화인들을 대상으로 하는 한일관계, 남북의 정치, 문화, 사회 등 진실을 기술한 "양서(良書)"를 보급하는 기관의 설치 등을 고려하고 있다.[14]
>
> [원문을 필자가 번역함]

이 글에서 당시의 문화활동에 대한 민단의 인식을 확인할 수 있다. 그것은 1979년까지 문화활동을 거의 수행하지 않았다는 점이다. 민단은 앞에서 언급했듯이 강령에 문화진흥을 내세우고 있음에도 불구하고, 창단부터 1979년까지 약 30년간 문화활동을 거의 해오지 않았다는

---

14) 재일본대한민국민단,『民団四十年史』, 재일본대한민국민단, 1987, p.154.

것을 확인할 수 있다. 또한 여기에 기재되어 있는 '신한학술연구회'는 1952년에, '고려학사클럽'은 1959년에 설립이 되었고[15], '신한학술연구회'가 민단 중앙본부의 산하 단체로 승인된 것은 1994년이다.[16] 이에 따라 앞에 글의 주어인 '민단 사회'는 민단 및 민단의 산하 단체가 아니라 소위 대한민국 및 민단을 지지하는 재일코리안으로 해석이 가능하며, 민단이 주가 된 문화활동은 거의 이루어지지 않았던 것으로 보인다. 이로 인해 앞에 글에서도 민단이 1979년 당시 문화활동에 대해 시급한 대책을 강구할 필요가 있는 것이 과제로서 부각되고 있음이 분명하다.

그러나 이후, 민단에서는 1980년대에 각 지부에서 문화교실 운영이 시작되는 것 외에는 조총련처럼 문화예술단체를 만들거나[17] 문화와 관련된 사업을 지속적으로 하는 등의 문화사업은 없었던 것으로 보인다. 즉 민단 전체를 망라하는 형태의 '문화의 의식화'의 흔적을 찾을 수 없었다는 것이다. 또한 이러한 문화진흥에 대한 소극적인 자세는 박경식과 함께 재일동포역사자료관 설립운동을 한 최석의가 "민단은

---

15) 李虎 他,「座談会 高麗学士倶楽部結成20周年に際して」,『高麗會報 20周年特集号』8, 高麗学士倶楽部, 1979, pp.98~115.

16) 在日本韓国科学技術者協会, http://www.kseaj.com/?page_id=35(검색일: 2021.10. 26.)

17) 민단의 홈페이지를 살펴보면 '산하기간. 관련기간'에 '재일한국인문화예술협회(在日韓国人文化芸術協会)'가 있다. 재일한국인문화예술협회는 재일코리안 문화·예술인과 문화인이 중심이 되어 1982년에 설립된 단체이다. 민단과 재일한국인문화예술협회의 관계성에 대해서는 더욱 검토가 필요하며, 본고에서는 논의를 하지 않는다. 그러나 재일한국인문화예술협회는 문화예술인과 동포들을 지속적으로 연결하는 교류의 장을 만드는 것이 목표로 하고 있었으며, 이 단체는 재일코리안의 문화예술 활동에서 중요한 역할을 한 것으로 보인다. 이로 인해 재일한국인문화예술협회에 대해서는 지속적으로 연구를 진행하고자 한다. (재일본대한민국민단,『民団四十年史』, 재일본대한민국민단, 1987, p.725. 참고.)

어떠한가 하면, 지금은 알 수 없지만, 전통적으로 민족교육이나 문화사업에 무관심한 체질을 가지고 있다"[18]고 지적한 것처럼 민단은 재일코리안 사회의 문화에 대해 관심이 없다. 즉 활동을 하지 않는다는 평가를 받아왔던 것이라고 할 수 있다.

앞에서 보는 바와 같이 민단은 창단 당시부터 재일코리안의 문화진흥에 대해 관심을 가지고 있었고, 또한 그것에 대해서 조직적으로 어떠한 대책이 필요함을 알고 있었다. 그러나 문화를 어떻게 조직활동에 도입하면 되는지 그 방법을 찾지 못하고 있었던 것으로 보인다. 그렇다면 2000년대에 민단이 어떤 문화활동을 펼쳤는지 살펴보자.

4. 2000년대 민단의 문화진흥 실천 사례분석

민단은 전국에 지방본부와 지부가 있으며, 그중 재일코리안이 다수 거주하는 지역인 오사카에 위치한 민단 오사카지방본부가 있다. 이곳은 2000년대에 이르러 2001년·2003년·2005년에 걸쳐 '오사카 하나 마투리(大阪ハナマトゥリ)'[19]를 개최하였고, 또한 2007년부터는 '한국전통문화마당(韓国伝統文化マダン)'[20]을 시작하는 등 특히 이 시기에는 다

---

18) 崔碩義, 「「在日同胞歴史資料館」のことなど」, 『在日朝鮮人史研究』 29, 在日朝鮮人運動史研究会, 1999, pp.84~91.

19) 2000년 6월 15일 남북 정상회담 및 공동선을 계기로 남북 간의 화합의 축제로 2001년, 2003년, 2005년에 세 번에 걸쳐 실시되었다. '오사카 하나 마투리'에는 재일코리안 및 일본인이 화합해서 공생의 꽃을 피우자는 의미를 담고 있다.
OhmyNews, 「민단과 총련이 하나된 '오사카하나마투리'」, 2005.09.03., (http://www.ohmynews.com/NWS_Web/View/at_pg.aspx?CNTN_CD=A0000278310(검색일: 2021.10.26.) 참고.

20) '한국전통문화마당'은 민단 오사카본부가 주최하여 2007년부터 2020년까지 매년 12월

양한 문화사업을 전개하였다.

그러나 이 글에서는 민단의 지방본부와 지부가 단독적으로 실시한 사업이 아닌, 민단 전체 및 재일코리안 사회를 중심으로 2000년대의 이루어진 사업을 조건으로 'MINDAN『효행상』효도 에세이 콘테스트'와 '재일한인역사자료관'의 개관에 대해 살펴보며 민단의 문화진흥 사례를 고찰하고자 한다. 물론 민단의 지방본부와 지부의 활동도 민단의 조직 활동이지만 지방의 단독적인 활동은 그 지방의 특성에 맞는 사업이 이루어지는 경우가 많다. 이러한 점에서 이 글에서는 민단이라는 조직 전체로서 실시한 문화진흥에 대해 중점을 두고 있으며, 앞에서 언급한 두 개의 사업을 사례로 선정하였다. 또한 본고에서는 민단이 조직활동에 있어 문화를 어떤 방법으로 활용하는지 살펴보기 위해, 각각 사업에 대한 구체적인 내용이 아닌 그 사업을 실시하게 된 배경을 중점으로 두어 살펴보고자 한다.

1) 'MINDAN『효행상』효도 에세이 콘테스트'와 'MINDAN문화상'

'MINDAN『효행상』효도 에세이 콘테스트'는 2004년부터 2006년까지 '효도-좋은 이야기' '부모님께 묻는 조부모의 발자취' 등을 주제로 실시된 에세이 콘테스트이다. 유교 사상에서 나타나는 가치로 '인·의·예·지·신(仁·義·禮·智·信)'의 오상지덕(五常之德)과 도덕사상의 기본

에 실시된 공연사업이다. 특히 이 사업은 오사카에서 활동하는 전통예술인과 전통예술팀만 출연할 수 있고, 또한 오사카에 있는 민족학교 학생들도 출연한다는 점이 하나의 특징이라고 할 수 있다. 또한 '한국전통문화마당'은 10년 넘게 개최되어 있으며, 그 지속성은 재일코리안을 중심으로 한 문화교류를 적극적으로 진행하였기에 지역 사회에서 인정받았다고 평가할 수 있다.

이 되는 '충·효·정(忠·考·貞)'과 '의·친·별·서·신(義·親·別·序·信)'의 삼강오륜(三綱五倫)이 있는데 그중에 하나인 '효'는 조상과 부모를 공경하는 마음과 행동을 가리킨다.[21] 민단에서는 이러한 민족의 전통적인 가치관인 '효' 사상을 통해, 다음 세대에게 민족의 긍지를 심어준다는 취지로, 에세이 콘테스트를 3년에 걸쳐 실시하였다.

'MINDAN『효행상』효도 에세이 콘테스트'의 수상작품을 살펴보면 각 에세이에는 일본으로 건너왔기 때문에 아버지의 임종을 지킬 수 없었던 재일코리안 1세의 참회의 고백, 할머니와 아버지의 차별 체험 등, 재일코리안의 다양한 부모와 자녀의 이야기가 담겨있다.[22] 제1회는 179점, 제2회는 115점, 제3회는 160점의 작품이 응모되었고, 2009년에는 그동안의 수상작품집을 수록한 책이 출판되는 등 호평을 받은 문화사업이다.[23]

위 문화사업은, 일본 땅에서 제사·음식·생활양식 등 한반도의 문화를 계승하고 있는 재일코리안에게 이러한 '효'라고 하는 가족이나 조상을 공경하는 행위가 자연스럽게 계승되고 있는 적당한 주제였던 셈이다. 또한 에세이라는 형식도 컸다. 에세이는 특정한 문학적인 형식이 없이, 자신의 생각·감정 등 정리가 안 되는 생각을 마음대로 적을 수 있다. 작문법을 배우지 않은 평범한 사람에게는 각자가 자신이 기억하는 체험이나 생각을 자유롭게 표현하기에 진입 장벽이 낮은 에세이 형식이 적합하기 때문일 것이다.

---

21) 渡辺吉鎔, 『韓国言語風景—揺らぐ文化·変わる社会』, 岩波書店, 1996, pp.36~37.
22) 民団新聞, 「MINDAN「孝道賞」コンテスト受賞作品」, 2007.02.21.
23) 民団新聞, 「入賞作決まる MINDAN「孝道賞」エッセイコンテスト」, 2005.01.26; 民団新聞, 「MINDAN「孝道賞」エッセイコンテスト 入賞10点決まる」, 2006.02.01; 民団新聞, 「MINDAN「孝道賞」エッセイコンテスト 入賞作決まる」, 2007.02.01.

이러한 'MINDAN『효행상』효도 에세이 콘테스트'의 성공은 논문·시·사진·효행의 4개 부문으로 확대한 'MINDAN문화상(MINDAN文化賞)' 실시로 이루어진다. '말로 전하자 '재일''을 모토로 한 'MINDAN문화상'은 문화·창작활동을 장려함과 동시에 재일과 관련된 오래된 사진 발굴 등을 통해 재일코리안의 역사를 현재에서 미래로 계승하는 것이다. 'MINDAN문화상'은 재일코리안의 가능성과 방향성을 주시하는 것을 목적으로 2007년에 만들어졌으며, 2021년에는 제13회를 맞이하여, 민단의 문화사업으로 자리매김하였다.

여기서 'MINDAN『효행상』효도 에세이 콘테스트'가 시작한 시기에 주목할 필요가 있다. 재일코리안은 일본에서 생활하고 있기에 한일관계에 대해 민감할 수밖에 없다. 이는 외교관계의 악화 보도를 볼 기회가 많아지면서, 그것을 시청하는 사람들이 상대국에 대한 불신과 혐오감이 증폭되어 국민의 의식에 영향을 미치기 때문이다.

2004년의 일본 국내는 '2002년 FIFA 월드컵'으로 인해 우호 분위기를 얻어 한일 관계가 원활한 시기였다. 2003년부터 한류 붐을 받고 2004년도 그 인기는 쇠퇴하지 않고 '한류사천왕(韓流四天王)'이라 불린 배용준 등이 여성 주간지 표지를 장식하게 된다. 또 일본 여론을 보면 내각부가 실시하고 있는 '외교에 관한 여론조사(外交に関する世論調査)'에서도 한국에 대한 친근감이 높은 56.7%를 기록하는 등 한국에 친밀감을 느끼는 사람이 많았다.[24] 이러한 일본 내 우호 분위기는 민단이라는 조직으로도 문화적인 사업을 진행하기에는 어렵지 않은 상황이었던 것을 짐작해 볼 수 있다.

---

24) 内閣府, 「外交に関する世論調査(平成16年10月)」, 2004.
　　https://survey.gov-online.go.jp/h16/h16-gaikou/2-1.html(검색일: 2021.10.29.)

또한 당시 한국 내에서도 문화정책에 대한 변화가 있었던 시기였다. 한국에서는 김대중 정권(1998.02.25.~2003.2.24)부터 문화의 산업적 가치에 주목하기 시작했지만, 국가정책으로서 문화정책이 증가하기 시작한 것은 노무현 정권(2003.02.25.~2008.02.24.) 때부터이다.[25] 이와 연동하듯 한국관광공사는 2004년을 '한류관광의 해(韓流観光の年)'로 지정해 일본에서 한류의 토대를 구축하는 기반을 형성하기 위해 노력했다.

이러한 배경에서 이 사업에 관해서 민족단체로써 정치적으로 함축된 두 가지 의미를 읽어낼 수 있다. 첫 번째는 'MINDAN『효행상』효도 에세이 콘테스트'는 한국 정부의 한류 확산이라는 의도와 연관이 있다는 것이다. 앞에서 보는 바와 같이 2004년은 한국이라는 나라가 적극적으로 세계에 한국의 문화를 제시하기 시작한 '문화의 의식화'의 시기와 겹치는 요소가 있기 때문이다. 특히 'MINDAN『효행상』효도 에세이 콘테스트'는 "'부모를 아끼는 한국인의 효도정신을 재일한국인 사회에서도 계승해 주었으면 하는 당시의 주일한국대사의 강력한 요청으로 실현되었다"[26]는 점은 이를 짐작하게 한다. 이 같은 배경에는 '효'라는 정신을 일본 사회 안에서 뿌리 내리고 싶다는 것, 즉 재일코리안을 통해 이국땅인 일본에서 한국 문화의 뿌리를 내리고 싶다는 논리를 확인할 수 있다. 이에 따라 'MINDAN『효행상』효도 에세이 콘테스트'의 개최 즉 민단의 문화진흥은 한국 정부의 주도하에 시작했다고 읽어낼 수 있을 것이다.

---

25) 박광무, 『한국 문화정책론』, 김영사, 2013, pp.53~64.
26) MINDAN「孝道賞」親孝行エッセイコンテスト 編, 『オモニとの約束 在日コリアンと孝道の記憶』, 明石書店, pp.158~159.

두 번째는 이 문화진흥을 통해 민단이라는 단체가 재일코리안 사회의 문화진흥에 기여하고 있다는 인식을 재일코리안 사회 및 일본 사회에 넓히고 싶다는 의도가 있었다고 볼 수 있다. 이때까지만 해도 각 지부에서 개별로 문화진흥에 대해 임해왔지만, 민단 전체가 하나가 되어 진행된 문화진흥 사업은 거의 없었다. 이러한 점에서 'MINDAN 『효행상』 효도 에세이 콘데스트'는 문화라는 측면에서 민단이라는 단체의 존재 의미를 나타내는 좋은 기회였다고 볼 수 있을 것이다. 이처럼 'MINDAN 『효행상』 효도 에세이 콘테스트'와 'MINDAN문화상'을 통한 재일코리안 문화의 확산 과정에 있어서는 한국과의 연관성 및 민단의 의도를 찾을 수 있다.

2) 재일한인역사자료관

'재일한인역사자료관'은 민단이 주체가 되고, 또한 소규모이지만 한국의 지원을 받아 "재일코리안이 일본으로 건너오게 된 사정, 당시의 생활실태, 권익옹호운동, 민족교육, 문화·예술활동 등 각종 자료를 수집·정리하여, 그것을 전시·공개하는 것을 통해 재일코리안의 역사를 후세에게 전하는 것"[27]을 목적으로 2005년 11월에 개관되었다. '재일한인역사자료관'은 한국중앙회관별관 2·3층에 위치하여, 2층에는 제1전시실부터 제3전시실이 있고, 3층에는 도서자료실(영상자료코너)과 세미나실이 설치되어 있다. 또한 야외테라스에도 오사카(大阪) 이쿠노구(生野区)에 있는 1930년대의 조선시장(朝鮮市場)[28]을 재현한 전

---

27) (仮称) 在日コリアン歴史資料館調査委員会 編, 『100年のあかし: 在日韓人歴史資料館 開設記念』, 2005, 冒頭部分.

28) 이쿠노코리아타운(生野コリアタウン)은 1930년대 당시 현재의 이쿠노코리아타운에서

시 등이 있다.

'재일한인역사자료관'이 개관을 향해 구체적으로 움직이기 시작한 것은 2003년 3월 26일 열렸던 민단 제56회 정기중앙위원회부터이다. 2003년도의 활동 방침의 핵심으로 지속적인 지방 참정권 운동 등의 5대 핵심이 승인되었으며, 그중 민족 교육·문화 진흥 차원에서, 재일코리안의 역사자료를 보존하는 '재일동포역사자료관(在日同胞歷史資料館)' 개관 및 '재일동포역사자료조사위원회(在日同胞歷史資料調査委員會)'를 구성할 방침을 정했다.[29]

이후 민단중앙본부는 2003년 5월, 2005년을 목표로 '재일동포역사자료관'을 개설할 계획을 발표하였다. 2005년은 1905년의 을사조약(乙巳條約)으로부터 100년, 또한 1945년의 해방으로부터 60년을 맞이하기 때문에 재일코리안의 역사를 알리기 위한 좋은 기회라는 점에서 2005년의 개관을 목표로 삼았다. 또한 같은 해에 민단이 '건설추진위원회(建設推進委員會)'를 구성하여 추진 모체가 되어, 수집·전시 사료에 관해서는 당시 시가현립대학(滋賀縣立大學)의 교수였던 강덕상을 비롯해 재일코리안의 사료에 관련된 분야에서 활동하는 전문가들을 중심으로 '재일동포역사사료조사위원회(在日同胞歷史史料調査委員會)'를 구성하게 되었다.[30]

남쪽 100m 정도 떨어진 골목 주변을 가리키는 말로 '조선시장'이라는 명칭으로 불렸다. 이쿠노코리아타운은 2021년 현재 한류의 인기와 더불어 '다민족 공생', '국제 이해'의 장으로서 일본인들의 한국문화 체험 학습장으로 활용되고 있으며, 재일코리안과 일본인이 공생히는 지역으로 알려져 있다.

八木博之·谷富夫,「生野コリアタウンは「韓流ブーム」にのって: 阪神圈商店街実態調査から」,『コリアンコミュニティ研究』5, コリアンコミュニティ研究会, 2014, pp.65~82 참고.

29) 民団新聞,「「わが支部の自慢」運動展開〈民団中央委員会〉」, 2003.03.26.

30) 民団新聞,「民団同胞「資料館」開設へ 05年に東京に」, 2003.05.28.

2003년 7월에는 재일코리안이나 일본의 역사자료의 수집이나 분류, 관리 전문가 등 12명으로 구성된 '재일동포역사자료관'의 자료 수집을 담당하는 '(가)재일코리안역사자료관조사위원회((仮)在日コリアン歴史資料館調査委員会)가 발족되었다.[31] 11월에는 '해설추진위원회(開設推進委員会)'도 발족되어 재일코리안 사회에 협조를 호소했다.[32] 이러한 과정에서 민단신문은 2003년부터 자료를 수집하기 위해 '〈사설〉재일동포의 소중한 사진을 남기자' 등의 기사를 게재했고[33], 2004년 10월부터는 16회에 걸쳐 '재일백년 〈물건〉이 이야기하는 역사'라는 연재를 진행하여 재일코리안 사회에 자료 제공을 권고하였다.[34]

이러한 과정을 걸쳐 2005년 9월에는 지금까지 가칭이었던 '재일동포역사자료관'의 정식명칭이 '재일한인역사자료관'으로 결정되었다. 이 명칭에 대해서는 "자료관은 재일동포를 총체적으로 망라하여 개인의 신조와 소속단체, 또는 국적과 관계없이 객관적인 역사적 사실을 모으는 것, 즉 사료 중심의 입장을 기본이념으로 하고 있습니다. 세계 각지

---

31) 民団新聞, 「調査委員会が発足 「在日」歴史資料館」, 2003.07.16.
32) 民団新聞, 「在日同胞歴史資料館 解説推進委員会が発足」, 2003.11.26.
33) 民団新聞, 「〈社説〉在日同胞の貴重な写真を残そう」, 2003.10.16.
34) 民団新聞, 「在日百年〈物〉が語る歴史①」, 2004.10.20 ; 民団新聞, 「在日百年〈物〉が語る歴史②」, 2004.10.27 ; 民団新聞, 「在日百年 〈物〉が語る歴史③」, 2004.11.03 ; 民団新聞, 「在日百年 〈物〉が語る歴史④」, 2004.11.10 ; 民団新聞, 「在日百年〈物〉が語る歴史⑤」, 2004.11.17 ; 民団新聞, 「在日百年〈物〉が語る歴史⑥」, 2004.12.01 ; 民団新聞, 「在日百年〈物〉が語る歴史⑦」, 2004.12.08 ; 民団新聞, 「在日百年〈物〉が語る歴史⑧」, 2004.12.22 ; 民団新聞, 「在日百年〈物〉が語る歴史 第2部-1」, 2005.05.18 ; 民団新聞, 「在日百年〈物〉が語る歴史 第2部-2」, 2005.05.25 ; 民団新聞, 「在日百年〈物〉が語る歴史 第2部-3」, 2005.06.08 ; 民団新聞, 「在日百年〈物〉が語る歴史 第2部-4」, 2005.06.22 ; 民団新聞, 「在日百年〈物〉が語る歴史 第2部-5」, 2005.06.29 ; 民団新聞, 「在日百年〈物〉が語る歴史 第2部-6」, 2005.07.06 ; 民団新聞, 「在日百年〈物〉が語る歴史 第2部-7」, 2005.07.13 ; 民団新聞, 「在日百年〈物〉が語る歴史 第2部-8」, 2005.07.27.

에서 보편적으로 사용되는 '한인'이라는 명칭을 사용한 것은 이러한
설립의 취지를 고려한 것입니다."[35]라는 설립 취지에서 민단이라는 단
체가 모체가 되어있으나, 이 자료관은 국적이나 이데올로기를 넘은
재일코리안의 역사를 전하는 곳이라는 것을 확인할 수 있다. 이러한
과정을 통해 '재일한인역사자료관'은 2005년 11월에 생활용구 등의 자
료 약 480점, 사진 약 500점, 도서 약 3,300권, 영상자료 약 250점을
모으고 개관되었다.[36]

그렇다면 이러한 과정에서 민족단체로서 어떤 정치적 함의를 읽어낼
수 있는지 살펴보자. 그것은 자료관을 만듦으로써 민단이라는 단체의
조직력을 재일코리안 및 일본 사회에 널리 알렸다는 점이다. 재일코리
안의 자료관에 관한 구상에 대해서는 박경식을 중심으로 한 '재일동포
역사자료관설립운동(在日同胞歷史資料館設立運動)'[37]을 비롯하여 개인이
나 단체에서 추진하고 있었으나, 자금이나 자료 수집 등의 면에서도
개별적인 틀을 벗어나기 어려운 현실이었다. 재일코리안 사회에서 번
번이 좌절됐던 자료관 설립을 민단이 실시하는 것은 민단의 조직력·행동
력을 재일코리안 사회나 일본 사회에 알릴 수 있는 좋은 기회였다는

35) 在日韓人歷史資料館, 『写真で見る在日コリアンの100年』, 明石書店, p.6.
36) 民団新聞, 「〈歷史資料館開館〉在日韓人歷史資料館オープン」, 2005.11.30.
37) 연구자인 박경식이 중심이 되어 1995년에 재일동포 역사자료관 설립준비위원회가 발족
되었다. 그 후, 1996년에 '재일동포 역사자료관 설립의 호소'문이 작성되었다. 이 호소
문에는 재일동포의 올바른 역사인식을 위해서는 일본에의 도항사정이나 민족운동 등
재일동포의 역사의 전반에 걸친 자료를 수집하고 전시하는 자료관이 필요하다는 것,
또 2000년 개관을 목표로 하는 것 등이 적혀 있었다. 이 설립운동은 1996년부터 약
2년 정도 진행되어 회보도 5회 발행되고 있다. 하지만 자료관 개관에 있어서는 자금적
인 어려움이 크고 실현에는 이르지 않았다.
崔碩義, 「「在日同胞歷史資料館」のことなど」, 『在日朝鮮人史研究』 29, 在日朝鮮人運
動史研究会, 1999, pp.84~91 참고.

것이다. 또 자료관 개관은 정치사상을 넘어선 재일코리안의 모든 세대에 민단의 존재를 보여주는 것이기도 했다. 특히 '재일한인역사자료관'은 재일코리안이 일본으로 건너오게 된 사연을 시작으로 재일코리안의 역사를 모두 망라한다는 형태였기 때문에 조국의 분단과 상관없이 재일코리안이 한 몸이 되어 자료관을 만들 필요가 있었다. 이러한 활동은 '민족이탈'이니 '단체이탈'이 진행되고 있는 차세대에게 민단이 재일코리안 사회를 위해 활동하고 있는 것을 강조하는 것이 가능했던 것이다.

여기서는 민단이 2000년대에 실시한 문화사업인 'MINDAN『효행상』효도 에세이 콘테스트'와 '재일한인역사자료관'의 개관 사업에 대해 살펴봤다. 이 두 개의 사업은 민단이 문화진흥에 기여하고 있다는 것을 강조할 수 있는 사업이었다고 할 수 있다. 특히 이 두개의 사업은 재일코리안사회의 협조가 없으면 진행이 어려운 사업이다. 'MINDAN『효행상』효도 에세이 콘테스트'는 일반인은 물론이고 각 민족학교에서도 적극적으로 참여를 하였고, '재일한인역사자료관'의 전시된 자료 또한 다양한 재일코리안에게 제공을 받았기에 실행이 가능했던 것이다.

이러한 점에서 민단이라는 단체가 사람들에게 장벽이 낮은 '문화'를 축으로 사업을 전개하는 것은, 누구나 그 사업에 참여할 수 있도록 문호를 넓혀 놓는 것과 동시에 세대교체나 국제결혼 증가 등으로 변해가는 재일코리안 사회에게 '문화진흥의 적극적인 민단', '누구나 참여할 수 있는 민단'이라는 새로운 이미지를 강조했다고 할 수 있다.

5. 마치며

이 글은 민단의 문화진흥을 '문화의 의식화'의 관점으로 민단이라는 조직이 어떻게 문화를 자리매김하며, 문화진흥을 전개해 왔는가에 대해 고찰하였다.

재일코리안 사회의 '문화의 의식화'는 1948년의 '4.24한신교육투쟁'이나 1983년부터 시작한 '이쿠노민족문화제' 등에서 그 흔적을 찾을 수 있다. 그러나 민단의 '문화의 의식화'는 그것보다 늦은 2000년대에 이르러 시작되었다. 이러한 재일코리안 사회의 '문화의 의식화'나 1955년에 창단된 재일본조선인중앙예술단을 거점에 둔다면 민단의 문화진흥 실천은 늦게 시작했다고 볼 수 있다. 그러나 이러한 문화사업에 대해 민단이 적극적으로 진행하지 못했던 배경에는, 한국 국내에서 문화에 대한 인식과 문화정책이 2000년대 전까지 활발하게 진행되지 못한 상황이었다는 점, 그리고 민단은 재일코리안들이 일본에서 살아가기 위해 필요한 제도 개선이나 모국 지원에 대한 활동에 중점을 둘 수밖에 없었다는 점을 들 수 있다. 그런 의미에서 2000년대는 민단의 문화진흥 실천의 초기 단계로 볼 수 있을 것이다.

이러한 문화진흥 실천의 초기 단계에서 2004년에 'MINDAN『효행상』효도 에세이 콘테스트'를 시작으로, 2005년에 '재일한인역사자료관'이 개관되었다. 이때 민단이 적극적으로 문화진흥을 전개하게 된 배경에는 한국에서의 문화정책활동의 활발화와 일본 사회에서의 한국에 대한 인식의 변화, 또한 재일코리안 사회의 세대교체와 단체이탈에 의한 민단의 의식변화 등이 배경에 있었던 것을 확인할 수 있다.

특히 이러한 민단이라는 조직에서 새로운 시도인 문화사업에서 'MINDAN『효행상』효도 에세이 콘테스트'와 '재일한인역사자료관' 사업의 성공과 지속성은 문화라는 측면에서 민단의 존재를 재일코리안 사회 및 일본 사회에 알리는 큰 기회가 되었다고 볼 수 있다. 또한 이러한 민단조직 전체를 망라하는 문화진흥 실천은 '민족이탈'이나 '단체이탈'이 진행되고 있는 차세대에게 민단의 새로운 이미지를 강조하는 것이 가능했다.

민단이라는 민족단체가 창단되어 75년이라는 시간이 흘렀다. 그 역사 속에서 2000년대의 들어가서 활발하게 시작했던 문화진흥은 그 지속성에 중점을 둔다면 어느 정도 일본 사회 및 재일코리안 사회에서 자리를 잡았다고 할 수 있을 것이다. 그런 점에서 민단이 문화진흥을 통해 재일코리안 사회의 '표현의 장'이나 '기억의 장'을 제공한 것으로 보인다.

이 글은 한림대학교 일본학연구소의 『한림일본학』 제39집에 실린 논문 「민단의 문화진흥의 흐름과 성격 – 2000년대 활동을 중심으로」를 수정·보완한 것임.

참고문헌

고정자, 「재일동포들의 민족문화 전승의 현황과 전망」, 『제1회 해외동포민족문화·교육 발전과 연대를 위한 국제학술심포지움 논문집』, 해외동포민족문화·교육네트 워크, 2007.

_____, 「일본에서 전승되는 경기도 예술–재일코리안들의 민족예술 전승의 변천」, 『우 리춤과 과학기술』, 한양대학교 우리춤연구소, 2009.

김웅기, 「변화하는 '차세대' 재일코리안의 인식과 새로운 지원 방안의 모색」, 『재외한인 연구』 53, 재외한인학회, 2021.

김인덕, 「재일조선인단체의 형성과정–조련 민단 총련」, 『내일을 여는 역사』 통권 제63 호, 재단법인 내일을여는역사재단, 2016.

김일성, 『김일성선집 54(1974.3–1974.6)』, 조선로동당출판사, 2004.

레이번드 윌리엄스, 김성기·유리 번역, 『키워드』, 민음사, 2010.

박광무, 『한국 문화정책론』, 김영사, 2013.

성기중, 「재일본 대한민국민단의 과제 및 해결방향」, 『영남국제정치학회보』 10, 동아 시아국제정치학회, 2007.

손동주, 「『福岡韓国民団70年史』를 통해 본 재일동포의 역할」, 『동북아문화연구』 1, 동북아시아문화학회, 2019.

정신성, 「민단-총련 관계의 변화: 남북한 관계에 미칠 영향에 대한 탐색」, 『사회와역사』 82, 한국사회사학회, 2009.

지충남, 「재일한인 사회단체 네트워크 연구: 민단, 조총련, 재일한인회를 중심으로」, 『세계지역연구논총』 26, 한국세계지역학회, 2008.

_____, 「단세(團勢) 약화 요인과 활성화 방안: 민단을 중심으로」, 『한국동북아논총』 15, 한국동북아학회, 2010.

江淵一公, 『文化人類学研究－環太平洋地域文化のダイナミズム』, 放送大学教育振興会, 2002.

梶原景昭, 「課題としての文化」, 青木保 他 『文化という課題』, 岩波書店, 1998.

(仮称) 在日コリアン歴史資料館調査委員会 編, 『100年のあかし: 在日韓人歴史資料館開設記念』, 2005.

在日韓人歴史資料館, 『写真で見る在日コリアンの100年』, 明石書店, 2008.

在日本大韓民国民団, 『民団30年史』, 在日本大韓民国民団, 1977.

_____, 『民団四十年史』, 在日本大韓民国民団, 1987

_____, 『民団五十年史』, 在日本大韓民国民団, 1997.

_____, 『民団70年史』, 在日本大韓民国民団, 2018.

崔碩義, 『在日の原風景 歴史・文化・人』, 明石書店, 2004.

民族教育ネットワーク, 『民族教育と共生社会－阪神教育闘争50周年集会の記録』, 東方出版, 1999.

MINDAN「孝道賞」親孝行エッセイコンテスト 編, 『オモニとの約束 在日コリアンと孝道の記憶』, 明石書店, 2009.

渡辺吉鎔, 『韓国言語風景－揺らぐ文化・変わる社会』, 岩波書店, 1996.

飯田剛史 編, 『民族まつりの創造と展開 上 論考編』, JSPS 日学術振興会科学科研費・基盤研究(C), 2014.

李修京, 「多文化共生社会を繋ぐ市民ガバナンスとしての‘民団地方支部’の役割考察」, 『東京学芸大学紀要. Ⅰ ＝ 人文社会科学系』 70, 東京学芸大学学術情報委員会, 2019.

李虎 他, 「座談会 高麗学士倶楽部結成20周年に際して」, 『高麗會報 20周年特集号』 8, 高麗学士倶楽部, 1979.

笠井信幸, 「在日韓国人の組織的祖国支援活動とその特徴」, 『経済研究』 23, 大東文化大学経済研究所, 2010.

君塚仁彦, 「「異文化」とされる側の記憶と表象－－在日朝鮮人と博物館運動 (歴史展

示における「異文化」表象の基礎的研究）－－（展示における表象）」，『国立歴史民俗博物館研究報告』140, 国立歴史民俗博物館, 2008.

崔碩義, 「「在日同胞歴史資料館」のことなど」，『在日朝鮮人史研究』29, 在日朝鮮人運動史研究会, 1999.

八木寛之・谷富夫, 「生野コリアタウンは「韓流ブーム」にのって：阪神圏商店街実態調査から」，『コリアンコミュニティ研究』5, コリアンコミュニティ研究会, 2014.

Frederick Errington and Deborah Gewertz, "The Individuation of Tradition in a Papua New Guinea Modernity", *American Anthropologist* 98(1), 1996.

在日本韓国科学技術者協会, http://www.kseaj.com/?page_id=35

在日本大韓民国民団, https://www.mindan.org/

在日韓人歴史資料館, http://www.j-koreans.org/

内閣府, 「外交に関する世論調査(平成16年10月)」, 2004, https://survey.gov-online.go.jp/h16/h16-gaikou/2-1.html(검색일: 2021.10.29.)

民団新聞, https://www.mindan.org/news/

재일한인 디아스포라와 원 코리아 운동

전진호

1. 머리말

1985년 일본 오사카(大阪)에서 '원 코리아(One Korea)'를 구호로 내건 축제가 시작되었다. 이 축제는 해방 40주년이 되는 해에 재일한국인, 재일조선인의 구별을 없애고 하나가 되자는 운동이었다. 재일동포 2세 혹은 3세로 일본 사회 속에서 살아가야 하는 70만 동포들이 한국계의 '재일본대한민국민단(민단)[1]'과 북한계의 '재일본조선인총연합회(총련)[2]'로 나뉘어 정치적으로 대립한 과거를 지양하고, 하나의 민족으로서의 공동체 의식을 갖자는 운동이었다. 원 코리아 운동은 현대 대중예술을 통해 일본인의 한국인에 대한 고정 이미지를 바꾸고, 한국계 동포와 북한계 동포의 화합을 이루려는 축제로 시작되었고, 지금은 재일한인[3]

---

1) 민단은 1946년 '재일본조선거류민단'이라는 이름으로 설립되어, 1948년 정부수립 이후에 '재일본대한민국거류민단'으로, 1994년에 '재일본대한민국민단'으로 명칭을 변경했다.

2) 총련은 1945년 일본에서 최초로 결성된 재일한인 단체인 '재일조선인연맹(조련)'의 후신으로, 1955년에 결성되어 일본 전역에 국어강습소를 설치하는 등 민족운동을 전개하였다.

3) 일본에 거주하는 한국인(혹은 조선인)을 지칭하는 용어는 매우 다양하나, 이 글에서는 '재일한인'이라는 용어를 사용한다. 한인 디아스포라를 지칭하는 용어 등에 대해서는 김현선, 「재일 코리안의 축제와 민족정체성」, 『일본연구논총』 26, 현대일본학회, 2007, p.458 참조.

디아스포라의 대표적인 문화운동으로 자리 잡았다.

1985년 8월에 시작된 제1회 원 코리아 축제(페스티벌)에는 약 천 명 정도의 동포가 참여하였으며, 1990년대가 되면서 남북한 예술가의 공동 공연이 실현되는 등 원 코리아 운동이 활성화되었다. 1990년부터는 행사의 이름을 「민족·미래·창조페스티벌」에서 「원 코리아 페스티벌」로 바꾸었고, 일본인 예술가도 참여하게 되었다. 원 코리아 운동을 주관하는 「공익재단법인 원 코리아 페스티벌」은 이 축제를 일본 내의 한인 축제에서 참가 범위를 확대하여, 중국, 러시아 등의 동아시아 국가 전체로 축제가 확산되도록 노력하고 있다. 일본발 한인 디아스포라의 축제로 만들려는 시도라고 할 수 있다.

40여 년 전에 시작된 원 코리아 운동은 일본 사회에서 살아가는 재일한인들에게 자기 정체성을 가지게 하고, 한인사회의 정신적, 문화적 토양을 두텁게 하는 운동으로 자리 잡았다. 즉 원 코리아 운동은 민단, 총련과 같은 정치조직이 아니라 문화 활동을 통해 한인 디아스포라의 연대를 강화하는 운동이다. 또한 「원 코리아 페스티벌」은 일본에서 '하나'가 되지 못하고 반목과 갈등을 겪고 있는 재일한인의 화합을 위해 노력해 왔다. 재일한인이 먼저 화합하여 '하나'가 되고, 조국과 해외 한인의 가교 역할을 담당하여 원 코리아의 실현에 공헌하면서 동시에, 궁극적으로는 평화롭고 창조적인 동아시아 공동체를 지향한다는 목표를 가지고 있다. 재일한인 통합의 상징으로 자리 잡아 가고 있는 원 코리아 운동의 한인 디아스포라 내의 활동과 함의를 살펴보는 것이 이 글의 목적이다.

재일한인 디아스포라에 대해서는 다양한 방향에서 연구가 이루어져 있다. 먼저, 윤인진(2004), 정갑수(2006), 이모토 신야(井本信也; 2005), 김동훈(金東勳; 2004) 등의 연구는 재일한인 디아스포라 자체를 중심적

분석대상으로 하고 있다. 한편 통일운동의 관점에서 재일한인 디아스
포라를 살펴본 연구로는 김태영·임영언(2016), 윤황·조희원(2014), 지
충남(2015) 등이 있다. 더 나아가 문화 운동의 관점에서 재일한인 디아
스포라를 분석한 연구로는 김현선(2007), 장윤수(2010) 등이 있다. 그러
나 이 글이 중점적으로 살펴보는 대중·문화운동으로서 원 코리아 페스
티벌을 분석하고 있는 연구는 손꼽을 정도이며, 그 대부분도 원 코리아
페스티벌을 주관하고 있는 정갑수의 연구이다. 정갑수 외의 연구로는
손미경(2011), 이신철(2015), 지충남(2013) 등이 있지만, 대부분의 선행
연구는 원 코리아 페스티벌의 하나의 단면만을 다루고 있거나, 원 코리
아 페스티벌의 행사내용을 소개하는 데 그치고 있다.

언급한 바와 같이, 재일한인 디아스포라를 분석한 연구들 중에서
원 코리아 페스티벌에 초점을 맞추어 분석한 연구는 드물며, 특히 재일
한인 디아스포라의 대중·문화운동의 관점에서 원 코리아 페스티벌을
집중적으로 분석한 연구는 거의 없다고 할 수 있다. 이런 점에서 이
글은 원 코리아 운동이 시작된 1985년부터 현재까지 어떠한 변천 과정
을 겪으면서 발전해 왔는가를 살펴보면서, 동시에 재일한인 디아스포
라 내에서 원 코리아 운동이 가진 함의를 고찰하고 있다. 즉, 원 코리아
페스티벌은 민족운동이면서 동시에 대중운동, 문화운동으로서의 특성
을 가지고 있으며, 이 글은 원 코리아 페스티벌의 이러한 세 가지 특성
을 분석하는 글이라고 할 수 있다. 글의 일부에서 기존연구를 원용한
부분도 있지만, 이러한 문제의식에 기초한 원 코리아 페스티벌에 대한
집중적인 분석은 이 글의 독창적인 성과라고 할 수 있다. 최근 재외
한인 디아스포라를 문학이나 예술, 공연 등을 중심으로 재구성하는
연구들이 이뤄지고 있으며,[4] 이 글도 재일한인 디아스포라를 원 코리
아 페스티벌이라는 문화운동을 중심으로 재구성하는 시도의 일환이라

고 할 수 있다.

이 글은 연구방법으로 문헌연구와 인터뷰를 병행했다. 문헌연구는 한국과 일본에서 간행된 단행본, 논문들을 주로 분석했으며, 인터뷰는 원 코리아 페스티벌의 관계자를 대상으로 했다. 즉 원 코리아 운동을 분석하고 있는 선행연구들의 성과 위에서 원 코리아 페스티벌을 주관하는 정갑수 씨 등 관계지의 인터뷰로 내용을 구성하였다. 특히 원 코리아 운동의 의의 및 변천 과정 등에 대해서는 정갑수 씨와의 집중 인터뷰를 통해 사실 관계를 확인하였으며, 정갑수의 연구로는 정갑수(鄭甲壽; 2015, 2005) 및 정갑수(2011, 2006, 2000) 등을 주로 참고했다.

2. 원 코리아 운동 이전의 재일한인 디아스포라

일본이 패전한 직후 일본에 살고 있던 외국인 중 약 90%가 재일한국인 혹은 조선인(이하 재일한인)이었다.[5] 일본의 식민지 지배 이후 일본에 거주하게 된 재일한인[6] 중에서 약 60만 명이 전쟁이 끝난 후에도 일본에 거주하면서 재일한인 사회가 형성되었다. 1947년 '외국인등록령'의 시행으로 외국인등록이 강제되었으며, 1965년 한일 국교정상화로 한국 출신 재일한인은 1966년 1월부터 협정영주권자의 자격을 부여받았으며, 약 60만 명의 재일한인 중에 76% 정도가 '특별영주자[7]'로

----

4) 임경규 외, 『디아스포라의 지형학』, 앨피, 2016이 이러한 관점을 가진 연구의 하나이다.

5) 현재는 중국인이 한국인보다 많이 일본에 거주하고 있다. 재일한국·조선인(귀화한 동포 제외)은 일본 거주 외국인의 약 15% 정도로 감소했다.

6) 해방 당시 약 230~240만 명의 한반도 출신자가 일본에 거주하고 있었다고 추정되고 있다. 愼英弘, 「朝鮮植民地支配と戦後の在日韓国·朝鮮人」, 『社会事業史研究』 48, 2015, p.51.

집계되고 있다.[8]

1952년 샌프란시스코 강화조약이 발효되면서 한반도 출신자와 자손은 일본 국적을 상실했고, 재일한인들은 일본에서 외국인으로 살아야 했기 때문에 권리의 제한을 받아 왔다. 강화조약으로 갑자기 외국인이 된 재일한인들은 1952년 이후 법적 지위 향상 운동, 권리 개선 운동 등을 추진해 왔다. 특히 재일한인 1세와 2세의 많은 수는 일본의 패전 이후 한국 국적 혹은 조선 국적을 그대로 유지하면서 일본에 거주하기를 희망했기 때문에 많은 차별을 받으면서도 국적이 없는 상태로 일본 사회에 남아 왔다. 그러나 3세, 4세가 많아지면서 차별받는 (정주)외국인이 아니라 자신의 권리를 향유하자는 목소리가 커져갔다.[9]

1970년대 일본에서 재일한인에 대한 차별철폐 운동이 시작되면서 재일한인의 민족 정체성 확립과 한인의 통합이 주요한 화두가 되었다. 1972년 7.4남북공동성명 발표 이후 민단과 총련은 공동의 문화행사를 추진했지만, 유신체제 성립과 남북대립으로 성사되지 못했다. 한편 1970년대부터는 재일한인 1세가 중심이 되었던 귀국지향에서 일본에서 정주하려는 2세 혹은 3세의 주장이 강해지기 시작했다. 재일한인 1세가 귀국지향이었다면, 2, 3세는 '재일한인'으로서 일본에서 살아가는 것에 대해 자기 목소리를 내기 시작한 것이다. 이러한 분위기 속에서 1980년대의 통일운동이 시작될 수 있었다.[10] 1975년에 창간된 『계간

---

7) '특별영주자'는 전전(戰前)부터 일본에 살고 있던 조선인과 대만인, 그리고 그 자손에게 부여한 재류자격으로 1991년 일본이 제정한 특별법에 의해 재류자격이 부여된 영주권자이다.

8) 二階堂裕子, 「在日韓国・朝鮮人コミュニティと民族関係」, 『アジア遊学』 81, 2005, p.152.

9) 예를 들면, 의료보험증은 한국 이름으로 등록해도 문패는 일본 이름으로 하는 경우도 많았으며, 취직이나 연금에서도 차별이 존재했다. 井本信也, 「在日韓国・朝鮮人の歴史と現状」, 『ヒューマンライツ』 211, 2005, p.49.

삼천리』및 1983년에 활동을 시작한 「이쿠노(生野) 민족문화제」 등의 운동이 시작된 것도 이러한 이유에서이다.

재일한인 2세와 3세는 한반도의 분단 상황보다 '재일'이라는 자신의 정체성을 더 강하게 인식하면서 한인사회의 통합 및 통일운동을 모색하였다. 과거 재일한인 사회는 민단과 총련으로 나뉘어 정주와 귀국, 귀화 등의 문제로 치열한 대립양상을 보였다. 그러나 1980년대에 접어들어 한인사회에서는 분단과 대결이라는 이념에서 탈피하여 재일한인의 생활과 연계된 통일운동이 시작되었다. 한인사회의 통일운동은 한반도의 통일을 지향하지만, 동시에 한인사회의 화합과 통일에도 기여해야 하기 때문이었다. 즉 1985년에 시작된 원 코리아 페스티벌과 같은 통일 관련 행사는 한인사회의 분열과 대립, 남북한 정부에 의존한 통일운동의 문제점, 한인의 일상적인 삶 속에서의 통일운동의 전개라는 복합적인 관점에서 시작된 것이다.[11] 남북관계 및 북일관계의 악화 속에서도 재일한인의 통합과 통일운동의 전개를 슬로건으로 내건 원 코리아 운동은 재일한인 디아스포라의 상징으로 자리 잡았다.

원 코리아 페스티벌이 시작되기 전까지는 귀화에 대해 터부시하고, 귀화한 동포를 부정적으로 바라보는 시선이 많았다. 귀화를 한국인의 민족적 정체성을 포기한 것으로 보았기 때문이다. 그러나 1980년대에 접어들어 재일한인들은 한민족의 정체성을 유지하면서도 일본 사회에서 정주하는 과거와는 다른 새로운 정체성을 확립해야 할 필요성을 느끼게 되었다.[12] 탈냉전 이후 귀화가 급속히 증가해 1996년부터 2000

10) 이신철, 「재일동포사회의 통일운동 흐름과 새로운 모색: 원 코리아 페스티벌을 중심으로」, 『林史』 52, 수선사학회, 2015, pp.310~311.

11) 지충남, 「재일동포 사회의 통일운동: 민단, 조총련, 원 코리아 페스티벌을 중심으로」, 『민족연구』 64, 한국민족연구원, 2015, p.179.

년까지 재일한인의 귀화자 수는 매년 1만 명 정도로 1990년대 초와 비교해 2배 정도로 증가했다.[13] 또한 1990년대 중반부터 한인사회에서 '정주외국인'의 지방참정권을 인정하자는 지방참정권 운동이 시작된 것도 이러한 인식의 변화와 관련되어 있다.

이러한 재일한인 사회의 환경 변화 속에서, 원 코리아 페스티벌은 오사카 이쿠노구(生野区)에서 1983년에 행해진 민족문화제에서 시작되었다. 한인의 집단거주지인 이쿠노구에서 한인의 축제를 만들자는 행사가 기획되어 농악, 부채춤, 마당놀이, 풍물 등이 시연되었고 강강술래를 마지막으로 폐막되었다. 이쿠노 민족문화제는 2002년 제20회 행사를 마지막으로 막을 내렸다.[14] 이쿠노 민족문화제는 재일한국인과 재일조선인의 차별을 없애고, 재일한인의 민족정체성 확립과 통합을 위한 축제였으며, 이러한 정신은 '원 코리아 페스티벌'로 계승되었다.[15] 이쿠노 민족문화제는 막을 내렸지만, 이 운동은 일본 내의 한인 디아스포라의 통합을 이루는 원 코리아 페스티벌이라는 대중, 문화운동으로 계승되어 오늘에 이르고 있다.

---

12) 이신철, 「재일동포사회의 통일운동 흐름과 새로운 모색: 원 코리아 페스티벌을 중심으로」, p.311.

13) 일본 법무성 민사국(民事局) 자료에 의하면 한인의 귀화자 수는 2003년 11,778명으로 절정을 이루었으며, 2015년 5,247명, 2016년 5,434명으로 집계되고 있다. 佐々木てる, 「国籍取得とエスニック・アイデンティティー日本国籍を取得した在日韓国・朝鮮人への調査結果から」, 『Sociology Today』 12, 2001, p.14.

14) 이쿠노 민족문화제의 슬로건은 '하나가 되어 키워보세, 민족의 문화를! 마음을!'이었으며, 이 슬로건에는 재일한인의 화합과 연대, 그리고 민족 정체성 회복이라는 문제의식이 자리 잡고 있었다. 이쿠노 민족문화제의 상세한 내용에 대해서는 김현선, 「재일 코리안의 축제와 민족정체성」, pp.463~464.

15) 이신철, 「재일동포사회의 통일운동 흐름과 새로운 모색: 원 코리아 페스티벌을 중심으로」, p.312.

3. 원 코리아 운동의 형성과 전개

냉전기 남북한의 대립과 이념적 갈등에서 촉발된 민단과 총련의 대립, 귀화와 영주(永住), 혹은 귀국의 선택 등의 갈등과 분열은 재일한인 사회를 분열시킨 채 화합과 통일의 길로 나아가지 못하고 갈등을 겪어왔다. 두 단체의 대립은 1980년대 이후 민단이 차별 해소와 지문날인문제, 재일동포의 권익보호 운동을 본격적으로 시작하면서 다소 완화되었고, 2006년 민단과 총련이 '화합에 합의하는 공동성명(5.17공동성명)'을 발표하면서 극적인 전환을 맞았다. 5.17공동성명은 반세기 이상의 대립의 역사에 종지부를 찍고 민단과 총련이 화합과 협력의 시대를 연 새로운 출발점이라 할 수 있다. 그러나 민단 내부의 반대 등으로 5.17공동성명은 백지화되어, '개혁민단'을 기치로 총련과의 화합을 시도한 민단의 시도는 수포로 돌아갔다. 이는 민단과 총련의 뿌리 깊은 반목을 보여주는 대표적인 사례가 되었다.[16]

민단과 총련의 대립 속에서도 화합을 바라는 한인 2, 3세 등은 한인사회의 통합을 추구하고, 조국의 통일에 기여할 수 있는 새로운 통일운동을 추구하게 되었고, 이것이 '원 코리아 페스티벌(One Korea Festival)'[17]의 출발점이 되었다. 즉 통일의 가능성이 점차 희박해지는 가운데 한인들이 통일을 위해 할 수 있는 최소한의 노력을 하겠다는 취지에서 시작

---

16) 합의 추진과정에서 민단 내의 논의와 절차 등이 결여되어 반발이 이어졌으며, 민단의 지방조직은 물론 화해에 반대하는 『통일일보』 등의 보수언론의 비판도 가세했기 때문이었다. 상세한 내용은 정갑수, 「원 코리아 페스티벌의 역사와 재일동포」, 『OK times Overseas Korean times』 524, 2006, pp.1~5.

17) 정갑수 씨에 의하면 젊은 층이 관심을 가지고 페스티벌에 참가할 수 있도록 행사명으로 'One Korea'와 'Festival'이라는 영어를 사용했다고 한다. 鄭甲壽, 『ワンこリア風雲録: 在日コリアンたちの挑戦』 No.658, 岩波ブックレット, 2005, pp.26~27.

된 운동인 것이다. 원 코리아 페스티벌은 대립하고 있는 재일한인 사회를 통일 축제에 동참시켜 통일에 대한 새로운 인식을 제공하는 기회가 될 것으로 기대되었다. 특히 젊은 한인 세대가 정치에 대한 관심이 적어지는 상황에서 통일을 위한 하나의 방법론으로 시작되었다. 즉 해방 40주년을 맞아 재일한인의 입장에서 통일운동과 반차별 운동, 그리고 시민운동과 민족운동을 연결하는 새로운 운동으로서 원 코리아 페스티벌이 추진된 것이다.

해방 40주년을 맞은 1985년 원 코리아 페스티벌이 시작되었으며, 2023년의 제39회 대회까지 진행된 상황이다. 앞에서 언급한 바와 같이, 원 코리아 페스티벌은 한인사회의 이념 갈등을 봉합하고, 통합과 통일을 위한 화합의 무대를 마련하여 조국의 통일에 기여한다는 상징으로 시작되었다. 즉 원 코리아 페스티벌의 키워드는 '통일'이었고, 남북의 대립과 분단이 고착화되고 있는 상황에서 통일의 가능성을 찾고자 하는 운동으로 출발한 것이다. 원 코리아 페스티벌은 정치운동이 아니라 문화운동으로 기획되었고, 음악이나 예술분야에서 활약하고 있는 재일 아티스트들을 중심으로 행사가 설계되었다. '통일'을 모티브로 구성된 페스티벌은 행사의 마지막에 모든 출연자, 참가자, 스태프가 '하나(One)'를 연호하는 '하나 콜'로 마무리하는데, 이후 '하나 콜'은 통일을 기원하는 원 코리아 페스티벌의 상징으로 자리 잡았다. 횟수를 거듭하면서 원 코리아 페스티벌은 한국 국적, 북한 국적 그리고 일본 국적의 재일한인 모두를 아우르는 축제로 성장했고, 재일한인 디아스포라의 중요한 상징의 하나가 되었다. 원 코리아 페스티벌을 추진하는 과정에서 실행위원회는 '재일조선인' 혹은 '재일한국인'이라는 표현을 피하고 '재일한인'이라는 표현을 사용하였다. 이는 '재일조선인' 혹은 '재일한국인'이라는 표현은 남북의 분단 상황을 반영하고 있으며, 더 나아가

이러한 상황을 고착화하는 부정적인 작용을 한다는 판단에서였다. [18)

탈냉전을 맞아 원 코리아 운동은 통일이라는 키워드에 더해 '아시아'를 새로운 또 하나의 키워드로 설정했다. 즉 원 코리아 운동은 재일한인만을 대상으로 하는 운동에서 아시아 시민 전체를 통일을 위한 '하나'로 묶어내는 '원 아시아' 운동으로 확대된 것이다. 1990년에 개최된 제6회 페스티빌은 〈원 코리아·아시아·세계〉라는 슬로건으로 개최되었고, '아시아 공동체'라는 개념이 페스티벌에 등장했다. '아시아 공동체'는 이후 원 코리아 페스티벌이 지향하는 미래상으로 자리 잡았다.

1990년 이후의 원 코리아 운동이 아시아 공동체를 지향한 것에 대한 비판도 적지 않았다. 원 코리아 운동의 핵심 가치인 '통일'과 아시아 공동체가 어떠한 관계에 있는지, 2차대전 당시 일본이 주창했던 대동아공영권을 연상시킨다 등의 비판이었다. 이러한 비판에 대해 원 코리아 운동을 주도하고 있는 정갑수 씨는 통일과 지역통합의 움직임은 향후 연동되어 갈 것이며, 일본과 공동의 미래를 지향하는 공동 작업을 통해서 과거를 극복하고 전진할 수 있다는 점 등을 강조하고 있다. [19) 원 코리아 운동이 '아시아 시민', 아시아 공동체를 지향하면서, 남북의 예술가에 의한 공연에서 한일의 지식인 및 활동가는 물론, 중국과 러시아 연구자, 문화인(예술인) 등도 페스티벌에 참가하게 되었다. 페스티벌의 개최 장소도 오사카와 도쿄는 물론, 한국, 중국, 미국 등으로 다양화되었다.

원 코리아 운동을 시기별로 정리해 보면, 1985년부터 1989년까지는

---

18) 鄭甲寿, 『ハナ ワンコリア道草回顧録』, ころから, 2015, pp.86~95.
19) 鄭甲寿, 『ワンコリア風雲録: 在日コリアンたちの挑戦』, 岩波ブックレット, No.658, 2005, p.55.

재일한인 사회의 통일운동을 목적으로 하였으나, 1990년부터는 아시아 공동체를 지향하는 운동으로 발전하였다. 2000년대 이후의 원 코리아 페스티벌의 테마를 보면, 동아시아의 미래(2008년), 동아시아 공생(2009년), 하나가 되는 동아시아(2012년), 동아시아의 평화(2013년) 등 매년 동아시아라는 주제로 축제를 진행하고 있다. 원 코리아 운동이 재일한인의 통일운동에서 원 아시아, 다문화 공생, 아시아 공동체 등으로 주제를 확대시켜 나가고 있는 것을 알 수 있다. 1985년 이후의 '원 코리아 운동'의 주요한 활동을 연도별로 정리하면 〈표1〉과 같다.

〈표1〉 원 코리아 운동의 활동 상황

연도	활동 내역
1985년	해방 40주년을 계기로 새로운 통일비전의 창조를 목표로 '원 코리아' 주장 「8·15(40) 민족·미래·창조 페스티벌」을 개최
1990년	「원 코리아 페스티벌」로 개칭 남북의 예술인이 아리랑을 합창하는 등 남북 공동공연 「아시아 공동체」 지향을 제안
1991년 ~1994년	민단, 총련계의 악단, 남북의 합창단, 가수가 공연
1994년	1994년부터 「원 코리아 페스티벌」을 도쿄와 오사카에서 개최
1997년	최초로 미국 뉴욕에서 「원 코리아 페스티벌」 개최 미국의 다민족합동공연예술단 「WE ARE ONE」을 초청하여 공연
1998년	「의정부 원 코리아 페스티벌」과의 교류 개시(2005년 교류 페스티벌 종료)
1999년	「이쿠노(生野) 코리아타운」 개최
2000년	「남북 정상회담 환영! 원 코리아 페스티벌」을 도쿄에서 개최 「남북 공동선언 지지! 원 코리아 페스티벌」을 오사카에서 개최 「해방 55주년 원 코리아 페스티벌」 개최
2001년	통일과 동아시아 공동체를 테마로 제1회 「원 코리아 포럼」 개최
2002년	국립민족박물관 요청에 의해 「원 코리아 페스티벌, in 민족박물관」 개최 「한일 식(食) 포럼」 개최 통일과 동아시아 공동체를 테마로 제2회 「원 코리아 포럼」 개최

연도	활동 내역
2003년	통일과 동아시아 공동체를 테마로 제3회 「원 코리아 포럼」 개최 러시아·연해주 「고려인 문화의 날 페스티벌」에 초청되어 참가
2004년	특정비영리활동법인 「코리아 NGO센터」 설립
2005년	「남북 공동선언 5주년 기념 남북·해외 공동대회」 참가 [6.15민족통일축전(평양), 8.15민족대축전(서울)]
2006년	민단과 총련, '화합에 합의하는 공동성명(5.17 공동성명)' 발표
2008년	금강산에서 개최된 「6.15민족통일대회」 참가
2010년	「재단법인 원 코리아 페스티벌 설립준비 심포지움」 개최
2011년	「일반재단법인 원 코리아 페스티벌」 발족 「원 코리아 페스티벌 한국 후원의 저녁」 개최 「재단법인 원 코리아 페스티벌 설립기념 심포지움」 개최
2013년	「원 코리아 페스티벌 콘서트 in 서울」 개최
2014년	「원 코리아 페스티벌 콘서트 in 도쿄」 개최
2022년	제38회 「원 코리아 페스티벌」 개최(오사카)
2023년	제39회 「원 코리아 페스티벌」 개최(오사카)

　원 코리아 페스티벌을 주최해 온 「원 코리아 페스티벌 실행위원회」
는 2004년 재일 외국인의 인권 보호와 NGO 교류사업을 하는 「재일한
국민주인권협의회」, 오사카에서 민족학급제도 보장운동의 중심역할
을 하는 「민족교육문화센터」와 하나가 되어 특정비영리활동법인인 「코
리아 NGO센터」를 결성했다. 「코리아 NGO센터」의 결성은 분열이 중
심이 되어 온 재일한인의 역사 속의 통합이라는 새로운 경험이었다.
「코리아 NGO센터」의 결성 이후 원 코리아 페스티벌은 「코리아 NGO
센터」가 주관하고 있으며, 민단 및 총련, 오사카시, 동북아평화연대,
조선청년동맹(총련 계열), 한국청년회(민단 계열) 등이 페스티벌을 후원
하게 되었다. 「코리아 NGO센터」는 '경계(境界)에서 공생(共生)에'라는
슬로건 아래 민족교육의 확대, 다문화공생, 동북아시아의 한인 네트워

크의 형성, 민족공동체와 통일이라는 가치를 실현하는 재일한인 디아
스포라의 중심적인 역할을 할 것으로 기대되었다.

그러나 2006년 민단과 총련에 의해 성립한 5.17공동성명이 백지화
되면서 원 코리아 운동도 동력이 약화되어, 재일한인 전체의 운동이라
기보다 소수의 한인만이 참여하는 통일운동으로 성격이 변화해 갔다.
민단과 총련의 중앙본부가 원 코리아 페스티벌에 참여하지 않고, 관계
기관의 지원도 축소되면서 원 코리아 페스티벌은 새로운 활로를 모색
해야 했다. 원 코리아 페스티벌은 공연, 전시, 음식, 이벤트 등으로
구성되어 있었으나, 2000년 제16회 페스티벌부터 포럼이라는 새로운
형태를 도입하였다. 포럼은 공생, 다문화, 동아시아 네트워크 등 원
코리아 페스티벌의 주요 비전에 대해 전문가가 발표, 토론하는 형태로
진행되었다.[20]

페스티벌이 시작된 1985년 이후 원 코리아 운동이 처한 재정 상황은
매우 어려웠다고 한다. 참가 예술인, 스태프들은 대부분 사례금 없이
재능 기부하였지만, 민단과 총련 등 관계기관의 충분한 지원을 받기
어려웠기 때문이었다. 제1회 페스티벌도 수백만 엔의 적자 페스티벌이
었다.[21] 어려운 재정 상황 속에서도 1980년대의 페스티벌은 횟수를
거듭했고 1990년대에 접어들어 원 코리아 운동은 활성화의 계기를 맞
게 되었다. 냉전의 붕괴와 동·서독의 통일은 '통일'을 모티브로 하는
원 코리아 운동에 활력을 불어 넣었으며, 민단과 총련 등으로부터도
일정한 지원을 얻을 수 있게 되었다. 남북 예술인의 공동 공연이 이뤄지

20) 지충남, 「재일동포와 원코리아페스티벌: 통일과 공생의 기제」, 『OUGHTOPIA』 28,
    경희대학교 인류사회재건연구원, 2013, p.159.
21) 鄭甲寿, 『ハナ ワンコリア道草回顧録』, ころから, 2015, p.118.

고 통일에의 기대가 커지면서 1990년대 원 코리아 페스티벌은 매년 도쿄와 오사카에서 행사를 개최하면서 남북 예술인의 공동 공연을 이어갔다. 1990년대부터 남북 예술인의 공연이 계속되면서 행사를 소개하는 팸플릿에 일본말과 함께 한글 인사말이 게재되기 시작했다. 이는 일본어를 모르는 남북한의 참가자를 위한 배려였다.[22] 이어 2000년 남북정상회담이 개최되면서 원 코리아 운동은 비교적 안정적인 궤도에 접어들게 되었다.

원 코리아 운동의 원점에 오사카에 거주하는 활동가 정갑수 씨가 있다. 재일한인 3세로 오사카 이쿠노에서 태어난 정갑수 씨는 원 코리아 운동의 탄생에서부터 현재까지 원 코리아 운동을 실질적으로 주도하고 있다. 정갑수 씨는 1985년 해방 40주년을 계기로 새로운 통일비전의 창조를 목표로 「8.15(40) 민족·미래·창조 페스티벌」을 개최하였으며, 1990년 원 코리아 페스티벌로 이름을 바꾸어 현재까지 개최하고 있다.

4. 탈냉전 이후의 원 코리아 운동의 변혁

원 코리아 페스티벌은 남북대결이 초래한 남북관계 및 국제관계의 불안정이 동아시아 평화에 대한 최대의 장애라는 전제에서 출발하여, 한반도의 통일이 동아시아의 평화에 기여하며, 동아시아의 시민적 자유와 인권, 민주주의의 실현을 통한 '동아시아 시민'의 창출을 위해

---

22) 이신철, 「재일동포사회의 통일운동 흐름과 새로운 모색: 원 코리아 페스티벌을 중심으로」, p.315.

동아시아 공동체를 지향한다는 비전으로 발전해 갔다.[23] 원 코리아 페스티벌을 주관해 온 「공익재단법인원 코리아 페스티벌」은 이러한 이념과 비전을 발신하기 위한 목적으로 설립되었다. 재단법인은 원 코리아 페스티벌을 일본 국내는 물론 조국(祖国), 해외로 확대, 발전시키면서, 일본 시민과 연계하여 일본과 아시아의 다문화 공생사회의 실현에 기여하는 활동, 아시아의 시민적 권리와 자유의 보편적 실현을 위한 동아시아 공동체의 실현을 위한 계몽활동 등을 하고 있다. 이를 위해 페스티벌, 심포지엄, 세미나, 공연 등을 개최하고 있다. 즉 원 코리아 페스티벌은 축제와 문화활동 운동을 통해 통일운동의 새로운 장르를 구축하고 있다.

탈냉전 이후의 원 코리아 페스티벌의 가장 큰 변화는 남북 예술인의 합동공연이 이뤄진 것이며, 탈냉전의 변화 속에서는 원 코리아 운동도 '통일'에 더해 '아시아 공동체'라는 가치를 추가하여, 두 개의 미래비전을 확립하였다. '통일'과 '아시아 공동체'라는 두 개의 비전을 확립한 1990년의 페스티벌에 한국의 김덕수 사물놀이와 북한의 김정규 유네스코 직원에 의한 남북공연이 처음으로 실현되었다. 탈냉전 이후 남북이 하나가 되는 노력은 한반도에서가 아니라 재일한인 사회에서 먼저 시작되었다고 해도 과언이 아니다. 탈냉전 이후의 또 하나의 변화는 일본인 아티스트의 참가가 늘어난 점이다. 원 코리아 운동이 아시아 공동체를 또 하나의 비전으로 확정한 후 각계의 일본인이 페스티벌에 자연스럽게 합류하게 되었다. 'One Korea, One Asia, One World'라는 가치가 탈냉전 이후 원 코리아 운동의 중심개념으로 자리 집았다.

탈냉전 이후 원 코리아 운동을 둘러싼 환경도 급변했다. 냉전이 종결

---

23) 원 코리아 페스티벌 홈페이지 http://hana.wwonekorea.com(검색일: 2023.3.29)

되어 독일 통일, 소련 붕괴라는 국제정치적 환경 변화가 있었으며, 유럽에서는 국경을 넘는 지역통합이 이뤄져 EU가 출범했다. 또한 남북 간에도 탈냉전 이후 활발한 교류와 협력의 움직임이 생겨나 '통일'이라는 보이지 않던 미래가 실현가능한 희망으로 다가왔다. 이러한 변화는 원 코리아 운동에 대한 지지와 지원이 되어 1985년에 약 천 명으로 시작한 축제의 참가자가 2000년대 중반에는 2만 명 정도가 될 정도로 성장하였다.[24]

1990년대 중반부터는 '통일'과 '아시아 공동체'라는 비전에 더해, 아시아 공동체의 실현을 위한 구체적인 방법이 원 코리아 운동에 더해지기 시작했다. 그것은 아시아 공동체의 실현을 위해 근대 국민국가를 넘어서는 지역통합을 이루고, 지역통합은 경제통합보다 시민통합을 통해 완성해 나간다는 것이었다. 이는 일본에 영주하고 있는 한국, 조선인과 한국계 일본인이 국경을 넘어선 '아시아 시민'의 정체성을 가짐으로써, 아시아 공동체를 실현할 수 있다는 것이다. 민족주의와 국가주의적 성향이 강한 동북아의 실정에서 이러한 접근이 공동체를 이룰 수 있는 사상적 토대가 된다고 원 코리아 운동 실행위원회는 판단하고 있다.[25]

1990년대 중반 이후의 이러한 원 코리아 운동의 사상적 진화는 완성된 지역통합체로 제도화하는 유럽공동체에서 힌트를 얻은 것으로 보인다. 다만 이러한 구상이 한일, 그리고 남북한의 민족주의적 대립이 강한 현실에서 실현 가능할 것인지에 대해서는 부정적인 시각도 존재하

---

24) 鄭甲寿, 『ワンこリア風雲録: 在日コリアンたちの挑戦』 No.658, 岩波ブックレット, 2005, p.4.

25) 鄭甲寿, 『ハナ ワンコリア道草回顧録』, ころから, 2015, pp.156~184.

며, 재일한인의 화합과 통합을 위해 출발한 원 코리아 운동이 '지역통합에 의한 아시아 공동체의 완성'이라는 지나치게 높은 목표를 설정한 것이 아닌가 하는 비판도 적지 않다. 최근 원 아시아 페스티벌은 아시아 공동체 형성을 위해 동남아시아국가연합(ASEAN)과 같은 기구를 설립하여 아시아의 경제적 통합을 이뤄야 한다고 주장하고 있다.[26] 탈냉전과 유럽의 통합이라는 1990년대 이후의 국제환경의 변화가 원 코리아 운동의 방향성에 영향을 준 것은 분명해 보인다. '원 코리아'에서 '원 아시아'로 페스티벌의 지향이 확대된 것도 이러한 환경 변화에 영향을 받은 것이다.

1990년대 후반부터 원 코리아 페스티벌은 일본을 벗어나 한국과 미국에서도 개최되었고, 2000년대에 접어들어서는 중국, 러시아 등으로 활동무대를 넓혀갔다. 재일한인을 대상으로 하던 원 코리아 운동이 해외 코리안과의 교류를 시작하여, 1998년에는 뉴욕, 1999년에는 의정부에서 원 코리아 페스티벌이 개최되었다. 특히 2000년 개최된 남북정상회담을 기념하여 도쿄에서 개최된 원 코리아 페스티벌은 일본 언론의 집중적인 주목을 받으면서 일본 국내외에 원 코리아 페스티벌을 알린 대표적인 행사가 되었다. 일본에서는 아사히TV는 물론 NHK까지 원 코리아 페스티벌을 소개하기도 하였다. 특히 NHK 뉴스에서는 도쿄의 원 코리아 페스티벌 행사장에서 민단의 한국청년회 회장과 총련의 조선청년동맹 위원장이 NHK의 인터뷰를 같이하면서, 원 코리아 페스티벌이 재일한인 디아스포라의 화합의 상징으로 보도되었다.

---

26) 원 코리아 페스티벌 실행위원회 http://hana.wwonekorea.com/history/MP/1994MP.html(검색일: 2023.3.29). 원 코리아 페스티벌에서 ASEAN 방식이 주장된 것은 김대중 대통령이 ASEAN+3에서 제안한 '동아시아 협의체'와 같은 조직을 염두에 둔 것으로 보인다.

한편 2014년 개천절에 '2014 DMZ 원 코리아 온누리 페스티벌'이란 행사가 개최되었다. 이 행사는 일본의 원 코리아 페스티벌 실행위원회가 아니라, 한국의 사단법인 '원 코리아'가 주관한 행사로서, 한국에서 오사카의 원 코리아 페스티벌과 같은 의미로 행사를 추진한 것이다. 온누리 페스티벌이 원 코리아 페스티벌의 정신이나 비전을 계승하는지, 또 어떤 점이 다른지 명확하지 않다. 다만 원 코리아 페스티벌이 '아시아 공동체'를 지향하는 데 비해, 온누리 페스티벌은 DMZ라는 지역이 상징하는 통일운동에 비전이 있다는 점에서 차이가 있다. 두 페스티벌이 향후 연계성을 가지고 진행될지, 온누리 페스티벌이 원 코리아 페스티벌의 문화운동을 정치적으로 이용하는 행사가 될지는 좀 더 지켜봐야 할 것이다.[27] 통일운동에서 아시아 공동체 운동으로 발전한 원 코리아 운동은 북한의 핵실험, 미사일 발사와 일본 내의 혐한운동의 강화 등의 악조건에도 불구하고 재일한인 디아스포라의 화합과 통합의 상징으로 자리 잡았다.

5. 재일한인 디아스포라 내의 원 코리아 운동의 의미

재일한인은 다른 지역의 한인과는 다른 이주와 정착의 역사를 가지고 있으며, 한국계 미국인, 조선족 혹은 고려인 등과는 다른 민족 정체성을 가지고 있다. 즉 일반적으로 해외에 거주하는 한인은 한국인이지만 동시에 '거주국 국민'이라는 이중의 정체성을 가지고 있지만, 일본

---

27) 온누리 페스티벌에는 일본인의 참여는 없었으며, 재외동포 문제에 관심이 많은 정치인과 해외 한인대표들이 다수 참여했다. 이신철, 「재일동포사회의 통일운동 흐름과 새로운 모색: 원 코리아 페스티벌을 중심으로」, pp.320~321.

에 거주하는 한인은 '한국계 일본인'이라는 정체성을 가지기 어려운 상황이었다.[28] 재일한인은 한국, 북한, 일본 등 다양한 국적을 가지며 어느 국가에도 속하지 않는 경계인으로 거주하여 왔다. 1990년대 후반 이래 일본에 귀화하는 동포가 증가하면서 '한국계 일본인'이라는 자기 정체성을 선택하는 한인이 증가하였지만, 이렇게 되기까지 50년 이상 이 걸렸다.

재일한인 디아스포라는 매년 급격히 감소하고 있다. 해방 직후 약 230만 이상으로 추산되던 재일한인은 일본에 거주하는 외국인의 90% 정도를 차지했지만, 1990년대에 접어들어 50% 정도로 감소했다. 2000년대가 되면 '특별영주권자'가 50만 명 이하로 감소했고, 2010년대에는 전체 외국인의 30% 이하로 감소했다. 세대구성 면에서도 재일한인 1, 2세에서 3, 4세로 세대교체가 이뤄졌으며, 뉴커머(new comer)[29], 조선족의 이주 등이 급증하고 있다.

총련도 마찬가지였다. 총련은 전성기의 20여만 명이 2000년대에 접어들어 5만 명 정도로 줄어들었으며, 2000년대 이후 국적을 조선에서 한국으로 바꾸는 재일한인이 급증하고 있다. 민단과 총련으로 분열되어 갈등하던 재일한인 사회가 협력과 통합을 향해 움직인 것은 뉴커머가 본격적으로 일본 사회에 유입된 이후이다.[30] 1980년대 이후 일본에

---

28) 윤인진, 『코리안 디아스포라』, 고려대학교 출판부, 2004, pp.183~184.

29) 올드 커머(old comer)는 식민지적 기원을 가진 이주자이며, 뉴커머는 식민지 출신자들의 법적지위가 외국인으로 변경된 이후 일본으로 들어온 사람들을 지칭한다. 한인 뉴커머는 대체로 1980년대 중반 이후 일본에 입국한 거주자로서 약 10만 명 정도로 추산되고 있다.

30) 조선 국적에서 한국 국적으로의 국적 변화는 상세히 알려져 있지 않지만, 한인의 최대 거주지인 오사카의 이쿠노구(生野区)에서는 2002년 10월부터 2003년 2월의 5개월간 조선 국적을 한국 국적으로 바꾼 한인이 전년 대비 3.5배 증가했다고 한다. 정갑수, 「화합의 좌절과 21세기의 재일동포사회」, 『코리아연구원 현안진단』 36, KNSI, 2006,

정착하게 된 뉴커머들은 '재일한국인연합회(재일연합회)'[31]를 결성하여 한인사회의 발전과 협력을 위해 노력하고 있으며, 민족교육 활성화, 한인의 지방참정권 획득, 차별 철폐운동 등을 주도하고 있다.[32]

탈냉전 이후 재일한인 사회는 전환기를 맞고 있다. 현재 한인사회는 재일 3세에서 4세로 세대교체가 이뤄지고 있으며, 뉴커머의 수도 매년 증가하고 있다. 재일한인의 국적, 민족, 가치관 등이 다양화되고 있으며, 일본으로 귀화하는 한인도 적지 않다. 해방 이후 70여 년 재일한인은 남북분단과 냉전이라는 국제환경 속에서 「남인가, 북인가」, 「조국지향인가, 재일 지향인가」, 「민족인가, 귀화인가」 등의 대립적 정체성 속에서 선택을 강요받아왔다. 이러한 재일 디아스포라 속에서 원 코리아 운동은 대립과 갈등을 넘어서서 국가의 경계를 긍정적으로 수용하는 새로운 재일의 정체성을 창조했다고 평가할 수 있다. 재일한인 사회는 '통일'을 넘어서 '아시아 공동체'를 지향하며, 동아시아의 통합을 추진하는 시민세력으로 발전하고 있다. 즉 원 코리아 페스티벌은 재일한인을 하나의 정체성으로 묶는 축제이며, 더 나아가 남북이 하나가 되는 여건을 조성하기 위한 재일한인의 노력의 결과라고 평가할 수 있다.[33]

원 코리아 페스티벌은 지난 30여 년의 활동을 통해 재일한인의 통일운동에 기여해 왔다. 한인사회에서 무관심했던 통일에 대한 관심을 고양시키며, 통일을 한인 사회운동의 주요 테마로 격상했다는 점, 문화와 축제를 통해 통일운동과 한인사회의 화합을 동시에 이루려고 한

---

p.6.

31) 재일연합회에 대한 본격적인 연구는 지충남, 『재일 한인 디아스포라』, 마인드탭, 2015, pp.108~129.

32) 허성태·임영언, 『글로벌 디아스포라와 세계의 한민족』, 북코리아, 2014, p.170.

33) 지충남, 「재일동포와 원코리아페스티벌: 통일과 공생의 기제」, p.157.

점, 민족정체성 확립과 더불어 일본인과의 공생을 목표로 한 점, 마지막으로 정치에 무관심한 젊은 세대에 문화를 이용하여 통일에의 관심을 고조시킨 점 등은 높게 평가해야 할 것이다.[34]

원 코리아 페스티벌은 '통일'에서 '동아시아 공동체'로 비전을 확대하며 재일한인 사회에서 통일운동을 추진한 여타 기관과는 다른 특징을 보여주고 있다. 예를 들면 '한통련(재일한국민주통일연합)'[35]은 '통일마당'이라는 통일운동을 추진해 왔다. 원 코리아 페스티벌이 '통일운동'에서 시작하여 '동아시아 공동체'라는 새로운 지향을 추구하였지만, '통일마당'은 분단의 고착화에서 탈피하여 통일을 통해 동일민족의 정체성을 회복하자는 통일운동을 고집해 왔다. 원 코리아 페스티벌이 통일운동이라는 초심을 벗어나 변질했다는 비판을 받는 것도 '통일마당'과 같이 지속적으로 통일운동을 추구하는 단체가 있었기 때문이다. 한통련과 원 코리아 페스티벌의 차이를 정리하면 〈표2〉와 같다.

〈표2〉 원 코리아 페스티벌과 '통일마당' 비교[36]

원 코리아 페스티벌	한통련의 '통일마당'
• 다문화 공생에 의한 통일비전 제시 • 재일한인의 원 코리아-통일-동아시아 공동체-다문화 공생사회 실현 • 이념논쟁보다 문화운동의 성격	• 조국의 민주화와 통일을 비전으로 설정 • 통일의 당위성으로 동일 민족성 제시 • 재일한인에 의한 통일운동 전개

---

34) 이신철, 「재일동포사회의 통일운동 흐름과 새로운 모색: 원 코리아 페스티벌을 중심으로」, p.312.

35) 한동련은 한국의 독재정권에 대항하여 민주화와 통일을 실현하기 위한 조식으로 1973년에 결성된 '한국민주회복통일촉진국민회의'를 1989년에 조직을 개편해 탄생한 조직이다. 민단과 총련을 아우르는 통일운동을 전개했으나, 정부는 친북단체로 판단하고 있다.

36) 김태영·임영언, 「재일 코리안 사회의 한통련 통일마당과 원코리아페스티벌 통일문화운동 고찰」, 『일본문화학보』 69, 한국일본문화학회, 2016, pp.84~85을 토대로 작성.

한편, 원 코리아 페스티벌의 통일운동은 민단이나 총련의 통일운동과도 차별화된다. 민단이나 총련은 남북한 각각의 정부의 이익에 기여하는 단체이지만, 원 코리아 페스티벌은 민간의 단체로서 조국에 구애받지 않고 통일과 축제를 접목한 민간의 통일운동을 전개하였다. 3개 단체의 통일운동을 정리하면 〈표3〉과 같다.

〈표3〉 민단과 총련, 원 코리아 페스티벌의 통일운동 비교[37]

	민단	총련	원 코리아 페스티벌
성격	• 한인회(한국 정부 공인)	• 한인회(북한 정부 공인)	• 공익재단법인 • 시민사회단체
성향	• 친한국	• 친북한	• 중립
성과	• 한국 통일정책 홍보 • 통일운동 주도권 확보	• 북한 통일정책 홍보 • 친북해외동포와 연대	• 통일과 축제의 접목 • 통일운동 외연 확장
한계	• 동포 전체로 확산 미흡 • 통합 기제 역할 실패	• 타단체 통일운동 배척 • 통합 기제 역할 실패	• 선언적 통일운동 • 민단과 총련의 견제 • 민간의 제한적 활동

원 코리아 운동은 단지 한인사회의 화합과 통합에만 기여한 것은 아니었다. 제1회 원 코리아 페스티벌이 개최된 1985년 무렵은 영주권자에 대한 '지문날인 철폐운동'이 강력히 전개되던 시기이며, 많은 한인이 지문날인 거부투쟁에 동참했다. 그런데 지문날인 거부운동은 특정 조직이나 단체가 주도한 것이 아니었다. 한종석이라는 한 개인의 거부에서 시작되어 한인 2세와 3세의 거부자가 속출하였으며, 후에 관계 단체와 민단 등이 운동에 합류하였다. 이런 점에서 개인이 시민운

---

37) 지충남, 「재일동포 사회의 통일운동: 민단, 조총련, 원 코리아 페스티벌을 중심으로」, 『민족연구』 64, 한국민족연구원, 2015, p.188을 토대로 작성.

동의 주체가 된 상징적인 사건이라고 할 수 있다.[38] 원 코리아 페스티벌도 지문날인 거부운동에의 동참을 호소하며 활동에 참가하였으며, 결국 지문날인이 폐지되는 데 일조하였다고 할 수 있다. 이런 점에서 원 코리아 페스티벌은 한인사회에 대한 차별을 없애는 시민활동이며, 민족의 정체성을 찾아가는 사회운동이기도 했다.

지난 40여 년에 걸쳐 원 코리아 페스티벌은 분열된 재일한인 사회를 봉합하여 통일이라는 비전으로 재일한인 사회를 통합시키는 데 기여했으며, 더 나아가 재미 한인, 조선족, 고려인들을 축제에 참여시켜 해외 한인과의 연대도 강화하였다. 또한 민족 문화와 민족 정체성을 유지하고 고취하는 활동을 했으며, 원 아시아 건설을 위한 지역통합을 제안하기도 하였다.[39]

그러나 2000년대 중반 이후 원 코리아 페스티벌은 조금씩 동력을 잃어가고 있는 듯하다. 통일과 축제를 접목한 페스티벌이 참가하는 소수만의 운동으로 전락하고 있으며, 이는 북한의 핵개발과 미사일 발사 등으로 통일에 대한 희망이 저하되었기 때문이기도 하다. 또한 민단과 총련을 중심으로 하는 한인 단체의 비협조와 소극적 참여도 원 코리아 운동을 소수의 운동으로 제한하는 원인이기도 하다. 아직은 원 코리아 운동이 재일한인의 통합을 이끌어내는 사회운동으로서의 충분한 지위에는 도달하지 못하고 있다고 할 수도 있다. 최근 일본 사회가 급속히 우경화되면서 일본인들의 민족주의적이고 배타적인 태도가 심화되고 있는 것도 다문화공생을 내걸고 있는 페스티벌이 동력을 얻지 못하는 또 하나의 이유이기도 하다.[40]

---

38) 鄭甲寿, 『ハナ ワンコリア道草回顧録』, ころから, 2015, p.102.
39) 지충남, 「재일동포와 원코리아페스티벌: 통일과 공생의 기제」, pp.170~174.

6. 맺음말: 정주(定住)로서의 원 코리아 운동

2022년 11월 19일 오사카 히가시나리(東城) 구민센터에서 「제38회 원 코리아 페스티벌」이 개최되었다. 38회를 맞은 원 코리아 페스티벌은 비록 소규모 행사였지만, 원 코리아 페스티벌이 재일한인 사회의 중요한 구심력으로 자리 잡고 있음을 확인시키기기에는 충분했다. 정갑수 씨를 중심으로 한 추진위원회는 지난 38년간 '통일'과 '아시아 공동체'를 중심 비전으로 페스티벌을 주관해 왔다.[41]

원 코리아 페스티벌을 중심으로 추진되어 온 원 코리아 운동은 2004년 새로운 출발을 하게 되었다. 즉 1985년 이래 원 코리아 페스티벌을 주관한 '원 코리아 페스티벌 실행위원회'는 2004년 「코리아 NGO센터」라는 이름의 새로운 단체에 합류했다. 원 코리아 페스티벌은 지금까지처럼 실행위원회가 주관하지만 재일한인 디아스포라를 위한 다양한 활동은 「코리아 NGO센터」 주관으로 실시하게 되었다. 「코리아 NGO센터」는 (1) 민족교육과 마이너리티의 인권보장, 다문화/다민족 사회의 실현 등의 사업실시, (2) 재일한인 단체 및 개인과의 교류, 동아시아 거주 코리안 네트워크의 구축, (3) 남북의 평화, 통일의 실현 및 동아시아 공동체 형성에의 기여 등을 실현하는 기관으로 출범했다. 「코리아 NGO센터」는 평화와 인권, 민주주의와 자립한 시민이라는 기치 아래, 재일한인 사회의 발전, 다민족 공생사회의 실현, 남북통일과 국경을 넘어선 동아시아 공동체 형성에 기여하는 재일한인 디아스포라의 중심

---

40) 김현선, 「재일 코리안의 축제와 민족정체성」, 『일본연구논총』 26, 현대일본학회, 2007, p.484.
41) 원 코리아 페스티벌 실행위원회는 추진위원회로 명칭이 일부 바뀌었다.

조직으로 자리 잡아가고 있다고 할 수 있다.[42) 원 코리아 페스티벌이라는 문화행사로 시작한 원 코리아 운동은 조직화되고 체계화된 재일한인 사회의 구심력을 만들어 내며 진화하고 있다. 그동안 민족운동이나 정치운동이 주도하던 한인 디아스포라를 대중문화 운동의 차원에서 재조직하고 있는 것이 원 코리아 페스티벌이라고 할 수 있다.

결론적으로 원 코리아 페스티벌은 (1) 정치운동이 아니라 문화운동으로서 '통일'과 '원 아시아'를 지향한 통일운동, (2) 한인사회의 갈등을 봉합하고 화합과 협력을 이끌어 내는 사회운동, (3) 재일한인을 하나로 묶는 동시에 재외 한인과의 네트워크를 구축하여 아시아 공동체를 지향한 지역통합운동, (4) 한인과 일본인, 외국인과의 다문화 공생을 지향하는 공생운동이라고 정의할 수 있다. 그러나 원 코리아 페스티벌이 재일한인 디아스포라의 구심력으로 유지되기 위해서는 다양한 해결과제를 안고 있다.[43) 먼저 재일한인 사회와의 지속적인 협력관계 구축이다. 특히 민단과 총련, 재일연합회 등의 기관과 긴밀한 협력 하에서 페스티벌을 진행해야 한다. 다음으로 축제를 알리고 더 많은 참가자들이 참여하도록 해야 한다. 2000년의 남북정상회담 이후 일시적으로 4, 5만 명 정도가 참여하는 대규모 행사로 진행되었지만 그 이후 참가자는 감소하고 있는 추세이다. 재일한인이 '통일'이라는 가치 안에서 축제를 즐길 수 있도록 1985년의 페스티벌의 초심으로 돌아가는 노력이 필요할 것으로 생각된다.

마지막으로 지원 및 후원기관의 확보도 중요하다. 1985년의 첫 페스

---

42) 「코리아 NGO센터」 홈페이지 https://korea-ngo.org/ (검색일: 2023.3.29).

43) 원 코리아 페스티벌이 지닌 다양한 함의 및 과제에 대해서는 지충남, 「재일동포와 원코리아페스티벌: 통일과 공생의 기제」, pp.174~177.

티벌은 상당한 적자 행사였으며, 그 이후도 어려운 재정상황은 지속되고 있다. 2000년대 이후 한국과 일본의 몇몇 기관이 지원 및 후원에 참가하고 있으나 지속적으로 지원하는 단체의 확보는 페스티벌의 발전에 필수적이다. 지난 몇 년간 재외동포재단이 지원을 계속하고 있지만,[44] 재외동포재단과 같은 후원기관을 추가로 확보하는 것이 향후의 과세로 남아있다. 이러한 지원과 노력을 통해서 사회운동으로서의 원 코리아 운동이 향후 다문화 공생사회, 아시아 공동체로 발전해 나가는 초석이 될 것으로 기대한다.

이 글은 고려대학교 글로벌일본연구원의 『일본연구』 제30집에 실린 논문 「원 코리아(One Korea) 운동과 한인 디아스포라」를 수정·보완한 것임.

참고문헌

김광열 외, 『패전 전후 일본의 마이너리티와 냉전』, 제이앤씨, 2006.
김태영·임영언, 「재일 코리안 사회의 한통련 통일마당과 원코리아페스티벌 통일문화운동 고찰」, 『일본문화학보』 69, 한국일본문화학회, 2016.
김현선, 「재일 코리안의 축제와 민족정체성」, 『일본연구논총』 26, 현대일본학회, 2007.
손미경, 「오사카 원 코리아 페스티벌」, 『재외한인연구』 23, 재외한인학회, 2011.
윤인진, 『코리안 디아스포라』, 고려대학교 출판부, 2004.
윤황·조희원, 「재외 한인 동포사회의 통일운동 단체 현황과 과제」, 『디아스포라 연구』 8(2), 전남대학교 세계한상문화연구단, 2014.
이신철, 「재일동포사회의 통일운동 흐름과 새로운 모색: 원 코리아 페스티벌을 중심으로」, 『林史』 52, 수선사학회, 2015.

44) 남북관계의 경색 등으로 재외동포재단은 2009년 행사지원을 중단했다가 2010년 지원을 재개했다.

임경규 외, 『디아스포라의 지형학』, 앨피, 2016.

임채완 외, 『코리안 디아스포라의 집단적 기억과 재영토화』, 북코리아, 2014.

장윤수, 『코리안 디아스포라와 문화 네트워크』, 북코리아, 2010.

정갑수, 「원 코리아 페스티벌의 역사와 재일동포」, 『OK times Overseas Korean times』 524호, 2011.

_____, 「화합의 좌절과 21세기의 재일동포사회」, 『코리아연구원 현안진단』 36, KNSI, 2006.

_____, 「도쿄 원 코리아 페스티벌」, 『통일한국』 20(7), 2000.

지충남, 「재일 한인사회의 제 1-3 통일운동 비교」, 『OUGHTOPIA』 32, 경희대학교 인류사회재건연구원, 2017.

_____, 『재일 한인 디아스포라』, 마인드탭, 2015.

_____, 「재일동포 사회의 통일운동: 민단, 조총련, 원 코리아 페스티벌을 중심으로」, 『민족연구』 64, 한국민족연구원, 2015.

_____, 「재일동포와 원코리아페스티벌: 통일과 공생의 기제」, 『OUGHTOPIA』 28, 경희대학교 인류사회재건연구원, 2013.

허성태·임영언, 『글로벌 디아스포라와 세계의 한민족』, 북코리아, 2014.

井本信也, 「在日韓国·朝鮮人の歴史と現状」, 『ヒューマンライツ』 211, 2005

大沼保昭, 「在日コリアンの市民権と国籍, そして同化について考える」, 『Sai』 42, 2002.

金東勲, 『共生時代の在日コリアン』, 東新堂, 2004.

佐々木てる, 「国籍取得とエスニック·アイデンティティ−日本国籍を取得した在日韓国· 朝鮮人への調査結果から」, 『Sociology Today』 12, 2001.

愼英弘, 「朝鮮植民地支配と戦後の在日韓国·朝鮮人」, 『社会事業史研究』 48, 2015.

鄭大均, 『在日韓国人の終焉』, 文藝春秋, 2001.

鄭甲寿, 『ハナ ワンコリア道草回顧録』, ころから, 2015

_____, 『ワンコリア風雲録: 在日コリアンたちの挑戦』 No.658, 岩波ブックレット, 2005.

田中宏, 『在日外国人』, 岩波書店, 1991.

二階堂裕子, 「在日韓国·朝鮮人コミュニティと民族関係」, 『アジア遊学』 81, 2005.

원 코리아 페스티벌 홈페이지 http://hana.wwonekorea.com (검색일: 2023.3.29)

「코리아NGO센터」 홈페이지 https://korea-ngo.org/ (검색일: 2023.3.29.)

일본의 다문화공생사회와 재일코리안 3세

이지영

1. 시작하며

1945년 8월 15일 패전한 일본은 연합국에 의한 점령통치 아래 놓이게 되었고, 1952년 4월 28일 연합국과 전후 처리, 점령 종식을 내용으로 하는 샌프란시스코강화조약이 효력을 발휘하면서 주권을 회복하고 새로운 전후 일본의 국가 노선을 걷게 된다. 전전의 모든 식민지를 상실하고 영토가 일본 열도로 축소된 전후 일본은 새로운 국가 건설이라는 시대적 과제 앞에 단일민족의 국가 정체성 형성을 그 초석으로 삼았다. 일본은 1952년에 출입국관리법을 통해 단순 취로와 거주 목적의 이주를 허용하지 않는 폐쇄적 국경 관리에 나섰다.

그러나 단일민족국가라는 일본 내에는 이미 1910년대부터 식민지 조선에서 이주해 전후 해방 모국으로 귀환하지 않고 일본 사회에 정착한 재일코리안[1]이 약 53만 명[2] 이상 존재하고 있었다. 이들은 단일민족

---

[1] 이 글에서 재일코리안은 한국, 북한, 일본 등 국적을 불문하며 샌프란시스코강화조약 발효 이전에 한반도에서 일본으로 이주해온 이주민과 그 후손들을 지칭한다. 재일코리안은 일본으로 이주해온 제1세에서 일본에서 출생한 2세를 거쳐 현재 5세까지 이어오고 있다.

[2] 박재일의 연구에 따르면 1952년 외국인등록법에 의해 등록을 갱신한 재일코리안은 1952년 53만 5,065명이며 1953년에는 55만 6,084명, 1954년에는 55만 6,173명, 제도

국가라는 일본의 전후 국가 정체성의 전제를 허물어뜨리는 이질적인 존재이다. 이러한 재일코리안에 대해 일본은 샌프란시스코강화조약의 효력 발생과 더불어 일본 국적을 박탈했고 외국인등록법을 제정하여 외국인으로 관리했다.[3] 일본 사회 내의 최대 외국인 집단인 재일코리안은 정치적, 경제적, 사회적 권리에서 배제되었다. 재일코리안이 일본에서 성원권과 제 권리를 회복하기 위해 남겨진 길은 일본 국적을 새로 취득하는 것 외에는 없었다. 그러나 이질적인 국민이 증가하는 것을 원치 않았던 일본은 부계혈통주의를 근간으로 까다로운 귀화 조건을 설정했고 귀화 시 일본 성씨로 개명할 것을 요구했으며 용이하게 국외로 추방할 수 있는 강제퇴거조항을 운용했다.[4] 일본 사회의 다문화, 다민족의 원류인 재일코리안에 대한 일본의 정책 기조는 강력한 배제와 동화였다.

이러한 일본의 정책 기조와 재일코리안 사회가 변화하기 시작한 것

가 안정화된 1955년에는 57만 8,288명을 기록하고 있다. 등록 수에 차이가 나타나는 것은 재일코리안의 자연 증가분, 그리고 이중등록, 허위등록의 수정과 밀출국에 의한 감소분이 반영되었기 때문이다. 朴在一, 『在日朝鮮人に関する総合調査研究』, 新紀元社, 1957, pp.37~38.

3) 연합국총사령부(SCAP)는 '중국인 및 타이완 및 조선인의 귀환'이라는 지령을 통해 공식적으로 1946년 4월 6일에서 12월 15일까지 구 식민지 출신자를 본국으로 귀환시키는 계획귀환을 대대적으로 실시했다. 이후 일본 정부는 1947년 5월 2일에 출입국 관리 및 외국인 관리에 관한 칙령인 '외국인등록령'을 공포, 이 '외국인등록령'에서 구 식민지 출신자를 '당분간 외국인'으로 간주하였다. 전후 일본 사회에서 재일코리안의 법적 지위를 처음 규정한 정책이다. 재일코리안을 일본인도, 외국인도 아닌 모호한 존재로 다루던 일본 정부는 1951년 샌프란시스코강화소약이 체결되자 법무성 민사국상 통날 제438호를 통해 재일코리안의 일본 국적을 박탈하는 한편 새로운 출입국관리령과 외국인등록법을 정비하여 일반 외국인으로 처우하기 시작한 것이다(이지영, 「트랜스보더 민족주의와 재일한인 여성의 국적문제」, 『아시아여성연구』 57(1), 숙명여자대학교 아시아여성연구원, 2018, pp.136~137).

4) 이지영, 위의 논문, pp.138~139.

은 1980년대에 접어들어서이다. 1955년 고도경제성장의 막이 오른 일본은 1970년대의 제1차, 제2차 오일쇼크를 거치면서도 경제성장을 유지하고 세계 제2위의 경제력이라는 경성권력을 수단으로 평화외교를 펼치며 국제 사회에서 위상을 높이기 위해 1979년에 〈국제인권규약〉, 1982년에 〈난민의 지위에 관한 조약〉 및 〈난민의 지위에 관한 의정서〉, 1985년에는 〈여성차별철폐협약〉을 비준했다. 일본은 이러한 국제적 기준을 국내에 적용하면서 연금, 의료보험 등 사회보장제도에서 국적 조항을 철폐했고, 국적법의 부계혈통주의를 모부계혈통주의로 전환했다. 일본의 외국인정책의 기조가 강력한 배제와 동화에서 형식적 평등주의로 변화한 것이다.[5]

그러나 일본 사회 내에는 여전히 학교에서의 괴롭힘, 본명이 아닌 일본 이름의 사용, 취업차별, 외국인 등록과 갱신 시 지문날인 요구, 참정권 불인정 등 재일코리안에 대한 차별과 배제가 뿌리 깊게 존속하고 있었다. 이에 대해 재일코리안은 확장된 정치기회구조를 이용하며 성찰적인 일본의 시민단체와 연대하여 생활 속의 실질적이고 고질적인 차별에 저항하고 운동을 확산시켜나갔다. 이러한 저항운동은 히타치(日立)고용차별재판의 승소와 지문날인 철폐, 본명 사용의 확대 등의 성과를 이끌어내며 일본 사회에 마이너리티였던 재일코리안의 존재를 가시화시켰고 일본 사회와 재일코리안의 관계맺음에 대한 논의를 이끌어냈다.[6]

5) 近藤敦, 「在日外国人をどう受け入れていくのか−多文化共生社会の課題と展望」, 『外交フォーラム』 5月号, 都市出版株式会社, 2009, pp.48~49; 이지영, 「일본의 이주자정책이 여성이주에 미치는 영향」, 『국제정치논총』 52(2), 한국국제정치학회, 2012, pp.267~269.

6) 脇阪紀行, 「"共生"の源流を訪ねて: 在日コリアンの社会運動と実践から」, 『未来共生学』 3号, 大阪大学未来戦略機構第五部門未来共生イノベーター博士課程プログラム, 2016, pp.92~93.

한편 일본 사회 내에 재일코리안 이외의 새로운 이주민 집단이 형성되게 되는데 바로 닛케진(日系人)이다. 1980년대 후반 엔고 활황 속에 3D업종의 노동력 부족으로 기업의 흑자도산이 연이어 발생하자 일본은 단순 취로는 허용하지 않는다는 기존의 출입국관리 노선을 유지하면서 노동력 부족을 타개하기 위해 일본의 해외 동포를 국내 노동시장으로 유인했다. 그 대상이 메이지유신(明治維新) 이후 일본 정부의 이민정책에 의해 남미로 집단이민을 떠났던 일본인 이민자의 후손들이었다. 이들 닛케진은 일본 국적을 유지하고 있는 경우도 있지만 대부분은 이중 국적자이거나 브라질, 페루 등의 국적자이다. 1989년 일본은 이들에게 '정주자(定住者)'라는 새로운 체류 자격을 부여하여 단순 취로를 허용했다. 닛케진은 혈통 면에서는 일본인과 연결되지만 국적이나, 언어, 문화면에서는 일본인과 다른 집단이다. 이러한 닛케진에 이어 대규모 이주민 집단을 형성한 것이 중국인이다. 이들은 1990년과 1993년에 신설된 기업연수생과 기능실습생제도를 통해 중국과 일본 노동시장의 임금 격차를 원인으로 이주해온 단순 노동자들이다.

그리고 1965년 한일 국교정상화 시 한국적을 취득한 재일코리안에 한해 한시적으로 부여되었던 영주권이 드디어 1991년에 국적을 불문하고 확대되면서 샌프란시스코강화조약 발효 이래 불안정한 법적지위에 놓여있던 재일코리안도 신설된 '특별영주자' 자격의 영주권자로 변화하게 되었다. 재일코리안은 이제는 관리, 추방, 배제와 동화의 대상이 아닌 일본인과의 공생의 주체로 대두하게 된 것이다. 이러한 변화 가운데 일본의 다문화사회로의 진입을 알리는 중대한 전기가 마련된다. 바로 1985년의 모부계혈통주의로의 국적법 개정과 그에 따른 호적법의 개정이다. 이로써 모계 혈통의 새로운 일본인이 등장하게 되었고 배우자나 부모의 외국 성을 사용하는 것이 원칙적으로 인정되게 되었다. 국적법과 호적법 개정 이후 일본 국적을 가장 많이 취득한 것은 재일코리안이었다. 1990년대에는 매년 약 1만 명 정도의 재일코리안이 일본으로 귀화했다. 재일코리안이야말로 전후 일본이 형성하려 했던 단일민족국가 정체성에 균열을 가져오는 존재인 것이다. 이제 일본은 형식적 평등주의에서 벗어나 정주하는 외국인과 다민족, 다문화의 배경을 지니고 새로운 국민 되기에 나선 타자와의 공생의 길을 모색하지 않을 수 없게 된다.[7]

정주 외국인이 증가하면서 특정 지역에 밀집 거주하게 되자 각 지자체들은 이들을 지역 사회의 생활공간에서 일본인 주민과 더불어 일상을 영위하는 생활자로 인식하게 되었다. 지자체는 중앙 정부에 앞서 다양한 이주민과의 공생을 위한 다문화공생정책을 추진하게 되는데 이러한 지자체의 대응은 2006년 일본 정부의 〈지역의 다문화공생추진 플랜〉을 이끌어내게 된다. 2004년을 정점으로 2005년부터 인구감소 시대에 접어들자 비로소 일본은 정부 차원에서 외국인에 대한 정책을 재검토하기 시작했으며 다문화공생사회를 구축하기 위한 시책들을 종합적으로 마련하기 시작한 것이다.[8]

이후 지금까지 일본이 다문화공생사회를 표방하며 다문화공생정책을 추진한지 약 30년이 경과했다. 이 글은 일본의 다문화공생사회 구축에 있어서 전후 일본 사회의 다문화의 원류인 재일코리안이 어떠한 역할을 수행하고 있으며 그 역할이 어떠한 영향을 미치고 있는지 재일코리안 3세의 활동을 중심으로 분석하고자 한다.

---

7) 한영애, 「일본의 다문화공생 담론과 아이덴티티 재구축」, 『사회와 역사』 71, 한국사회사학회, 2006, pp.165~174.
8) 정미애, 「일본의 단일민족국가관에서 다문화공생으로의 인식변화와 다문화공생의 거버넌스」, 『한국정치학회보』 45(4), 한국정치학회, 2011, p.250.

2. 일본 사회에서 다문화공생 개념 등장과 전개

일본의 다문화공생에 관한 연구는 그 정책을 분석하고 소개하는 것이 주류였다. 아시아에서는 최대 이주민 수용국이며 한국보다 먼저 다문화사회에 진입한 일본의 다문화공생정책을 분석함으로써 그 한계점을 도출하고 한국에 대한 시사점을 얻고자 하는 목적에서였다. 이러한 연구에는 한일의 다문화정책을 비교하여 중앙 정부 주도의 한국과 지자체 중심의 일본의 각각의 특징을 밝히고 상호 학습과 보완을 통해 동아시아 지역에서의 바람직한 모델을 제시할 것을 제언한 것이 있다.[9] 한편 일본의 지역 중심의 다문화공생정책이 여전히 동화주의나 이주민을 통제하기 위한 전략적 성격이 강하다고 비판하는 연구[10]와, 이와는 대조적으로 일본의 민주당과 자민당의 다문화정책을 비교하며 일본 사회의 우경화에도 불구하고 지방 정부들이 다문화공생에 있어서 중요한 역할을 담당하고 있다고 평가하는 연구도 있다.[11] 한일 비교는 지자체 차원에서도 이루어졌는데 한국의 최대 이주민 집주 도시 안산시와 일본의 다문화공생정책의 선진 도시 가와사키시(川崎市)를 비교 분석한 것이 그것이다.[12] 그리고 일본의 다문화공생정책의 추진 체계와 추진 주체인 중앙 정부, 지자체, 시민 사회 간의 거버넌스에 대해 고찰한

9) 양기호, 「일본의 다문화 거버넌스와 한국에의 함의」, 『다문화사회연구』 2(1), 숙명여자대학교 아시아여성연구원, 2009, pp.135~160.

10) 최병두, 「일본의 다문화사회로의 사회공간적 전환과정과 다문화공생 정책의 한계」, 『한국지역지리학회지』 17(1), 한국지역지리학회, 2011, pp.71~39.

11) 이면우, 「일본의 다문화정책 변용과 그 함의: 우경화의 영향이라는 관점에서」, 『다문화사회연구』 8(1), 숙명여자대학교 아시아여성연구원, 2015, pp.103~144.

12) 송석원, 「지방자치단체 차원의 다문화정책 한일비교연구-안산(安山)시와 가와사키(川崎)시를 중심으로」, 『아태연구』 18(3), 경희대학교 국제지역연구원, 2011, pp.127~143.

연구도 추진되었다.[13] 또한 일본의 다문화공생정책이 지자체 중심으로 시행되어 온 만큼 각 지자체의 사례 분석도 상당수 이루어졌다. 오사카시(大阪市)를 사례로 사회통합의 과제를 살펴본 것[14]과 오타구(大田区)와 신주쿠구(新宿区)의 정책을 중심으로 도쿄도의 다문화공생정책의 특징을 분석한 것 등이 있다.[15]

다음으로는 일본의 다문화공생의 개념과 담론에 관한 연구를 들 수 있다. 이 연구는 크게 두 가지로 나뉘는데 하나는 다문화공생 개념을 긍정하는 것이고 다른 하나는 그것을 비판하는 것이다.

다문화공생이라는 용어는 다문화주의(multiculturalism)와 공생을 결합시킨 일본의 조어이다. 다문화공생 개념의 생성과 발전은 크게 세 단계로 나눌 수 있다.

첫 번째 단계는 공생 개념이 출현하는 단계로 1970~1980년대에 이르기까지 재일코리안 집주 지역을 중심으로 재일코리안과 일본의 시민 사회, 지역 사회가 연대하며 재일코리안의 권리 획득 운동을 추진하는 가운데 처음에는 '함께 살다(共に生きる)', '함께 살아가기 위해서'라는 표현이 쓰이기 시작했고, 여기에서 명사형 '공생(共生)'이 파생하여 용어로서 정착하게 된다. 공생은 재일코리안과 일본인이 함께, 더불어 삶을 영위하는 것이고 공생을 실현하기 위해서는 지금까지 배제, 차별해왔던 재일코리안의 권리를 회복시켜야 한다는 이념이다. 두 번째는

13) 정미애, 「일본의 단일민족국가관에서 다문화공생으로의 인식변화와 다문화공생의 거버넌스」, pp.239~264.

14) 조현미, 「일본의 '다문화공생' 정책을 사례로 본 사회통합정책의 과제」, 『한국지역지리학회지』 15(4), 한국지역지리학회, 2009, pp.449~463.

15) 이지영, 「글로벌 도시 도쿄도의 이주자정책의 특징」, 『일본학보』 108, 한국일본학회, 2016, pp.273~296.

공생이 다문화주의와 결합하는 단계이다. 1980년대 말 서구의 다문화
주의, 다문화교육, 다문화정책이 소개되고 관련 용어가 유입되면서 일
본에서는 1990년대 초 '다문화공생'이 쓰이기 시작했다. 다문화공생을
처음 사용한 것은 히타치고용차별재판투쟁과 승소 이후 1974년에 지역
을 거점으로 반 차별운동을 전개하기 위해 발족한 〈민족차별과 싸우는
연락협의회〉(이하 민투련)이다. 1992년 7월, 오사카민투련이 '인권을 기
반으로 한 다문화공생사회'의 필요성을 호소한 것이다. 행정에서 최초
로 다문화공생 용어를 쓰기 시작한 것은 가와사키시이다. 가와사키시
는 1971년부터 2001년까지 30년에 걸쳐 진보 정당에서 당선된 시장이
시정을 이끄는 '혁신지자체'의 선도로서 시민 사회의 공생의 요구를
적극 시정에 반영해왔다. 1993년에 가와사키시는 〈가와사키 신시대
2010플랜〉을 책정하며 '다문화공생 마을만들기 추진'을 이념으로 내걸
었다. 그러나 다문화공생이 전국적인 지명도를 얻게 된 것은 1995년
한신(阪神)대지진 당시 외국인 이재민을 돕기 위해 발족한 시민단체
〈외국인지진정보센터〉가 자원봉사자의 절반 정도가 외국인인 상황에
서 일본인이 외국인을 돕는다는 의미의 〈외국인지진정보센터〉라는 이
름은 적합하지 않다며 〈다문화공생센터〉로 명칭을 바꾸고 활동하면서
이다. 이후 〈다문화공생센터〉는 시민활동의 거점이 되었을 뿐 아니라
지자체 차원에서도 설립이 확산되어갔다. 세 번째는 2000년대에 들어
와 대학과 중앙 정부 차원에서 이러한 지자체와 시민 사회의 실천을
수용해 다문화공생 개념을 제도화한 단계이다. 나가사키(長崎)대학, 도
쿄가쿠게이(東京学芸)대학, 군마(群馬)대학, 간사이(関西)대학, 메이지
(明治)대학, 오사카대학이 다문화공생 관련 학부와 과정을 연이어 개설
한 것이다. 2005년에는 총무성이 〈다문화공생 추진에 관한 연구회〉를
설치했고, 동 연구회는 2006년에 보고서 〈다문화공생추진플랜〉을 발

표했다.[16)]

따라서 일본의 다문화공생 개념의 생성에 선구적 지위를 점하는 지자체와 시민 사회는 다문화공생 개념을 긍정적으로 인식하고 수용하고 있다.

한편 다문화공생이 위로부터 만들어져 확산된 관제(官製) 개념이라며 무비판적으로 수용해 범람하는 것에 이의를 제기하는 연구도 있다. 일본의 다문화공생은 서구의 다문화주의가 강조하고 있는 이주민의 인권 개념이 누락된 모호하고 공허한 개념으로, 이주민에 대한 동화주의와 차별을 은폐하고 이주 노동자나 결혼이주 여성에 대한 경제적, 실용주의적 접근을 다문화공생의 긍정적 이미지로 덮어 포장한다는 것이다.[17)] 진정한 다문화공생이 되기 위해서는 이주민의 인권 개념을 명확히 하고 외국인, 외국인 노동자가 아닌 영주하는 시민으로서 그 주체성을 인정하는 영주시민권을 확립해야 한다고 제언하는 연구가 이루어지고 있다.[18)] 또한 위로부터의 관제 다문화공생 개념은 국민국가 이데올로기가 강해, 기존의 국민국가 체제와 제도 개혁을 요구하지 않는 범위 내에서 정치성과 분리된 문화적 다양성만을 존중하는 〈표상

16) 金侖貞, 「地域社会における多文化共生の生成と展開, そして, 課題」, 『自治総研通』 392号, 2011, pp.59~82; 栗本英世, 「日本的多文化共生の限界と可能性」, 『未来共生学』 3号, 大阪大学未来戦略機構第五部門未来共生イノベーター博士課程プログラム, 2016, pp.69~88; 脇阪紀行, 2016, pp.92~97.

17) 上田晃司, 「言葉の魔術の落とし穴 - 消費される"共生"」, 上田晃司·山下仁 編著 『"共生"の内実: 批判的社会言語学からの問いかけ』, 三元社, 2006, p.29; 石川真作, 「"共生"のかたち-外国人集住ニュータウンの諸相」, 『人文学研究』 8号, 神奈川大学人文学研究所, 2007, pp.61~76; 中村廣司, 「日本の"多文化共生"概念の批判的考察」, 『일어일문학연구』 91, 한국일어일문학회, 2014, pp.395~416.

18) 近藤敦, 『多文化共生と人権 - 諸外国の"移民"と日本の外国人』, 明石書店, 2019, pp.298~307.

적 다문화주의〉라는 비판도 있다.[19] 게다가 그것이 즐거움을 중시하는 〈의(Fashion)〉, 〈식(Food)〉, 〈축제(Festival)〉의 3F에 머무르는 경향이 있고, 다수자에 의한 문화의 선별과 승인된 문화의 소비, 그로 인한 자본의 혜택으로 마이너리티가 주류 문화에 동화되거나 포섭되어버리는 사회통합의 문제를 지적하는 연구도 있다.[20]

　이러한 다문화공생 개념, 담론에 대한 긍정과 비판의 연장선상에 재일코리안 관련 연구가 있다. 다문화공생 개념이 재일코리안의 권리 획득 운동과 시민 사회, 지역 사회와의 연대에 의해 성립되었음에도 다문화공생 담론과 정책에 재일코리안이 배제되어 차별과 격차의 문제가 가시화되지 않는다는 것이다. 역사성을 결여한 다문화공생정책은 닛케진을 비롯한 뉴커머의 증가와 그에 대한 대응만을 중시하고 있는데, '지역' 중심, '당사자' 중심이어서 다문화공생사회의 구축이라는 이념보다는 지역과 당사자의 그때그때의 문제를 해결하는 데에 그치는 한계가 있다는 비판이다.[21]

　이에 대해 일본의 다문화공생 개념이 재일코리안의 실천에서 비롯되었음을 중시하고 다문화공생에 있어서의 재일코리안의 주체성과 영향을 강조한 연구들이 축적되고 있다. 재일코리안의 권리 획득 운동과 이를 지원하고 함께 참여해온 시민 사회의 연대로부터 일본의 다문화공생의 원류를 찾고, 그러한 연대와 신뢰 회복이 사회의 다양성이 증가

19) モーリス＝スズキ・テッサ, 2002, 『批判的想像力のために』, 平凡社, pp.154~156.
20) 竹沢泰子, 「序: 多文化共生の現状と課題」, 『文化人類学』 74(1), 日本文化人類学会, 2009, pp.86~95.
21) 崔勝久加・藤千香子 編, 『日本における多文化共生とは何か一在日の経験から』, 新曜社, 2008; 황익구, 「일본의 '다문화공생' 담론과 재일코리안의 사회운동」, 『일본문화연구』 66, 동아시아일본학회, 2018, pp.333~355.

하는 가운데 확산하고 있는 혐오표현 등 배외주의를 극복하는 데 중요하다는 논의가 제기되었다.[22] 또한 재일코리안의 민중문화운동을 분석하여 다문화공생축제의 실천에서 구사된 재일코리안의 '존재의 정치'와 그 전략을 밝혀내고, 그것이 민족·다문화공생·지역을 연결하는 연결고리로서 시민 사회와 지역 사회에 유포되고 있는 차별적 담론을 해체하고, 국가 중심의 동화주의에 포섭되는 위험성을 극복하는 가능성에 대해 평가하는 연구들도 있다.[23]

일본의 다문화공생사회에서의 재일코리안의 역할을 분석하고자 하는 이 글은 이와 같은 기존의 연구를 기반으로 한다. 이 글의 분석 대상은, 국적을 매개로 한민족으로만 호명하는 그러나 대다수의 재일코리안에게는 살아본 적도 경험한 적도 없는 낯선 조국과 동화와 배제, 차별이 편재하는 그러나 출생하고 성장하고 삶을 영위하는 생활 영역이자 사회적 관계맺음의 현실 공간인 일본, 그 사이의 긴장과 대립, 양자에 의한 배제와 포섭이 반복되고 재생산되는 가운데 부단히 일상을 살아내고 이어가며 민족과 국가를 상대화하는 새로운 정체성을 확립하는 한편, 혐오표현과 같은 새로운 배외주의와 차별에 저항하고자 다양한 마이너리티와 연대하며 그를 기반으로 일본의 다문화공생사회 구축에 역사성과 주체성을 담지해가고 있는, 바로 재일코리안 3세이다.

---

22) 脇阪紀行(2016), pp.89~107.

23) 飯田剛史 編, 『民族祭りの創造と展開』 JSPS 報告書, 2014; 山口健一, 「在日朝鮮人の民族まつりにおける多文化共生実践-東九条マダンにみる〈存在の政治〉戦略」, 『社会学評論』 67(1), 日本社会学会, 2017, pp.37~55.

3. 재일코리안 3세, 무엇을 분석할 것인가

이 글은 이러한 재일코리안 3세의 활동을 파악하기 위해 에루화, 무지개회, 재일코리안청년연합(KEY: Organization of United Korean Youth in Japan), 코리아NGO센터의 네 개 단체를 대상으로 분석했다. 사회운동이나 활동, 담론을 파악하는 기초 단위는 사회 구성원 개개인들의 자발적 결사인 사회단체이기 때문이다. 이들 네 개 단체는 일본 내 최대 재일코리안 집주 도시인 오사카와 교토(京都)를 지역 거점으로 발족되어 현재 3세가 중심이 되어 활동하고 있을 뿐 아니라, 각 분야의 최초의 단체이거나, 활동의 역사나 규모, 확장성, 지역 사회에서의 발신력과 인지도에 있어서 주목할 만하다. 이들 단체에 대한 분석은 재일코리안 3세의 활동과 그것이 일본의 다문화공생사회에 미치는 영향의 일단을 고찰하는 데 있어서 유효하다고 하겠다.

에루화는 일본에서 최초로 설립된 재일코리안생활센터로 재일코리안 고령자 1세와 2세, 장애인에 대한 돌봄 서비스를 제공해왔고 현재는 지역 사회의 다문화공생의 거점으로서의 역할을 하고 있는 곳이다. 무지개회는 최초의 재일코리안 3세들의 육아네트워크로 출발하여 재일코리안 외에 뉴커머를 포함한 이주민의 교육권 획득을 위해 활동하고 있는 단체이다. KEY는 재일코리안의 권익과 재일코리안 사회를 위한 활동을 주요 목적으로 설립되어 다양한 마이너리티가 참여하는 'diversity 운동'을 시민 사회와 연대하여 추진하며 일본 사회의 혐오표현에 맞서고 있다. 마지막으로 코리아NGO센터는 오사카 이쿠노(生野)의 코리아타운에 위치하며 이주민의 인권이라는 관점에서 일본의 다문화공생사회의 실현과 재일코리안 사회의 기반, 네트워크 구축을 위해 다양한 활동을 벌이고 있다.

이들 단체에 대해서는 KEY를 사례로 재일코리안의 정체성을 디아스포라 정체성으로 새롭게 정의하며 그 의의와 한계를 고찰한 연구[24)를 제외하고 체계적인 연구는 거의 이루어지지 않았다. 이 글은 이들 단체의 다양한 활동을 분석함으로써 재일코리안 3세를 주축으로 하는 재일코리안 사회의 지향성, 활동, 정체성의 변화를 이해하고 재일코리안의 새로운 실천이 일본의 다문화공생사회에서 어떠한 역할을 수행하며 어떠한 영향을 미치고 있는지에 대해 고찰하고자 한다.

이 글은 문헌연구와 심층면접을 바탕으로 논술되었다. 심층면접은 2017년 7월 19일부터 20일까지, 그리고 2018년 7월 31일부터 8월 9일까지 2회에 걸쳐 진행되었으며 면접 대상자는 다음 〈표1〉과 같다.

면접조사는 면접자들이 각 단체를 발족하거나 단체에 참여하게 된 이유, 활동의 목적과 내용, 활동을 전개하는 데 있어서의 어려움, 그를 극복하기 위한 자원의 동원 방법과 전략, 재일코리안으로서의 자신에 대한 인식, 일본 사회에서 재일코리안 3세로 살아가는 공적·사적인 의의, 재일코리안 사회와 일본 사회에 대한 인식, 향후 활동의 목표에 초점을 두었다. 이러한 구술을 통해 각 단체들의 설립에서 현재에 이르는 활동과 변화의 전 과정, 그리고 각 단체들이 일본의 다문화공생사회에 어떠한 영향을 미치며 어떠한 역할을 하고 있는지 그 역동성을 분석할 것이다. 특히 1세와 2세에서 세대교체가 이루어져 3세가 중심이 되고 모국의 민주화와 통일에 일의적 가치와 목표를 두었던 조국지향

---

24) 문재원·박수경, 「재일코리안 디아스포라 공간과 정체성의 정치-KEY의 문화적 실천 활동을 중심으로」, 『일본문화연구』 40, 동아시아일본학회, 2011, pp.213~234; 이상봉, 「해방의 언설로서의 디아스포라와 재일코리안의 실천: 재일코리안청년연합(KEY)의 사례를 중심으로」, 『디아스포라연구』 12(1), 전남대학교 글로벌디아스포라연구소, 2018, pp.7~46.

성에서 이제 재일코리안과 일본 사회로 눈을 돌려 일본인, 그리고 다민족, 다인종의 새로운 '자이니치(在日)'들과의 공생을 지향하는 재일코리안 사회의 변화와 활동을 그들의 구술을 통해 당사자의 입장에서 면밀히 파악하고자 한다.

<표1> 심층면접 대상자

대상자	면접 일시	면접 장소
에루화 설립자(A)	2017년 7월 20일 오후 1시	교토 에루화 사무국
에루화 최고 고문(B)	2018년 8월 3일 오후 1시	교토 에루화 사무국
에루화 이사(C)	2018년 8월 3일 오후 3시	교토 에루화 사무국
무자개회 대표(D)	2018년 8월 4일 오후 2시	오사카 오토리(鳳)의 카페
KEY 대표(E)	2018년 8월 4일 오후 2시	오사카 KEY 사무국
KEY 활동가(F)	2018년 8월 4일 정오 12시	효고(兵庫) KEY 사무국
코리아NGO센터 활동가(G)	2018년 7월 19일 오후 2시	오사카 이쿠노 코리아NGO센터 사무국
코리아NGO센터 총무(H)	2018년 8월 6일 오후 2시	오사카 이쿠노 코리아NGO센터 사무국

그를 위해서 먼저 재일코리안의 생활과 활동 공간인 일본의 다문화공생사회에 대해 고찰할 것이다. 먼저 일본 사회의 다양화, 다문화화를 이주민의 출신국과 체류 자격을 기준으로 이주민, 가운데에서도 일본 내 최대 최다 이주민 집단이었던 재일코리안 사회의 변화를 중심으로 살펴본다. 다음으로 2006년 일본 정부가 다문화공생사회의 구축을 정책 목표로 표방한 이후 10여 년에 걸친 정책의 전개와 번화를 검토한다. 그 변화에는 다문화공생 개념과 상반되는 일본 사회의 재일코리안에 대한 새로운 배외주의와 차별, 그리고 그것의 배타주의로의 확산도 포함된다.

4. 일본의 다문화사회, 공생과 배외의 긴장

1) 이주민과 재일코리안의 다양화

〈그림1〉은 일본 총무성이 2006년 다문화공생사회 구축을 정책 목표로 설정하고 〈지역의 다문화공생추진플랜〉을 작성한 지 10년이 되는 해인 2016년에 그 동안의 추진 상황과 변화를 검토하기 위해 설치한 〈다문화공생 사례집 작성 워킹그룹〉의 〈다문화공생사례집-다문화공생 플랜으로부터 10년 함께 열어가는 지역의 미래〉에서 제시된 것이다.[25]

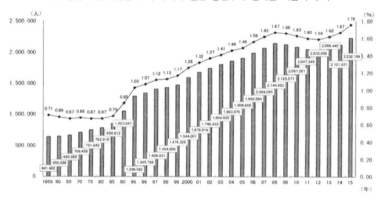

〈그림1〉 체류외국인 수의 추이와 일본 총인구에 점하는 비율의 추이

〈그림1〉이 나타내듯이 일본의 출입국관리법 개정 이후 1990년대부터 일본으로의 이주민 유입은 2008년의 리먼 쇼크와 2011년 동일본대지진으로 인한 경기침체기를 제외하고는 증가일로이다.

2019년 6월말 현재 이주민은 282만 9,416명으로 전체 인구에 차지

25) 総務省, 『多文化共生事例集-多文化共生推進10年 共に開く地域の未来』, 2017. p.3.

하는 비율은 2.24%로 증가했다. 총인구에서 차지하는 이주민 비율은 2.24%이지만 지역별로 살펴보면 대도시 편중이 현저하다. 광역 자치단체인 도도부현(都道府県)별로 보면 이주민이 가장 많은 곳은 도쿄도(東京都)로 58만 1,446명이고 다음은 아이치현(愛知県) 27만 2,855명, 오사카부(大阪府) 24만 7,184명, 가나가와현(神奈川県) 22만 8,029명으로 이 4개 자치단체의 이주민만으로 전체 이주민의 47%를 차지한다.[26] 일본 사회의 다문화화는 대도시권을 중심으로 급격하게 진행되어 왔음을 알 수 있다.

주요 국적별 이주민 수의 추이를 보면 2007년부터 한국·북한 출신의 이주민을 중국이 앞서고 브라질 출신 닛케진의 유입이 2008년 리먼쇼크 이후 크게 감소하고 있다. 이에 비해 2000년대에 필리핀, 특히 베트남과 네팔 이주민이 급증하고 있다. 2019년 현재 국적별 이주민 수는 중국은 78만 6,241명, 한국 45만 1,543명, 브라질 20만 6,886명, 필리핀 27만 7,409명, 베트남 29만 1,494명, 네팔 8만 5,321명을 기록하고 있다. 감소세였던 브라질은 2016년 이후 다시 점증하고 있다. 일본 사회의 다문화화는 아시아 국가들로부터의 역내이주에 의해 촉발되고 있으며 그 양상은 중국, 한국·북한 출신 이주민에서 필리핀, 베트남, 네팔, 인도네시아, 태국으로부터의 이주민 증가로 변화하고 있다.[27]

일본은 2019년 6월 말 현재, 출입국관리법에 29개의 체류자격을 규정하여 운용하고 있는데, 이 가운데 일본 사회의 다문화화에 직접적인 영향을 미치는 것은 일본 사회에 정주, 영주가 가능하거나 용이한 '정주자', '일본인의 배우자', '영주자의 배우자', '영주자', '특별영주자'

---

26) 法務省,「令和元年6月末現在における在留外国人数について」, 2019.
27) 総務省,『多文化共生事例集－多文化共生推進10年 共に開く地域の未来』, 2017, pp.4~5.

자격이라고 할 수 있다. 이 주요 체류자격별 추이를 보면 가장 두드러지게 나타나는 변화는 2007년부터 영주자가 특별영주자를 크게 상회한다는 것이다. 일본 사회에서 최대, 최다 이주민 집단이었던 구 식민지 출신 재일코리안은 2005년 45만 1,909명에서 2015년 34만 8,626명, 2019년 현재 31만 7,849명으로 지속적으로 감소하고 있는 반면 영주자는 2005년 34만 9,804명에서 2015년 70만 500명, 2019년 78만 3,513명으로 빠르게 증가하고 있다. 영주자 78만 3,513명을 국적별로 살펴보면 중국이 가장 많은 26만 7,959명, 다음이 필리핀으로 13만 956명, 브라질 13만 956명, 한국 7만 1,856명이다. 즉, 올드 커머인 재일코리안보다 다양한 뉴커머가 정주, 영주하면서 일본 사회의 다국적, 다문화화가 진행되고 있는 것이다.[28]

이러한 일본의 다문화사회의 진행과 변화는 특히 재일코리안 사회의 변화와 궤를 같이하고 있다. 다음으로 재일코리안 사회의 변화에 대해 좀 더 구체적으로 검토하고자 한다.

다음 〈표2〉와 〈표3〉은 재일대한민국민단이 홈페이지에 공개하고 있는 귀화와 혼인에 관한 자료이다.[29]

28) 総務省, 『多文化共生事例集 – 多文化共生推進10年 共に開く地域の未来』 2017, p.6.
29) "在日同胞社会." https://www.mindan.org/syakai.php(검색일: 2020.4.19.)

〈표2〉 재일코리안의 귀화 수(한국·북한의 구분은 불분명)

年度	帰化数	年度	帰化数	年度	帰化数	年度	帰化数	年度	帰化数
1952	232	1965	3,438	1978	5,362	1991	5,665	2004	11,031
1953	1,326	1966	3,816	1979	4,701	1992	7,244	2005	9,689
1954	2,435	1967	3,391	1980	5,987	1993	7,697	2006	8,531
1955	2,434	1968	3,194	1981	6,829	1994	8,244	2007	8,546
1956	2,290	1969	1,889	1982	6,521	1995	10,327	2008	7,412
1957	2,737	1970	4,646	1983	5,532	1996	9,898	2009	7,637
1958	2,246	1971	2,874	1984	4,608	1997	9,678	2010	6,668
1959	2,737	1972	4,983	1985	5,040	1998	9,561	2011	5,656
1960	3,763	1973	5,769	1986	5,110	1999	10,059	2012	5,581
1961	2,710	1974	3,973	1987	4,882	2000	9,842	2013	4,331
1962	3,222	1975	6,323	1988	4,595	2001	10,295	2014	4,744
1963	3,558	1976	3,951	1989	4,759	2002	9,188	2015	5,247
1964	4,632	1977	4,261	1990	5,216	2003	11,778	2016	5,434
								合計	365,955

특별영주자의 감소는 고령자의 사망으로 인한 자연감소가 그 원인의 하나이겠지만 〈표2〉를 보면 특별영주자의 귀화가 또 다른 원인임을 알 수 있다. 1985년 국적법 개정으로 일본 국적 취득의 기회가 확대되고 재일코리안이 5세로까지 이어지면서 귀화가 증가하고 있다. 1995년부터 약 1만 명대 전후로 귀화 수가 증가하다 2005년부터 감소세로 전환, 2016년 현재까지 약 5,000명대 전후에서 추이하고 있다. 귀화와 더불어 재일코리안 사회에 변화를 초래하고 있는 것이 일본인과의 혼인이다.

〈표3〉 재일코리안의 혼인

※2015年1月15日(公表_最新)

年度	婚姻件数	同胞間の婚姻		外国人との婚姻	日本人との婚姻			其他の外国人
		婚姻数	構成		妻日本人	夫日本人	合計	
1955	1,102	737	66.9%	33.1%	22.0%	8.5%	30.5%	2.6%
1965	5,693	3,681	64.7%	35.3%	19.8%	14.8%	34.6%	0.7%
1975	7,249	3,618	49.9%	50.1%	21.4%	27.5%	48.9%	1.2%
1985	8,588	2,404	28.0%	72.0%	29.4%	42.2%	71.6%	0.4%
1986	8,303	2,389	28.8%	71.2%	28.0%	42.3%	70.3%	0.9%
1987	9,068	2,270	25.0%	75.0%	26.0%	48.5%	74.5%	0.5%
1988	10,015	2,362	23.6%	76.4%	25.3%	50.6%	75.9%	0.5%
1989	12,676	2,337	18.4%	81.6%	20.4%	60.6%	81.0%	0.6%
1990	13,934	2,195	15.8%	84.2%	19.5%	64.2%	83.7%	0.5%
1991	11,677	1,961	16.8%	83.2%	22.8%	59.7%	82.5%	0.7%
1992	10,242	1,805	17.6%	82.4%	27.4%	54.1%	81.5%	0.9%
1993	9,700	1,781	18.4%	81.6%	28.5%	52.2%	80.7%	0.9%
1994	9,228	1,616	17.5%	82.5%	29.1%	52.6%	81.7%	0.8%
1995	8,953	1,485	16.6%	83.4%	31.7%	50.5%	82.2%	1.2%
1996	8,804	1,438	16.3%	83.7%	31.8%	50.7%	82.5%	1.2%
1997	8,504	1,269	14.9%	85.1%	31.3%	52.7%	84.0%	1.1%
1998	9,172	1,279	13.9%	86.1%	28.7%	56.1%	84.8%	1.3%
1999	9,573	1,220	12.7%	87.3%	26.1%	60.6%	86.7%	0.6%
2000	9,483	1,151	12.1%	87.9%	21.7%	65.5%	87.2%	0.7%
2001	9,752	1,019	10.4%	89.6%	25.4%	63.4%	88.8%	0.8%
2002	8,847	943	10.7%	89.3%	26.9%	60.5%	87.4%	1.9%
2003	8,662	924	10.7%	89.3%	25.8%	61.4%	87.2%	2.1%
2004	9,187	949	10.3%	89.7%	25.0%	62.4%	87.4%	2.3%
2005	9,238	866	9.4%	90.6%	22.6%	65.7%	88.3%	2.4%
2006	9,464	845	8.9%	91.1%	24.7%	63.8%	88.5%	2.6%
2007	8,889	847	9.5%	90.5%	24.9%	63.1%	88.0%	2.6%
2008	7,567	695	9.2%	90.8%	27.8%	60.2%	88.0%	2.7%
2009	6,835	643	9.4%	90.6%	27.5%	60.2%	87.7%	2.9%
2010	6,454	601	9.3%	90.7%	30.7%	56.8%	87.5%	3.2%
2011	5,607	502	9.0%	91.0%	32.8%	55.2%	88.0%	3.0%
2012	5,511	498	9.0%	91.0%	33.1%	54.5%	87.6%	3.4%
2013	5,043	450	8.9%	91.1%	33.5%	54.2%	87.7%	3.4%

〈표3〉에 의하면 1960년대까지는 재일코리안 간의 혼인이 주류였지만 1970년대에 접어들면 일본인과의 혼인이 약 절반을 나타내고, 1980년대부터는 일본인과의 혼인이 대부분을 차지하다가 2000년대부터 2013년 현재까지 재일코리안의 전체 성혼 건수의 87% 이상에 이른다. 일본 사회의 다민족, 다문화화는 재일코리안의 다양화라는 변화와 병행하고 있다고 할 수 있다.

2) 일본의 다문화공생정책 10년, 정책의 진전과 의식의 괴리

이러한 일본 사회의 다문화화에 대응하기 위해 총무성은 〈지역의 다문화공생 추진 플랜〉을 작성하면서 향후 일본 사회의 목표로 다문화공생사회의 구축을 표방했다. 이 보고서는 다문화공생사회를 '국적이나 민족 등이 다른 사람들이 상호 문화적 차이를 인정하고 대등한 관계를 구축하면서 더불어 사는 사회'로 정의한다. 이 다문화공생사회는 다음 세 가지 구체적인 정책을 통해 구축된다. 첫째는 정보의 다언어화와 일본어·일본 사회에 관한 학습을 근간으로 하는 〈커뮤니케이션 지원〉, 둘째 거주·교육·노동환경·의료·복지·재난방지 등의 〈생활 지원〉, 그리고 지역 사회의 의식 개선과 외국인 주민의 자립·사회 참여를 내용으로 하는 〈다문화공생 마을만들기〉이다.[30)]

그로부터 10년이 지난 2016년 4월 현재 총무성 국제실의 조사에 따르면 도도부현에서는 94%가, 정령도시(政令都市)[31)]에서는 100%, 기초자

---

30) 이지영, 2016, p.290.
31) 정령도시는 일본의 지방자치법 제252조의 '정령으로 지정하는 인구 50만 명 이상의 시'이다. 정령도시는 15개 사무를 정령 규정에 따라 전부 또는 일부를 처리할 수 있다. 15개 사무는 아동복지, 민생위원, 신체장애인 복지, 생활보호, 여행 중 병·환자 및 사망

치단체인 시정촌(市町村)의 경우는 40%가 다문화공생 관련 지침과 계획을 수립하고 있다.[32] 중앙 정부 차원에서도 2006년 12월에 〈외국인 노동자 문제 관계부처 연락회의〉가 '생활자로서의 외국인'에 관한 '종합 대응책'을 내놓았고, 2009년에는 내각부에 〈정주외국인지원실〉이 설치되었지만,[33] 여전히 외국인 노동자의 활용이라는 경제적 접근이 중심이었다. 그 방향성은 2013년부터 책정되어 매년 개정하고 있는 〈일본부흥전략(日本再興戰略)〉에 잘 나타나 있다. 2013년의 〈글로벌화에 대응하는 인재력(人材力) 강화〉에 이어 2014년, 2015년에는 〈외국인재의 활용〉이 발표되었다. 외국인의 생활환경 정비에 대해 처음 언급한 것은 2016년으로, '외국인 아동, 학생의 일본어 지도 수강률 100%', '외국인 환자 수용체제 정비 의료기관 40개소 확충' 등 수치 목표가 명시되었다.[34]

일본이 중앙 정부 차원에서 다문화공생정책을 추진한 지 10년을 맞아 〈일본국제교류센터〉는 이러한 정부 정책의 지자체 추진 현황을 파악하기 위해 2014, 2015년에 〈다문화공생과 외국인 수용에 관한 설문조사〉를 실시했으며 2017년에는 추진 상황뿐만 아니라 그에 대한 평가와 향후 전망 등 질적인 부분을 보완한 종합적인 조사보고서 〈일본 지방자치단체의 다문화공생의 현재와 전망〉을 발표했다.[35] 그에 따르면 다문화공생사회 구축을 위한 세 가지 분야의 정책 가운데 〈커뮤니케

인 취급, 모자가정 및 미망인 복지, 모자보건, 장애인 자립지원, 식품위생, 묘지·매장 규제, 유흥업소·여관 및 공중욕탕의 영업 규제, 결핵예방, 도시계획, 토지구획정리사업, 옥외광고물 규제 등이다.

32) 総務省, 『多文化共生事例集－多文化共生推進10年 共に開く地域の未来』, 2017, p.11.
33) 日本国際交流センター, 『日本の地方自治体の多文化共生の現在と今後』, 2018, p.35.
34) 総務省(2017), pp.9~10.
35) 日本国際交流センター(2018), p.1.

이션 지원〉이 가장 잘 이루어지고 있고, 〈생활 지원〉은 2011년 동일본 대지진, 2016년 구마모토(熊本)지진을 겪으면서 이주민에 대한 재난방지 훈련 등이 새로 추진되고 있으나 의료체제 정비는 미흡한 것으로 나타났다. 가장 저조한 것은 외국인 주민의 자립과 사회 참여에 관한 〈다문화공생 마을만들기〉인데, 특기할 점은 다문화공생과 정책의 추진에 대한 지역 사회의 인식이 좀처럼 개선되지 않고 있다는 것이다. 지역 사회에 이주민이 증가하고 지역 경제가 활성화되는 것에 대한 긍정적인 답변만큼이나 부정적이거나 '잘 모르겠다'는 소극적인 응답도 많았다. 왜 다문화공생을 추진해야 하는지 다문화공생 개념 자체가 명확하지 않고, 정보도 부족한 상태에서 지역 사회에 이주민이 증가했으니 상호 이해를 증진시키고 기존의 행정서비스에 이주민도 통합해야 한다는 지금까지의 접근법으로는 이주민, 다문화공생에 대한 긍정적 발상이나 새로운 사회적 비용을 부담하겠다는 동기는 생성되기 어렵다는 것이다.[36]

이에 대해 상대적으로 이주민이 많고 다양한 시책과 프로그램을 선진적으로 추진해온 경험과 그를 통해 노하우를 축적한 일부 지자체들은 정부 차원의 명확하고 종합적인 이민정책의 수립과 추진체제의 정비를 향후 과제로 들었다. 그 이유는 각 지자체별로 목전의 급급한 문제를 해결하는 방식으로 접근하고 있는 현 상태로는 지금까지 지역 사회에 유입되어 생활하고 있는 이주민, 앞으로 이주해 올 이주민과의 양호한 관계 구축, 이주민에 대한 지자체의 행정서비스 향상, 지역 사회의 인식 개선과 이주민의 정착은 기대하기 어렵기 때문이다.[37]

---

36) 日本国際交流センター(2018), pp.16~19.
37) 日本国際交流センター(2018), p.35.

3) 배외주의에서 배타주의로

일본의 다문화공생사회의 구축에 있어서 과제는 정부 차원의 이민정책의 부재와 추진체제의 미정비뿐 아니라 지역 사회를 중심으로 확산하고 있는 배외주의도 들 수 있을 것이다.

일본 사회의 배외주의가 전면에 부상하게 된 주요 이유 중 하나는 북한의 연이은 핵실험과 미사일 발사 실험, 일본군 '위안부' 문제와 독도 문제를 둘러싼 한일, 북일 관계의 악화에 따른 재일코리안 혐오이지만,[38] 지금은 이 배외주의가 배타주의로까지 확산하고 있다.

일본 사회의 배외주의를 가장 잘 나타내고 있는 것은 2006년 12월에 발족된 〈재일의 특권을 용인하지 않는 시민 모임(在日特權を許さない市民の会)〉(이하 재특회)의 재일코리안에 대한 혐오표현과 가두선동 시위일 것이다. 재특회는 47개 전 도도부현에 지부를 두고 있는 전국 단위의 단체로, '특별영주자격', '조선학교 보조금', '생활보호 우대', '통명제도'를 재일코리안의 특권이라고 주장하며 이 특권의 폐지를 목표로 하고 있다.[39] 재특회 활동의 특징은 '한국인을 추방하자, 반일 국가 한국과 단교하라', '한국인 여성을 강간하라', '한국인이 너무 싫다, 다 죽여 버리고 싶다', '조센진 죽어라'[40] 등 노골적이고 차별적인 용어 사용을 넘어서 반인권, 반인도적인 메시지를 여과 없이 표현하는 한편

---

38) 이면우, 「일본의 다문화정책 변용과 그 함의: 우경화의 영향이라는 관점에서」, p.110; 조세형, 『한일관계 50년, 갈등과 협력의 발자취』, 대한민국역사박물관, 2015, pp.309~310.
39) 이규수, 「일본 '재특회(在特會)'의 혐한·배외주의」, 『일본학』 38, 동국대학교 일본학연구소, 2014, pp.83~85.
40) 이면우, 「일본의 다문화정책 변용과 그 함의: 우경화의 영향이라는 관점에서」, pp.107~110.

2009년 12월, 교토제일초급학교(이하 제일초교)에 몰려가 '스파이 양성기관', '스파이의 자식', '밀입국 자손' 등을 외치며 학생들을 겁박한 사건에서 나타나듯이 어린 아동 등 약자를 대상으로 삼는다는 것이다. 2011년 형사재판에서는 이 사건을 인종주의적인 혐오표현으로 다루지 않고 위력에 의한 업무방해와 모욕죄로 판결했다. 결국 민사소송에서 교토지방법원, 오사카고등법원을 거쳐 2014년 12월 최고심에서 제일초교의 승소가 확정되어 제일초교에 대한 배상과 가두선전 금지 판결이 내려졌다.[41]

그러나 재특회의 재일코리안에 대한 반인권적인 혐오표현은 인터넷상에서 동영상과 더불어 확산되었고, 수많은 젊은이들이 이에 찬동하면서 다문화공생사회에 역행하는 배외주의는 일부의 주장, 활동을 넘어서 점차 대중화되어갔다. 게다가 배외주의는 어떠한 방법을 동원해서든 일본의 국익을 저해하는 세력을 몰아내는 것이 일본을 지키는 것이고, 국민 한 사람 한 사람이 자각해서 그러한 풀뿌리운동에 참여해야 한다는 애국담론으로 재구성되며 그 문제점이나 위험성을 불가시화한 채 정당성을 확보해나갔다. 대상도 재일코리안에서 점차 뉴커머 한국인, 중국인, 아시아인으로 확대되고 다문화공생의 전제조건인 일본 사회의 다문화수용성은 약화되어갔다.

2017년 법무성의 〈외국인주민조사보고서〉에 따르면 집을 구할 때 외국인이라는 이유로 입주를 거절당한 경험이 있는 이주민이 응답자의 39.3%, 일본인 보증인이 없다는 이유로 입주를 거절당한 이주민이 41.2%, '외국인사절'이라고 쓰여 있어서 입주를 단념했다는 이주민은

---

41) 이혜진, 「일본의 이주민 동향과 배외주의 현상」, 『일본학보』 120, 한국일본학회, 2019, p.316.

26.8%인 것으로 나타났다. 취직을 거절당한 이주민은 약 25%, 상사로부터 외국인이라는 것을 숨기라는 지시를 받은 경험이 있다는 응답자는 41.0%였다. 한편 외국인에 대한 차별적 데모, 가두선전 활동을 직접 목격한 이주민은 약 20%, 인터넷에서 본 적이 있는 이주민은 약 33%, TV나 신문·잡지 등의 미디어를 통해 알게 된 경우는 약 45%였다. 이에 대해 '불쾌하게 느꼈다'가 약 65%, '용인할 수 없다고 느꼈다'는 약 20%, '왜 그런 일을 하는지 이상하게 느꼈다'는 약 47%, '일본에서 생활하는 것에 불안과 공포를 느꼈다'는 22%, '일본인과 일본 사회에 대한 인상이 나빠졌다'가 약 27%인 것으로 나타났다.[42]

일본 사회에 확산된 배외주의는 이제 내부의 약자로 대상을 옮겨가며 배타주의를 촉발시키고 있다. 전 세계적으로 미투(Me Too)운동이 확산되는 가운데 일본에서는 처음 미투를 시작한 여성 기자가 오히려 제2차 피해에 시달리며 미투는 활성화되지 못했다. 반면 직장에서 여성에게 하이힐을 강요한다고 하이힐을 벗을 권리를 달라며 여성 배우가 SNS에 올린 정장에 운동화를 신은 사진이 반향을 불러일으키며 미투 아닌 구투(Ku Too)[43] 운동이 일어났다.

2013년 아베 정권하에서 사회보장 개혁의 일환으로 생활보호가 삭감되고 지자체에서는 삭감을 위한 수치목표까지 내걸면서 복지에서 개인 책임이 강조되었다. 그런 가운데 사회안전망에 대한 논의는 활발히 전개되지 못한 채 생활보호 대상자에 대한 비난이 일었다. 2016년 8월에 방영된 일본의 공영방송 NHK 뉴스프로그램의 특집 '아동의 빈곤'에 출연한 여자 고등학생이 여러 가지 물건을 가지고 있었다며 '너의 빈곤

---

42) 人権教育啓発推進センター, 『外国人住民調査報告書』, 2017.
43) Ku는 구두의 일본어 Kutsu(靴, くつ)의 약자이다.

은 대단한 건 아니지', '네가 빈곤자라면 증명해봐', '너보다 더 어려운 사람은 많아' 등 비난이 쇄도했다. 2016년 7월 26일 새벽에는 사가미하라시(相模原市)의 지적장애인시설 〈쓰쿠이야마유리원(津久井やまゆり園)〉에서 전 시설직원이 54분간 입소자 19명을 사살(刺殺)하고 26명에게 중경상을 입힌 〈사가미하라사건(相模原事件)〉이 발생했다. 장애인을 대상으로 무차별 살인을 저지른 피고는 '장애인은 생산성이 없다', '의사소통이 불가능한 중증 장애인은 불행만을 낳는다'고 자신의 범죄 동기를 밝혔다. SNS에서 이에 찬성하는 의견이 확산되면서 '모든 인간은 평등하며 생명은 존엄하다'는 주장은, '위선자', '현실을 보지 않는다', '일본의 재정 상태에 대해 아무것도 모른다'라는 공격을 받아 더 이상 개진되지 못했다. 아이러니하게도 피해자의 유가족도 장애인 자녀를 두었지만 자신들의 삶이 전혀 불행하지 않다는 것을 입증하기 시작했고, 피해자가 장애인이지만 얼마나 많은 것이 가능했는지를 설명하기 시작했다. 할 필요가 없어야 하는 이런 노력을 하는 유가족에게 돌아온 것은 차별과 비난이었다.[44] 2019년 첫 공판에서 법원은 일본의 재판 역사상 최초로 칸막이를 설치해 유가족이 언론과 방청객의 시선에 노출되는 것을 방지했다.

재일코리안에 대한 반인권적인 혐오표현과 가두선동 시위를 '표현의 자유'라며 방관한 일본 사회는 이제 그 혐오의 대상을 내부의 약자로 옮겨가며 '다문화공생' 이전에 '공생'의 과제에 직면하고 있다.

---

44) 雨宮処凛, 『この国の不寛容の果てに: 相模原事件と私たちの時代』, 大月書店, 2019.

5. 재일코리안 3세, 그 역사성과 주체성

일본 사회의 다문화의 원류이면서 귀화와 국제결혼, 제3세로의 세대교체 등 변화하고 있는 재일코리안은 이러한 다문화공생의 과제를 안고 있는 일본 사회에서 어떠한 활동을 하며 일본의 다문화공생사회에 어떠한 영향을 미치고 있는지 지금부터 에루화, 무지개회, KEY, 코리아NGO센터를 대상으로 살펴보도록 한다.

1) 에루화, 재일코리안 돌봄시설에서 다문화공생의 거점으로

에루화가 설립된 것은 1997년 일본 국회에서 개호보험에 관한 법이 통과되어 2001년 시행에 맞춰 준비가 한창 진행 중인 때였다. 1998년부터 재일코리안생활상담소를 운영하고 있던 에루화의 설립자는 재일코리안 2세로서 일본의 제도 밖에서 살아온 재일코리안 1세들이 개호보험의 사각지대에 놓일 것을 우려했다. 그래서 이에 대비하기 위해 공부를 시작했고 재일코리안 1세가 마음 놓고 노후를 보낼 수 있는 곳을 만들어야 한다는 생각을 2세 여성들과 함께 공유하며 협력했다. 에루화 설립의 직접적인 계기가 된 것은 일본의 한 고령자시설에서 온 연락이었다. 재일코리안인 것 같은데 전혀 말을 하지 않고 음식도 잘 먹지 않아 시설에서 고립되어 있는 사람이 아무래도 청각장애인 같으니 한번 만나 달라는 것이었다. 그런데 막상 찾아가 보니 우리말로 봇물이 터진 듯 이야기를 시작해 시설의 일본 직원들 모두 놀랐다고 한다. 일본어가 서투르고 커뮤니케이션이 잘 이루어지지 않아서 아예 말을 하지 않고 있었던 것이다. 이 일을 계기로 가족도 경제력도 없고, 글도 모르는 1세들을 위한 돌봄시설을 만들어야 한다는 계획이 더욱

공고해졌다. 1세들은 고생하며 재일코리안 사회를 일궈왔는데 고령화에 따른 노인질환과 치매로 언어를 잊어버리고 의사소통이 안 돼 가정에서도 고립되는 사례가 적지 않았다.[45]

2000년에 교토의 히가시쿠조(東九条)에서 에루화가 처음 문을 열었다. 재일코리안 1세의 입소문과 네트워크를 통해 에루화에 대해 알려지면서 이용자가 증가해, 2003년부터 해마다 우토로(ウトロ)에서 니시진(西陣), 구조(九条)로 새로운 시설이 증설되어갔다. 2006년, 2007년에는 이용자가 200명이 넘었다. 그때까지는 1세들이 주 이용자였는데 이후 2세가 중심이 되었다. 재일코리안 1세와 2세외에 한국인 뉴커머의 고령화가 시작되면서 뉴커머도 이용하기 시작했다. 뉴커머 1세라는 새로운 세대가 등장하게 된 것이다. 한편 설립 당시부터 에루화는 재일코리안 장애인의 부모를 지원해왔다. 재일코리안 장애인은 대부분 무연금자인데 그들의 부모도 노령연금을 받지 못하는 사람이 많아 이중의 생활고를 겪고 있기 때문이다.

에루화는 2006년부터는 장애인도 이용할 수 있도록 장애인 돌봄을 시작했다. 현재는 장애인의 이용률이 더 높다. 장애인 돌봄을 개시하면서 나타난 변화는 재일코리안이나 뉴커머가 아닌 일본인도 에루화를 이용하기 시작했다는 것이다. 지금은 이용자의 70% 이상이 일본인이다. 일본의 장애인시설은 작업장을 장애별로 나누어 운영한다. 에루화는 장애별로 구분하지 않고 같은 작업장을 이용하게 하고 있는데 이런 통합 작업장의 장점 때문에 일본인의 이용률이 높아졌다고 한다.

이제 에루화는 재일코리안생활센터에서 재일코리안, 뉴커머, 일본인을 불문하고 누구든 돌봄이 필요한 사람들의 생활을 지원하는 모두

---

45) A의 면접 내용.

의 생활센터로 거듭나고 있다. 이와 같은 변화는 에루화에서 사용되고 있는 의사소통의 수단의 다양성에서도 잘 나타나고 있다. 에루화에서는 한국어, 일본어, 수어 세 개의 언어를 통해 의사소통이 이루어지고 있다.[46]

신자유주의의 심화에 따른 복지국가의 축소와 1인 세대의 증가로 돌봄 부족이 전 세계적으로 확산되고 있는 가운데 돌봄을 둘러싼 문제는 다양화하고 있다. 재일코리안 2세는 가족의 상황이 재일코리안 사회에 알려지는 것이 싫어서 일본 시설을 선호하기도 한다. 같은 이유로 일본인이 에루화를 선호하는 경우도 있다. 일본에서 출생하고 성장한 2세는 개개인의 사정이 1세보다 훨씬 복잡하다. 나의 귀속은 어디인가? 부모의 모국인가 자신이 나고 자란 일본인가? 나는 누구인가? 자신의 정체성에 대해 갈등하는 세대이기 때문이다. 1세와는 달리 마음의 만족이나 삶의 질을 추구하는 2세의 돌봄에는 1세와는 다른 어려움이 따른다. 2018년 현재는 60명 정도가 에루화를 이용하고 있는데 50명이 여성이고 10명이 남성이다.

에루화는 단순한 복지시설, 돌봄시설에 머무르지 않는다. 에루화는 지금까지 축적해온 경험을 바탕으로 일본 사회에 재일코리안이 살아왔고 존재한다는 것을, 재일코리안이야말로 일본의 다문화공생의 원류임을 알리고 일본 사회가 재일코리안을 이해하는, 다문화수용성을 제고하는 환경을 만드는 새로운 활동을 하고 있다. 그 주된 활동으로는 에루화의 인권과 다문화 관련 연수를 들 수 있을 것이다. 연간 인권이나 다문화 관련으로 약 700~900명의 연수생이 에루화를 찾는다. 연수 의뢰를 받아 에루화에서 출장 가는 경우를 포함하면 약 1,500건에 이른

---

46) B와 C의 면접 내용.

다. 일본의 학교에서는 식민지배와 일본 제국주의에 대한 역사 교육이 미흡하기 때문에 한일강제병합과 식민지배의 산 증인들이 있는 에루화는 중요한 의미를 지닌다. 이러한 에루화는 일본인은 물론 재일코리안의 차세대 교육의 장이기도 하다. 3세가 주류를 이루고 귀화와 혼인으로 다양성이 증가한 재일코리안에게도 자신들의 뿌리와 역사는 자명한 것이 아니라 스스로 찾고 배워야 하는 대상이 되고 있는 것이다.

다음으로 에루화는 축적된 경험과 노하우를 바탕으로 재일코리안을 넘어 다른 이주민, 마이너리티를 지원하는 활동을 전개하고 있다. 바로 중국잔류일본인고아[47]에 대한 지원이다. 중국잔류고아 1세를 개호보험 대상자에 포함하는 내용의 개호보험법 개정이 이루어지면서 중국잔류일본인고아의 귀환이 증가하고 있다. 이들 귀환 잔류고아와 그 가족은 국적, 정체성, 생활습관, 언어, 차별 등 많은 면에서 어려움을 겪고 있다. 재일코리안이 이미 일본 사회에서 경험해온 상황, 문제, 어려움과 매우 비슷하다. 에루화는 이러한 귀환 고아들을 돕고 있다. 특히 귀환 고아 2세, 3세의 돌봄자격 취득을 위해 10년간 지원해왔다.

현재 에루화는 재일코리안과 귀환 잔류고아에만 관심이 있는 것이 아니라 다양한 마이너리티에게도 눈을 돌리고 있다. 그래야만 재일코

---

47) 1931년 만주사변을 일으킨 직후 청의 마지막 황제 푸이를 앞세워 만주국을 세운 일본은 자국민을 만주에 계획이민 시키는 '만몽(滿蒙)개척이민'을 실시하여 32만 명 이상을 만주로 보냈다. 제2차 세계대전 패전 당시 약 150만 명의 일본인이 만주에 있었다. 소련군 진주와 관동군 후퇴로 일본으로 귀환하지 못한 일본인 가운데에는 전시에 발생한 다수의 고아들도 존재하는데 이들이 중국잔류고아이다. 1972년 중일 국교정상회로 1981년에 중국잔류고아의 첫 번째 모국방문이 실현되었고 2019년 현재 2,557명이 영주 귀국해 일본에서 생활하고 있다. 가족을 포함하면 그 수는 9,381명에 달한다(현재의 잔류고아와 가족 수는 일본 후생노동성 홈페이지에서 인용, https://www.mhlw.go.jp/stf/seisakunitsuite/bunya/bunya/engo/seido02/kojitoukei.html (검색일: 2020.4.19.))

리안의 현 상황과 변화가 더 잘 보이고 파악된다고 말한다. 에루화는 이제 러시아, 필리핀, 베트남, 인도네시아의 어머니회 등과도 교류하고 있다. 이들이 겪고 있는 문제나 경험은 재일코리안이 알고 이해하고 있는 것이어서 에루화는 체득하고 축적해온 노하우를 바탕으로 다양한 이주민들을 지원하는 활동에 힘을 기울이고 있다. 새로운 이주민과 새로운 세대는 어려운 가운데에서도 다문화공생사회의 새로운 가능성을 함께 키워나가고 있다.[48]

이러한 에루화의 활동을 일본의 행정도 평가하기 시작했다. 교토부 인권계발추진실은 이주민의 인권 문제에 있어서 에루화를 거버넌스의 파트너로 인정하며 함께 대응하고 있다. 교토부의 요청으로 에루화는 2003년부터 〈human festa〉에 참여해 에루화의 각종 활동을 소개하고 전시를 통해 알리고 있다. 교토부의 라디오국과도 함께 해 2017년에는 〈인권 talk〉에 참여했다. 에루화는 행정과 NPO의 연계의 좋은 사례가 되고 있는 것이다. 교토시의 국제화추진실도 에루화와 협력한다. 지역 주민의 의견을 수렴해 행정에 반영하기 위한 교토시 외국적시민정책간담회에 에루화가 위원으로서 활동하고 있다. 에루화는 재일코리안의 돌봄에서 다양한 이주민의 지원과 인권 문제로 활동 영역을 확장해 왔다.

에루화의 재일코리안 3세 활동가들은 히가시쿠조의 다문화공생 마을만들기에 관심을 갖고 이에 집중하고 있다. 3세에게 히가시쿠조는 자신들의 뿌리를 알게 해준, 따뜻하고 열심인 재일코리안 선배들이 활동하는 에루화가 처음 세워진 곳이다. 히가시쿠조는 자신이 재일코리안으로서 자긍심을 발견할 수 있었던 곳이어서 자신의 고향은 아니

---

48) B의 면접 내용.

지만 고향만큼 좋은 곳이라고 한다. 교토 지역에서 히가시쿠조라고 하면 조선인마을, 야쿠자가 많은 곳, 치안이 나쁜 곳 등 편견이 있다. 3세들은 히가시쿠조에 대한 편견을 없애고 재일코리안의 특징을 살려 에루화를 거점으로 밝은 다문화공생 마을을 만들기 위해 힘을 기울이고 있다.[49]

2) 무지개회, 재일코리안 육아모임에서 이주민 아동 교육권 보장으로

다음은 무지개회의 사례이다. 무지개회 대표는 재일코리안 3세이자 4세를 키우는 엄마의 한 사람이다. 육아를 하면서 지역 사회의 육아모임에 참여했으나 육아의 고민과 경험을 공유하며 자신의 자리를 발견하기 어려웠다고 한다. 무지개회 대표는 같은 또래의 아이를 키우는 3세 여성들을 만나면서 그와 같은 어려움이 자신만의 문제가 아님을 인식하게 되었고 2011년 오사카 사카이시(界市)의 기독교계 어린이집 2층 사무실에서 재일코리안 육아모임을 시작했다. 다양성과 차이를 긍정의 힘으로 삼아 지역 사회를 변화시키자며 2012년에 정식으로 무지개회를 설립했다. 무지개회는 기본적으로 한국에 뿌리를 둔 재일코리안 여성과 그 자녀들의 모임으로 육아를 통한 교류회로 출발했다. 무지개회는 우리 노래와 동요를 부르고, 전통놀이를 하면서 아이들에게 자연스럽게 한국어와 한국문화를 접하게 했다.

그러다 자녀들이 성장하여 초등학교, 중학교에 입학하면서 육아 이외에 새로운 교육과 정체성 형성에 도움이 되는 장이 필요해짐에 따라 초등학생을 위해 〈토요민족학급〉, 중학생을 위해서는 〈중학생활동〉을

---

49) C의 면접 내용.

운영하게 되었다. 무지개회도 자녀들의 성장과 더불어 변화한 것이다. 〈토요민족학급〉에서는 매주 토요일에 초등학생들이 한국의 역사와 문화에 대해 배우고 있고, 2018년부터 시작한 〈중학생활동〉에서는 학습 활동을 통해 일본 사회의 문제, 자신들의 문제에 대해 생각하고 토론하고 있다. 지역 사회에서 혐오표현과 가두선동 시위를 경험하게 된 아동들은 위축되어 자신이 재일코리안임을 부정적으로 인식하고 드러내지 못하는 경우가 많아졌다고 한다. 무지개회 대표는 〈토요민족학급〉과 〈중학생활동〉에 참여하면서 자녀들이 재일코리안임을 감추지 않고도 당당하게 살아갈 수 있도록, 차별받는 일도 있겠지만 재일코리안인 것을 숨기고 일본인이 되는 것만이 차별을 없애는, 차별받지 않는 방법이 아니라는 것을 배우게 하고 싶고, 일본 사회의 마이너리티에 대한 차별에 대처하고 마이너리티로서 살아가는 힘과 발신하는 힘을 키우게 하는 것이 목표라고 한다.

무지개회의 이러한 변화는 회원의 변화로도 나타났는데 한국적의 재일코리안뿐만 아니라 한국인, 중국인 뉴커머를 포함하여 일본인까지 현재 60여 명의 다양한 문화적 배경을 가진 여성들이 무지개 회원으로 활동하며 이주민 아동의 교육권 보장을 위해 노력하고 있다.

무지개회 대표는 일본어를 할 수 있고 일본 학교에서 교육을 받아 일본 사회를 잘 아는 재일코리안 3세로서의 역할이 있다고 생각한다. 오사카는 재일코리안 인재가 많고 이것은 하나의 지역 사회의 자산이다. 그러나 오사카에서 이런 환경에 만족해서 내향적이 되어서 안 된다고 인식한다. 이주민 아동의 교육권 보장에 있어 일본의 법률은 정비되어 있지 않다. 이주민 아동에 대한 학습 지원은 일본어 지원에 한정되어있고 모국어 지원은 거의 없다. 그러나 오사카 사카이시에서 이것이 이루어지면 다른 지자체의 모델이 될 수 있다고 생각한다. 무지개회는 현재 이주민 아동의 교육권 보장을 위해 계속 일본의 행정을 상대로 그 필요성을 이해시키고 협의를 진행하고 있다. 이주민 아동의 교육권 제도화가 무지개회의 다음 목표이다. 간사이(関西)의 학계가 이 문제에 관심을 갖고 있어 〈간사이모어(母語)지원회〉와도 네트워크를 형성하며 연대를 위해 노력하고 있다.

이러한 무지개회의 활동의 배경에는 올드 커머의 자손으로서 마이너리티의 삶을 사는 재일코리언 3세의 뿌리는 한국이지만, 현재와 미래의 삶을 영위하고 활동하는 곳은 태어나서 자란 일본이라는 인식과, 그렇기에 일본 사회가 모두에게 살기 좋은 사회가 되기를 바라는 희망이 있다. 재일코리안 3세는 일본의 다문화공생, 다양성이 증대하는 사회에 기여할 점이 많다고 생각한다. 무지개회 대표는 무지개회의 활동은 자신이 엄마이기 때문에 더 잘할 수 있는 활동이기도 하다고 평가한다. 무지개회 대표는 "여성이라면 육아할 때 직면하는 문제에 공감할 것이다. 사상이 아니라 현실 문제에서 출발하기 때문에 활동이 강하고 지속적이다. 아이들에게 좋은 환경을 만들어 주고 싶다는 목표는 사상을 뛰어 넘는다. 올드 커머, 뉴커머의 벽도 한국 엄마, 일본 엄마라는 국적도 뛰어 넘을 수 있다. 모든 엄마는 여성 부모로서 주역이기 때문이다"라고 말한다.[50)]

3) 재일코리안청년연합, '자이니치'에서 'we are here'로

이러한 재일코리안 3세의 다양한 활동의 중심은 청년일 것이다. 세 번째로 KEY에 대해 살펴보고자 한다. KEY는 1991년에 기존의 한국의

---

50) D의 면접 내용.

민주화운동, 남북한 통일운동에서 분리해 재일코리안 사회와 재일코리안 개개인의 권리 획득을 목표로 새롭게 만들어진 단체이다.

KEY의 활동의 중심은 매주 열리는 〈학습회〉이다. 〈학습회〉는 특정 주제에 대해 공부하는 모임으로 1990년대는 전후보상, 일본군'위안부', 한인피폭자 문제 등 재일코리안 중심의 주제를 다루었으나 점차 일본 내 미군기지, 평화, 인권 문제 등 다양한 주제로 확대되어왔다. 2000년 대는 한류 붐이 일어 K-POP이나 K-드라마의 영향으로 회원이 증가하며 KEY의 활동도 외연을 확대하며 활기를 띄었다. 그러나 재일코리안의 권리 획득 운동에 집중해야 한다는 그룹과 한류에 관심 있는 그룹이 괴리하기 시작했고 한류 붐이 가라앉으면서 회원이 감소하는 등 KEY를 조직으로서 유지하기가 어려워졌다.

그러한 가운데 KEY의 활동에 새로운 이슈가 등장하며 KEY의 활동도 변화했는데 바로 일본 사회에 확산되고 있는 재일코리안 혐오표현과 가두선동 시위였다. KEY는 상담창구를 열어 고민하고 있는 재일코리안 개개인에 대응하면서 재일코리안 권리 획득 운동의 거점이나 손쉽게 한류를 접하고 K-POP과 K-드라마를 즐길 수 있는 곳에서 안심할 수 있는 공간, 자조그룹으로 변화하기 시작했다.

이러한 변화는 〈학습회〉에서도 나타나는데 〈학습회〉의 주제는 더 자유로워지고 민족의 역사나 일본의 식민지배에 대해 공부할 때도 민족, 국가의 거시적 집단적 차원보다 보다 미시적인 차원에서 개인들의 이야기를 중시하게 되었다. 일본군'위안부'와 한인피폭자 문제를 주제로 다룰 때도 민족 수난이나 복합 차별의 관점 보다는 재판투쟁을 이어가는 개인의 이야기, 개인사에 초점이 맞춰졌다.

이러한 KEY의 활동의 방향성이 집약된 것이 2015년에 전후 70주년을 맞이해 추진된 책 발간 기획이다. 이 기획은 재일코리안의 뿌리를

지역의 역사와 접목시키며 찾아 나가는 것으로 2017년에 『재일코리안
의 역사를 걷다』라는 제목의 책으로 열매를 맺었다. 『재일코리안의
역사를 걷다』는 오사카, 고베(神戸), 교토의 재일코리안의 지역사, 가
족사, 개인의 생애사를 탐사한 것으로 이 책에는 재일코리안에 대해
편견을 갖거나 혐오표현을 하는 일본인, 그리고 재일코리안의 역사에
대해 잘 모르는 재일코리안의 젊은 세대에게 구체적인 재일코리안의
역사를 알리고 재일코리안의 현실과 일상에 대해 실감할 수 있는 텍스
트로서 활용되기를 바라는 기대가 담겨 있다.[51]

　현재 KEY의 도쿄 지부는 회원 감소로 활동을 중지한 상태이고 오사
카와 효고 지부를 합해 약 100여 명의 회원과 10명의 활동가가 있다.
운영은 회비와 OB들의 기부, 그리고 조성금으로 이루어진다. 사업으
로 〈한글강좌〉도 개설하고 있다. 재일코리안 3세인 KEY의 대표는 전
성기에 비해 회원은 소수이지만 그 활동의 힘은 결코 약하지 않다고
말한다. KEY가 새롭게 활동의 구심으로 삼고 있는 것이 2017년부터
시작한 〈book cafe〉이다. 〈book cafe〉에는 재일코리안뿐만 아니라 일
본인이 참여하기도 하고 일본인 친구와 함께 오는 회원도 있다. 지금까
지는 신규 회원에게 〈한글강좌〉나 〈문화서클〉이 KEY 활동으로 이어
지는 좋은 입구였으나 지금은 〈book cafe〉가 그 역할을 하고 있다.
〈book cafe〉에서 개최하는 독서회는 개방적이고 즐거운 독서회를 지
향하고 있다.

　KEY 대표는 지금 재일코리안의 젊은 세대에게 요구되는 것은 재일
코리안의 역사를 계승하는 것뿐만 아니라 역사의 마이너스 부분을 개
선해가는, 일본 사회에 문제제기를 할 수 있는 힘이라고 역설한다. 특

---

51) E의 면접 내용.

히 재일코리안 3세는 1세, 2세와는 달리 정체성 문제를 자유롭게 바라볼 수 있는 가능성이 더 크다고 생각한다. 1세는 일본 사회에서 차별을 겪었고, 2세는 빼앗긴 것을 다시 찾으려는 운동을 추진해온 세대로 차별과 빈곤이 아직 존재하는 세대이다. 이에 비해 3세는 빼앗겼다는 감각이 없는 세대로 재일코리안으로서의 정체성, 개성, 자신다움을 새롭게 구축해나가는 세대이다. 이러한 재일코리안 3세의 특성은 재일코리안 사회의 새로운 힘이고 가능성이다. 이와 같은 인식은 현재 KEY의 활동의 지향점에서도 나타나는데 바로 '다양성에 민감하면서 연대를 이어가는 것'이다. KEY는 향후 뉴커머, LGBT[52]의 재일코리안 등 다양한 재일코리안과의 교류를 확대해 갈 계획을 갖고 있다.[53]

또한 KEY는 일본의 사회의 다문화공생을 위한 활동에도 적극적이다. 3.11동일본대지진과 후쿠시마(福島) 원전사고 이후 일본 전국에 반 원전 운동이 확산되었는데 그 중심에 〈자유와 민주주의를 위한 학생 긴급 행동(SEALDs: Students Emergency Action for Liberal Democracy's)〉[54]이 있었다. 반 원전 운동과 SEALDs에 대해 일본 우익은 좌익 프레임으로 공격했는데, SEALDs가 반 원전 운동에 머무르지 않고 리버럴 세력의 결집을 호소하며 일본의 집단적자위권 행사가 가능하도록 허용한 신안 보법 저지 운동을 활발히 전개하며 일본 사회에 민주주의, 평화주의의 근본에 대해 물음을 던졌기 때문이다.[55]

KEY는 SEALDs의 반 원전 운동에 연대했고, 이 연대는 혐오표현 반대

---

52) LGBT는 Lesbian, Gay, Bisexual, Trans-gender의 약자로 성적 소수자의 총칭이다.
53) E의 면접 내용.
54) SEALDs는 2016년 전후 71주년을 맞이하여 8월 15일에 해산했다.
55) 조경희, 「전후일본 70년과 복수의 평화주의: SEALDs의 운동과 정동」, 『사이』 20, 국제한국문학문화학회, 2016, p.267.

운동에서도 이어지고 있다. 혐오표현 반대 운동 〈사이좋게 지내요(仲良くしようぜ!) 퍼레이드〉는 2013년 7월 20일 오사카에서 시작되었다. 혐오표현 반대 운동이라고 해서 가두시위를 하는 것이 아니라 퍼레이드라고 명명할 만큼 재일코리안과 일본인이 함께 어우러져 다양한 음악과 춤을 선보이며 오사카의 중심 거리를 행진하는 축제의 일종으로 자리매김하고 있다. 현재는 〈diversity 퍼레이드〉로 이름을 변경해서 지속해오고 있다. 이 〈diversity 퍼레이드〉는 재일코리안뿐만 아니라 일본 사회에서 생활하고 있는 다양한 '자이니치(在日)' 이주민들의 존재를 알리는 'we are here', '노동자 권리', 그리고 'exited women' 3가지 요소로 구성되어 있는데 주요 목적은 일본 사회의 다양성을 호소하고 다문화공생을 위해 일본 사회의 배외주의, 배타주의에 반대하며 일본 내의 다양한 마이너리티의 연대를 강화하는 것이다.[56)]

4) 코리아NGO센터

마지막으로 코리아NGO센터(이하 센터)의 활동에 대해 검토한다. 센터는 2004년에 오사카 이쿠노에서 〈ONE KOREA〉, 〈민족강사회〉, 그리고 인권운동단체의 세 개 단체가 모여 공동대표 체제로 출발해 2005년 정식으로 발족되었다. 센터는 재일코리안 중심의 운동을 지향하며 초기에는 민족학급과 민족교육이 주축이었다. 현재 센터의 민족교육은 재일코리안만 대상으로 하는 것이 아니라 다양한 이주민을 대상으로 확대되고 있다. 그 계기가 된 깃은 이쿠노의 미나미(南)초등학교에 다니는 필리핀 이주민 아동에 대한 학대사건이었다. 미나미초등학교는 학생

---

56) F의 면접 내용.

의 절반이 이주민 아동인데 한 필리핀 이주여성이 자녀를 학대한 것이다. 이 사건의 원인에는 밤늦게까지 일해야 하는 이주여성들의 힘든 삶과 일본어를 할 줄 모르는 데다 갈 곳이 없어 식사도 제대로 못 하고 거리를 헤매는 이주민 아동들의 돌봄의 결핍이 있다. 이에 지자체와 학교가 연계해서 〈미나미어린이교실〉을 운영하게 되었는데, 〈미나미어린이교실〉의 운영에 참여하여 방과 후 이주민 아동을 돌보며 지원하고 있는 것이 센터이다. 센터가 이러한 역할을 할 수 있는 것은 민족교육의 노하우가 축적되어 있기 때문이다. 이 밖에 센터는 코리아타운을 중심으로 한 코리아축제와 인권연수, 필드워크, 지역 활성화를 활발히 추진하고 있다. 2016년부터는 〈diversity 퍼레이드〉에도 참여해 재일코리안뿐만 아니라 다양한 배경을 지닌 이주민, LGBT 등 다양한 마이너리티와의 교류, 연대에 힘을 기울이고 있다. 센터의 활동도 일본 사회의 다문화화의 진행과 궤를 같이하며 변화하고 있는 것이다.[57]

센터가 특히 힘을 기울이고 있는 것이 인권연수와 필드워크이다. 혐오표현에 어떻게 대응해야 하는지 강연회도 열고 있고 일본의 교원, 학교, 지자체, 교육위원회를 대상으로 세미나도 개최하고 있다. 센터는 일본 학교에서는 재일코리안에 관해서 교육하지 않고, 인터넷에서는 재일코리안에 대한 가짜 뉴스와 혐오가 범람하는데 그것을 그대로 받아들이고 차별적 인식으로 재일코리안을 대하는 일본의 젊은 층이 늘고 있는 것에 위기감을 느끼고 있다. 재일코리안은 일본 사회에서 70여 년 이상이나 몇 세대에 걸쳐 생활하며 삶을 이어오고 있고, 사회 구성원으로서 의무를 다하고 있는데 권리와 인정 면에서는 늘 배제되어 왔다. 일본 문부과학성은 다문화공생에서 재일코리안이 중심이 되

---

57) G의 면접 내용.

는 것은 다른 이주민에 대한 차별이라는 기이한 논리로 재일코리안의 문화와 언어를 가르치는 민족학급이나 민족교육에 대한 지원을 축소 또는 폐지하고 있다. 센터의 재일코리안 3세 활동가는 그러한 재일코리안이야말로 일본 사회에서 특수한 존재이자 다문화의 중심이라고 인식한다. 국적을 불문하고 오랜 세월 우리의 언어와 문화를 지켜왔고 일본 사회와 공생해왔기 때문이다. 지금 현재 일본에는 재일코리안만이 아니라 다양한 국적, 인종의 사람들이 더불어 생활하고 있다. 센터는 지금까지 유일한 자이니치로서 재일코리안이 쌓아온 경험을 바탕으로 일본 사회의 다양한 자이니치들이 차별받지 않고 안심하고 생활할 수 있는 일본의 다문화공생사회에 기여하려 하고 있다. 연간 다문화와 인권 연수의 일환으로 많은 일본 학교의 학생들과 단체들이 이쿠노의 코리아타운을 방문하고 센터의 다양한 프로그램에 참여하고 있다. 센터는 이제 재일코리안의 자조단체에서 나아가 일본의 다문화공생사회 구축에 있어서 중요한 거점이 되고 있는 것이다.[58]

6. 마치며

이 글은 지금까지 일본의 다문화의 원류이며 다문화공생 개념의 형성의 주체였던 재일코리안의 활동을 에루화, 무지개회, KEY, 코리아NGO센터 네 개 단체를 사례로 검토했다. 각 단체는 현재 3세가 중심이 되어 수도적으로 이끌고 있으며 이들의 인식과 활동을 분석하는 것은 재일코리안이 일본의 다문화공생사회 구축에 어떠한 역할을 하고 있는

58) H의 면접 내용.

지 그 일단을 살펴보는 데 매우 의미가 크다고 할 수 있다. 분석을 통해 알게 된 재일코리안 3세들의 활동과 그 지향성에 대해 다음 네 가지로 정리하며 이 글을 마치고자 한다.

우선 3세들은 재일코리안의 권리 획득 운동에서 돌봄, 육아, 혐오표현에 대한 대처 등 다양한 재일코리안 자조활동으로 활동의 중심을 진환시키왔다. 다음은 정체성에 있어서 국적이나 민족에 포섭되지 않는 재일코리안으로서의 개인의 다양성과 자기다움, 자아실현을 중시하고 있으며 그것을 3세의 새로운 가능성으로 인식하고 있다. 재일코리안의 역사에 대해서도 민족이나 국가 단위보다는 지역과 개인 차원의 미시사로부터 출발해 재일코리안의 역사를 재조명하려 하고 있다. 셋째는 재일코리안 3세는 살아본 적이 없고 경험한 적도 없는 낯선 모국에서, 출생해서 성장하고 미래에 걸쳐 자신의 삶을 영위하는 현실 공간인 일본 사회로, 그 관심을 확장시키고 있다. 마지막으로 자신들의 생활공간이자 삶의 영역인 일본 사회가 더 나아지기를, 다양한 마이너리티가 공생할 수 있는 좋은 사회가 되기를 바라며 뜻을 같이하는 일본인, 그리고 다양한 이주민, 마이너리티와 연대하고 있다.

이러한 재일코리안 3세들의 활동은 일본 사회에 다양한 영향을 미치며 변화를 이끌어내고 있다. 이제 '자이니치(在日)'는 더 이상 재일코리안만을 표상하는 재일코리안에 대한 차별의 코드가 아니라 일본에 있는 다양한 국적과 인종의 사람들에 대한 기표로 확장하고 있다는 것이다. 재일코리안 3세들은 그 자이니치의 중심에 서 있다는 자긍심을 형성하고 일본 사회의 다문화의 원류로서의 재일코리안의 경험과 실천을 바탕으로 일본의 다문화공생사회의 연대와 민주주의의 회복에 결절점으로서의 역할을 하고 있다. 앞으로 에루화, 무지개회, KEY, 코리아 NGO센터 네 개 단체에 대한 심화 연구와 분석 단체의 대상을 더욱

확대해 재일코리안 3세의 활동의 전체상을 보다 면밀히 파악하는 것이
과제로 남아있다.

이 글은 한국정치정보학회의 『정치정보연구』 제23권 3호에 실린 논문
「일본의 다문화공생사회와 재일코리안의 역할: 에루화, 무지개회, 재일코리안청년연합,
코리아NGO센터를 사례로」를 수정·보완한 것임.

참고문헌

문재원·박수경, 「재일코리안 디아스포라 공간과 정체성의 정치-KEY의 문화적 실천
　　　활동을 중심으로」, 『일본문화연구』 40, 동아시아일본학회. 2011.
송석원, 「지방자치단체 차원의 다문화정책 한일비교연구-안산(安山)시와 가와사키(川
　　　崎)시를 중심으로」, 『아태연구』 18(3), 경희대학교 글로벌국제연구소, 2011.
양기호, 「일본의 다문화 거버넌스와 한국에의 함의」, 『다문화사회연구』 2(1), 숙명여자
　　　대학교, 아시아여성연구원, 2009.
이면우, 「일본의 다문화정책 변용과 그 함의: 우경화의 영향이라는 관점에서」, 『다문화
　　　사회연구』 8(1), 숙명여자대학교 아시아여성연구원, 2015.
이규수, 「일본 '재특회(在特會)'의 혐한·배외주의」, 『일본학』 38, 동국대학교 일본학연
　　　구소, 2014.
이상봉, 「해방의 언설로서의 디아스포라와 재일코리안의 실천: 재일코리안청년연합
　　　(KEY)의 사례를 중심으로」, 『디아스포라연구』 12(1), 전남대학교 글로벌디아
　　　스포라연구소, 2018.
이지영, 「일본의 이주자정책이 여성이주에 미치는 영향」, 『국제정치논총』 52(2), 한국
　　　국제정치학회, 2012.
＿＿＿, 「글로벌 도시 도쿄도의 이주자정책의 특징」, 『일본학보』 108, 한국일본학회,
　　　2016.
＿＿＿, 「트랜스보더 민족주의와 재일한인 여성의 국적문제」, 『아시아여성연구』 57(1),
　　　숙명여자대학교 아시아여성연구원, 2018.
이혜진, 「일본의 이주민 동향과 배외주의 현상」, 『일본학보』 120, 한국일본학회, 2019.

정미애, 「일본의 단일민족국가관에서 다문화공생으로의 인식변화와 다문화공생의 거버넌스」, 『한국정치학회보』 45(4), 한국정치학회, 2011.

조경희, 「전후일본 70년과 복수의 평화주의: SEALDs의 운동과 정동」, 『사이』 20, 국제한국문학문화학회, 2016.

조세형, 『한일관계 50년, 갈등과 협력의 발자취』, 대한민국역사박물관, 2015.

조현미, 「일본의 '다문화공생' 정책을 사례로 본 사회통합정책의 과제」, 『한국지역지리학회지』 15(4), 한국지역지리학회, 2009.

최병두, 「일본의 다문화사회로의 사회공간적 전환과정과 다문화공생 정책의 한계」, 『한국지역지리학회지』 17(1), 한국지역지리학회, 2011.

한영애, 「일본의 다문화공생 담론과 아이덴티티 재구축」, 『사회와 역사』 71, 한국사회사학회, 2006.

황익구, 「일본의 '다문화공생' 담론과 재일코리안의 사회운동」, 『일본문화연구』 66, 동아시아일본학회, 2018.

人権教育啓発推進センター, 『外国人住民調査報告書』, 2017.

総務省, 『多文化共生事例集―多文化共生推進10年 共に開く地域の未来』, 2017.

日本国際交流センター, 『日本の地方自治体の多文化共生の現在と今後』, 2018.

法務省, 「令和元年6月末現在における在留外国人数について」, 2019.

雨宮処凛, 『この国の不寛容の果てに: 相模原事件と私たちの時代』, 大月書店, 2019.

飯田剛史 編, 『民族祭りの創造と展開』, JSPS 報告書, 2014.

石川真作, 「"共生"のかたち―外国人集住ニュータウンの諸相」, 『人文学研究』 8, 京都文教大学人間学研究所, 2007.

上田晃司, 「言葉の魔術の落とし穴―消費される"共生"」, 上田晃司・山下仁 編著 『"共生"の内実: 批判的社会言語学からの問いかけ』, 三元社, 2006.

金侖貞, 「地域社会における多文化共生の生成と展開, そして, 課題」, 『自治総研通』 392, 公益財団法人 地方自治総合研究所, 2011.

栗本英世, 「日本的多文化共生の限界と可能性」, 『未来共生学』 3, 大阪大学未来戦略機構第五部門未来共生イノベーター博士課程プログラム, 2016.

近藤敦, 「在日外国人をどう受け入れていくのか―多文化共生社会の課題と展望」, 『外交フォーラム』 5月号, 都市出版株式会社, 2009.

近藤敦, 『多文化共生と人権―諸外国の"移民"と日本の外国人』, 明石書店, 2019.

竹沢泰子, 「序: 多文化共生の現状と課題」, 『文化人類学』 74(1), 日本文化人類学会, 2009.

崔勝久加・藤千香子 編, 『日本における多文化共生とは何か―在日の経験から』, 新曜

社, 2008.

中村廣司, 「日本の"多文化共生"概念の批判的考察」, 『일어일문학연구』 91, 한국일어일
　　문학회, 2014.

朴在一, 『在日朝鮮人に関する総合調査研究』, 新紀元社, 1957.

モーリス=スズキ・テッサ, 『批判的想像力のために』, 平凡社, 2002.

山口健一, 「在日朝鮮人の民族まつりにおける多文化共生実践 − 東九条マダンにみる〈存
　　在の政治〉戦略」, 『社会学評論』 67(1), 日本社会学会, 2017.

脇阪紀行, 「"共生"の源流を訪ねて: 在日コリアンの社会運動と実践から」, 『未来共生
　　学』 3, 大阪大学未来戦略機構第五部門未来共生イノベーター博士課程プログ
　　ラム, 2016.

在日大韓民国民団, 「在日同胞社会」, https://www.mindan.org/syakai.php(검색일:
　　2020.04.19.)

http://www.moj.go.jp/nyuukokukanri/kouhou/nyuukokukanri04_00083.html(검
　　색일: 2020.04.19.)

제2장

재일디아스포라 소통의 공론장

『계간 잔소리』와 재일코리안 2세의 자기의식

잡지 앙케트와 독자투고란을 중심으로

이한정

1. 들어가며

　1979년에 창간되어 1981년에 휴간에 들어간 후 종간된 『계간 잔소리』
는 총 8호가 발간된 짧은 역사를 지닌 재일코리안 발행 일본어 잡지이
나, 재일코리안 2세들이 미디어를 통해 공개적으로 자기 목소리를 본격
적으로 펼친 공간이라는 점에서 재일 2세가 '자기 자신'을 어떤 존재로
여기기 시작했는지를 알 수 있는 최초의 자료라 할 수 있다.

　『계간 잔소리』 이전에 일본어로 재일코리안이 발행한 주요 잡지로는
『민주조선』(1946.4~1950.7, 총 33호), 『계간 삼천리』(1975.2~1987.5, 총
50호), 『마당』(1973.3~1975.6, 총 6호) 등이 있다.[1] 『계간 잔소리』를 제외
하고는 모두 재일 1세가 주축이 되어 발행했던 잡지다. 1세들이 일체
관여하지 않은 2세들만 모여 발행한 최초의 잡지가 『계간 잔소리』이며,

---

[1]　한국어로 일본에서 재일코리안에 의해 1962년 3월부터 1984년 4월까지 통권 177호가
　　발행된 『한양』이 있으나, 이 글에서는 일본어로 발행한 잡지에 한해 다루기로 한다.
　　그 이유는 일본에 거주하는 재일코리안이 '일본 사회'를 향해 자기 목소리를 내기 위해
　　서는 '일본어'라는 언어를 사용하지 않으면 안 되기 때문이다. 이 글에서는 잡지에서
　　재일코리안과 일본인이 일본어로 주고받은 발화에도 주의를 기울일 것이다.

이 2세들이 발행한 잡지에 관해서는 아직 학술적 논의에서 제대로 다루어지지 않았다.[2] 이 글에서는 『계간 잔소리』의 개괄 사항을 설명한 후 '앙케트 조사'란과 '독자투고'란의 기사를 중심으로 재일 2세들의 실생활 속 목소리에 담긴 '자기의식'을 고찰하고자 한다. 여기서 말하는 '자기의식'이란 현실 생활 속에서 자기가 누구인지를 의식하는 태도를 가리킨다. 앙케트 응답과 독자 투고기사는 일본 각지에 살고 있는 '보통'의 재일 2세들 여러 군상이 생활경험 속에서 자기를 어떻게 의식하고 있는지를 있는 그대로 보여준다. 앙케트 조사는 2호, 5호, 7호에서 이루어졌으며, 독자투고란은 전 8호에 걸쳐 게재되고 있다.

2. 1세와 다른 2세 우리들

『계간 잔소리』는 1973년에 창간된 『계간 마당』이 6호(1975)로 종간된 후 편집부에 모여 있던 2세를 중심으로 발간된 잡지이다. '재일조선·한국인의 광장'이라는 부제가 붙은 『계간 마당』의 편집위원에는 2세 김양기 등이 참여하고 있으나 이 잡지는 1세 주도로 1세들의 목소리를 담았다. 『계간 잔소리』의 잡지명 '잔소리'는 "재일로서의 삶의 태도를 고뇌하는 2세들이 하는 말을 '이놈아 잔소리 많다!'고 한마디로 정리하는 1세 세대에게 그나마 분풀이라도 한다는 데서 붙여졌다"고 한다.[3]

---

2) 미즈노 나오키와 문경수 공저 『재일조선인 역사와 현재』에서는 『계간 잔소리』에 대해 "지면은 1세의 민족 규범에 대해 독기를 품은 야유와 이의 제기가 넘쳐나 전후 세대에게 독자적 표현 매체이어서 한 시대의 획을 긋고 있었다"라고 평가하고 있다. (水野直樹·文京洙, 『在日朝鮮人 歷史と現在』, 岩波書店, 2015, p.196.)

3) 박용복, 「『계간 잔소리』」, 朴一 외 편, 『재일코리안사전』, 정의선 외 옮김, 선인, 2012, p.29.

이 잡지의 편집위원으로는 2세 영화감독 오덕수, 문예평론으로 출발해 후에 철학자로도 활동하는 다케다 세이지, 나중에 소설가로 데뷔하는 야마구치 후미코 등이 있다.

　『계간 마당』은 1호에서 「대담·공통의 광장을 추구하며-재일조선인 문제의 원점을 탐색한다」를 마련하고 2호부터는 특집을 꾸미고 있다. 각 호 특집 주제는 2호 「재일조선인의 육성」, 3호 「요구되는 재일청년상」, 4호 「해방의 원점을 찾아서」, 5호 「민족교육의 내일을 생각한다」, 6호 「결혼」이다. 이 가운데 2호에서는 '세대 간의 단절' 문제를 다룬 좌담회를 마련하거나 3호에서는 2세 청년 6명을 초대해 '뒈져라 민족!?'이란 좌담회를 갖고 있으나, 『계간 마당』은 주로 '민족'[4]과 관련된 기사에 힘을 싣고 있었다. 이에 반해 『계간 잔소리』는 1호 「지금 우리들은 세계의 어디에 존재 하는가」를 시작으로 2호 「흔들리는 시기의 틈바구니를 살며」, 3호 「이경(異境)의 가족들-〈집〉 체험과 2세 의식」, 4호 「〈자이니치〉 잡민(雜民) 고찰」, 5호 「앞으로의 〈자이니치〉 어떻게 되는 건가?」, 6호 「혼혈」, 7호 「국적」, 8호 「잔소리풍 〈자이니치〉 시론(試論)」과 같이 재일코리안의 동요하는 현실을 리얼하게 담는 특집을 꾸미고 있다. 『계간 마당』에도 2세들이 참여하고 있었으나 『계간 잔소리』의 특집 타이틀을 보면 『계간 마당』에 비해 『계간 잔소리』는 재일 2세 자신들의 목소리를 명확히 드러내고자 하는 의도로 발행하고 있었음을 알 수 있다. 특히 특집 기사의 타이틀에 괄호 속 〈자이니치〉, 즉 '일본에 거주한다'라는 뜻을 지닌 '재일(在日)'이라는 말이 명료하게 새겨진

---

4)　이영호는 「재일조선인 잡지 『계간 마당』과 민중문화-지면의 구성과 전통 담론」, 『일본학』 46, 동국대학교 일본학연구소, 2018에서 『계간 마당』이 민족의 공통항인 '전통' 문화를 주로 다루면서 재일조선인의 화합을 위한 '민중문화의 형성'에 힘을 기울였고, 이를 통해 재일조선인의 '민족' 의식을 고취시키는 데에 기여했다고 고찰했다.

점은 주의를 끈다. 이 용어는 재일조선인이나 재일한국인이나 혹은 재일한국·조선인이란 호칭에서 '한국인'이나 '조선인' 등 민족과 국가를 나타내는 말을 소거하고 '재일'만을 남긴 것이다. 윤건차는 이 '자이니치'라는 용어에 대하여 다음과 같이 말했다.

> 1970년대 후반 이후, 주로 일본에 사는 조선인을 가리키는 말로 사용되었다. 그것은 단지 '조선' 적(籍) '한국' 적이라는 국적(표시)의 차이를 넘어선 재일조선인을 총칭할 뿐만 아니라, 특히 젊은 세대가 지니는 삶의 방식을 나타내는 일정한 사상과 이데올로기 내지는 역사적 의미를 포함하는 것으로 인식되었다. 실제 '자이니치를 살아간다'라고 할 때, 여기에는 단지 삶을 지속한다는 바람뿐만 아니라 인간해방에 대한 뜨거운 사상이 가로놓여 있다.[5]

'자이니치'라는 말이 1970년대 후반 재일조선인 "젊은 세대가 지니는 삶의 방식"과 관련이 있었다는 점은 바로 『계간 잔소리』를 통해서도 확인할 수 있다. 1호에는 「〈자이니치〉를 살아가는 자들로부터」라는 제목이 달린 '편집위원회 좌담회'가 게재되어 있는데, 여기에서 야마구치 후미코는 자신이 『계간 마당』에 1년 정도 관여했다는 점을 밝히면서 그 시절에 "나는 무엇인가라는 생각을 항상 하고 있었기 때문에 그 점을 골똘히 생각해 보고 싶다. 『계간 마당』은 1세의 문제의식이었기 때문에 역시 2세의 문제의식을 반영한 잡지가 필요하다고 생각했다"[6] 라고 하며 『계간 잔소리』 창간의 경위를 말했다. 『계간 마당』에는 2세

---

5) 尹健次, 『「在日」を生きるとは』, 岩波書店, 1992, p.3.
6) 吳德洙·山口文子·金斗年, 「1 編集委員座談会 〈在日〉を生きる者たちから」, 『季刊ちゃんそり』 1, ちゃんそり社, 1979, p.8, 앞으로 『계간 잔소리』에서 인용할 시에는 '(1호 p.8)'과 같이 호와 쪽 수만을 인용문 뒤에 표시한다.

도 일부 참여했으나 그 내용은 여전히 '민족' 등 재일의 뿌리나 공동체 의식을 고취시키려는 1세들의 시야를 벗어나지 못하고 있었다. 예를 들어 앞서 언급했던 재일 청년 6명을 불러 마련한 좌담회 '뒈져라 민족!?'은 '민족'에 대한 다소 과감한 반격의 표현처럼 보이더라도 실제 청년들이 생각하는 '민족의식'은 1세와 큰 차이를 보이고 있지는 않다.[7] 이에 반해 『계간 잔소리』는 위의 특집호 타이틀만 보더라도 알 수 있듯이 1세가 없는 공간에서 1세들과는 확연히 다른 2세들만의 문제 의식을 담은 잡지였다.

『계간 잔소리』는 B 18절판(170×242) 크기로 매호 50페이지 남짓 분량으로 발간되었다. 한 면에 3~4단 크기로 기사를 싣고 있어서 적은 페이지 수에 비해 여러 내용을 담고 있다. 모든 호의 기사는 대체로 아래 〈표1〉과 같은 순서의 차례로 이루어졌다.

〈표1〉 『계간 잔소리』 창간호 목차

도깨비의 눈
(운동) 「NHK에 조선어강좌를 절대 만들지 않게 하는 모임」을
(소문) 조선인 유령이 나왔다!?
(세상) 본말전도-바꿔치기 숙련사
(영화) 드러내 보인 남자의 "성"-『오키나와 할머니』
(서평) "신화"의 기수·이회성의 함정-『못다 꾼 꿈』(전6권)

7) 예를 들어 고춘지(高春枝)가 말하는 일본에 순응해 살기 쉽기에 오히려 '민족의식의 회복'이 필요하다던, 양정성(梁正成)이 말하는 '조국통일'을 통해 재일조선인의 '인간성회복'이 가능하다고 하는 생각은 1세가 지향하는 '민족의식'과 '통일지향'에서 크게 벗어나 있지 않다. (「座談会·くたばれ民族!?」, 『季刊まだん』 3, 創紀房新社, 1975, pp.20~21.)

재일(在日)열전 1 반역의 엘레지 [야나가와 지로(柳川次郎)]
일러스트·그림 가와구치 가이지

특집=지금 우리들은 세계의 어디에 존재하는가

---

1 편집위원회 좌담회 〈자이니치〉를 살아가는 자들로부터
 '잔소리'를 빌어 말하고 싶은 동포에 대한 생각
 이 〈자이니치〉 어째서 시시하지
 〈자이니치〉 삶의 어려움을 어떻게 표현할 것인가

---

2 2세가 본 1세의 세계
 여행 속의 정경=서호(西湖)
 몸에 새긴 말=이은자(李銀子)
 고향에서도 죽지 못한 남자=김행이(金幸二)

 인터뷰 안녕하십니까
  이방의 청춘·홀로 여행 '조니 오쿠라(ジョニー大倉)'
 '완전히 다 살았다'라는 실감이 붙잡힌다면 죽어도 좋다

 비빔밥스토리
  "가네야마(金山)"인가 "김(金)"인가 – 형제의 본명 논쟁=김정일(金晶一)
  우리들 자신의 자이니치를 위하여=전 세계(全世界)

 르포 다양화하는 〈자이니치〉상(象)
  일본인 7인이 말하는 재일조선인에 대한 직언

이와 같은 1호의 목차 구성은 8호까지 큰 변화를 보이지 않는다. 매호 특집과 '도깨비의 눈', '재일열전', '인터뷰', 독자투고란에 해당하는 '비빔밥스토리'가 마련되어 있고, 르포는 1호, 3호, 5호, 7호에만 실려 있다. 2호부터 8호까지에는 '신·타향살이 시리즈' 코너가 있어서 '외국인등록법'과 '입국관리법' 등 일본 생활에서 필수적으로 알아야 할 법률상식을 상세히 소개하고 있다.

위 목차는 『계간 잔소리』의 몇 가지 특색을 보여준다. 첫째 '2세가 본 1세의 세계'라는 제목에서 알 수 있듯이, 1세와 다른 '2세'의 자기의식이 이 잡지에 일관한다. 둘째 '자이니치'들의 다양한 삶을 조명하고 있다. 1세이지만 야쿠자로 명성을 떨치고 있는 야나가와 지로와 2세로 록밴드 '캐럴(キャロル)'을 결성해 70년대 일본의 록음악에 지대한 영향을 끼친 조니 오쿠라를 다루고 있는 데에서 엿볼 수 있다. 셋째 독자투고란에 해당하는 '비빔밥스토리'가 독자들의 의견에 충실히 귀를 기울이는 한편 일본 곳곳에 사는 재일 2세, 3세 등의 각양각색의 목소리를 기탄없이 담고 있다.

이러한 잡지 모양새에서 보자면 '자이니치'의 의식이 1세와는 달리 표출되고 있다는 점을 엿볼 수 있다. 또한 '르포 다양화하는 〈자이니치〉상'은 '일본인 7명이 이야기하는 재일조선인에 대한 직언'을 싣고 있다. 일본인이 바라보는 '재일조선인' 이미지인 것이다. 이 기사의 서두에서 편집자는 '편집위원회 좌담회'에서 "우리는 자신들의 솔직한 의견을 말했다"라고 언급하고서 다음과 같이 말하고 있다.

요컨대 각자의 〈자이니치〉 성(性)을 자기들 나름대로 그려본 것인데, 그렇다면 일본인 쪽은 우리들 '자이니치'를 어떠한 시점에서 바라보고 있는가가 신경이 쓰였다. 여기에 등장하는 일본인의 의견은 총체

적인 추세에 보자면 다소 공정함이 결여되었을 수도 있으나 편집부
의도는 이제까지 들을 수 없었던 "처음 듣는" 의견과 주장을 취합해
보자라는 생각에서 취재했던 것이다. (1호 42쪽, 강조점 원문, 이하
동일)

　재일 2세가 주축이 된 『계간 잔소리』의 편집위원들은 1호 편집후기
에 언급된 대로 평균 연령이 31세였다. 이들은 서로의 생각, 관심, 입장
도 미묘하게 달랐다. 그렇기에 이들은 자이니치의 목소리뿐만 아니라
자이니치를 바라보는 일본인의 목소리에도 귀를 기울이고 있는 것이
다. 자이니치를 어떻게 보느냐고 일본인들에게 묻는다는 것은 그만큼
일본이라는 곳의 실생활 속에서 자신들의 모습을 명료히 의식하고자
하는 2세들의 지향성을 반영한다. 또한 '자이니치'의 삶을 좀 더 다각적
으로 검토해 보면서 '일본에 거주하고 있는' '자이니치'로서 '자신'은
어떤 존재인가를 되묻고 싶은 의지가 이러한 특색 있는 기사에서 읽혀
진다. 일본인들의 '직언'은 각각 '〈자이니치〉의 고유성을 자각하고, 열
등감을 가지지 않으며', 오히려 '자이니치'라는 '불투명하고 알기 어려
움을 응시하기를' 바란다는 내용을 필두로 하여, '내셔널리즘의 벽을
어떻게 넘을까', '분열된 가치의식에 흔들리는 가정', '한국인과 조선인
은 동일한 사람인가?'라는 주제로 표명되고 있다. '일본인 7명이 말하
는 재일조선인에 대한 직언' 말미에는 일본인 청년 3명을 인터뷰한 내
용을 싣고 있는데, 이 기사에 대한 편집자 코멘트는 다음과 같다.

　여기에 나타난 의견에 한해서 보자면 〈자이니치〉 세계의 내부 변화
에 대응하듯이, 일본인 쪽에서도 견해와 감상에 미묘한 변화가 나타나
기 시작한다라고 말할 수 있을 것이다. 이 변화가 근거를 가진 것이라
고 한다면, 이는 〈자이니치〉 사회가 단지 내부의 실질만이 아니라 일본

사회와의 상관으로서 지금까지 그다지 표면화 되지 않았던 새로운 관계를 낳고 있다는 사실일 것이다. 이 사실이 어떤 전개를 맞이할 것인지는 앞으로의 과제로서 추구해 볼 일이다. (1호 46쪽)

'자이니치'를 둘러싼 세계는 그들 '내부'에서만이 아니라 일본 사회인 '외부' 세계와의 관계 속에서도 변화를 맞이하고 있는 것이다. 일본에서 태어나 자란 2세의 시점에서 이러한 자기 내부와 외부 세계의 '상관성'은 재일 2세 자신들의 실제 삶에 커다란 영향을 끼치는 요소다. 하여 『계간 잔소리』는 동시기에 발행되고 있었던 재일조선인 1세 주축의 잡지 『계간 삼천리』가 '조국 정세'를 묻고 '통일지향'에 힘을 쏟는 데에 반해 일체 그쪽에 시선을 두지 않고 일본 사회에서 살아가는 자신들의 실제 경험과 삶만을 말하고 있었다. 그래서 창간호가 발행된 후에 『계간 잔소리』에 대해 일부 독자는 "이것은 동화(同化), 풍화(風化)를 촉진시키는 잡지다. 오히려 발행되지 않는 편이 좋다"라든가 "조국통일을 표방하지 않는 『잔소리』 따위는 의미가 없다"라는 반응을 보였다. 하지만 1세들 중에는 편집부에 전화를 걸어 "내 아이들이 무엇을 생각하고 있는지 알 수 없다. 점점 부모로부터 떨어져 나가는 듯한 기분이 들어 불안하다"라고 하면서도, "기사를 읽고 비로소 아이가 지금 무엇을 생각하고 있는지를 알게 된 것 같은 기분이 든다. 젊은이들의 솔직한 목소리를 실어주기 바란다"(1호 48쪽)라고 말했다. 『계간 잔소리』의 지향점은 바로 '지금' 일본 사회에서 살아가는 재일 2세, 3세 등 "젊은이들의 솔직한 목소리"를 보여주는 것이었다. 이는 '민족' 혹은 '조국'으로만 환원될 수 없는 재일 2세의 실제 삶에 기반을 둔 '목소리'로 1세와는 다른 2세 재일들의 '목소리'였다.

3. 재일 2세의 생활과 조국

재일 1세와 2세의 가장 큰 차이는 '뿌리' 의식에서 나타난다. 앞에서 언급한 '자이니치열전'에 등장하는 야쿠자 야나가와 지로는 본명이 양원석(梁元錫)으로 1923년에 부산에서 태어나 1930년에 가족과 함께 오사카로 이주한 1세 재일조선인이다(1991년 사망). '인터뷰 안녕하십니까'에서 다룬 조니 오쿠라는 본명이 박운환(朴運渙)으로 1952년생이며 가나가와현 가와사키시 출신이다(2014년 사망). 이처럼 1세와 2세는 '조국'이라는 뿌리와 얼마나 단단한 유대 속에서 태어났느냐 그렇지 않느냐로 크게 달라진다.

『계간 잔소리』 편집위원의 한 사람이자 잡지 창간 자금을 충당한 오덕수(吳德洙)는 1941년에 아키타현 가즈노시에서 태어났다. 그는 『계간 마당』에 대해 재일조선인 사회가 '남과 북'으로 나뉘고, '반 박정희 정권' 등으로 내부에서 갈라져 있을 때에 발간되었다고 언급하고, 거기에서 "〈자이니치〉라는 공통항을 전제로 하는 그 소박함에 나는 매우 신선함을 느꼈다. 『계간 마당』은 1세의 문제의식으로 편집되고 있었는데, 그 나름대로 재미있었으나 역시 2세의 의식과는 상당히 달랐다"라고 말했다. 그래서 오덕수는 '편집위원 좌담회' 제목에 들어간 '〈자이니치(在日)〉'라는 용어가 복합적 양상에서 쓰이고 있음을 설명하고 있다.

요즘 한국·조선인(韓国·朝鮮人), 어느 쪽을 먼저 써야 하는지는 모르겠으나(웃음), 이러한 병기 표기방식이 상투적으로 사용되고 있으나 일본이라는 이국(異國)에서 태어난 인간집단이라는 의식에서 조선이라든가 한국이라는 말을 사용하지 않고 자신들을 표현하고 싶은 발상이 있었던 게지요. 그래서 '〈자이니치〉를 살아가는 자들로부터'라는 부제가 되었던 것이고요. 멤버들로는 귀화자도 있고 혼혈자도 있어서

당연한 발상이라고 생각합니다. (1호 10쪽)

『계간 잔소리』 창간호의 '편집위원 좌담회' 부제를 어떻게 정할 것인가에 대해서는 편집위원들 사이에서도 논란이 있었다. 위의 오덕수의 말에 앞서 야마구치 후미코와 김두년이 이 논락에 대해 주고받은 말을 정리하면 그 사정은 이렇다. 편집위원의 한 사람인 이정차가 '〈자이니치〉'라는 말에 대해 문제를 삼아 '재일하는 조선민족(在日する朝鮮民族)'이란 말을 제안했다. 그러나 일본에는 재일조선인만이 아니라 브라질인도 미국인도 있기 때문에 "일반적 재일이 아니라 한정된 의미에서 사용하는 것으로 〈자이니치〉로 했다"는 것이다. 이 '〈자이니치〉'라는 특이한 표기와 호칭은 '괄호를 친 독자적인 삶을 살아가고 있는 사람이라는 생각'에서 나왔던 것이다. 그런데 야마구치 후미코는 이정차가 제안한 '재일하는 조선민족'이란 표현이 자신에게는 낯설다는 점을 고백하고 있다.

> 일본의 단일민족신화를 무너뜨림과 동시에 조선민족 내의 단일민족론도 겨눈다라는 양의성이 있는 것이지요. 재일조선인은 통설로는 65만 명이라고 하나 우리들의 인식은 100만 명이라고 생각한다. 일본적(籍)도 있고 밀항자와 같은 인간도 있고 게다가 조선, 한국적. 국적은 민족을 규정하지 않는다라는 것이 그의 지론이어서 모두 거기에는 찬성했으나 아무래도 조선민족이라는 표현이 익숙하지 않고, 역시 체화된 언어로서는 조선인이지요. 한국이라는 표현도 있으나 우리들에게는 그것도 역시 시원치 않지요. (1호 9~10쪽)

여기에서 흥미로운 사실은 '국적은 민족을 규정하지 않는다'라는 이정차의 견해에 재일 2세 편집위원들이 모두 동의하고 있다는 점이다.

재일조선인은 국적의 개념에서 보자면 '조선적(朝鮮籍)'인 사람과 '한국적'을 취득한 사람으로 나뉘며, 또한 귀화한 '일본적' 소유자도 있다. 이렇게 '국적'은 상이해도 재일조선인의 뿌리는 '조선민족'이라고 할 수 있으나, 야마구치 후미코는 '조선민족'이라는 말에도 서먹서먹한 느낌을 가지고 있는 것이다. 한국에 사는 한국인이라면 '조선민족'(한국에서는 '한민족')이란 말을 너무나 자명한 사실로 받아들일 것이다. 재일 2세인 야마구치 후미코에게 '조선민족'이란 말의 자명성은 의문을 갖게 한다.

야마구치 후미코는 니가타 출신에 1943년생이다. 1992년에 후카사와 가이(深沢夏衣)라는 이름으로 『밤의 아이들(夜の子供)』이란 작품을 발표하여 신일본문학상특별상을 수상한 소설가이기도 하다. 『밤의 아이들』은 '민족에 대한 배신'으로 낙인찍히기 십상인 일본 귀화자를 다루면서 '민족적으로 살아간다'는 것에 문제를 제기한 작품이다. 귀화했다고 일본인으로 살아가는 것이 아니라 삶의 방식은 귀화자 본인이 정하는 것이라는 태도가 이 소설에 나타나 있다. 좌담회가 이루어진 1979년이란 시점에 이미 야마구치 후미코는 '조선민족'이란 표현이 익숙하지 않다고 말하고 있는데, 이는 그가 귀화자이기 때문이라서 보다는 2세라는 처지에서 느끼는 감각에서 연유할 것이다.

『계간 잔소리』는 2호 특집 「흔들리는 시기의 틈새를 살며」를 꾸미면서 독자로부터 앙케트를 받아 그 내용을 싣고 있다. 앙케트는 2호 「생활 속에서 주시하는 일본·나·조국」, 5호 「우리들의 미래는?」, 7호 「당신들에게 국적이란」 주제로 『계간 잔소리』에서는 3회에 걸쳐 실시하고 있다. 평범하게 일상을 살아가는 2세와 3세들의 목소리를 적극적으로 잡지에 담으려는 취지에서 이루어졌다고 볼 수 있다. 2호의 앙케트 조사에 대해서 편집자는 "우리들은 지금 '일본'의 사회 속에서 살아가

고 있기 때문에 어떤 삶의 의미와 풍경을 추려낼 수가 있을까. 그러한
〈자이니치〉로 살아가는 자의 자문(自問)에 관련된 물음을, 편집부는
세 가지 질문을 토대로 독자에게서 앙케트를 받았다"라고 말하고 있다.
그 세 가지 질문이란 다음과 같다.

> ① 당신은 일본 및 일본인에 대해서 어떤 감정을 가지고 있습니까.
> 또 잊지 못할 체험이 있거든 들려주십시오.
> ② 일상적으로 어떤 불만과 고민이 있으며 그것은 어떻게 하면 해결
> 되리라 생각하십니까. 또한 앞으로 살아가는 데에 있어서 어떠한
> 것을 자신의 버팀목으로 삼아 살아가려고 생각하십니까.
> ③ 당신에게 있어서 조국이란 무엇입니까. (2호 2쪽)

이와 같은 설문에 17명이 답한 주요 내용은 아래에 첨부한 〈표2〉와
같다. 앙케트 응답자의 최고령자는 49세이며 최연소자는 18세로 설문
응답자의 평균 나이는 31세다. 직업도 사무원, 사진업, 주부, 일본요리
술집 마담, 대학강사, 입시학원생, 어학원경영자, 오퍼레이터, 플라스
틱가공, 연극배우, 풍속영업, 인쇄소종업원, 디자이너 등 다양한 직종
에 걸쳐있다. 가족구성에서도 배우자가 한국인뿐만 아니라 일본인인
경우도 다수 있고, 부모가 한국인과 일본인이어서 혼혈로 태어난 사람
도 있다.

〈표2〉 2호 앙케트 응답자 17명 현황 및 답변 내용

이름	국적	나이	직업	배우자 (국적)	아이	①의 답변	②의 답변	③의 답변
조설자 (趙雪子)	한국	42	사무원	한국	한국/일 본학교	취직의 어려움	사원으로 채용됨	2년간의 한국체험 비참

이름	국적	나이	직업	배우자 (국적)	아이	①의 답변	②의 답변	③의 답변
야마구치 마사오 (山口正雄)	일본	32	사진업	10세 때 부모와 함께 일본국적 취득		기대하는 점 없음	내가 누구인지 모름, 나는 나	외신의 신문기사와 같은 것
차육자 (車育子)	한국	26	주부	일본인	일본	초등학교 때 이지메 당함, 지금 나는 '세계인'	본명, 국적 선택 자유, 참정권 요구	의식 속의 조국일 뿐, 나를 받아주지 않는 조국
구레모토 기쿠코 (呉本菊子)	일본	45	일본 요리 술집 마담	일본인 남편과 사별	28세 때에 일본국적 취득	기분 나쁜 일본인은 무시한다	인간은 모두 마찬가지, 나는 나!	살고 있는 일본이 나의 나라
강상식 (姜尙植)	조선	31	대학 강사			어릴 때부터 차별 당함, 일본인은 구원받지 못할 것들!	모두 망해버려라!	심정은 가나 환상, 친구에게 '민족허무주의자'로 불림
정영매 (鄭英妹)	한국	30	주부	한국인	한국	차별과 편견은 없어지지 않는다!	한국인이나 조선민족이 아닌 열심히 살아온 '나 자신'에 대한 자부심	이혼한 부모에 대한 아이의 고독한 감정과 같다
한행덕 (韓行德)	조선	18	입시 학원생			어릴 때 기분 나쁜 일본 학생과 싸움, 모든 일본인이 싫은 건 아니다	총체로서의 재일조선인에 불만, 조상의 특이한 경험에서 삶의 지혜를 배움	나의 고향은 교토 등, 선조의 고향으로서 경주 정도가 떠오름
이수환 (李壽煥)	한국	31	어학 학원 경영	한국인, 1960년 일본입국, 특별재류자격		굴욕감	붕 떠있는 느낌	순수한 '자이니치'는 아니지만, 통일 조국
이우철 (李禹哲)	한국	32	오퍼 레이터	특별재류자격		긴장감, 신경전	격투 속에서 해방감	꿈속 풍경, 어렴풋한 흙 내음
박용남 (朴龍男)	조선	32	플라스 틱가공	일본인 / 조선 / 어린 시절에 부모와 함께 밀항		신용할 수 없는 일본인!	통일에 자신의 모든 해방감이 있다!	나를 구제할 수 있는 공간

이름	국적	나이	직업					
이삼랑 (李三良)	한국	29	배우, 연극· 영화 제작	일본인	한국/일 본학교	'일본풍토인' 으로서의 애증의 대상	나의 '생태계그림' 을 자각하고 '나'답게 산다.	실감할 수 있는 조국은 태어난 일본 땅, 냄새, 1세들의 독특한 말투, 결국 환상
강옥심 (康玉心)	한국	18	사무원	어릴 때 부모 이혼, 여동생과 생활		고등학교 졸업식장에서 이름으로 곤혹스러움	'지구인'으로 살아가고 싶다.	그 나라의 국적과 동일
안태일 (安泰一)	한국	49	풍속 영업	한국인	한국/일 본학교	대학 졸업 후 취직할 때 귀화 권유받고 거절했다.	외국인등록제 도에 불만, 민족의식은 매우 중요	한번 쯤 살아보고 싶은 곳
이하자 (李夏子)	조선	24	주부	한일혼 혈 일본	일본	일본인은 함께 살아가야할 인간	어떻게 하면 일본인과 함께 살아갈 수 있을까	현실 생활에서 '조국'은 불필요
김화남 (金和男)	조선	25	인쇄소 종업원	부모는 한국 국적, 어머니는 일본인		살기 힘든 곳, 국적을 알고 부모의 불화 원인을 앎	회사에는 국적을 숨김, 정신적 압박이 큼, 자립해서 국적과 가족 등에 속박당하고 싶지 않음. 소속감에 대한 반발심. 개인적 주체.	조국이란 개념이 자신에겐 없음
나카가와 다에코 (中川妙子)	일본	30	사무원	남편 일본인, 부모는 조선적, 후에 일본국적 취득, 어머니는 일본인		혼혈이라는 점이 중요!	혼혈은 혼혈, 혼혈의 길을 찾아야 한다!	'가깝고도 먼' 아버지의 뿌리를 접하고 싶음
강세춘 (姜世春)	조선	29	디자 이너	총련 소속, 통일운동 참가		일본인 일반에 대한 감정은 없다.	조국통일, 여기에 참여 역사창조의 주체가 되고 싶다.	생활의 희망, 자기 갱생의 토양, 살아가는 힘

국적 역시 한국적, 일본적, 조선적으로 나뉜다. 이런 상이한 면면들이지만 이들은 일본에서 생활하는 '나'는 누구인지에 대한 물음 앞에서는 공통분모를 지니고 있고, "나는 나"라는 답한 이도 다수에 해당한다. 응답자들은 자기 자신이 누구인가에 대한 의식이 제각각 다르다. 자신을 '세계인', '일본풍토인', '지구인'이라고 말한 이도 있다. 2세와 3세들의 '일본과 일본인'에 대한 '감정'이나 '체험', 일본에서의 일상생활 '불만과 고민'은 1세와 크게 다르지 않다. '차별'에 노출된 모양새는 2세, 3세 역시 1세와 유사하다. 하지만 '조국'을 생각하는 관념에서는 1세와 확연히 다른 양상을 나타낸다. 조국을 '환상'으로 여기는 자도 있으나, 가보고 싶어 하고 자기 삶을 지탱하는 공간으로 생각하는 자도 있다. 하지만 실제로 조국을 체험하면서 비참함을 맛본 자도 있고, 조국의 본국인과 자신은 전혀 별개라는 점을 체감한 자도 있다. 이들이 '조국'에서 태어난 1세와는 달리 '조국'이 자신들과 뿌리 깊게 연관성을 맺고 있다는 실감은 1세에 비해 상당히 희박하다는 점을 알 수 있다.

앙케트를 읽은 편집위원의 한 사람인 윤조자(尹朝子)는 '자이니치'에 대한 일본 사회의 '민족차별'이 있는 한 '자이니치'의 삶은 크게 바뀌지 않는다고 말하면서, "그러나 세대에 따라 재일조선인의 모습이 다양화되는 속에서 풍화(風化)가 생긴다면 우리들을 결속시키기 힘든 여러 가지 바람(風)일지 모른다. 분명히 각자의 상황을 보면 하나로 묶을 수 없는 개별성이 있다"(2호 11쪽)라고 말한다. '개별성' 속에서도 "이 아픔을 공유하는 자 전체가 동포다"라는 말로 윤조자는 앙케트 감상을 끝맺고 있으나, '아픔'은 '자이니치'이기에 초래되지만, 그 '자이니치'의 자기의식이 각양각색의 양상을 띠고 있다는 점을 어떻게 받아들여야 할까.

1호의 독자란 '비빔밥스토리'에 투고한 22세의 학생 김정일(金晶日)

은 동생과 '본명' 사용 문제로 나눈 이야기를 소개하면서 "동생 안에 생기기 시작한 것처럼 우리들 2·3세 안에 어쩌면 부모들의 역사를 토대로 하면서도 부모들 세대와는 이질적인 감각이 매일 자라기 시작하고 있는 것은 아닐까. 당연하다면 당연한 것이라고 말할 수 있겠으나 이와 같은 "맹아――이것은 대체 무엇을 말하고 있단 말인가"(1호 40쪽)라고 쓰고 있다. 2세와 3세가 자기를 의식하는 '감각'은 1세와 현저하게 다른 '이질적인 감각'인 것이다. 따라서 같은 '비빔밥스토리'에 투고하고 있는 25세 노동자 전 세계(全世界)는 60세에 가까운 아버지와 두 번 한국을 다녀온 경험을 바탕으로 '재일조선인의 정주화' 문제를 다음과 같이 말하고 있다.

> 자이니치가 마치 입으로는 통일이나 조국이나 귀국 등을 드러내며 말하고 있으나 실제 본심은 이 일본의 경제적 비호 아래에서 아주 완전히 안주하고 있는 게 아닌가. 그런 뉘앙스를 강하게 느낀다. …… 한국의 시골에서 아버지가 말씀하신 "일본에 가서 좋았다"라는 그 말이 생각난다. 거기에서 느꼈던 '배신당한 듯한 괴로움'은 어느 사이엔가 색다른 의미를 띠며 가슴에 다가온다. …… 자이니치는 조선민중 한 사람 한 사람이 개척한 것이다. 세 국가 권력의 은혜로 살게 된 것이 아니다. 우리들은 이 역사와 시공(時空)을 사랑하고 우리들 자이니치를 무시한 국가 간의 흥정 수단으로 바뀌는 어리석은 자가 되는 일은 이제 그만해야 하지 않을까. 우리들에게는 우리들의 역사와 체험이 있다. (1호 42쪽)

자이니치에게는 일본의 생활이 있고, 일본 건너편에 '조국'이 있다. 조국에 건너간 아버지는 일본 생활을 그리워하고 일본에 있는 아버지는 조국을 그리워한다. 아들은 '조국'을 앞에 두고 그 분열된 양상을 보이는 아버지를 바라보며 '배신감'도 느끼지만, '자이니치'의 생활이 일본이나 남북한 어디에서도 구원받기 힘든 자신들만의 '생활'임을 각성한 것이다. 따라서 2세에게 '조선'(또는 한국)을 조국으로 생각하는 의식은 국적이나 국가에 의해서가 아닌 '자이니치'의 삶 그 자체에서 발현되는 것이라 말할 수 있다. 2세들의 자기의식은 1세에 비해 뚜렷하게 '개별성'을 지닌다. 이 '개별성'은 각자의 일본 생활에서 초래되며, 이들이 '민족'이나 '국적'을 생각하는 관념도 1세와 다른 '개별성'으로 나타난다. 『계간 잔소리』는 실제 일본에서 살아가는 자로서 1세와 다른 2세의 개인 경험이 그들의 자기의식 안에서 명료화되고 있는 점을 보여준다.

4. 유산과 루트(뿌리-길)

그렇다면 다시 '자이니치'란 무엇인지를 2세들의 자기의식을 통해 살펴봐야 할 것이다. 앞에서 언급했듯이 '〈자이니치〉'라는 말을 둘러싼 논쟁이 있었다는 점이 『계간 잔소리』 1호의 '편집위원 좌담회'에서도 밝혀졌는데, 이 무렵에 괄호 속의 '자이니치'를 자기 글에 사용한 또 다른 한 사람이 김석범이다. 1979년 5월에 발행된 『계간 삼천리』 18호의 특집 타이틀은 「재일조선인이란」이다. 이 특집 첫머리를 장식하는 글이 김석범의 「『자이니치』란 무엇인가」이다. 재일 1세가 2세에게 '생활 감정과 의식'에서 큰 영향을 미쳤으나, '지금' 1세의 수는 줄어들고 2세와 3세가 증가하는 인구 구성에서 "재일조선인의 의식 변용은 충분히 예측할 수 있고, 그 주체가 젊은 세대인 점은 말할 것도 없을 것이다"라고 전제하고 나서 김석범은 '재일'의 '근거'에 대해 다음과 같이 말하고 있다.

　「자이니치」의 "근거"는 재일조선인 형성의 역사적 과정, 즉 일본제
국주의의 조선에 대한 식민지지배의 소산인 것은 말할 것도 없다. 이제
는 소산임과 동시에 그것을 넘어선 지점에 와 있다. 그것은 인간의
존재 문제까지 되고 있다라고 말할 수 있다. 선택의 여지가 없는 채
일본에서 태어난 2, 3세들에게 「자이니치」의 근거는 일본인이 일본에
서 살고 있는 것, 즉 인간으로서 존재하는 것은 무엇인가라는 것과
마찬가지로 무겁다. 그러나 그것과 동시에 또한 일본인과는 다른 지점
에서 「자이니치」의 의미를 묻지 않으면 안 되는 까닭이 있을 것이다.[8]

　김석범이 말하는 일본인과 다른 지점에서 '자이니치'의 '의미'와 '근
거'를 『계간 잔소리』에서 2세들은 찾고 있었다. 최종으로 발간된 8호의
특집이 「잔소리풍의 〈자이니치〉시론(試論)」이라는 점에도 알 수 있다.
이회성과 김석범의 '자이니치'론을 소개하고 1979년 8월에 발행된 『朝
鮮人』17호에서 '제3의 길'을 말해 반향을 일으킨 김동명(金東明, 가명,
30대 후반)의 '자이니치'론도 다루고 있다. 김동명은 1세의 '자이니치'는
'가상'이며, 2, 3세의 '자이니치'는 '실제' 상황인 점을 말하면서, '민족의
식'도 1세와 달리 2, 3세는 자신 안에 있는 것을 발굴해야 했고, 침략자
로서의 일본에 대한 감정도 1세와는 다르다고 했다. 이 자신 안에 있는
'민족의식'이 앞서 인용했던 독자투고란에서 2세 전 세계가 말한 '자이
니치'만이 지닌 '역사와 시공'이지 않을까. 김동명은 이어서 1세가 바라
는 통일 역시 요원한 상황이고, 귀화는 '동화'나 마찬가지이므로, "재일
동포 70만 명은 일본에서 조선민족의 시민으로서 살아가야만 한다"라
고 말했다. "근대의 불행한 한일 양 민족의 문화적 가교 역할을 할 수
있다. 우리들만큼 조선민족과 일본민족의 좋은 점을 배워 취할 수 있는

8) 金石範, 「『在日』とはなにか」, 『季刊三千里』18, 三千里社, 1979, p.28.

환경에 있는 사람도 없다"(8호 7쪽)라고 하며 여기에서 '자이니치'의 '가능성'을 끌어내야 한다는 입장을 2세 김동명은 말하고 있다. 이는 이회성의 '자이니치'론, 즉 자이니치와 조국은 하나이며, 자이니치의 모순은 '분단'에 있고, '민족'은 인간의 본질을 결정하는 중요한 요소라는 것과 차이가 있다. 또한 김석범이 '자이니치의 주체성'과 '민족적 주체성'의 불가분의 관계를 명확히 인식해 '조국통일'의 전망에 기여할 수 있는 '자이니치'의 '사상'을 말하는 것과도 다소 차이를 보인다.

그렇다면 김동명이 말하는 2세와 3세들의 '자신 안에 있는 민족의식'이란 무엇일까. 재일 2세에게 '민족'이나 '조국'이란 실존적인 문제와 직면해 있지는 않다. 『계간 잔소리』 7호에서 실시한 '국적에 관한 앙케트'에는 일본 각지에 사는 2세와 3세 12명이 응답하고 있다. 이 앙케트의 설문 내용은 다음과 같다.

① 당신의 국적은. 조선적 한국적 일본적 그 외(   )
② 당신은 자신을 어떤 사람이라고 생각하고 있습니까. 조선·한국인 일본인 그 외(   )
③ 자신을 ○○인이라고 생각한 이유를 써 주십시오.
④ 당신이 자신의 국적을 의식하는(했던) 때는 어떤 때입니까. 외국인등록증명서의 갱신·취직·결혼·해외여행 등 여러 가지 있습니다만 구체적으로 말해 주십시오.
⑤ 그때 당신은 국적에 대해 어떤 감상을 가졌습니까.
⑥ 당신에게 국적이란 무엇입니까. 어떤 의견이라도 좋습니다. 자세히 말해 주십시오.
⑦ 당신은 지금까지 귀화를 생각한 적이 있습니까. 있다 없다
⑧ '있다'라고 답하신 분, 그 이유는 무엇입니까.
⑨ 당신이 귀화를 하지 않는 이유는 무엇입니까. (가)귀화는 민족적

인 배신행위이기 때문에. (나)어쨌든 일본적만은 되고 싶지 않기
때문에. (다)조선·한국인이 조선·한국적인 것은 당연한 일이기
때문에. (라) 그 외( )

⑩ 국적에 대해 지금 당신은 어떤 의견과 생각, 고민과 제안을 가지고
있습니까. 어떤 생각이라도 좋으니까 들려주십시오. (7호 18쪽)

설문 문항은 주로 '국적'과 '귀화' 문제에 집중해 있으나, 2세들의
'민족'과 관련한 자기의식을 엿볼 수 있는 내용으로 구성되어 있다.
이 설문 항목 가운데 이 글의 논점과 관련해 ②와 ③, 그리고 ⑩의 응답
을 중심으로 살펴보고자 한다. 응답자 현황과 위 세 문항에 대한 답변
개괄은 아래의 〈표3〉과 같다. 응답자 12명 가운데 한국적 6명, 조선적
3명, 일본적은 3명이었고, 이들의 최고령자는 49세이며, 최연소가가
22세였고 응답자 평균 연령은 34세였다. "자신을 어떤 사람으로 생각
하느냐"는 ②의 질문에 대해 국적과 별개로 '자유인' '조선인과 일본인'
으로 답한 사람이 있고, 2명이 한국적이면서 각각 '일본인' 혹은 '조선
인'이라 답했다.

〈표3〉 6호 앙케트 응답자 12명 현황 및 답변 내용

② 당신은 자신을 어떤 사람이라고 생각하는가? ③ 그렇게 보는 이유는?
⑩ 국적에 대한 의견, 생각, 고민, 제안 등 뭐든 알려 달라.

이름	국적	나이	거주지	②의 답변	③의 답변	⑩의 답변
구레모토 준코 (吳本順子)	한국	26	도쿄도	자유인	한국 국적 소유자이면서 한국풍토나 문화보다 일본의 문화, 풍토의 영향을 훨씬 많이 받기 때문에	일본 국적 남편이 나의 한국적을 직장에서 숨겨 화가 나 남편은 한국적을 이해해 주기에 분노가 분산됨

이름	국적	나이	거주지	②의 답변	③의 답변	⑩의 답변
도쿠야마 하루오 (德山春男)	한국	42	오사카부	조선인과 일본인	양친은 조선인 당연히 자신도 조선인 그러나 일본이 나를 키워주었기에 일본인 이상 일본인이라 생각	국적에 의한 차별은 없어야 하고 일본은 보다 도량 넓게 자이니치를 대해야 함
김순열 (金順烈)	조선	49	센다이시	조선·한국인	양친이 조선인이므로	이중 국적을 허용해 주고 의식 변혁으로 국적에 의한 차별은 없어야 함
김영희 (金榮姬)	조선	42	아마가사키시	조선인	양친이 그렇기에 (양친은 나중에 한국적)	미국처럼 바르게 살면 일본에서도 시민권이 주어졌으면 함, 아이를 위해서라도, 자신의 국적을 제대로 전하는 건 중요
고영자 (高永子)	한국	33	아게오시	조선·한국인		일본에서 조선적으로는 성공에 한계가 있음. 좁은 조선인 사회에서 살지 한 세대라도 동화가 좋을지 최근 자주 생각함
야마타니 요시코 (山谷よし子)	일본	31	후지시	일본인	일본에서 태어났고 일본 이외의 나라를 모르기 때문에	
강유치 (姜裕治)	일본	30	도쿄도	일본인	국적=○○인이라면 나는 일본인, 그러나 일본인이라고 해서 일종의 일본인의 가치체계(예로 천황제 등)에 굴복한다는 의미도 아니고, 일본이라는 국가에 충성을 다한다는 의미도 아니며, 다만 이 풍토와 토지에서 살아가는 사람들을 선입견으로 바라보기 않고 자연스럽게 받아들이려고 생각함	
이기승 (李起昇)	한국	29	도쿄도	일본인	법적으로는 한국인, 문화적으로는 일본인, 일상의 사고를 일본어로 하기 때문에 일본인	국적 변경은 본인의 자유, 귀화도 자유, 다만 본명에 의한 귀화 권유, 나의 한국적은 취미로 가지고 있음

나가시마 세쓰코 (長島節子)	일본	36	도쿄도	일본인	양친이 일본인이고 일본에서 컸고 풍속, 습관, 예절 등 모두 내 안에 일체화되어 있기 때문에	남편(조선적), 나(일본적), 아이 1남1녀(조선적)의 가족구성, 아이들은 일본적으로 하려고 생각 중, 하루빨리 국적법 개정으로 부모 양쪽의 가계를 따를 수 있게 되어 귀화가 아닌 방법으로 엄마의 일본적을 취하게 하고 싶음
박록 (朴綠)	조선	30	후쿠시마현	조선·한국인	자아에 눈 뜰 무렵에 양친이 조선어를 사용하고 있어서 자연스럽게 조선인을 의식함	국적은 조선인임을 의식하게 함, 부모에게 물려받은 이 의식을 다음 세대에게 소중하게 전하고 싶음
김유자 (金悠子)	한국	22	다카라즈카시	조선·한국인	재일 3세인 나는 '조선인'이라 답할 수밖에 없음, 한국적이어서가 아니라 재일조선인이 놓인 역사적 상황을 생각하면 이미 귀화했다 해도 나는 일본 국적을 지닌 조선인이라고 답할 것임	조선인이라고 자의식 과잉 상태로 주장하는 건 이상하다고 인식하면서도 앞으로 마찬가지 일 것임, 국적과 무관한 삶을 살고 싶으나 일상 생활은 그걸 허용하지 않음, 재일에 "외인(外人)"이라는 명사를 붙이지 말기를, 일본 국가가 멋대로 "외인" 취급을 해 자의식 과잉의 정신상태가 됨, 일본인도 더 스스로의 주체에 의문을 가지기를
양태호 (梁泰昊)	한국	34	아마가사키시	조선인	일본인은 아니고 조선·한국인은 답답하며 마치 자신이 둘인 것 같은 느낌, 무엇보다도 어릴 때부터 "조선인"이라고 들었기에 '한국적'이나 조선인	재일조선인에게 국적이 즉 "국민"으로 연결되지 않으므로 국가의 논리에서 삐져나오는 것이 재일조선인임, 이 점이 보통의 외국인과 다른 역사성에 기인함, 통일 후에야 비로소 국적을 말할 수 있을 것임, 국적의 상상력을 넘어서는 상상력을 구사하는 지점에서 재일조선인의 "통일"이 생겨남

그러나 일본적이면서 '한국인' 혹은 '조선인'이라 말한 응답자는 없었다. 그렇다면 왜 한국적이면서 '일본인'이나 '조선인'이라 했을까. 그 이유는 간명했다. 법적으로는 한국인일지언정 "문화적으로는 일본인" 일상적 사고가 '일본어'로 이루어지기 때문에 한국적을 지니고 있

어도 자신은 '일본인'이라는 것이다. 또한 한국적을 지니고 있으면서 '조선·한국인'이라고 하면 뭔가 답답한 느낌이 들고 자신이 '조선인'과 '한국인' 두 사람으로 존재하는 듯한 생각도 들기 때문에 '한국적'이지만 자신은 어릴 때부터 계속 들어왔던 '조선인'이라 생각한다(7호 19-21쪽)라는 것이다. 그렇다면 자신을 '자유인'이라고 답한 사람은 왜 그렇게 생각할까. 이는 한국적을 소유하고 있어도 한국 풍토나 문화보다도 자신이 생활하고 있는 일본 풍토나 문화의 영향을 훨씬 더 많이 받고 있기 때문이라고 한다. 그렇다고 이 응답자는 자신을 '일본인'이라고는 생각하지 않는 것이다. 한국적이면서 자신을 '조선인과 일본인'이라고 응답한 2세는 부모님은 조선인이어노 자신을 사라도록 한 건 일본이기 때문이라고 한다.

'국적'을 어떻게 생각하느냐라는 앙케트의 응답자들은 결코 '국적'을 가볍게 본다고 말하지 않는다. 재일 2세에게도 1세와 마찬가지로 '국적'='차별'이란 등식은 다르지 않다. 그러나 1세에게 당연시되었을 법한 '민족'='국적'='국가'가 반드시 삼위일체를 이룬다고는 재일 2세는 생각하지 않는다. 그렇기에 29세의 젊은 응답자는 '국적에 대한 자유로운 의견'을 묻는 ⑩ 문항의 답으로 "국적을 바꾸는 것은 본인의 자유이며, 법적으로 유리한 조건이 생기려 하는 것을 누구도 막을 까닭이 없다"라고 하면서 '법적 유불리'와 '사회적 부정'이 이율배반적으로 작동하는 '국적'의 속성을 이해해야 한다고 하고서 '본명'을 그대로 사용하는 '귀화'라면 잘못이 아니라고 하고, "나 자신은 취미로 한국인을 해 보고 있다"(7호 20쪽)라고 '한국적'='한국인'의 무게를 '취미'로 가볍게 받아치고 있다. 그러나 결코 '가벼운' 문제는 아닐 테다. 하지만 '국적'을 '취미'로 의식하는 재일 2세는 한 개인의 삶을 위해 '민족' '국가' '국적'이 있는 것만은 아니라고 생각하고 있음이 분명하다. 7호의 독자

란 '비빔밥스토리'에는 '자이니치의 근거를 묻자'라는 독자투고 글이
다음과 같이 실려 있다.

> 한동안 이회성, 김달수, 김석범, 김시종 등의 소설과 에세이를 자주
> 읽었습니다만 시시하다고 할까 재미없었습니다. 관념 속에서 빙빙 돌
> 려 뭉개댄 거짓말뿐. 살아있는 인간이란 보다 더 활력적이며 난잡해서
> 보통이 아니지요. '조국'이라든가 '민족' 등을 몹시도 말하고 싶어 하나
> 저 사람들 진심으로 그걸 생각하고 있는 걸까 싶어요. 그렇기보다는,
> 조국과 민족이 목숨을 걸만큼 소중하다면 이런 시시한 일본 따위는
> 내버려두고 귀국한다면 좋지 않을까 싶은 생각이 드네요. …… 왜 일본
> 에서 사는 건가――그 부분을 써 주기 바랍니다. 재일하는 근거를 제시
> 하여 일본인에게 들이대는 쪽이 의미가 있지 않은가요. 『잔소리』가
> 재미없는 것도 거기에 있습니다. 민족과 조국의식에 트집을 잡으려는
> 건 알겠는데 그 헛바퀴에서 한 발도 더 나가지 못하는 건 아닌가요.
> (7호 29쪽)

인용문의 투고자는 니가타에 살고 있는 27세의 술집 경영자 최춘향
(崔春香)이다. 재일문학에 종사하는 문학자의 글에 담긴 '민족'과 '조국'
관념이 '살아있는 인간'의 실생활과 유리된 '관념'이라고 일갈하면서
『계간 잔소리』 역시 '민족'과 '조국'에 시비를 걸 뿐 그 주변에 맴돌고
있는 논의에 그치고 있다고 말하고 있다. 재일 2세는 일본에서 살아간
다는 '자이니치'의 생활 감각을 더 예리하게 닦아가고 있는 것이다.
그렇기에 그들은 '조국'이나 '민족'을 유산으로 여기기 해도 자신들에
게 하나의 '뿌리'로만 자리하지 않는다. 되레 그들에게 '뿌리'는 또 하나
있다. 그것은 실제 살아가는 생활 터전으로서의 '일본'이다. 자신들이
일본에서 '조선인'으로 살아가고 있다는 의식은, 또 하나의 '뿌리'를

일본에 내리게 한다. 『계간 잔소리』가 특집 주제의 하나로 '결혼'이 아니라 '혼혈' 문제를 다루고 있는 것은 '일본'이라는 또 하나의 '뿌리 (root)'를 따라 자신들의 '길(route)'을 만들어가려는 2세의 자기의식이 발현된 데에서 비롯되었다. 주요 편집위원 한 사람이 바로 '혼혈' 문제에 직면해 있었던 인물이었다. 일본인과 결혼하여 '혼혈'인 두 아이를 거느린 오덕수는 이 아이들과 앞으로 어떻게 일본 사회에서 살아갈 것인가라는 명확한 그림이 그려지지 않는다고 말한다.

> 나는 1세와 함께 살아서 그 생활 속에서 조선인으로서 스스로 터득한 점이 있지만 그것을 두 아이에게 어떻게 전달할 것인가에 대해서는 정말 자신이 없습니다. 이 시대의 흐름 속에서 아무리 본명을 사용해도 국적을 한국·조선으로 해도 점점 동화·풍화라는 사태로 가는 것은 필연적일 겁니다. 민족회복성이라는 것은 소중한 것이지만 그것은 큰 강에서 배를 젓는 느낌밖에 들지 않지요. …… 이제는 하나의 민족론이나 국가, 이데올로기로는 완전히 말하기 어렵습니다. (1호 10쪽)

오덕수는 과거 6년간 재일조선인끼리의 결혼이 60%이고, 일본인과의 결혼이 40%였으나 앞으로 그 판세는 역전될 것이라는 예상을 일본 법무성 자료를 제시하면서 언급하고, '하나의 민족론'이 이제는 성립될 수 없을 것이라는 견해를 내보인다. 야마구치 후미코는 귀화자, 오덕수는 일본인과 결혼한 사정에서 이렇게 '하나의 민족론'에 의문을 제기하는 것이 아니다.

'재일하는 조선민족'이란 타이틀을 제안했던 이정차 역시 "만약 귀화=민족의 배신이라고 한다면 아무래도 경박하다는 생각이 들지 않는가. 일본인과 결혼했기 때문에 민족의식이 없어졌다고 말한다면, 그렇게 민족의식이라는 것이 단순한 것일까라고 역으로 묻고 싶다. 이것은 삶의 선택이라고 어째서 생각하지 못하는 걸까"(1호 15쪽)라고 말한다. 재일 2세에게는 1세가 가지고 있었던 '하나의 민족론'은 자명한 것이 아니었다. '민족'은 둘일 수도 있다. 고정된 '민족' 관념이 아니라 실제 '삶의 선택' '삶의 방식' '삶의 길'에서 '민족'이 2세에게 다시 중요한 문제로 의식되었다. 재일 2세에게는 '조선'에 기반을 둔 민족의 뿌리는 또 다른 삶의 뿌리로 이어진다. 나아가 이제까지 경험하지 못했던 '삶의 선택'은 스스로 '민족'을 의식하는 '루트(길-뿌리)'를 통해 확장되는 것이다. 『계간 잔소리』는 자기에게 주어진 유산은 실제 삶에서 새로운 '루트'를 생성해 간다라는 의식을 재일 2세들이 명료하게 표명하는 공간이었다.

5. 나오며

역사학자 이진희를 비롯해 재일 1세 지식인으로 구성된 편집위원으로 1975년 5월에 창간된 『계간 삼천리』는 1976년 11월 발행 8호 특집 「재일조선인」을 엮으면서 그 특집 기사에 「재일 2세의 생활과 의견」이라는 주제의 '좌담회'를 싣고 있다. 재일 1세의 잡지에 호출된 2세는 21세 학생 이은자(李銀子), 22세 학생 신영철(申英哲), 28세 자영업자 장선호(張善浩), 33세 의사 김시인(金是仁), 31세 인형제작가 김예자(金禮子), 21세 회사원 김성지(金誠智) 전부 6명이다. 이 가운데 김예자는 아버지가 1세, 어머니는 일본인인 '혼혈'이었다. 여기에서 다루어진 주제는 본명, 학생운동, 조국, 차별, 조선인 의식, 재일의 벽, 그리고 1세와 2세의 '갭'이었다. 그 세대 차이란 '조선'을 이해하는 방식에 있다. '일본어'라는 다른 나라의 언어로 '조선'(조국)을 알아야 하는 2세에게

'조국'은 1세만큼 가까운 곳이 아니었다.[9]

이 좌담회에서는 2세의 자기 목소리가 지금까지 살폈던 『계간 잔소리』에서 나타난 것만큼 선명하지 않았다. 1세의 그림자가 그들 주위를 어른거리고 있었다. 그렇지만 이 좌담회의 내용은 『계간 삼천리』의 조국 정세에 대한 관심에서 잠시 비껴나 있었고, 2세 자신들의 사는 문제에 기울어져 있었다. 설령 '조국' 이야기가 나오더라도 그곳을 방문한 2세의 경험은 조국에서 '한국인'이 아님을 깨달았다는 사실을 토로한다. 한국 사람들은 자신들을 '손님'으로 바라보았다는 것이다. 이 좌담회가 열린 지 3년 후에 창간된 『계간 잔소리』에서는 1세의 그림자가 사라지고 2세가 일본 사회에서 살아가는 자신들의 이야기가 보다 명확히 다루어졌다. 이 글은 특히 앙케트 응답 내용과 독자란의 투고 기사를 중심으로 재일 2세의 다양한 삶의 양태에서 빗어지는 자기의식을 고찰했다. 그 결과 다음과 같은 점을 알 수 있었다.

재일 1세와 마찬가지로 '일본에서 살아간다'라고 하는 '자이니치' 의식이 2세에게는 보다 현실적인 '생활' 의식으로 다가와 있었다. 그렇기에 '민족'이나 '조국'은 현실에서 다소 거리감이 생기게 되었고, 삶의 터전인 '일본'이 더 2세들 가까이에 있었다. '조선인'이란 유산을 물려받은 2세는 '조국'이라는 뿌리를 통해 또 하나의 '일본'이라는 생활 터전의 뿌리를 자기의식에 내리고 있었다. 그래서 1세보다도 '민족'이나 '조국' 의식은 엷어졌을지라도 2세들이 선뜻 '귀화'를 통해 '일본인'이 된다는 생각에만 사로잡혀 있지는 않았다. 2세에게도 '일본'이라는 생활공간은 여전히 '차별'이 상존하는 곳임은 다르지 않다. 그렇기에 '민족'이나 '조국'을 뒤로 밀쳐놓고서 '조선인'으로 살아간다는 것은 쉽지

---

9) 「在日二世の生活と意見 〈座談会〉」, 『季刊三千里』 8, 三千里社, 1976, pp.46~57.

않았다. 하지만 1세처럼 '민족'이나 '조국'을 앞세운 '조선인' 의식에만 안주할 수 없음을 2세들은 명확히 인지하고 있었고, 『계간 잔소리』는 그 1세와 다른 2세 우리들의 자기의식을 1세들을 향해 전면에 표방한 잡지였다는 점을 알 수 있다.

『계간 잔소리』5호에는 「우리들의 미래는?」이라는 앙케트에 대한 응답 글이 게재되어 있다. 32세의 카피라이터 다케모토 준이치(竹本純一)는 20년 후 자이니치는 어떻게 될 것인가를 설문에 대해 '실질적으로 붕괴'할 것이라 말하고 있으며, 19세의 입시생 강옥심(康玉心)은 20년 후엔 '민족적 주체성'은 희박해져도 자이니치 개개인의 '개인적 주체성'은 확대될 것이라 전망했다. 31세의 사진가 김정곤은 "앞으로도 아버지와 어머니의 국적을 자기 체내에 내장하고(씹어 넣어) 2001년의 지상에서는 스스로 바라는 곳에서 살며 심신의 고동(鼓動)을 믿고 현재를 살아가는 인간이 되고 싶다"(5호 15쪽, 인용문 중 괄호 내용 원문)라는 포부를 밝히고 있다. 재일 2세는 '민족'이나 '조국'이라는 관념보다는 일본의 실생활에 더 기대고 있다. 그렇다고 '조선인'으로 살아간다는 의식을 망각하고 있지는 않다. 그들에게 '조선'은 유산이며 뿌리다. 그리고 또 하나의 '뿌리'가 삶의 현장에 내리면서 그것이 그들에게는 '삶의 길' 혹은 '삶의 선택'이라는 의식이 『계간 잔소리』에서 표출되고 있었다. 이는 재일 2세 개별의 실제 생활 경험에 바탕을 둔 2세들의 사상이라고도 말할 수 있다.

이 글은 동국대학교 일본학연구소, 『일본학』 제48집에 실린 논문 「『계간 잔소리』와 재일코리안 2세의 자기의식-잡지 앙케이트란과 독자투고란을 중심으로」를 수정·보완한 것임.

참고문헌

박용복, 「『계간 잔소리』」, 朴一 외 편, 『재일코리안사전』, 정의선 외 옮김, 선인, 2012.

이영호, 「재일조선인 잡지 『계간 마당』과 민중문화—지면의 구성과 전통 담론」, 『일본학』 46, 동국대학교 일본학연구소, 2018.

『季刊ちゃんそり』1~8, ちゃんそり社, 1979~1981.

金石範, 「『在日』とはなにか」, 『季刊三千里』 18, 三千里社, 1979.

「在日二世の生活と意見〈座談会〉」, 『季刊三千里』 8, 三千里社, 1976.

「座談会・くたばれ民族!?」, 『季刊まだん』 3, 創紀房新社, 1975.

水野直樹・文京洙, 『在日朝鮮人 歴史と現在』, 岩波書店, 2015.

尹健次, 『「在日」を生きるとは』, 岩波書店, 1992.

NHK 한글강좌의 탄생

재일조선인을 둘러싼 연대와 균열

정충실

1. 들어가며: 미디어와 디아스포라

영화, 라디오, 잡지, 대중음악, TV 등은 무선전파와 교통·운송시설 등의 근대 과학기술을 바탕으로 성립되어 지리적 제약을 받지 않고 정보를 널리 전달할 수 있다. 또한 이러한 미디어는 정보전달의 통로이자 감정공유의 계기이기 때문에 특정 집단의 정체성 형성과 담론 생산에 중요한 역할을 행하기도 한다. 이에 미디어는 국민국가 내부에서 국민의 정체성, 지배담론을 구성하게 할 뿐만 아니라 국경과 민족 경계를 넘어 여러 디아스포라의 정체성 구성, 대항적 담론의 생산, 하위문화의 형성에 중요한 역할을 해왔다.

이와 관련해 아파두라이(Arjun Appadurai)는 개인, 소수집단의 미디어는 지배집단의 담론이나 질서와는 다른 성격의 새로운 정보를 광범위하게 유통시킬 수 있다고 말한다. 이 미디어가 발신한 여러 정보들이 만나는 지점에서 디아스포라 공동체가 창출될 수 있고 디아스포라 공동체는 민족국가 등 기존의 사회질서와 관계들을 변화시키거나 균열낼 수 있다고도 이야기한다.[1] 딕 헵디지(Dick Hepdige)는 서인도제도로부터 유입된 레게음악을 통해 서인도제도에서 이주한 영국의 흑인 이민자들이 영국의 지배문화에 대항적인 하위문화를 형성한 것에 대해 설명한다. 레게음악과 서인도제도 흑인 이민자의 하위문화는 그들에게만 점유되지 않고 영국 백인 청년에게 전해졌는데, 청년들은 이 하위문화를 통해 기성세대의 지배질서에 저항하려 했다고 보았다.[2] 조지오(Maria Georgiou)는 유럽의 지역 인터넷 카페에서는 지역의 문제, 담론들이 자유롭게 소통되면서 유럽의 국민국가에 저항하는 담론이 생겨났으며 인터넷 카페는 전 세계에 흩어져 있는 디아스포라 커뮤니티의 가교가 되기도 한다고 설명한다. 인터넷 카페에서의 공감대 형성, 의견 교환을 바탕으로 인터넷 카페를 벗어나 길거리 등의 개방된 공간에서 디아스포라의 저항 퍼포먼스가 가시화되기도 하며 이는 유럽 주류사회에 충격을 주기도 한다고 보고 있다.[3]

정의철은 한국의 이주민 노동자들이 '이주민방송'을 운영하면서 영화, 다큐멘터리, 뉴스를 제작하고 이 과정에서 한국 사회의 국가주의와 민족주의 담론·질서에 저항하며 적극적인 행위자이자 능동적인 주체로서 자신들의 정체성을 구성하는 것에 대해 설명한다. 나아가 이주민방송을 바탕으로 한국 사회에서 이주민네트워크를 형성하고 한국인 활동가, 연구자와 연대하는 것에 대해서도 주목하고 있다.[4] 이토 마모루(伊藤守)는 한신대지진 복구과정에서 고베 거주 재일베트남인을 돕기 위해 만들어진 라디오 해적방송이 이후 페루, 베트남, 한국인들을 위한

---

1) 아르준 아파두라이, 「여기 그리고 지금」, 『고삐풀린 현대성』, 차원현 외 역, 현실문화, 2004.

2) 딕 헵디지, 『하위문화』, 이동연 역, 현실문화, 1998

3) Georgiou, Myria, "Mapping Diasporic Media Cultures: a Transnational cultural approach to exclusion", *Media, Technology and Everyday Life in Europe*, Farnham: Ashgate, 2005.

4) 정의철, 「다문화사회와 이주민 미디어」, 『언론과학연구』 11(4), 한국지역언론학회, 2011.

다언어 방송, 그들의 2세들을 위한 모국어 교육기관으로 확장되는 것을 다룬다. 이 방송을 통해 라디오방송 제작에 참여한 이주민들은 디아스 포라로서 자신의 정체성을 정립할 수 있으며 다양한 민족으로 구성된 이주민 공동체도 형성할 수 있게 된다고 설명한다. 나아가 라디오 방송 에서 들려오는 다양한 언어들로 인해 일본에서는 일본어만 사용되어야 한다는 일본인의 편견이 다소나마 부식될 수 있음을 지적하고 있다.[5]

영화는 다른 미디어와 달리 집합해 수용하기에 영화관에서는 손쉽게 그리고 즉각적으로 디아스포라의 저항감이 공유되고 의견이 교환될 수 있다. 주디스 티센(Judith Thissen)과 조르지오 베르텔리니(Giorgio Bertellini)는[6] 1910년대 미국 영화관은 관객을 동질적인 미국 국민으로 창출하는 공간이 아니라 오히려 획일적 국가주의에 대항해 디아스포라 유대인과 이탈리아인의 정체성을 강화하고 그들의 공동체를 형성하는 공간이었다고 설명한다. 정충실은 1920년대 후반과 1930년대 초반의 일본의 프롤레타리아 영화제작·상영 운동을 다루면서 그 영화 관람 공간에서 재일조선인 노동자들이 일본 프롤레타리아의 영화를 '집단 적'으로 관람하며 재일조선인 공동체를 강화하고 제국 일본에 저항하 는 것을 설명하고 있다.[7]

선행연구들은 공통적으로 미디어가 지리적 제약을 뛰어넘어 흩어진

---

5) 이토 마모루, 「이민이동과 공공공간의 디자인」, 『정동의 힘』, 김미정 역, 갈무리, 2016.
6) Thissen, Judith, "Jewish Immigrant Audiences in Newyork City, 1905~1914", *American Movie Audiences*, London: BFI, 1999.
   Bertellini, Giorgio, "Italian Images, Historical Feature Film and the Fabrication of Italy's Spectators in Early 1900s Newyork", *American Movie Audiences*, London: BFI, 1999.
7) 정충실, 「프로키노 영사회에서 저항적 영화보기」, 『동아시아지식인의 대화』, 현실문 화, 2018.

디아스포라를 묶어 내고 미디어 수용, 제작과정에서 새로운 담론이 생산되면서 국가주의적 지배질서와 담론에 균열을 내고 민족국가 내의 주류집단에게 충격을 주어, 그들의 태도변화를 이끌어 내는 것에 주목하고 있다.

이상의 연구를 바탕으로 이 글에서는 NHK 한글강좌 개설 과정과 한글강좌의 내용을 살펴본 후, NHK 한글강좌와 그 개설운동이 재일조선인의 정체성을 강화하게 하는 것, 재일조선인·한국·한국어에 대한 일본인의 인식·태도변화를 이끌어 내는 것을 알아볼 것이다. 앞서 살펴본 선행연구들은 주로 '대항 미디어'를 이용한 디아스포라들의 정체성 강화와 그들의 저항을 다루고 있는 반면 이 글은 NHK 교육방송이라는 '주류 미디어'를 일부 디아스포라들이 수용하는 과정에서 그들의 정체성 강화에 이용한 것에 주목한다. 이때 재일조선인은 일본인의 외국어 교육이라는 목적으로 발신된 주류 미디어를 전유(appropriation)한다고 할 수 있다. 이에 이 글은 '대항 미디어'의 제작과 수용이 아니라 '주류 미디어'의 수용과정에서 전유를 통한 디아스포라 정체성의 강화를 논한다는 점에서 선행연구와 차별되는 의미가 있다. 한편으로 재일조선인의 정체성 형성과 일본인의 인식과 태도 변화는 순조롭게 단일한 방향으로 진행되지 않았기에 그 과정에서의 균열과 갈등에 대해서도 주목할 것이다.

NHK 한글강좌 '개설 운동' 대한 주요 선행연구로는 오노 지카라(大野力), 오무라 마쓰오(大村益夫), 남상영의 연구가 있다.[8] 이 연구들은

---

8) 大野力, 「ハングル講座」の曲折を踏まえて」, 『思想の科学』 387, 思想の科学社, 1984.
大村益夫, 「NHK『ハングル講座』がはじまるまで」, 『早稲田大学語学教育研究所三十年記念論文集』, 早稲田大学語学教育研究所, 1992.
南相瓔, 「NHK「ハングル講座」の成立過程に関する研究ノート−日本人の韓国・朝鮮語学

NHK 한글강좌 개설의 배경과 그 과정에 주로 주목하고 있으나 이 글이 관심을 가진 NHK 한글강좌의 내용, NHK 한글강좌를 통한 재일조선인의 정체성 강화, NHK 한글강좌가 일본 사회에 끼친 영향에 대해서는 별달리 언급하지 않고 있다.

2. NHK 한글강좌 개설과정

NHK 조선어강좌 개설요구 운동은 1975년 11월 『계간 삼천리(季刊三千里)』 4호의 철학자 구노 오사무(久野収)와 작가 김달수가 행한 대담 「상호이해를 위한 제언」에서, 구노 오사무가 일본 내 반한감정과 재일조선인에 대한 차별적 태도를 경감시키기 위해 재일조선인이 NHK에 조선어강좌 개설을 요구해야 한다는 제안에서 시작한다. 이후 〈NHK에 조선어강좌 개설을 요망하는 모임(NHKに朝鮮語講座の開設を要望する会)〉이 정식 발족하고 1976년에는 이 모임 주도로 NHK에 조선어강좌 개설을 위한 서명운동이 본격화된다. 이 운동에는 재일조선인만이 아니라 일본인 역시 적극 참여하였다. 대표적으로 〈NHK에 조선어강좌 개설을 요망하는 모임〉은 1976년 8월 23일과 24일 시부야에서 일본인을 대상으로 길거리 서명운동을 벌였고[9] 일본인만으로 구성된 신슈대학(信州大学)의 한 서클은 캠퍼스 내에서 NHK에 조선어강좌 개설을 요구하기 위한 서명운동을 전개해 800여 명의 서명을 얻어내기도 했다.[10]

習に関する歴史的研究(その2)」, 『金沢大学教養部論集』 32-1, 金沢大学, 1994.

9) 「NHKに朝鮮語講座を」, 『季刊三千里』 8, 季刊三千里社, 1976, p.106.

10) 「サークル紹介 日本と朝鮮を考えていく会」, 『季刊三千里』 11, 季刊三千里社, 1977, p.131.

이 운동에 많은 일본인들이 관심을 보이며 참여한 이유로는, 당시 일본에서 한국에 대한 관심이 고조된 것을 들 수 있는데 특히 민주화 투쟁을 경험하지 못한 일본에서 김대중과 김지하, 장준하 등에 의한 민주화 운동은 큰 관심의 대상이 되었다. 또한 당시 나가이 미치오(長井道雄) 문부상이 어느 연설에서 일본에서 한국어를 오사카외국어대학(大阪外国語大学)과 덴리대학(天理大学)에서밖에 가르치지 않는 것은 큰 모순이며 이를 시정해야 한다는 뜻의 발언을 했는데, 이것 역시 이 운동에 많은 일본인들이 관심을 갖게 된 이유였다. 1977년 4월에는 〈NHK에 조선어강좌 개설을 요망하는 모임〉에 참여하는 프랑스 문학자 구와바라 다케오(桑原武夫), 영문학자 나카노 요시오(中野好夫), 철학자 구노 오사무, 사학자 하타다 다카시(旗田巍), 문자연구자 야하기 가쓰미(矢作勝美), 재일조선인 소설가 김달수가 서명운동을 통해 받은 4만여 명의 서명부를 지참해 NHK 회장 등 관계자를 직접 만나 NHK에 조선어강좌 방송 개설을 정식 요청했다. 이에 NHK는 새로운 외국어 강좌개설 시 조선어를 최우선한다고 약속한다.[11] 물론 〈NHK에 조선어강좌 개설을 요망하는 모임〉의 요청에 화답하는 형식으로 조선어강좌 개설을 약속했지만 기본적으로 NHK는 재일조선인이 아닌 자국민의 외국어 교육을 위해 조선어강좌 개설을 추진한 것이었다.

NHK는 1982년 조선어강좌 개설을 결정했지만 이를 전후해 한국 정부, 민단 측은 '조선어'라는 명칭을 문제 삼아 프로그램명을 '조선어' 강좌가 아닌 '한국어' 강좌로 변경해야 한다고 거세게 반발하였다. 민

---

11) 이상의 내용에 관해서는 矢作勝美, 「NHKに朝鮮語講座を」, 『季刊三千里』 5, 季刊三千里社, 1976, pp.132~135; 矢作勝美, 「NHKに朝鮮語に講座を—NHKとの交渉を終え」, 『季刊三千里』 9, 季刊三千里社, 1977, pp.188~189.

단 측 인사인 전준은 '조선어'라는 용어를 사용하는 것은 한국을 국가로 인정하지 않는 것을 의미하며 강좌에서는 서울에서 현재 사용하고 있는 언어를 교육할 것이기에 마땅히 '한국어'로 표기해야 한다고 주장하였다.[12] 경향신문은 NHK가 '조선어' 강좌라 명명하려고 하는 것은 한반도를 아직 자신들의 식민지로 착각하거나 과거의 우월감에 취해 있기 때문인 동시에 북한의 비위에 거스르지 않으려 하는 속셈이 깔려 있다고 NHK를 비난하였다.[13] 이후 NHK는 조선어 대신 한국·조선어, 코리아어 등을 프로그램명으로 검토하였고, 최종적으로 "안녕하십니까−한글강좌"로 결정하여 우여곡절 끝에 1984년 4월부터 강좌를 방송하기 시작한다.

NHK 한글강좌 방송 개시는 일본 내 시민단체와 재일조선인의 노력으로 가능한 것이었지만 이외에도 당시 NHK의 상황 등 한글강좌 개설에 유리한 조건이 조성되어 있었던 것에 힘입은 바도 크다. 1970년대 후반부터 일본에서는 평균수명이 증가함에 따라 생애학습 지향이 강화되었고 NHK 교육방송도 학교교육 중심에서 벗어나 생애교육을 강조하게 된다. 이에 따라 이전에는 학교교과에 해당하는 영어와 프랑스어, 독일어 강좌만이 NHK에서 방송되었던 것과 달리[14] 1984년에 학교교과와 관련 없는 한글강좌가 방송될 수 있었던 것이다. 또한 NHK의 운영 재원은 시청자들의 자발적인 수신료 납부에 의해 조달되어 NHK

---

12) 田駿, 「NHKに要請するハングル講座を開設せよ」, 『自由』 22, 自由社, 1990, pp.32~33.

13) 「아직도 조센인가, 일 NHK는 조선어 강좌를 한국어로 바로 잡아야 한다」, 『경향신문』 1981.7.6. 3면.

14) 1970년대 후반 이후 일본 사회와 NHK에서 생애 학습이 중요시된 상황은 宇治橋祐之, 「教育テレビ60年生涯学習波への広がりとインターネット展開」, 『放送研究と調査』 2019年 1月, NHK放送文化研究所, 2019, pp.3~6 참조.

는 1990년대 이후 일본 사회가 본격적으로 우경화되기 이전까지 비교
적 정치권력의 입김에서 자유로울 수 있었다. 일본 사회 내부에서도
과거 자신들의 침략전쟁과 권위주의적 역사가 비판되고 베트남 전쟁
반대운동이 벌어지는 등 전후 민주주의의가 성립·지속된 상황 속에서
NHK 지지계층은 진보적 지식인과 전중파 세대였던 것도[15] NHK에서
최초로 깅대국·서구국가기 아닌 제 3세계 국가의 언어 교육 강좌 개설
을 가능하게 한 조건이었다.

3. NHK 한글강좌의 내용

한글강좌는 영어, 불어, 독어, 러시아어, 중국어, 스페인어 이후
NHK에 7번째로 개설된 외국어 교육강좌였다. 텔레비전 강좌는 일요일
오전 7:30~8:00에 방송되었고 목요일 오후 6:30~7:00에 재방송되었
다. 라디오 강좌는 월-토 오전 8:00~8:20에 방송되었고 오후 11:00~
11:20에 재방송되었다. 라디오 강좌는 1984년에는 초급 수준만 방송했
지만 1985년부터는 월~목은 초급, 금·토는 응용편으로 나누어 방송하
였다. 방송 초기 강좌의 인기는 상당해, 1984년 출판한 4월호 교재는
15만 부나 판매되었는데 같은 시기 중국어 교재는 9만 부가 판매되는
것에 그쳤다.[16]

---

15) NHK의 상황에 대해서는 정지희, 「NHK 수신료 납부 정지, 거부 운동을 통해 본 현대
일본의 공영방송 인식과 시민사회의 변동」, 『언론정보연구』 54(2), 언론정보연구소,
2017, pp.191~196 참조.

16) 강좌의 내용과 교재에 관해서는 南相瓔, 「NHK「ハングル講座」の成立過程に関する研究
ノート-日本人の韓国·朝鮮語学習に関する歴史的研究(その2)」, p.87, p.88, p.104 참고.

당시 일본에서는 한국어를 교육할 인력과 시설이 부족하였기에 전파가 닿는 어디에서든 학습 가능하게 하는 라디오, TV 한글강좌 개설은 한국어 학습자, 학습 희망자들에게는 매우 절실한 것이었다.[17] 일본인들의 한국어 학습에 있어 어려운 것은 발음 문제였는데 특히 TV강좌는 발음방법을 시각화해 주는 것이었기에 한국어 학습자에게 있어 이는 큰 도움이 되는 것이기도 했다.[18] 또한 라디오와 TV 강좌는 각각 카세트테이프와 VHS로 복제 가능한 것이어서 학습자들은 이를 통해 장소와 시간에 구애받지 않고 반복적으로 강좌를 시청하거나 들을 수 있었다. 수강에 별도의 수업료를 지불하지 않아도 되기에 NHK 한글강좌는 소득이 낮은 재일조선인, 하류층도 한국어를 학습할 수 있게 하는 것이었다.

이외에도 일반적으로 어학 방송강좌에서는 대화가 행해지는 상황도 시청하게 해 상황에 맞는 적절한 외국어 표현을 익힐 수 있게 하고 대화시의 표정이나 제스처, 감탄사 사용도 함께 배울 수 있게 한다는 장점이 있다. 다양한 시청각 자료를 접하게 해 외국어 학습의 흥미를 지속적으로 유지하게 하며 불특정 다수의 대중도 강좌를 접할 수 있게 해 새로운 학습자를 쉽게 끌어들일 수 있게 하는 장점도 지니고 있다.[19]

TV 한글강좌는 초반에는 형식에 잦은 변화가 있었지만 1984년 10월 이후에는 형식이 어느 정도 확정된다. 가장 먼저 일본인 강사의 설명

---

17) 桑原正史, 「おんどるばん」, 『季刊三千理』 5, 季刊三千理社, 1976, p.20; 今田好彦, 「朝鮮語講座のもつ意味」, 『季刊三千理』 14, 季刊三千理社, 1978, pp.98~101.

18) 西岡健治, 「私にとっての朝鮮語-私の朝鮮語学習」, 『季刊三千理』 11, 季刊三千理社, 1977, pp.93~95.

19) 최은규·장은아·김은아·채숙희, 「한국어 교육용 TV 프로그램의 현황과 과제」, 『한국어교육』 16(1), 국제한국어교육학회, 2005, p.3.

등을 통한 지난 강좌에 대한 간단한 복습이 있고, 이후 본격적으로 강좌 주제에 관한 대화 상황을 남녀 게스트가 연기해 보여준다. 대화상황을 보여줌으로써 상황과 성별에 맞는 표현법, 대화 억양, 몸짓, 감탄사를 익힐 수 있게 했다. 다시 한번 게스트가 대화 상황을 재연하고, 대화에 대한 일본인 강사의 설명이 이어진다. 이후 한국인 강사가 대화 내용을 또박 또박 발음해 준다. 이때 시청자가 한국인 강사의 입모양을 관찰해 발음 방법을 배울 수 있도록 한국인 강사의 상반신을 클로즈업해 보여준다. 다시 게스트가 대화 상황을 재연해 시청자들이 반복 학습할 수 있게 한다. 시청자가 강좌에 흥미를 잃지 않고 한국어를 배우게 하기 위해 이달의 노래 코너가 이어지는데 여기서는 밴드연주에 맞춰 한국 가수가 매월 선정된 한국 노래를 부른다. 이후 한국인 강사가 관용어, 속담 등에 대해 설명을 하고 일본인 강사는 앞서 재연된 대화와 관련된 문법 사항을 설명한다. 한국인 강사가 다시 대화 내용을 또박 또박 발음해 보여주고 게스트가 또 한 번 대화 상황을 연기하는 것으로 한 회의 강좌가 끝이 난다.

라디오강좌는 문자와 발음만을 설명하는 것으로 한 회가 채워지기도 하지만 역시 TV 강좌와 마찬가지로 회화가 중심이다. 1984년과 1985년 라디오 교재를 확인한 바에 의하면 특정 주제의 간단한 대화가 있고 이후 이와 관련된 주요 표현과 주의해야 할 발음, 문법 등이 설명된다.

남한과 북한 어느 쪽에도 편향되지 않음을 보이기 위해 한국어, 조선어가 아닌 "한글강좌"라는 프로그램명을 채택했듯이, 강좌의 일본인 강사는 한국어, 조선어라 말하지 않고 "이 언어"라 지칭하고[20] 한국인

강사는 한국 옷, 조선 옷이 아닌 "우리 옷"이라 말한다.[21] 그러나 강좌
에서는 남한의 한국어, 특히 서울말인 표준어를 사용했다. 한국인 강사
들은 대부분 서울 출생이고 인천 출생 강사는 특별히 서울에 자라났다
는 것이 강조되어 설명되었다.[22] 대화 등에서 언급되는 지역 역시 서
울, 부산, 경주, 부여 등의 남한 지역으로 한정될 뿐 북한 지역은 전혀
언급되지 않는다.

　강좌의 대화는 일본인이 한국인과의 만남에서 필요한 길 물어보기,
한국 식당에서 주문하기, 한국 문화에 대해 질문하기 등으로 구성되어
있다. 특별하게 1984년 9월 30일 방송된 TV 강좌의 21강에서는 한일
간 고대문화 교류를 주제로 한국인 남성과 일본인 여성이 대화를 나누
고 있다. 일본인 여성은 한국인 게스트가 연기하고 있다. 대화가 시작
되기 전 강좌의 전체 사회 격인 일본인 강사는 곧 행해질 대화는 고대
일본의 문화 '수용'에 관한 것이라고 소개하고 있다. 한국인 남성과
일본인 여성은 한국의 역사 유물 도록을 보면서 이야기를 나누기 시작
한다. 한국의 금동반가사유상을 보고 일본 여자가 "이건 교토의 불상과
똑같다"고 말한다. 교토의 불상은 일본 고류지(広隆寺)의 목조반가사유
상이다. 계속 이에 대한 대화를 이어가다, 한국 남자는 한국의 것은
7세기 초의 것이라 말한다. 이후 돌연 여자의 상반신 부분이 클로즈업
되고 여자는 교토의 것도 7세기 것이라고 말한다. 이후 다시 대화하는
남녀 전체를 비추는 장면으로 전환되며 여자가 이것만으로도 옛날의
문화나 기술이 "그쪽"에서 일본으로 들어왔다는 것을 알 수 있다 말하

---

21) NHK TV 한글강좌 35강(1985년 1월 13일).

22) 大江孝男, 『NHKラジオ안녕하십니까? ハングル講座 4月』, 日本放送出版協会, 1984,
　　p.5; 梅田博之, 『NHKテレビ안녕하십니까? ハングル講座 4,5月』, 日本放送出版協会,
　　1984, p.5.

면서 대화가 끝이 난다.

대체적으로 TV강좌의 대화 장면은 전체적인 대화 상황과 인물의 몸짓을 보여주기 위해 장면 전환 없이 대화를 나누는 사람들의 전체적인 모습을 보여주는 것으로 구성된다. 특별히 장면 전환을 하여 발언하는 사람을 클로즈업하는 것은 이때의 발언을 강조하기 위함이라고 할 수 있는데, 위에 설명한 대학 장면에서 장면이 전환되어 클로즈업될 때의 발언의 내용은 일본의 고대 문화재가 한반도(그쪽)에서 영향 받았음을 알게 하는 것이다. 당시 일본에서는 공공연히 임나일본부설을 비롯하여 한국 역사를 비하하는 인식이 통용되고 있는 상황이었다. 이에 철학자 구노 오사무는 『계간 삼천리』에 실린 김달수와의 대담에서 일본 마르크스 역사학은 고대 한일 관계에 대해 관심이 없고 우익 역사학은 여전히 고대 일본이 한국에 일방적으로 영향을 주었다고 주장한다며 일본 역사학계를 비판하기도 했다.[23]

이러한 상황에서도 증거를 들어 고대 일본은 한반도로부터의 선진 기술과 문화를 받아들였다 말하고 이를 강조하는 이상의 대화 장면들은 NHK의 한글강좌가 한일 고대역사 혹은 한일 관계를 객관적으로 보려고 하고 이를 일본 사회에 전달하려고 노력했음을 알 수 있게 한다. 한반도로부터 고대 일본의 문화 수용을 인정하면서도 전달받은 곳을 한반도나 조선반도라 정확히 표현하지 않고 "그쪽"이라고 지칭하고 이를 말하는 사람은 대화 재연 상에서는 일본 여성으로 설정되어 있으나 실제로는 일본 여성이 아니라 한국 여성이 연기한 것은 일본 시청자로 하여금 인정하기 힘든 사실을 받아들일 때의 충격을 완화하는 장치로

---

23) 김달수, 久野収, 「対談—相互理解のための提案」, 『季刊三千理』 4, 季刊三千理社, 1975, pp.22~35.

기능했을 것이라 보인다. 이 강좌는 1985년 3월에 재방송되기까지 하는데 이를 통해 NHK가 우연히 혹은 일회성으로 이를 다룬 것이 아니라, 전근대사에 한정되기는 하지만 한일 관계를 객관적으로 전달하고 하고 싶어 한 진의를 가지고 있었음을 확인할 수 있게 한다.

한글강좌의 세트 배경은 한국 전통가옥 내부 모습으로 꾸며져 있다. 상당수 강좌의 대화 코너에서는 한국 전통문화를 주제로 하고 이달의 노래나 일본 강사의 설명에서도 전통문화를 자주 보여주거나 언급한다. 대표적으로 1984년 11월 11일에 방송된 TV강좌 22강에서는 영화 춘향전을 대화의 주제로 하면서 아울러 소설 춘향전을 소개하기도 한다. 대화 장면 이후 일본인 강사 역시 소설 춘향전을 설명하며 이때 배경으로 영화 춘향전을 보여준다. 1984년 11월 18일 방송된 28강에서는 심청전과 판소리에 대한 설명이 행해진다. 1984년 12월 23일의 33강에서 1985년 1월 27일의 37강까지는 한국의 설날 풍속과 설날 행하는 놀이, 한국의 전통의상, 한국의 방패연과 가오리연, 한국의 전통주택에 대한 설명이 있고 이를 주제로 한 대화가 진행된다. 이때 대화의 배경은 한국 전통 가옥 외부 혹은 병풍과 고가구 등으로 꾸며진 전통 가옥 내부이다.

1985년 2월 24일 41강에는 대보름날 놀이가 설명되고 게스트들이 이에 대한 대화를 나누며 전통 놀이를 직접 행해 보여주기도 한다. 한글강좌 내 이달의 노래 코너에서 가수들은 한복을 입고 풍년가, 새타령, 아리랑, 도라지 타령 등 전통민요를 주로 부른다. 드물게 1984년 10월에는 한국의 인기가수 민해경이 〈내 고향〉이라는 현대곡을 부르지만 고향에 대한 향수를 표현한 이 노래가 흘러나오는 도중 한복 입고 널뛰기하는 여인들과 감나무가 있는 기와집 그림이 삽입되어 있어 이때도 그림을 통해 한국의 전통문화가 전시되고 있다.

TV 강좌 이외 라디오 강좌에서도 한국의 온돌, 김장 등 전통문화가 자주 소개된다.[24] 한국의 전통문화가 주로 언급되고 현재의 한국 모습이 잘 다루어지지 않는 탓에 한 시청자는 NHK TV 한글강좌 교재 독자란을 통해 현재 서울과 시장의 풍경도 소개해 달라고 요청하기도 한다.[25]

한반도는 분단상황이자 독재 치하에 있고, 한일관계에서는 해결되지 못한 문제들도 많아 한글강좌에서 현대 한국의 현실과 일상을 이야기하기 어려운 부분도 있을 것이다. 하지만 당시 일본인들은 한국 하면 전통문화와 전근대의 이미지를 떠올리는 것이 일반적이었다. 이와 관련해 장용걸은 1987년 일본의 인기 요리만화인 『오이신보(美味しんぼ)』의 한국요리 편을 분석하여 여기서 한국의 일상적인 가정요리 대신 갈비찜, 약식, 조기찜, 수정과, 식혜를 등장시키는 것에 주목한다. 등장 음식들은 한국의 제사상에나 오르는 것이라 지적하고 이는 한국의 일상을 전통이라는 이름으로 스테레오타입화하는 것이라 보고 있다. 이어서 이 만화에서 한국인들의 수직적 인간관계에 주목하는 것과 함께 전통요리에만 주목하는 것은 한국을 변하지 않고 전통과 과거에 사로잡혀 있는 이미지로 표상하는 것이라 설명하고 있다.[26]

90년대 이후, 일본에서 인기를 끄는 한국 영화나 드라마는 〈외출〉, 〈내 머리 속의 지우개〉, 〈겨울연가〉 등으로 순애보적 사랑을 다룬 내용이 많다. 이들 영화와 드라마는 한국의 전통을 다루지는 않지만 일본인

---

24) 大江孝男, 『NHKラジ오안녕하십니까? ハングル講座 11月』, 日本放送出版協会, 1984, p.2.

25) 安藤俊種, 「ひろばーこの言語を身近に感じて」, 『NHKテレビ안녕하십니까? ハングル講座 4, 5月』, 日本放送出版協会, 1986, p.88.

26) 장용걸, 「일본 만화에 나타난 한국인의 이미지에 관한 고찰」, 『일어교육』 42, 한국일본어교육학회, 2007, pp.233~234.

들이 근대화 과정에서 잃어버렸다고 생각한 과거의 순수함을 한국을 통해 소비하는 것이라 할 수 있다.[27] 비교적 최근까지도 일본은 한국을 과거의 이미지로 연결시켰다고 할 수 있다. 이렇게 일본인들은 흔히 한국의 이미지를 전통과 과거로 연결시켜 왔기에 NHK 한글강좌에서도 한국의 전통과 과거를 소개하거나 강좌의 배경을 한국 전통의 것으로 설정하는 경우가 많았던 것이다.

반면, 야마구치 마코토(山口誠)에 의하면 NHK 영어강좌에서는 영국과 미국의 전통이나 과거에 주목하지 않고 나아가 때로는 회화의 등장인물을 이민자로 설정해 영어에서 미국 혹은 영국이라는 국적마저 지운다고 설명하고 있다.[28]

한국드라마와 K-POP이 유행해 한국에 대한 이미지가 크게 변한 최근의 NHK 한글강좌에서도 한국의 전통이나 과거를 강조하지 않고 있다. 2019년 4월 19일 NHK 한글강좌의 배경은 국적이 드러나지 않는 주택 내부와 공원으로 설정되어 한국의 전통을 강조하는 것이 아니다. 한국어 회화가 진행되는 부분에서는 세련된 외모의 GOT7이라는 한국 연예기획사 소속의 아이돌 그룹이 연기하여 대화를 나눈다. 홍콩 국적과 태국국적의 멤버가 약간은 어눌한 한국어로 대화를 나누는데 이는 NHK 영어강좌에서처럼 언어 사용자의 국적을 지우는 것이다. NHK 영어강좌, 최근의 NHK 한글강좌와 비교해보더라도 1980년대 한글강좌에서는 한국의 전통만을 강조하여, 한국을 일본과 같은 시간을 공유하고 있는 공간, 한국인을 일상을 살아가는 현실 속 존재로 설정하지

---

27) 이문자, 이영주, 김현희, 「일본관객들의 한국 영화 수용에 관한 연구-영화 텍스트에 대한 해석과 의미화를 중심으로」, 『일본학연구』 21, 단국대학교일본연구소, 2007.
28) 야마구치 마코토, 『영어강좌의 탄생-미디어와 교양이 만난 근대일본』, 소명출판, 2016, p.280, p.281.

않으며 한국과 한국어를 과거와 민족 내부에만 가두어 놓았다는 것을 알 수 있게 한다.

4. NHK 조선어강좌 개설운동과 NHK 한글강좌 개설의 효과

1) 재일조선인으로서의 정체성 강화 혹은 균열의 발생

NHK에 조선어강좌 개설을 요구하는 운동에 참가하거나 그 소식을 접하면서, 혹은 NHK 한글강좌를 시청하면서 일부 재일조선인들은 자신들의 정체성을 강화하거나 이에 대해 진지하게 고민할 수 있었을 것으로 보인다. 1970년대까지 재일조선인들, 특히 2, 3세들은 일본 정부가 민족학교를 용인하지 않아 한국어를 제대로 배우지 못해 한국어로 말하지 못하는 경우가 꽤 많았다고 한다. 이에 당시 어느 재일조선인은 NHK 한글강좌 개설 이전까지 재일조선인은 모국어 학습에 있어 거의 방치되어 왔다고 이야기한다.[29] 『요미우리신문(読売新聞)』을 통해 NHK 조선어강좌 개설을 최초로 주장했던 고순일 씨는 3살 때 한국에서 오사카로 이주한 이래, 일본 내 조선어 교육기관의 부족으로 조선어를 배우기가 쉽지 않았다고 언급하기도 했다.[30] 당시 한 교사의 관찰에 의하면 조선어를 알지 못하는 재일조선인 학생들 중에는 일본인에게 차별을 당하면서도 재일조선인으로서 의식을 가져 본 적도 없고 그럴 계획도 없는 경우가 많았다고 한다.[31]

---

29) 박철수, 「おんどるばん」, 『季刊三千里』 38, 季刊三千里社, 1984.
30) 고순일, 「NHKは朝鮮語講座を開設して」, 『読売新聞』 1974.11.26.
31) 大津和子, 「私にとっての朝鮮語-私の夢」, 『季刊三千里』 11, 季刊三千里社, 1977.

이러한 상황에서 『계간 삼천리』의 독자란을 통해 한 재일조선인 2세
는 〈NHK에 조선어강좌 개설을 요망하는 모임〉의 활동 과정을 보면서
재일조선인으로서의 정체성을 애써 의식하지 않고 살아온 날들을 돌아
보게 되었고 이후 "조선어" 학습을 통해 재일조선인 2세로서 자신의
정체성과 책임감을 만들어 가고 싶다고 이야기하기도 했다.[32) 다른 재
일조선인은 그간 일본에서 핍박받아왔고 "조선어"가 무시되어온 상황
에서 일본의 공영방송에서 "조선어"가 흘러나오는 것을 보고 감정을
주체하지 못해 울음을 터뜨렸다고 한다.[33) 이는 NHK라는 일본의 공영
방송이 한국(어)·조선(어)을 공인하였으며 이를 통해 수많은 난관 속에
서 자신이 애써 지켜온 재일조선인이라는 민족정체성을 일본 사회에서
일정 정도 인정받고 있음을 느꼈기 때문일 것이다. 이러한 감정 속에서
민족정체성을 더욱 강화할 수 있었을 것이다. 한 재일조선인은 NHK
라디오 한글강좌를 들으면서 한글을 배워 민족의식을 가질 수 있었고
이후 2000년에는 구청에 가서 "다카하시 히데오"라는 자신의 일본이름
을 말소하고 "고용철"이라는 한국이름을 등록했다고 한다.[34) NHK TV
한글강좌의 독자란에 한 재일조선인 1세는 도일 이후 40년간 일본에서
한국어를 사용하면 일본인들이 이상하게 보거나 싫은 티를 내서 한국
어를 거의 쓰지 못했다고 말한다. NHK에서 한글강좌가 개설된 이후
강좌를 보고 들으며 한국어 발음을 따라하여 한국어를 말할 수 있는
것으로 위안을 얻고 한국인으로서 삶의 의미를 찾을 수 있다고 말하고
있다.[35)

---

32) 정용주, 「온돌방」, 『季刊三千里』 10, 季刊三千里社, 1977.

33) 「일본한국어강좌 인기, nhk한국어 강사 김동준씨」, 『동아일보』 1984.8.17, 7면.

34) 「'재일'로 살아가기」, 『부산일보』 2005.3.8.

35) 辛宇鄕, 「ひろば―ハングルは私の生き甲斐です」, 『NHKテレビ안녕하십니까? ハング

한국어를 말하지 못하는 재일조선인 2, 3세에 비해 한국어를 조금이나마 구사할 수 있고 한국에서 태어나 한국으로의 귀속 의식이 강한 재일조선인 1세는 한국어 학습을 통해 민족의식을 더욱 용이하게 강화할 수 있었을 것이다. 또한 NHK 한글강좌는 주로 한국의 과거와 전통문화를 보여주기에 과거 한국을 경험하고 기억하는 재일조선인 1세대들은 방송을 보면서 조국, 고향을 그리워할 수 있었을 것이고 이 감정은 민족의식을 강화하는 것으로 연결되었을 것이다. 또한 할아버지·할머니가 한국어를 학습하는 것을 지켜봄으로써 재일조선인 2, 3세들은 한국어 학습과 재일조선인으로서의 정체성 형성에 긍정적인 인식을 갖게 된다고 한다.[36] 한글강좌는 한국에 대한 흥미 있는 볼거리들로 채워져 있었기에 집중해 열심히 한국어를 공부하지 않는다 하더라도 재일조선인 1세와 재일조선인 2, 3세들은 거실에 둘러앉아 한글강좌 방송을 같이 시청하면서 한국에 대한 다양한 이야기를 나눌 수 있었을 것이다. 이때 1세들은 한국의 고향 마을, 선조들에 대한 정보를 2, 3세들에게 전달해 자연스럽게 2, 3세들도 조국의 의미와 자신의 뿌리에 대해 고민해볼 기회를 가질 수 있었을 것이다.

교육학자인 오자와 유사쿠(小沢有作)는 재일조선인이 차별받는 상황 속에서 일본인에 동화되지 않고, 일본인과는 구별되는 자신들의 정체성을 만들어 나가기 위해서는 조선어 교육, NHK 조선어강좌 개설이 반드시 필요하다고 보았는데, NHK 조선어강좌가 재일조선인의 정체성 구성에 중요한 역할을 할 수 있다고 생각한 것이다.[37] 한국·조선인으

ル講座 10, 11月」, 日本放送出版協会, 1984, p.90.

36) 崔善今, 「在日コリアン1世における母語学習: NPO法人京都コリアン生活センターエルファでのインタビューを中心に」, 『京都大学生涯教育学·図書館情報学研究』 11, 京都大学生涯教育学図書館, p.113.

로서의 정체성을 강화하는 것까지는 아니더라도 어느 재일조선인은 NHK 한글강좌를 통해 한국에 있는 사촌과 한글로 소통하여 한국의 친지, 가족과 더 가까워지고 싶다는 소박한 소망을 갖게 되기도 한다.[38) NHK는 한글강좌를 자국민의 외국어 학습을 위해 개설했지만 재일조선인들은 NHK 전파가 자신의 안방까지 닿는 것을 이용해 일본 사회에서 계기가 없어 쉽지 않았던 조선인/한국인으로서의 정체성을 강화하고 확인할 수 있었던 것이다.

  그러나 모든 재일조선인이 NHK 한글강좌 개설을 찬성하고 한글강좌를 통해 민족 정체성을 강화한 것은 아니었다. 도노무라 마사루(外村大)에 의하면 1950, 60년대 재일조선인 내부에서 조국지향성, 민족주의가 강화되나 1970년대 이후 재일조선인과 일본인 사이 만남과 결혼의 증가 등으로 인해 일본 사회에 동화되는 재일조선인이 증가함에 따라 조국지향성, 민족주의는 약화된다고 한다. 이에 조국이나 민족문제에 관심을 갖기보다는 일본 사회의 일원이 되어가면서 재일조선인에 행해지고 있는 차별에 맞서 싸우려는 움직임이 강화되었다. 또한 재일조선인 내부에서는 일본인이면서 조선인이라는 복수의 정체성을 가지거나, 일본과 한국, 조선 어느 쪽의 민족적 정체성에 전혀 구애되지 않으며, 그때그때 상황에 따라 일본인과 조선인의 정체성을 선택하는 등 다양한 정체성의 재일조선인으로 분화된다.[39)

  재일조선인 2세가 중심이 되어 발간한 잡지 『계간 잔소리(季刊ちゃ

---

37) 「座談会—まず言葉から」, 『季刊三千里』 11, 季刊三千里社, 1977.

38) 郭育英, 「ひろば」, 『NHKラジオ안녕하십니까?ハングル講座10月』, 日本放送出版協会, 1985, p.81.

39) 도노무라 마사루, 『재일조선인 사회의 역사학적 연구』, 신유원·김인덕 옮김, 논형, 2010, pp.491~517.

んそり)』는 1979년 재일조선인에게 자신의 민족정체성, 조국관을 묻는
앙케트 조사를 행했다. 그 조사에서 재일조선인들은 "조국과 조국통
일이 무엇보다 중요하다", "일본인은 아니고 조선인이라고 생각하지
만 꼭 조선에 살 필요는 없다", "조선인도 아니고 일본인도 아닌 세계
인이다", "조국따위는 필요 없다" 등으로 답해, 재일조선인 사이에서
한국·조선관, 민족 정체성이 다양하게 존재했음을 알 수 있다.[40]

　이러한 상황에서 『계간 잔소리』 창간호의 기사는 NHK 조선어강좌
가 차별받는 재일조선인과 독재 체제 아래 고통 받는 한국 민중에게
어떤 도움을 줄 수 있을지 의문이며 일본인이 조선어를 배우는 것만으
로 한국인을 이해하고 한국인과 연대가 가능하다고 믿는 〈NHK에 조선
어강좌 개설을 요망하는 모임〉 측의 주장은 논리적 비약이라고 비판하
고 있다. 이에 조선어를 배우는 것을 통해서가 아니라 일본인이 일본어
로 스스로를 비판하고 스스로와 투쟁하는 것이 선결되어야 조선, 재일
조선인과의 연대가 가능한 것이라고 말하고 있다. 덧붙여 이 기사는
〈NHK에 조선어강좌 개설을 요망하는 모임〉은 민족에만 집중하여 피
해자로서의 조선만을 이야기해 식민지 콤플렉스에서 탈출하지 못한
것이라고 비판하며 이 운동에 일본인 조선문화 발굴자, 판매자 등 일본
내 관계자의 의도가 개입된 것이 아닌가 하고 그 정치적 의도를 의심하
기까지 한다. 이 기사에서는 결론적으로 NHK 조선어강좌 개설을 반대
한다는 입장을 분명히 하고 있다.[41]

　이어 『계간 잔소리』 2호에서는 당시 상황에서 NHK 조선어강좌 개설

---

40) 「アンケート−暮らしのなかで見つめる日本・わたし・祖国」, 『季刊ちゃんそり』 2, ちゃ
　　んそり舎, 1979, pp.3~10.
41) 「「NHKに朝鮮語講座を絶対つくらせない会」を」, 『季刊ちゃんそり』 1, ちゃんそり舎,
　　1979, p.2.

은 비빔밥에 대해 전혀 알지 못하는 일본인이 고추장 없이 비빔밥을 먹는 것과 같은 결과를 가져올 것이라 보고 있다. 즉 일본인이 한국·조선어 학습의 의미, 조선어강좌 개설 운동의 의미를 잘 알지 못하는 상태에서 NHK에 조선어강좌가 시작되어 한국·조선어를 배우게 되는 것은 조선·한국과의 연대, 재일조선인 차별의 의미에 대해서는 깊이 생각해 보지도 않고 그저 일본인 개개인의 필요에 의해 조선어를 이용하는 결과만을 가져올 것이라는 의미이다.[42] 이 기사 역시 창간호의 기사처럼 조선어가 재일조선인과 한국의 민중에게 별다른 도움도 되지 않을뿐더러 일본인과 재일조선인·한국 민중의 가교 역할도 하지 못할 것이기에 조선어강좌 개설을 탐탁지 않게 생각하고 있는 것이다. 실제로도 NHK 한글강좌는 한국과 한국인의 일상과 현재를 다루지 않고 과거와 전통의 이미지와 연관된 한국만을 다루었기에 『계간 잔소리』기사의 우려대로 한국인과 재일조선인을 제대로 이해하고 NHK 한글강좌가 일본과 한국을 연대하게 하는 가교가 되는 데 한계가 있었다고도 할 것이다.

재일조선인 사회에서 민족의식이 강한 1세들은 일본 사회에 섞여 들어가고 민족 이외의 것을 중요시하는 2세들을 동화주의자라고 고압적으로 비난하곤 했다. 이에 2세들은 자신들은 재일조선인이기도 하지만 동시에 여성이고 청소년이기도 하다며 민족만을 우선시해 정체성을 형성해 가지는 않을 것이라며 1세대들에게 반발하기도 했다.[43] 앞서 언급했듯이 재일조선인 2세들은 NHK 조선어강좌 개설 운동에서 민족

---

42)「トケビの眼−コチジャンで混ぜ合わさないビビンパはビビンパじゃない」,『季刊ちゃんそり』2, ちゃんそり舍, 1979, p.31.

43) 鄭大均,「在日朝鮮人批判ノート」,『季刊ちゃんそり』4, ちゃんそり舍, 1980, p.34.

을 강조하는 것에 대해 식민지 콤플렉스의 유산이라 보고 일상의 진창을 살아가는 재일조선인에게 NHK 조선어강좌가 어떤 의미가 있느냐고 의문을 제기하였다. 이는 2세들이 조선어강좌 개설운동에서 민족의 강조를, 1세들이 민족만을 중시한 나머지 일본 사회에 섞여 들어가는 2세를 비난하는 것과 동일하게 보고 조선어강좌 개설에 거부감을 보인 측면노 있었넌 것이다. 같은 맥락에서 NHK 한글강좌 '방송'에서 민족의 전통을 강조하는 것에도 반감을 가졌을 것으로 보인다.

이상을 통해 1970년대 이후 재일조선인의 정체성이 분화됨에 따라 재일조선인은 NHK 조선어강좌 개설 운동과 NHK 한글강좌에 대해 마냥 긍정적이거나 이를 통해 민족정체성을 강화한 것만은 아니고, 이를 둘러싸고 상반된 태도와 의견을 보이며 재일조선인 사회 내부에서 균열을 보인 것을 확인할 수 있다. 한편으로 다양한 의견의 표출과 이것들 간 갈등은 재일조선인이 나아가야 할 방향설정과 재일조선인 내부의 여러 존재를 인정하고 포용하는 과정에서 필요한 것이기도 해서, NHK 한글강좌 개설은 잡지 등의 미디어를 통해 재일조선인 내부에서 생산적 담론 형성과 조국에 종속되지 않는 다양한 재일조선인의 디아스포라 문화 형성에 중요한 계기가가 되었다고도 할 것이다.

NHK 강좌 개설 반대 기사에 대해 조선어강좌 개설이 무의미한 것은 아니라는 일본인 독자의 의견이 『계간 잔소리』에 투고되기도 했다. 한 독자는 조선어강좌 개설은 일본인으로 하여금 조선어가 하등한 언어가 아님을 알게 하는 것만으로도 의미가 있다고 말한다.[44] 다른 독자는 비빔밥을 제대로 먹지 못하는 것은 일본인들이 비빔밥을 모르기 때문이

---

44) 大庭可夫, 「ビビンバストリート−民主主義がこうじると」, 『季刊ちゃんそり』 3, ちゃんそり舍, 1980, p.32.

라며 한국·조선, 재일조선인에 대해 편견을 가지는 것도 한국·조선에 대해 전혀 모르기 때문이라고 지적한다. 이어 한국·조선, 재일조선인에 대한 편견이 단번에 없어지지는 않겠지만 이를 줄이기 위해 일본인이 조금이라도 한국·조선을 알게 하는 것이 필요하고 이에 한국어·조선어 학습이 그 출발점이 될 수 있으니 NHK에 조선어강좌가 개설될 필요가 있다고 말한다.[45]

2) 일본인의 한국·한국어에 대한 관심, 친밀감의 증대

일본 내 NHK 한글강좌의 인기는 상당했는데 이는 출연진에 대한 팬덤 형성에서도 확인할 수 있다. 한글강좌 교재 독자 투고란에는 시청자가 그려준 일본인 강사의 초상화가 실리기도 했으며,[46] 한글강좌 이 달의 노래 코너에서 노래를 자주 불렀던 가수 이자연 씨 역시 한글강좌 출연으로 인해 일본 내 팬이 증가했다고 한다.[47] 다른 누구보다 TV 한글강좌의 한국인 여자 게스트 인기가 상당했는데 교재 독자투고란에 시청자가 그려준 그녀의 초상화가 실리기도 했으며 그녀가 독자들의 질문에 답을 해주는 별도의 코너를 마련해 달라는 요청, 계속해서 강좌를 맡아달라는 요청 등이 지속되기도 했다.[48] 높은 인기 때문인지 대화

45) 柳川佳夫, 「ビビンバストリート─コチジャンなくても美味しいビビンパの食べ方」, 『季刊ちゃんそり』 5, ちゃんそり舍, 1980, p.37.
46) 梅田博之, 『NHKテレビ안녕하십니까? ハングル講座 6, 7月』, 日本放送出版協会, 1984, p.86.
47) 「방송연계가 곽지균씨, 〈겨울나그네〉로 본격 감독수업」, 『매일경제』 1986.1.14. 12면.
48) 梅田博之, 『NHKテレビ안녕하십니까? ハングル講座 12, 1月』, 日本放送出版協会, 1985, p.91; 梅田博之, 『NHKテレビ안녕하십니까? ハングル講座 6, 7月』, 日本放送出版協会, 1985, p.86; 梅田博之, 『NHKテレビ안녕하십니까? ハングル講座 4, 5月』, 日本放送出版協会, 1986, p.92.

장면에서 그녀가 한국 노래를 부르기도 했고,[49] 보통 대화 장면에서는 카메라 움직임이 그다지 없는 데 반해 1984년 6월 17일 12강에서는 접시를 세는 그녀의 손을 보여주던 카메라가 위로 움직여 그녀의 상반신을 비춘 후 말하는 얼굴을 클로즈업하여, 남자 게스트와는 달리 그녀의 외모를 자세히 보여주기도 했다.

이러한 인기 속에서 일본 대학에 한국어·조선어 강의 개설이 증가하였는데, 방송 전 1981년에는 50여 개교에서만 한국어·조선어 강의가 개설되어 있었지만, 1988년 64개교, 1993년에는 115개교가 한국어·조선어 강의를 개설하게 된다.[50]

NHK 조선어강좌 개설 '운동'은 재일조선인과 일본 내 다양한 집단과 사회운동을 연결하는 매개체가 되기도 했다. 대표적으로 신슈대학(信州大学)에서는 일본인 학생 서클과 재일조선인, 한국인 서클이 연대해 NHK 조선어강좌 개설을 요구하기 위한 서명운동을 공동으로 전개해 나가기도 하였는데, 이 과정에서 참여학생들은 재일조선인의 차별, 한일문제, 남북통일문제를 학습하기도 했다.[51]

NHK 조선어강좌 개설 운동은 각 지역에서 한국어·조선어 학습 자주조직이 탄생되게 했다.[52] 도쿄에 거주하는 한 일본인 의사는 NHK

---

49) 梅田博之, 『NHKテレビ안녕하십니까? ハングル講座 10, 11月』, 日本放送出版協会, 1985, pp.48~49.

50) 이에 대해서는 南相瓔, 「NHK「ハングル講座」の成立過程に関する研究ノート-日本人の韓国·朝鮮語学習に関する歴史的研究(その2)」, p.29.

51) 「サークル紹介 日本と朝鮮を考えていく会」, 『季刊三千里』 11, 季刊三千里社, 1977, p.131.

52) 「6년미룬 nhk한글강좌」, 『동아일보』 1983.2.21. 5면; 南相瓔, 「NHK「ハングル講座」の成立過程に関する研究ノート-日本人の韓国·朝鮮語学習に関する歴史的研究(その2)」, p.41, p.42.

조선어강좌 개설운동에 참가하는 과정에서 조선의 문화, 역사, 정치에 관해 관심을 가지기 시작해 운동 참여 동료들과 함께 조선어 학습회를 조직하기로 했다고 한다.[53] 조선어강좌 개설 운동을 계기로 생긴 자주회는 아니지만 오사카에 위치한 여성의 사랑방회(女の舍廊房会)라는 자주조직은 매달 회원이 납부하는 500엔으로 운영되었으며, 전문가 등을 초청해 한일의 근대사, 재일조선인 자녀의 교육문제, 일본의 입국관리법 문제 등에 대해 논의하였다.[54] 이를 통해 NHK 조선어강좌 개설운동을 계기로 조직된 자주회의 개략적인 활동내용을 유추할 수 있다. 계간 삼천리사는 NHK 조선어강좌 개설 운동을 통해 일본 사회에서 한국·조선, 한국어·조선어의 관심이 높아진 상황에서 독자들의 강한 요청으로 "교과서 속의 조선" 등을 주제로 별도의 학습회를 개최하기도 하였다.[55]

자주강습회 등에 참여하지 않더라도 NHK 한글강좌를 통해 한국어와 한국문화를 처음 접한 일본인 시청자는 일본인의 한국에 대한 무지와 편견이 엄청나다는 것을 깨닫기도 했고[56] 한국어 학습 이후 한국역사를 공부하는 과정에서 일본의 한국 식민지배의 실상을 처음으로 알게 되기도 했다.[57] 이를 통해 NHK 한글강좌 개설과정에서 일본 사회 내부에서는 한국어 학습만이 아니라 재일조선인 차별, 한국과 일본의 역사와 한국 사회에 대한 관심이 증대되었음을 알 수 있다.

53) 林秋夫, 「おんどるばん」, 『季刊三千里』 9, 季刊三千里社, 1977, p.254.
54) 「サークル紹介」, 『季刊三千里』 8, 季刊三千里社, 1976, p.87.
55) 이진희, 「編集を終えて」, 『季刊三千里』 17, 季刊三千里社, 1979, p.256.
56) 嶋田完治, 「ひろば―この講座の熱熱なファンです」, 『NHKテレビ안녕하십니까? ハングル講座12, 1月』, 日本放送出版協会, 1985, p.92.
57) 高玉登志江, 「ひろば」, 『NHKラジオ안녕하십니까? ハングル講座9月』, 日本放送出版協会, 1986, p.83.

한글강좌를 통해 한국어를 배운 일본인은 한국인과의 교류에 적극 나서기도 하였다. 라디오 강좌를 통해 한국어를 배운 한 일본인은 평양 예술단의 공연 관람 이후 그들과 한국어로 소통할 수 있었던 것에 감동을 받았다고 이야기한다.[58] 역시 라디오 강좌를 통해 한국어를 배운 일본인은 한일 간 배구 경기가 끝난 후 한국 배구선수에게 인사말을 하니 그도 인사말을 건네주어 한국인과 소통할 수 있었던 것이 기뻤다고 말한다.[59] 방송 강좌에서 배운 한국어를 토대로 펜팔 친구를 만나러 한국을 방문하기도 하고 한국어 학습 이후 조선어강좌 개설 운동 취지에 맞게 일본의 한국·조선 침략 역사와 한국 사회에 대한 이해를 증대시키기 위해 노력하기도 하였다.[60]

NHK 한글강좌는 일본인의 한국·조선, 재일조선인·한국인에 대한 친밀감을 증대시키고 인식의 변화에도 영향을 끼쳤을 것이다. NHK 한글강좌가 방송된 이후 재일조선인이나 일본 주재 한국인에게 "안녕하십니까"로 인사를 건네는 일본인들이 증가하였다고 하며 NHK 한글강좌 방송 이후 일본인의 15%가 한국어 인사말인 "안녕하십니까"를 알게 되었다고 한다. 방송 이후 한국과 한국어에 대한 관심 증대로 일본인이 재일조선인·한국인과 만날 때 한국과 한국어에 대한 질문이 많아져 일본인과 재일조선인·한국인 사이 대화시간이 전반적으로 증가했다고도 한다.[61]

---

58) 河口富美子, 「ひろば」, 『NHKラジオ안녕하십니까?ハングル講座10月』, 日本放送出版協会, 1985, p.83.

59) 西垣八重子, 「ひろば」, 『NHKラジオ안녕하십니까?ハングル講座9月』, 日本放送出版協会, 1986, p.82.

60) 田嶋新司, 「ひろば―早くハングルで話した」, 『NHKテレビ안녕하십니까? ハングル講座12, 1月』, 日本放送出版協会, 1985, pp.92~93; 高玉登志江, 「ひろば」, 『NHKラジオ안녕하십니까?ハングル講座9月』, 日本放送出版協会, 1986, p.83.

한 일본인 중학생은 TV시청 중 우연히 NHK 한글강좌를 접하게 되어 한국어 학습욕구를 가지게 되었고, 서울올림픽 개최 때 한국 여행을 희망하게 되었다고 말하고 있다.[62) 마찬가지로 이소자키 아쓰히토(礒崎敦仁) 게이오대학 교수는 NHK 한글강좌를 우연히 시청한 후 한글의 독특한 모양에 매료되어 한국가요를 좋아하게 되고 이후 한국 문제까지 연구하게 되었다고 이야기한다.[63) 또 다른 일본인은 NHK 한글강좌를 시청한 이후, 월경해 자신의 텔레비전으로 수신되는 부산 MBC 방송도 흥미롭게 시청하게 되었다고 말한다.[64)

철학자 구노 오사무와 역사학자 하타다 다카시는 NHK 한글강좌는 일본인이 재일조선인이라는 다른 존재를 인정하고 그들을 조금이나마 이해하게 하며 조선어나 재일조선인에 대한 부정적 인식을 경감시켜 줄 것이라고 보기도 했다.[65) 또한 과거 식민지의 언어였지만 한국어가 공영방송에서 흘러나오고 학습의 대상이 된다는 것은 명목적으로는 일본에게 한국은 대등한 국가, 일본인에게 있어 한국어는 필요한 언어가 된다는 것을 의미하는 것이기도 했다. 공영방송에서 한국어가 학습의 대상이 되는 것만으로도 한국·조선을 모국으로 하는 재일조선인, 한국어·조선어를 구사할 수 있는 재일조선인에 대한 일본인의 인식이 개선되는 효과도 있었을 것이다. 공영방송에서 한국어가 흘러나옴으

---

61) 「일본 변모 39년〈11〉 한일관계 변화의 문턱」, 『동아일보』 1984.8.17, 3면; 「일본한국어강좌 인기, nhk한국어 강사 김동준씨」, 『동아일보』 1984.8.17, 7면.

62) 中村高史, 「ひろば」, 『NHKラジオ안녕히 십니까?ハングル講座10月』, 日本放送出版協会, 1985, p.83.

63) 「나와 통일22」, 『서울신문』 2011.7.4.

64) 中木屋一夫, 「ひろば―隣国を車で」, 『NHKテレビ안녕하십니까?ハングル講座4, 5月』, 日本放送出版協会, 1986, p.94.

65) 「座談会‐まず言葉から」, 『季刊三千里』 11, 季刊三千里社, 1977, pp.68~79.

로써 일본에서는 일본어만이 사용되어야 하며 일본인만 살아가야 한다는 일본 사회의 지배담론이[66] 다소나마 부식될 수도 있었을 것이다.

그러나 한국과 한국어, 재일조선인에 대한 일본 사회의 뿌리 깊은 불신이 NHK 한글강좌 개설로 단번에 사라질 리는 없었다. NHK 한글강좌를 통해 한국어를 배운 후 한국어 교사가 되기 위해 대학의 한국어과에 진학하려 한 어느 일본인 고교생에게 담임교사는 중국이 교사가 되기를 권하기도 하고 그의 할머니는 "우리 세대가 가장 싫어한 것은 폭도와 조선인이라"고 하며 한국어과 진학을 강력히 반대하기도 했다는 사실을[67] 통해 한국과 한국어에 대한 편견은 NHK 한글강좌 개설 이후에도 여전히 강고하게 존재했음을 알 수 있다.

한편으로 NHK 한글강좌는 한국의 현실, 근현대 한일관계를 별달리 다루지 않고 한국의 전통문화와 과거에 집중했기 때문에 식민지 조선에 살았던 일본인들은 어떠한 문제의식 없이 이 방송을 보면서 식민지에서 자신의 과거를 떠올리며 식민지기를 그리워하기까지 하였다. 한 시청자는 한글강좌에서 한국의 전통가옥을 보여줄 때 어린 시절에 본 식민지 조선의 양반 가옥 정원과 단오놀이를 떠올렸고, 온돌생활과 김치가 그립다고 말하기도 한다. 한글강좌를 통해 한글 공부하면서 고향 대전이 떠오른다고 말하는 일본인 시청자도 있었다.[68]

---

66) 이 지배담론에 관해서는 鶴見俊輔, 「暗黙の前提一束」, 『季刊三千里』 11, 季刊三千里社, 1977, pp.96~99 참조.

67) 이에 관해서는 https://ameblo.jp/inuihiroshi/entry-12238855737.html 참조.

68) 椋静香, 「懷かしき我が第二の故郷」, 『NHKテレビ안녕하십니까? ハングル講座 12, 1月』, 日本放送出版協会, 1985, p.93; 山ノ井義治, 「EXPOでの出会い」, 『NHKテレビ안녕하십니까? ハングル講座 12, 1月』, 日本放送出版協会, 1985, p.93.

5. 맺음말: 요약과 과제

많은 논란 속에서도 〈NHK에 조선어강좌 개설을 요망하는 모임〉을 위시한 일본 시민사회, 재일조선인의 지지 속에 NHK 한글강좌 방송이 1984년 시작된다. NHK 한글강좌에서는 고대 한일 관계 등을 객관적으로 바라보려 하는 등의 시도가 있었지만 한국의 전통에만 주목해 한국과 한국어를 과거와 민족 내부에만 가두어 놓으려 한 한계도 있었다.

전파를 통해 수신되는 민족의 전통을 부각시키는 한글강좌를 접하며 일부 민족 정체성을 잊고 지내던 재일조선인은 민족의식을 형성·강화할 수도 있었다. 당시 재일조선인 사회가 분화되는 상황 속에서 2세를 중심으로 한 재일조선인들은 조선어강좌 개설운동과 한글강좌가 민족만을 강조하며 한국 민중과 재일조선인에게 이득이 없을 것이라 여겨 한글강좌를 탐탁지 않게 여기기도 했다. 한편 NHK 한글강좌 방송 개설에 대한 찬반 논의를 계기로 조국에 종속되지 않는 재일조선인 디아스포라 문화의 형성이 논의될 여지도 있었다.

일본인에게 있어 한글강좌와 그 개설운동은 일본인의 재일조선인과 한국 역사와 사회에 대한 이해를 증대시키는 계기가 되었고 일본인이 한국인, 재일조선인과 더 활발히 교류할 수 있게도 했다. 또한 공영방송에 한국어·조선어가 흘러나옴에 따라 일본인의 국가주의 담론이 부식될 여지도 있었다.

NHK 한글강좌와 그 개설 운동은 일정의 한계가 있지만 재일조선인의 정체성 형성과 새일조선인 니아스포라 문화에 대한 담론 형성, 일본인과 한국인의 교류에 일정 정도 역할한 것이다. 이 논문은 NHK 한글강좌가 재일조선인과 일본 사회에 끼친 영향력을 처음 설명했다는 것에서뿐만 아니라 일본 사회에서 디아스포라 정체성의 형성과 지배담론

에 대한 저항에 있어 미디어의 역할을 논했다는 것에서 의미가 있다
할 것이다.

한편 NHK 한글강좌와 그 개설운동은 미디어를 통해 한국에도 전해
져 큰 반향을 일으켰다. NHK 한글강좌 개설과 그 개설운동 이후 한글
강좌 개설을 지지하는 일본인이나 한글 학습에 적극적인 일본인이 신
문기사를 통해 한국에 소개되었다.[69] 이는 당시 한국에서 식민지배 등
과 관련해 한국인을 무시하고 억압하는 부정적인 일본인상이 만연되어
있는 상황에서 다소나마 한국인이 일본과 일본인에 대한 친밀감을 증
대시키는 계기가 되었을 것으로 보인다.

NHK 한글강좌 개설과 그 운동 소식과 함께 재일조선인들의 존재와
그들의 차별 상황이 한국에 알려지기도 했다. 한편으로는 이와 관련해
야구선수 장훈, 프로레슬러 김일, 바둑기사 조치훈, 가수 미야코 하루
미(都はるみ), 이쓰키 히로시(五木ひろし) 등을 유명 재일조선인들로 소
개하기도 한다.[70] 그러나 후자의 기사는 일상을 살아가며 차별 받는
재일조선인이 아니라, 민족주의적 입장에서 일본인을 이긴 한국인, 일
본에서 성공한 한국인을 소환하고 있을 뿐이다.

신문기사를 통해 NHK 한글강좌 개설 이후 한국어가 일본에서 상당
한 인기를 얻고 있다는 것이 알려짐과 동시에 일본에서 조용필의 음반
이 100만 장 팔리고 있고 마당놀이와 탈춤 등이 인기를 끌어 "한국
붐"이 일고 있다고 자랑스레 이야기되기도 한다.[71] 역시 다른 기사에서

---

69) 「일서 인기—김정숙, 방성우씨의 한국어교본」, 『동아일보』 1977.6.29, 5면; 「일본에서
   의 한국어 강좌 nhk 강좌건의」, 『동아일보』 1976.5.3, 5면; 「한국어강좌를 조선어로」,
   『경향신문』 1981.7.4, 1면.
70) 「일본의 한국인 제2부」, 『동아일보』 1985.12.13, 5면.
71) 「횡설수설」, 『동아일보』 1984.7.20, 1면.

도 NHK 한글강좌의 인기와 나고야와 경쟁에서 서울이 이겨 올림픽을 유치하게 된 사실, 일본 시장에서 한국 상품의 인기를 알리면서 일본인들의 한국 열기는 한국의 국력신장에서 기인한 것이라 보기도 한다.[72] 한 신문의 기사에서도 NHK 강좌 개설 이후 일본에 "한국어 붐"이 일고 있다고 말하며 이를 고대 한국문화의 일본 전래와 연결시키며 기술은 일본에서 배워올 것이 많지만 문화는 일본에 비해 뒤질 것이 없다고 지적되기도 한다.[73]

한국에서 NHK 한글강좌 개설과 그 인기 소식은 재일조선인의 존재를 알게 하고 일본인에 대한 친밀감을 증대시키기도 했지만 동시에 한국 내에서 민족주의 강화의 수단으로 이용되었던 것이다.

NHK 한글강좌 개설이 한국 사회에 끼친 영향에 대한 더 자세한 내용, NHK 한글강좌 개설을 계기로 한 재일조선인과 한국인, 일본인과 한국인의 연대강화에 대한 연구는 향후의 과제로 설정하려 한다. 또한 추가 자료 발굴을 통해 NHK 한글강좌가 재일조선인 디아스포라 문화의 형성과 일본의 국가주의 담론의 균열에 끼친 영향력을 더욱 상세히 논할 필요도 있다.

이 글은 연세대학교 인문학연구원의 『인문과학』 제119집에 실린 논문 「NHK 한글강좌의 탄생: 재일조선인과 일본사회에 끼친 영향을 중심으로」를 수정·보완한 것임.
1984년과 1985년 NHK TV 한글강좌 녹화본을 제공해 주신 하라 히토시(原仁) 선생님께 감사드린다.

72) 「한국특급 세계를 달리는 코리안의 숨결 현장취재 12」, 『경향신문』 1987.4.4, 3면.
73) 「만엽집」, 『경향신문』 1984.4.21, 3면.

참고문헌

『경향신문』

『동아일보』

『매일경제』

『서울신문』

『季刊三千理』

『季刊ちゃんそり』

『読売新聞』

『NHKラジオ안녕하십니까? ハングル講座』

『NHKテレビ안녕하십니까? ハングル講座』

『自由』

도노무라 마사루, 『재일조선인 사회의 역사학적 연구』, 신유원·김인덕 옮김, 논형, 2010.

딕 헵디지, 『하위문화』, 이동연 역, 현실문화, 1998.

아르준 아파두라이, 「여기 그리고 지금」, 『고삐풀린 현대성』, 차원현 외 역, 현실문화, 2004.

야마구치 마코토, 『영어강좌의 탄생-미디어와 교양이 만난 근대일본』, 김경원 역, 소명출판, 2016.

이문자·이영주·김현희, 「일본관객들의 한국 영화 수용에 관한 연구-영화 텍스트에 대한 해석과 의미화를 중심으로」, 『일본학연구』 21, 단국대학교 일본연구소, 2007.

이토 마모루, 「이민이동과 공공공간의 디자인」, 김미정 역, 『정동의 힘』, 갈무리, 2016.

정의철, 「다문화사회와 이주민 미디어」, 『언론과학연구』 11(4), 한국지역언론학회, 2011.

정지희, 「NHK 수신료 납부 정지, 거부 운동을 통해 본 현대 일본의 공영방송 인식과 시민사회의 변동」, 『언론정보연구』 54(2), 언론정보연구소, 2017.

정충실, 「프로키노 영사회에서 저항적 영화보기」, 『동아시아지식인의 대화』, 현실문화, 2018.

장용걸, 「일본 만화에 나타난 한국인의 이미지에 관한 고찰」, 『일어교육』 42, 한국일본어교육학회, 2007.

최은규·장은아·김은아·채숙희, 「한국어 교육용 TV 프로그램의 현황과 과제」, 『한국어교육』 16(1), 국제한국어교육학회, 2005.

Bertellini, Giorgio, "Italian Images, Historical Feature Film and the Fabrication of Italy's Spectators in Early 1900s Newyork", American Movie Audiences,

London: BFI, 1999.

Georgiou, Myria, "Mapping Diasporic Media Cultures: a Transnational cultural approach to exclusion", Media, Technology and Everyday Life in Europe, Farnham: Ashgate, 2005.

Thissen, Judith, "Jewish Immigrant Audiences in Newyork City, 1905~1914", American Movie Audiences, London: BFI, 1999.

熊谷明泰,「私の人生と朝鮮語遍歴」,『関西大学外国語学部紀要』20, 関西大学外国語学部, 2019.

南相瓔,「NHK「ハングル講座」の成立過程に関する研究ノート‐日本人の韓国・朝鮮語学習に関する歴史的研究(その2)」,『金沢大学教養部論集』32(1), 金沢大学教養部, 1994.

大野力,「「ハングル講座」の曲折を踏まえて」,『思想の科学』387, 思想の科学社, 1984.

大村益夫,「NHK『ハングル講座』がはじまるまで」『早稲田大学語学教育研究所三十年記念論文集』, 早稲田大学語学教育研究所, 1992.

宇治橋祐之,「教育テレビ60年生涯学習波への広がりとインターネット展開」,『放送研究と調査』2019年1月, NHK放送文化研究所, 2019.

崔善今,「在日コリアン1世における母語学習: NPO法人京都コリアン生活センターエルファでのインタビューを中心に」,『京都大学生涯教育学・図書館情報学研究』11, 京都大学生涯教育学図書館, 2012.

재일사회와 유교문화의 공과(功過)

가부장적 유교문화에 대한 재일여성의 비판과 극복 담론을 중심으로

신승모

1. 들어가며: 대상으로 삼는 유교문화의 범위

이 글은 해방 후 재일사회의 일상(행사), 가족관계, 가정생활에 커다란 영향을 끼친 한반도 전래의 봉건적 유교사상과 문화의 내역을 살피면서, 이에 대한 3, 4세대 재일여성들의 구체적인 반론과 담론 형성, 그리고 실천적 개선의 양상을 파악하고 그 의의를 논의하고자 한다.

여기서 우선 밝혀둘 것은 이 글에서 논의하고자 하는 '유교사상과 문화'라는 대상은 가령 춘추전국시대 공자가 창시한 중국 발상의 종교라든가 방대한 유교경전의 세부적인 이론과 세계관, 인간관 등을 따지고자 하는 것이 아니다. 해방 후 재일조선인 사회[1]는 일본 사회의 차별과, 다른 한편으로 강요당하는 동화 압력에 대항하기 위해서 본국(한반도)의 조선문화와 전통을, 민족적 정체성을 담보하는 하나의 '최후의

---

[1] 해방 당시 약 200만 명이었던 재일조선인들 대부분이 한반도로 귀국을 희망했지만, 본국으로 가져갈 수 있는 재산과 수화물에 대한 제한, 이미 한반도에 연고가 끊기고 생활터전이 없어진 사람, 한반도 분단과 군정, 제주 4.3사건과 한국전쟁의 발발 등 불안정한 정세가 이어지면서 귀환을 보류하고 '일시적 거류'를 선택할 수밖에 없었던 사람들이 해방 후 재일조선인 사회를 이루었다.

보루'로서 이해하고 이를 무비판적으로 계승하고 지키려는 경향이 강했다. 그런데 그 구체적인 내역은 많은 부분 조선시대 이래의 가부장적인 유교문화에 기반을 두고 있었고 이는 재일가족, 가정생활에 심대한 영향을 미쳤다. 즉, 이 글에서 논의하는 유교문화란 유교라는 종교 그 자체라기보다는 이같이 한반도 한민족에게 뿌리 깊은 봉건적 유교이념과 생활양식문화, 그리고 그것이 재일코리안 가족, 가정 내에서 실천되고 여성들에게 억압적으로 작용하는 양상을 파악하기 위한 대상임을 밝혀둔다.

이 글의 논의를 시작하는 단초로서 우선 '한국문학은 팔리지 않는다'고 일컬어지는 일본에서도 이례적인 판매 부수와 한국문학의 독자층 확대를 가져온 조남주의 장편소설 『82년생 김지영』을 둘러싼 현상을 살피면서, 이 작품이 재일사회에서도 높은 관심과 담론을 불러일으킨 요인과 유교문화의 상관관계를 논의하고자 한다. 이어서 가부장적 유교문화가 재일 1, 2세대 여성들에게 '견디는 어머니', '감내하는 어머니' 상을 강제하면서 '위대한 어머니' 신화 혹은 '모성신화'가 재일사회에 형성된 경위를 파악하고, 이에 대한 3, 4세대 재일여성들의 반론과 개선의 의지를 담은 담론을 구체적으로 살필 것이다.

이를 위해 이 글은 재일잡지미디어에 수록된 이 주제와 관련된 좌담회에서의 발언과, 2010년대 중반부터 현재까지 가장 최근의 재일담론을 형성하는 중심 매체로서 기능하고 있는 재일종합지 『항로(抗路)』의 특집기획을 검토하면서, 재일사회가 지금까지 타성적으로 묵인해오던 '내부 모순'을 규명하고 이를 내파(內破)하고자 하는 여성들의 실천을 살필 것이다. 이 작업은 봉건적 유교문화가 재일사회에 끼친 공과의 내역, 그리고 이를 극복하고 민주적 가족, 더 나아가 민주적인 시민사회의 실현으로 나아가고자 하는 재일사회의 현재진행형의 변화와 일상사를 파악하는 데 도움이 될 수 있을 것으로 전망한다.

2. 한일 문학 번역출판의 비대칭성과 이례적인 『82년생 김지영』 현상

한국 내 유명 혹은 대형 서점을 방문해보면, 외국문학 서적 중에서는 일본문학, 특히 히가시노 게이고(東野圭吾), 미야베 미유키(宮部みゆき) 등의 작가를 필두로 일본의 추리소설, 범죄소설, 미스터리소설 장르를 비롯하여, 무라카미 하루키(村上春樹)의 여대 작품이 스테디셀러 소설로, 그리고 현대작가뿐만 아니라 주요 근대작가의 순문학 작품까지 다수 번역되어 가판대 한 코너를 차지하고 있는 모습은 이제는 꽤 익숙한 풍경으로 자리 잡은 듯하다. 매년 2회에 걸쳐 분게이슌쥬(文藝春秋) 사에서 주최, 선정하고 있는 신인문학상인 아쿠타가와상의 수상작이 일본에서 발표되면 한 달이 채 지나기도 전에 거의 리얼타임으로 한국에 번역, 소개되는 이런 현상을 어떻게 이해해야 하는가? 한국 사회에 강고한 반일감정과 근래 한일 외교문제, 역사문제의 해결이 답보 상태에 머무르고 있는 현 상황에서 이런 일본문학의 한국 내 범람은 선뜻 이해하기 힘든 면이 있다.

우선 생각해볼 수 있는 사항은 출판시장 또한 지속적인 공급과 수요가 맞물리면서 유지될 수 있다는 점을 감안할 때, 한국 내 일본소설의 범람은 어느 정도 일본문학에 대한 한국 내 독자층 수요가 형성되었다는 사실이다. 문학연구자와 평론가를 차치한다면 대다수의 일반 독자들은 대부분 문학작품, 소설에서 '재미'를 추구하기 마련이다. 물론 수준 높은 작품성도 중요하지만 오락과 위안까지도 포괄하는 소설의 효용과 존재이유의 측면에서 볼 때, 1990년대 이후 한국 독서계에 불어 닥친 일본 문학 열풍은 그만큼 이념과 엄숙주의가 강했던 한국문학에 서 소설적 재미와 대중성을 찾지 못했던 일반 독자들이 어느 정도 오락 과 재미가 보장된 일본문학으로 이동했음을 보여주는 반증이리라.[2]

물론 1990년대 이후 한국 문학계에서도 다수의 신진 작가들이 다양 한 주제를 다루며 오락과 위안, 작품성까지 갖춘 수작을 발표해왔지만, 현재 한국의 젊은 독자들은 이미 웹소설과 웹툰의 스토리텔링에 친숙 해져가고, 역량 있는 신인 작가들은 전통적인 양식의 소설 창작보다는 수요와 시장성이 큰 드라마 시나리오 작가, 방송미디어 작가로 활동하 면서 자신의 캐리어를 쌓아가는 경우가 늘고 있다. 이 같은 '(순)문학의 위기'는 한국뿐 아니라 '문학 대국' 일본에서도 어느 정도 영향을 끼치 고는 있지만, 1880년대 후반 이후 근대적인 문학 제도를 갖추면서 140 년 이상 문학적 기반과 전통을 축적해온 일본에서는 아직 전통적 양식 의 문학을 애호하는 독자들이 상당한 듯하다.

여기서 또 한 가지 짚고 넘어가야 할 사항은 문학작품의 상호 번역 출판의 경우, 한일 양국에서 그 양적, 질적인 '비대칭성'은 심각한 것으 로 보인다. 앞서 언급했듯이 일본소설의 경우 한국 서점의 한 코너를 통째로 차지할 만큼 많은 작품들, 다양한 장르의 소설이 번역되고 있지 만, 일본 출판업계에서 한국 소설의 일본어 번역출판의 사례는 2010년 대 중반까지는 미미하기만 하다. 가령 김애란 작가의 경우 『두근두근

---

[2] 해방 후 한국문학계에서 일본문학이 부정적 타자로 호출되는 역사적, 시대적 배경과, 이 일련의 과정에서 한국 문학의 엄숙주의가 강화되는 양상, 그리고 역설적이게도 한국의 일반 독자층이 한국 문학을 점차 외면, 일본 문학의 대중적 흥행으로 이어지게 되는 맥락에 대해서는 윤상인, 『문학과 근대와 일본』, 문학과지성사, 2009, pp.20~36 을 참조.

내 인생』(2011)이 2013년 일본에서 번역, 출판되는 등 그녀의 몇몇 작품
(집)이 일본에 번역, 소개된 바 있고, 한국문학 전공자인 와타나베 나오
키(渡辺直紀) 무사시(武蔵大学)대학 교수가 박완서의 『친절한 복희씨』
(2007)를 비롯해 한국 작가들의 소설을 다수 일본어로 번역, 소개해왔
지만, 이 같은 소수의 사례를 제외하면 양국에서의 '번역의 비대칭성'
은 2010년대 중반까지의 상황만 놓고 보자면 심대하다고 하지 않을
수 없다. 이 같은 상황에 대해 와타나베 나오키 교수는 한 언론 기사에
서 "한국문학번역원에서 일본어로 번역된 한국문학작품을 심사하다
보면 10권 중 8, 9권은 한국인이 번역했고, 1, 2권을 일본인이 했다.
전자는 원어민이라면 쓰지 않을 일본어 표현들이 종종 있고, 후자는
작가와 작품을 제대로 이해하지 못한 구문들이 있다. 그 점에서 한국문
학작품을 해외에 알릴 때, 번역이 더 발전해야 한다는 말은 틀린 것은
아니다."[3]라고 지적한 바 있는데, 요컨대 한국문학을 외국어로 번역,
소개할 때는 양적인 면과 더불어 수용 주체의 입장에서도 자연스러운
표현과 전달력이 요구된다는 지적이다. 여기에는 물론 재단법인 한국
문학번역원을 비롯한 관계 기관의 장기적인 번역 지원과 효율적인 홍
보 전략이 수반되어야 함은 물론이겠다.

그런데 이 같은 비대칭적 상황 속에서도 조남주의 장편소설 『82년생
김지영』(2016)은 발표 후 한국 사회에서뿐만 아니라 일본어로도 번역[4]
되어 '한국문학은 팔리지 않는다'는 일본에서도 2018년 발매 후 현재까

---

3) 〈제17회 세계작가와의 대화 세계는 한국문학을 어떻게 볼까〉
   http://weekly.hankooki.com/news/articleView.html?idxno=4075048(검색일:
   2022.04.18.)
4) チョ・ナムジュ 著, 斎藤真理子 訳, 『82年生まれ、キム・ジヨン』, 筑摩書房, 2018, pp.1~
   192.

지 23만 부 이상이 판매되면서 주로 일본 여성들의 전폭적인 지지와 공감을 얻어내는 등 한국문학작품으로서는 크게 주목받은 이례적인 사례가 되었다. 주지하듯이, 이 소설은 한국에서 출판되자마자 삽시간에 독서대중 사이로 파고들었고, 출판 2년여가 지날 무렵에는 100만 부를 돌파하면서 실로 오랜만에 한국 문학시장에서 베스트셀러를 기록했다. 또한 2019년에 영상화된 동명의 영화는 원작에 대한 호기심을 증폭시키며 책의 판매고를 더욱 올려놓았고, 일본을 비롯하여 해외 10개국 이상에서 번역된 바 있다. 단지 많이 팔렸다는 점 때문만이 아니라 이 소설이 21세기 한국 현대문학사의 구조변동에 영향을 끼칠 정도로 사회현상과 담론을 불러일으켰다는 사실은 이 작품이 지닌 주제, 혹은 문제의식이 한국 사회에 어떤 근본적인 물음을 던졌다는 것을 의미한다.

한편 이 작품의 일본어판 번역을 담당했던 번역가 사이토 마리코는 아사히신문과의 인터뷰에서 이 작품이 일본에서도 공감을 불러일으키고 한국문학의 독자층을 넓히는 계기가 된 요인에 대하여 "이 책을 읽은 일본 여성독자도 한국 사회에서 여성이 일상적으로 받아온 구조적인 차별은 바로 자신도 경험했던 당사자라는 사실을 확실히 인식했다"[5]는 여성 사이의 공감대 형성에서 찾고 있다. 앞서도 언급했듯이 한국문학작품은 그 이전에도 일본에 번역 출판되었으나 이『82년생 김지영』처럼 동시대 일본 사회의 공감과 반향을 불러일으키며 수용된 사례는 일찍이 없었다. 그리고 이를 계기로 2018년까지 한 해 평균 약 20종에 머물렀던 일본의 한국문학 번역출판물은 2019년에는 약 40종, 2020년 약 50종, 2021년 약 55종으로 점진적으로 증가하는 추세에

---

5) https://www.asahi.com/articles/ASPC851KJPC3UHBI00W.html(閲覧日: 2022.04. 18.)

있다. 이전에 비하면 약 2~3배의 양적 증가이고, 이 같은 새로운 전기를 맞이한 번역 상황의 중심에 『82년생 김지영』이 자리하고 있음은 분명해 보인다.

『82년생 김지영』은 한국 정부에서 '가족계획'이라는 이름으로 산아제한 정책을 펼치던 1980년대의 분위기에서 태어난 김지영이란 한 여성의 출생, 성장과정, 학창시절, 취업, 직장생활, 결혼, 임신, 육아로 이어지는 삶의 과정을 그려낸다. 그 과정에서 남존여비 사상을 비롯하여 오랫동안 한국 사회와 사람들의 일상생활에 체화되어 강고하게 작용했던 유교문화의 구조적인 문제점이 김지영의 삶의 제 국면에서 적나라하게 부각된다. 이야기는 우선 2015년 시점에서 산후우울증과 육아우울증에 시달리던 김지영이 어느 날부터 보이는 이상증세에서 시작해, 그녀의 1982년 출생 시점부터 현재까지의 삶의 과정이 묘사된다. 언니와 자신, 그리고 자신의 출생 후 5년 뒤에 태어난 막내 남동생에 대한 할머니의 차별대우는 가령 남동생의 분유를 먹다 혼나는 장면에서 다음과 같이 그려진다.

> 할머니의 억양과 눈빛, 고개의 각도와 어깨의 높이, 내쉬고 들이쉬는 숨까지 모두 어우러져 만들어 내는 메시지를 한 문장으로 말하기는 힘들지만 그래도 최대한 표현하자면, '감히' 귀한 내 손자 것에 욕심을 내? 하는 느낌이었다. 남동생과 남동생의 몫은 소중하고 귀해서 아무나 함부로 손대서는 안 되고, 김지영 씨는 그 '아무'보다도 못한 존재인 듯했다.[6]

6) 조남주, 『82년생 김지영』, 민음사, 2016, p.25. 이하 이 작품에서의 인용은 괄호 안에 면수만 표기한다.

공무원인 아버지와 주부인 어머니, 그리고 할머니와 3남매가 열 평 남짓의 단독주택에서 생활하는, 그다지 넉넉하지 못한 가정환경에서 김지영은 매사 남동생이 우선시되는 각종 차별대우를 받으면서 성장했고, 초중고등학교 생활에서 겪게 되는 각종 에피소드는 가령 교사의 복장 단속에서의 남녀차별, 등하교 시의 버스 내 성추행, 학원 남학생의 스토커 행위가 오히려 자신의 몸가짐에 문제가 있었던 게 아니냐는 아버지의 야단 등으로 제시되며, 한국 사회의 젠더화된 남녀차별이 얼마나 학교 교육과 생활에서 강고하게 작용하는지 보여준다. 그리고 이어지는 대학 생활과 취업, 직장생활에서는 남학생 중심의 동아리 문화, 여성은 결혼, 출산으로 얼마 가지 못해 일을 그만두기 때문에 여학생보다는 남학생 추천을 원하는 기업과 이에 호응하는 학과장의 취업 추천, 거래처와의 회식자리에서의 노골적인 성희롱 발언, 중요한 업무에는 남자 사원이 우선시되는 회사 문화, 남녀 사원의 연봉 차이 등을 그려내면서 여성에게 '공정하지 않은 세상'(p.123)의 면면을 현실적으로 그려낸다. "세상이 참 많이 바뀌었다. 하지만 그 안의 소소한 규칙이나 습관들은 크게 바뀌지 않았다."(p.132)는 문맥은 가령 2008년 대한민국에서 호주제가 폐지되는 등 양성평등을 실현하기 위한 제도적 개선이 진행되고는 있지만 일상생활에서 여성들이 실제 체감하는 바는 "결과적으로 세상은 바뀌지 않았다."(p.132)는 것이고, 결혼 후 겪는 출산, 육아, 시댁과의 교류는 모든 불편과 고통이 여성에게만 강요되는 사회적 기제를 고발한다.

특히 이 글에서 주목하고자 하는 것은 '모성애'와 관련된 다음과 같은 대목이다. 김지영의 친정어머니는 가게일 때문에 딸의 출산 후 몸조리와 육아를 도와주지 못하는 상황에서 김지영에게 다음과 같이 말한다.

"비쩍 말라 가지고는 애도 낳고, 젖도 먹이고, 혼자 잘 키우는 거
보면 대견하다. 모성애가 이렇게 위대하구나."……

TV나 영화에는 예쁘고 귀여운 아이들만 나왔고, 어머니는 아름답고
위대하다고만 했다. 물론 김지영 씨는 책임감을 가지고 최대한 아이를
잘 키울 것이다. 하지만 대견하다거나 위대하다거나 하는 말은 정말
듣기 싫었다. 그런 소리를 들으면 힘들어하는 것조차 안 될 일처럼
느껴졌기 때문이다.(pp.150~151)

결혼과 출산으로 이어지는 여성의 삶에서 모성애는 일종의 신화이자
종교로 작용해왔다. 다시 말해 한국 사회에서는 '모성애라는 종교'가
있는 것처럼 어머니는 아름답고 위대하다고들 칭송해마지 않는다. 하지
만 막상 어머니가 된 당사자인 여성들에게 출산이 축복만은 아님을 이
작품은 김지영의 원치 않았던 직장에서의 퇴사, 육아 과정에서의 피로,
당혹, 정체성의 혼란, 좌절의 과정 등을 통해서 보여주면서 모성에 대한
신성시가 실은 당사자 여성을 옭아매는 올가미일 수도 있다는 사실을
지적한다. "세상에는 혹시 모성애라는 종교가 있는 게 아닐까. 모성애를
믿으십쇼. 천국이 가까이 있습니다!"(p.151)라고 읊조리는 김지영의 내
면은 힘든 것을 힘들다고 말하는 것조차 어렵게 만드는 한국 사회의
분위기를 희화화하면서, 점점 자신의 목소리를 잃어가다가 마침내 정신
적 이상증세를 보이는 김지영의 현재를 극적으로 대비시킨다.

그런데 이 '모성애라는 종교 혹은 신화'에 대한 비판은 재일코리안[7]
3, 4세대 여성의 글을 통해서도 다수 확인할 수 있다. 이는 한반도에

---

7) 여기서 '재일코리안'이라는 용어를 사용한 것은 재일한국인과 조선인을 아우르는 명칭
으로서 다양한 입장과 위치에서 발화된 여성의 발언을 함께 조명하고자 하는 취지에
맞춰 임의적으로 선택한 것임을 밝혀둔다. 다만 역사적 맥락을 고려하거나 개개인의
기술 등에 있어서는 재일조선인, 재일한국인 등의 용어를 그대로 사용한다.

뿌리 깊은 가부장적 유교문화에 대한 비판을 통해서 재현되는데, 다음
장에서는 재일사회에서 유교문화가 지니는 의미와 문제점을 젠더적
관점에서 논의하고자 한다.

3. 재일사회에서 유교문화가 지닌 의미와 이에 대한 여성들의 비판

해방 후 여러 가지 사정으로 인해 '일시적 거류'를 선택할 수밖에
없었던 재일조선인의 수는 약 65만 명이라고 한다. 일본 정부로부터
일방적으로 '외국인'으로 규정되고 난 다음부터 재일조선인은 일본 사
회의 일원으로서 인정받지 못하고 진학, 취업, 사회보장 등 모든 제도
적 자격에서 배제되는 존재가 되었다. 또한 일본 사회는 전전의 식민주
의의 연장선상에서 재일조선인을 열등한 존재인 것처럼 간주하고, "왜
조선인이 일본에 있는가", "조선인은 조선으로 돌아가라"는 식의 배외
주의로 치달았다. 이에 재일조선인은 대부분 "우리는 좋아서 일본에
있는 것이 아니다"라고 자기를 규정함과 동시에 "우리들은 해방되었고,
건설되고 있는 조국을 가진 민족"이라고 하여 조국에 대한 긍지를 보이
며, 이 긍지를 살아가는 데에 있어서 버팀목으로 삼았던 것은 인간으로
서 자연스러운 행위라고도 할 수 있겠다.[8]

그런데 이 한민족으로서의 긍지를 유지하는 데 있어서 재일조선인들
의 일상생활과 문화에 크게 영향을 끼친 것 중의 하나가 바로 유교문화

---

8) 도노무라 마사루 지음, 『재일조선인 사회의 역사학적 연구』, 신유원·김인덕 옮김,
   논형, 2010, p.485 참조.

이다. 앞서 언급했지만 재일사회는 일본 사회가 강요하는 동화 압력에 대항하기 위해서, 본국(한반도)의 조선문화나 전통을 무비판적으로 계승하려는 경향이 강했고, 그 구체적인 내역은 많은 부분 가부장적인 유교문화에 기반을 두고 있었다. 그 과정에서 '견디는 어머니', '감내하는 어머니' 상이 특히 재일 1, 2세 여성들에게 요구되었고, 가족과 가정을 위해 자신을 헌신적으로 희생하는 '위대한 어머니' 신화, '모성신화'가 형성되었다. 이에 대해 가령 NPO 이사이자 재일코리안 여성잡지 『땅에서 배를 저어라(地に舟をこげ)』[9]의 편집위원인 박화미(朴和美)는 재일조선인연구회(현 코리안·마이너리티연구회)가 주최한 좌담회「'재일' 여성 이야기」에서 유교적 가부장제의 구조적인 문제를 지적한다. 재일 1세대 가정에서 흔히 볼 수 있는 '폭력적인 아버지-참고 견디는 어머니'의 모습을, 재일 남성작가들이 그리고 있듯이 일본 사회의 차별과 폭력으로 인해 아버지의 인격이 변했다고 해석하면서 아버지에 대한 이해와 화해로 해소시켜버리는 방식에 이의를 제기한다.

> 그 차별구조 때문에 재일은 가족을 유일무이의 공동체로서 살아가지 않을 수 없었다, 즉 가족을 상조조직으로만 삼아 살아온 현실이 있다는 것입니다. 이러한 환경 속에서 재일은 가족이라는 존재를 신성화, 낭만화, 미화, 절대화하기 쉬운, 그러한 위치에 있는 것입니다.[10]

---

9) 주지하듯이 2006년 창간호를 시작으로 2012년 제7호(연1회 발간, 평균 약 250페이지 분량)를 끝으로 종간된 이 잡지는 오문자(吳文子), 고영리(高英梨), 박화미 등 재일 여성들이 중심이 되어 편집위원을 맡은 재일여성문예지로서 기본적으로 여성 집필진 만으로 구성되어 재일 여성들의 주요 관심사와 생활의 제상(諸相)을 적극적으로 조명한 바 있다. 근래 한국의 학계에서도 이 잡지에 대한 연구가 지속적으로 진행되어 왔는데, 가장 최근 연구로는 양명심,「재일 문화의 이동과 여성의 권리: 종합문예지 『땅에서 배를 저어라(地に舟をこげ)』를 중심으로」,『동악어문학』 86, 동악어문학회, 2022, pp.65~88이 있다.

박화미는 일본 사회의 차별구조 때문에 본래 이루어졌어야 할 가족에 대한 상대화 작업이 재일사회에서는 매우 곤란했고, 민족성의 계승 때문에 성차별적인 남계 가족을 비판하는 힘이 매우 약했음을 지적하고 있다. 즉, "'민족의 최후의 보루'라는 레토릭에 의해 재일가족이 안고 있는 성차별을 필요악으로서 받아들여 버렸"[11]고, 유교적 가부장제 가족의 전근대적인 생활문화의 문제점이 제대로 조명되지 못했다는 것이다. 박화미는 재일가족을 상대화하는 작업이 어려운 환경, 분위기에 있더라도 재일사회는 이를 의식적으로 해나가야만 한다고 역설하면서, 재일 3, 4세대는 민주적인 근대 가족을 지향하고 재일사회에 뿌리 깊은 '모성신화', '위대한 어머니' 신화를 해체할 것을 강조한다.

같은 좌담회에서 신숙옥[12]은 자신이 학창시절 5년 동안 조선학교에 재적했을 때의 교복 문제를 제기한다. 남학생들에게는 근대화된 제복을 허락하면서 여학생들에게는 유독 치마저고리라는 민족의상을 입게 하는 학교의 방침에 불만을 토로한다. 특히 북한과 일본 사회의 갈등이 심해지기라도 하면 치마저고리를 입은 조선학교 여학생들에게 가해지는 일본 사회의 위협과 폭력, 그리고 이를 피해 하교 시에 체육복이나 일반복으로 갈아입었다가 학교에 발각이라도 되면 '총괄(總括)'이라는 자기비판을 강요받았던 경험을 얘기하면서 그 부조리함을 폭로한다. 여기서 신숙옥이 지적하는 것은 조선민족임을 외형적으로 표출하는

10) 「パネルディスカッション「在日」女語り」, 『コリアン·マイノリティ研究』 4, 在日朝鮮人研究会, 2000, pp.8~9.
11) 「パネルディスカッション「在日」女語り」, 上掲書, 2000, p.9.
12) 신숙옥(辛淑玉)은 1959년생 재일 3세 여성으로, 인재육성 컨설턴트라는 직함을 지닌 사업가이자 여성과 소수자들의 인권을 강연과 일본 미디어매체에서 적극적으로 발언해온 기예의 논객이기도 하다.

기표(signifiant)로서의 치마저고리를 부정하는 것이 아니라, 약자인 여학생에게 무리한 요구를 강요하는 재일사회 내부의 구조적인 문제를 비판하고자 함이다. 또한 신숙옥은 야유회를 비롯한 어떠한 이벤트에서도 음식 준비와 고기를 굽는다든지 주변 잡무는 전부 여성들에게 분담되는 기이한 구조를 문제 삼으면서, 재일사회가 여성을 한 사람의 인격으로시 대해 오지 않았음을 지적한다. 특히 '제사'라는 유교문화를 대표하는 의식은 선조를 공경한다는 본래의 의미와는 별개로 현실에서 그 준비는 모두 여성에게 떠맡기고 정작 절을 할 때에는 남성들만 하는, 불평등한 유교양식을 가장 첨예하게 보여주는 사례로서 언급된다.

동 좌담회에서 발언한 아이신(愛信)보육원 원장인 조예호도 언제나 '며느리', '어머니', '아내'로서의 순종만이 요구된 재일사회의 '위대한 어머니' 신화, '모성신화'를 비판하며, 유교적 남존여비의 양식을 해체하는 '가정 내의 민주화'의 필요성에 공감하는 사람들의 네트워크 만들기, 유대관계를 촉구한다. 1999년 12월 11일 호세이(法政)대학에서 열린 이 좌담회에 참가한 토론자들과 청중들은 우선 "얼마만큼 진지하게 남성과 여성이 서로 마주 보며 갈 것인가"[13]가 앞으로의 과제임을 인식하면서, 무엇보다 일상생활 속에서 평등한 부부·가족관계로 개선해나가는 실천의 필요성을 공유한다.

요컨대 이 「'재일' 여성 이야기」 좌담회의 여성 토론자들의 발언을 통해서는 재일 1세의 삶에 대한 태도와는 달리 3, 4세 여성들의 자기주장, 즉 가족을 위한다는 명목으로 불이익과 희생을 감내해야 하는 어머니 세대의 삶을 더 이상 당연시하지 않고, 봉건적 유교문화를 해체해나가고자 하는 강한 의지를 확인할 수 있다. 이 같은 의식의 변화는 조선

---

13) 「パネルディスカッション 「在日」女語り」, 前掲書, 2000, p.28.

민족에 뿌리 깊은 유교적 사고의 속박에서 탈피하려는 시대적인 변화와 맞물리면서, 권위적이고 폭력적인 아버지, 남성지배적이던 재일부부관계, 가정환경에서 벗어나 '가정 내의 민주화'와 평등한 남녀관계로 나아가려는 재일사회 내 변화의 일단을 잘 보여준다.

4. 가부장적 유교문화에 대한 재일여성들의 담론과 극복

주지하듯이 해방 이후 재일코리안이 주체가 되어 발행한 재일잡지는 문예지를 중심으로 전개되어 다수가 존재해왔다. 하지만 최근의 상황을 얘기하자면 2010년대 이후 재일잡지의 창간 종수는 전후 재일잡지사 전체를 놓고 보아도 가장 적고, 이에 대해 재일잡지의 종언이 현실화되고 있다는 우려도 제기되고 있다.[14] 그런데 이런 상황 속에서도 2015년 9월 재일종합지를 표방하면서 창간된 『항로(抗路)』는 현재까지 지속적으로 잡지 발행(평균 연1회, 현재까지 2022년 1월 9호까지 발행)을 하면서 가장 최근의 재일담론을 형성하는 중심 매체로서 기능하고 있는 것으로 보인다. '抗路'라는 잡지명이 표방하고 있듯이 이 잡지는 '헤이트 스피치'로 대표되는 혐한언설과 배외주의가 가열되고 있는 근래 일본 사회의 분위기 속에서 이에 '저항하는(抗) 길(路)'을 모색하고, 재일잡지 나아가 재일사회의 종언을 이야기하는 이들에 대한 강력한 이의 제기를 실천하고 있어 고무적이다.

---

14) 1990년대 이후 현재까지 재일잡지미디어의 내역과 지형에 관한 분석은 이승진, 「1990년 이후 재일잡지미디어 지형 고찰」, 『韓日民族問題硏究』 37, 한일민족문제학회, 2019, pp.135~166을 참조.

재일조선인 관련 연구자로 잘 알려진 문경수, 윤건차, 김우자에 더해 시인 장정과 뮤지션 조박이 편집위원으로 참여하여 창간한 『항로』는 창간사에서 향후 '젠더 문제'와 재일사회의 '내적 모순'을 규명함으로써 "재일을 둘러싼 모든 구조적 문제를 분쇄하고 싶다"[15]는 포부를 피력한 바 있는데, 6호의 특집기획 〈82년생, 김지영〉과 8호의 특집기획 〈재일'의 가족·세대〉는 그 실천으로 여겨진다. 우선 6호의 특집기획 〈82년생, 김지영〉에는 총 다섯 편의 글이 실렸는데, 수필가인 박재영은 "남존여비인 한국에서 이 소설이 탄생하고 국경을 넘어 많은 사람들에게 받아들여진 것은 왜일까"[16]라고 이 소설을 둘러싼 현상에 주목한다. 1956년 아오모리시(青森市)에서 태어난 박재영은 재일한국인 2세 여성으로 교직, 잡지기자를 거쳐 여성문제 심리 카운슬러로 활동해오면서 주로 여성의 이야기를 담은 에세이를 발표해왔다. 박재영은 작품 속 김지영이 직면하고 있는 상황이 자신의 경험과 고스란히 겹친다고 토로하면서, 남성 가부장 중심의 가족제도가 한국과 재일사회를 가로지르는 '모순'이며 실질적으로 가정의 추진력은 어머니임을 강조한다.

> 지영의 조모나 어머니 세대는 일상의 식사나 방 크기, 진로, 매사 남자와는 차이를 강요받으면서도 이것이 나의 운명이다(팔자다)라고 스스로를 달래고 어르면서 얼버무리고 계속 노력해왔다. ……
> 여자가 맡아온 가부장제의 가정이라는 양륜은 여성의 고학력화가 진행됨에 따라서 제도 피로를 일으키고, 이미 한계를 맞이하고 있다.[17]

15) 「創刊のことば」, 『抗路』 1, 抗路舍, 2015.
16) 朴才暎, 「小説『82年生まれ、キム・ジヨン』現象が見せた、女性解放の新時代」, 『抗路』 6, 抗路舍, 2019, p.108.
17) 朴才暎, 上掲書, 2019, p.111.

재일 1세 여성들이 남편을 대신하여 생계를 꾸리고 시어머니를 비롯한 시댁 식구들과의 지난한 생활을 인고하면서 자신의 운명을 '팔자'로 받아들이고 감내하는 태도를 견지했다면, 다음 세대의 재일여성들은 시대의 변화와 함께 고등교육을 받으면서 가정 이외의 세계, 재일공동체 이외의 세계와 접하고 교류하는 과정에서 가부장적 유교관념으로 인한 부조리한 불이익을 더 이상 좌시하지도, 감내하지도 않겠다는 자각을 분명히 지니고 있는 것이다. 박재영은 앞으로의 재일여성은 자기 자신을 위해 살 것이며, 대등한 인간관계를 지향해야 한다는 점을 강조하며 글을 맺는다.

이어서 재일 3세 여성으로 간호사로 근무하고 있는 김오미는 초중고를 조선학교(민족학교)에서 다녔고 조선어가 사용되는 조선시장이 생활 터전인 곳에서 성장했는데, 성장과정에서 위화감을 느꼈던 재일사회의 여러 장면을 다음과 같이 기술하고 있다.

> 매년 제사에서는 남자가 먼저 절을 하고, 그 후에도 왜인지 여자만이 음식을 차리고 남자는 앉아서 술을 마시고 있을 뿐. 학교에서는 여자가 무용 수업을 하는 동안에 남자는 유도나 태권도. 마찬가지로 거친 말투라도 여학생만 주의를 듣고, 치마 제복으로 그렇게 돌아다니지 마, 좀 더 조숙하게, 라는 말을 듣거나 졸업사진을 찍을 때는 여자만 다리를 가지런히 모으고 삼가며 미소 짓도록 지시받거나. 그런 일상에 녹아들어 당연시되는 남녀의 차이에 줄곧 위화감을 지니고 있었습니다.[18]

김오미의 개인적 체험을 통해서도 가정과 학교 등 재일사회의 각 국면에서 젠더화된 성역할 강요가 일상적으로 이루어지고 있음을 알

---

18) 金五味, 「『82年生まれ、キム・ジヨン』を読んで」, 『抗路』 6, 抗路舍, 2019, p.114.

수 있는데, 그녀는 어린 시절부터 이 같은 상황을 접할 때마다 느끼곤
했던 왠지 모를 위화감의 정체를 성인이 되어 외부세계와 교류를 쌓아
가는 과정에서 뚜렷이 자각하게 되었다고 말한다.

> 많은 여성이 이건 자신의 이야기라고 말하고 있습니다만, 저도 그렇
> 게 생각했습니다. 그리고 많은 여성이 이 작품을 읽고 지지하고 있습니
> 다만, 오히려 저는 이건 남성이 보다 많이 읽고 지지해야 할 이야기라
> 고 생각하고 있습니다.
> 제사 때 당연하다는 듯 아무 일도 하지 않고 먹고 마시기만 하는
> 친척 남자들이랑, 고교시절 여자는 유도보다 무용이 어울린다든가, 너
> 는 장래 좋은 사람과 결혼하기 위해서도 좀 더 조신해지지 않으면,
> 이라고 말했던 그 선생님. 한 번 읽어봐 주었으면 하는 사람들의 얼굴
> 이 잇달아 떠오릅니다.[19]

이처럼 김오미는 재일 남성들도 『82년생 김지영』을 읽고 불필요한
남녀의 차가 해소되기를 바라 마지않는다며 글을 맺는다. 즉, 재일사회
에서 남녀의 성역할 차가 해소되고 대등한 인간관계를 형성하기 위해
서는 여성뿐만 아니라 남성들의 자각과 일상생활에서의 실천이 필요함
을 역설하고 있는 것이다. 김오미와 마찬가지로 재일 3세이자 간호사
로 근무하는 임사미는 현재 30세로 자신은 결혼 의지가 전혀 없다고
토로하면서, 재일사회에서 줄곧 들어왔던 "결혼은 언제 해?", "아이는
언제 낳아?", "그런 말해도 여자는 기한이 있는 거야", "사람은 결혼해
서 아이를 낳아야 비로소 어른", "그 나이로 결혼 안 하고 있으면 분명히
뭔가 문제가 있는 거지"[20] 등의 참견에 진절머리가 난다고 비판한다.

---

19) 金五味, 上揭書, 2019, pp.114~115.

　　재일사회에 여성멸시가 너무 뿌리박혀 있어서 당사자인 자기 자신
이 문제를 깨닫지 못하는 경우가 많다고 생각한다. 보다 많은 사람이
자각하면, 문제의식을 지니면 행동 변용으로 이어나갈 수 있으면 조금
은 사회가 바뀔지도 모른다.[21]

　임사미도 여성뿐만 아니라 남성들도 이 작품을 읽고 문제를 자각하
고 행동을 바꿔나감으로써 재일사회가 조금씩 양성평등으로 나아가기
를 희망하고 있다. 이같이 여성뿐 아니라 남성의 인식 변화의 필요성
때문인지 『항로』편집부는 이 특집기획에서 남성 기고문도 수록하고
있는데, 재일한국인 3세이자 작가인 가네무라 시온의 글이 그것이다.
1991년생인 가네무라 시온은 재일한국인 가정의 장남으로 태어났는
데, 자신이 초등학교 1학년 때 가족 전체가 일본 국적으로 귀화했고
현재는 일본식 이름을 쓰고 있다. 그는 대학 재학 중 1년 동안 부산에
유학한 경험이 있는데, 재일사회와 한국 사회에서 자신이 많이 들었던
얘기 중 하나는 다음과 같다고 소개한다.

　　"형제 중 몇 번째?"라는 질문이다. "장남입니다."라고 솔직히 답하
　　면, 대개 이런 말을 듣는다. "그런가, 그럼 빨리 결혼을 해서 부모님께
　　손주 얼굴을 보여줘야지. 가정을 가지지 않으면 어른이 되었다고 할
　　수 없어."[22]

　이어서 가네무라 시온은 부산에서 유학하던 중의 일화도 소개하는
데, 친해진 한국 남학생이 예비군 훈련으로 군복차림을 하고 있는 모습

---

20) 任砂美, 「『82年生まれ、キム・ジヨン』を読んで」, 『抗路』 6, 抗路舍, 2019, p.115.

21) 任砂美, 上掲書, 2019, p.116.

22) 金村詩恩, 「「女性の物語」だけにしない」, 『抗路』 6, 抗路舍, 2019, p.122.

을 보고 "힘들지 않아?"라고 묻자 "한국에선 군대에 가지 않는 녀석은 남자가 아니니까", "군대에 가지 않으면 취직도 어렵다"는 얘기를 들으면서 "아무래도 '남성'이 되기 위한 허들도 높은 듯하다."[23]며 남녀의 성역할에 대해서 새삼 생각해보는 계기가 되었다고 말한다. 그리고 『82년생 김지영』에 대해서도 작품에 대한 서평이 주로 '여성의 이야기'로 평가하는 경우가 많은데, 자신은 '여성의 이야기'만으로 간주하기보다는 성별을 넘어서 사회 구성원에게 "어째서 이런 허들이 있는 것인가?"라는 의문이 들었다고 토로한다.

> "○○이지 않으면 안 된다"는 내가 질색하는 설교에서도, 김지영이 들어왔던 말 중에서도 자주 사용되던 주박의 말이다. ……
> 이 주박에서 벗어나기 위해서는 "어째서 이렇게 된 것인가?"라고 끊임없이 계속 질문을 던지는 일이 필요하다. 『82년생 김지영』을 단순히 '여성의 이야기'로서가 아니라, "같은 주박 속에서 살고 있는 사람의 이야기"로서 읽고 싶다.[24]

즉, 가네무라 시온은 여성뿐만 아니라 남성 또한 그 사회가 요구하는 성역할의 '주박(呪縛)'에 묶여서 자유롭지 못한 면이 있고, 진정한 변화를 위해서는 남녀 모두에게 강요되는 '~다움', 즉, 남자다움, 여자다움의 젠더적 주박에서 벗어나는 가치 전환의 필요성을 강조하고 있는 것이다. 이 같은 관점은 앞서 살펴본 박재영을 비롯한 여성 필자진의 글들과는 또 다른 측면을 비추고 있어 흥미롭다.

다음으로 『항로』 8호의 특집기획 〈재일'의 가족·세대〉에 수록된

---

23) 金村詩恩, 上揭書, 2019, p.123.
24) 金村詩恩, 上揭書, 2019, p.123.

글도 살펴보자. 여기에는 총 8편의 글이 수록되어 있고, 집필자는 재일
여성 외에도 재일남성, 일본 학자도 포함되었다. 이 중에서 본고가 주
목하고자 하는 글은 앞선 「'재일' 여성 이야기」 좌담회의 토론자로서도
참가했던 박화미의 「'자신의 시간'을 살아간다는 것」이다. 이 글에서
박화미는 우선 이슬람 원리주의 아래 놓인 알제리 여성들의 사례를
언급하면서, 이들의 가족구조 또한 남존여비적인 사고하에 여성들의
생활로부터 자유를 박탈해왔고, 이 같은 가부장제 가족의 양상은 재일
사회의 구조와 유사함을 지적한다.

> 여자는 출산하는 성으로 여겨지고, 혼인에 의한 출산이 운명처럼
> 부과된다. 딸로서 아버지에게, 아내로서 남편에게, 어머니로서 아들에
> 게 시중드는 일이 여자들의 정해진 이야기가 되어 간다. 그러한 차별구
> 조를 무자각적으로 학습해버리는 현장이 가족이 일상생활을 영위하는
> '가정'이라는 공간인 것이다. 그리고 가장(남자)의 지배·통솔이 관철
> 된 가족구조는 '가부장제 가족'이라 불린다. 여자들을 하위에 배치한
> 가장이 지배하는 가족 속에서 여성들의 목소리는 빼앗겨간다. "암탉이
> 울면 집안이 망한다"고. ……
> 나의 문제의식은 일본 사회에서의 재일의 위치로도 확장해간다. **차
> 별의 찬합구조** 속에서 재일을 둘러싼 차별구조는 복잡하게 뒤얽히고
> 있다. 재일사회의 여성차별에 스포트라이트를 비추면서 나는 재일이
> 내몰리는 **폭주(輻輳)화된 차별구조의 내실**에도 육박하고 싶다. 재일사
> 회의 성차별 문제에 집요하게 집착하는 내 이야기도 틀림없는 재일역
> 사의 한 페이지일 것이다.[25]

---

25) 朴和美, 「「自分時間」を生きる、ということ」, 『抗路』 8, 抗路舍, 2021, pp.64~65.
인용 내 강조는 인용자.

위의 박화미의 논의에서 특히 주목하고자 하는 것은 재일여성이 놓은 상황을 '찬합형 억압구조'로 파악하는 점이다. 즉, 재일여성은 재일 사회 내부의 젠더 차별뿐 아니라 재일을 둘러싼 일본 사회의 민족적, 제도적 차별을 중첩적으로 받는 찬합형 억압구조의 강한 자장 속에서 삶을 영위했고, 이 같은 "폭주(輻輳)화된 차별구조의 내실"을 해명하고 내피(內破)하지 않으면 진정한 문제해결로 이어지지 못한다는 사실을 강조한다. 그녀는 왜 재일사회는 민족차별과 계급차별에는 민감하게 반응하고 일본 사회에 대해서는 과감한 차별반대운동을 지속해왔으면서, 재일사회 내부의 봉건적 가부장제와 성차별에 관해서는 모르는 척 주목하지 않았던 것인가, 인간 보편의 차원에서는 민족차별도 성차별도 비인간적인 억압 장치임이 분명한데도 가부장 남성 중심의 재일 사회는 이를 제대로 응시하지 않고 문제시해오지 않았다는 점을 지적한다.

> 이러한 모순을 덮어 감추기 위해 여러 가지 신화, 이데올로기, 신념이 만들어진다. '모성'은 그 대표적인 것이겠다. '남자다움'이나 '여자다움'의 강제도 이러한 프로세스와 무관하지 않다. ……
> 남자들의 민족이나 국가와 같은 '커다란 이야기'와, 여자들의 남존여비적 언동으로 채색된 가족의 '작은 이야기'를 대비시켰다. 젠더 시점이 없어서는 이러한 가족 내부의 억압구조를 사회문제로 파악할 수가 없다.[26]

이어서 박화미는 세계사적 차원에서의 시대 변화에도 불구하고 아직까지 재일사회가 여성차별적인 가족구조로부터 벗어난 기색이 그다지

---

26) 朴和美, 「「自分時間」を生きる、ということ」, pp.66~67.

느껴지지 않는 요인으로서 재일사회가 민족적 아이덴티티를 사수하기 위해서 한반도의 전통문화=많은 부분 가부장적 유교문화를 무비판적으로 받아들이고 고수해왔던 경향을 다시금 지적한다. 그녀는 비단 여성뿐만 아니라 재일 남성들도 무의식적으로 내면화하고 체화시켜 버린 '남자다움'의 주박에 괴로워하는 모습을 언급하면서, 궁극적으로 봉건적 유교문화에는 여성차별뿐 아니라 남성차별도 내재해있다고 강조한다.

> 유교적인 남녀유별이나 남존여비를 아직 불식시키지 못하고 있는 한국 사회에 대해 여성들은 이의제기의 공세를 늦추지 않는다. 아무리 강한 반발을 받더라도 민주적인 시민사회의 실현에는 젠더 평등은 절대 빠트릴 수 없는 요소다. …… 나답게 살아갈 수 있도록 재일사회를 변화시켜가고 싶다. 재일사회에도 시민적 변혁이 요구되고 있으니까.[27]

여기서 궁극적으로 박화미가 지향하는 바는 봉건적 유교문화로 점철된 재일사회의 가부장적 가족체제를 해체하고, 남성도 여성도 젠더적 '~다움'으로 스스로를 가둘 것이 아니라 인간 개개인이 "나답게 살아갈 수 있도록 재일사회를 변화"시키는 일의 중요함, 그리고 이 같은 실천은 민주적인 시민사회의 실현, 시민적 변혁으로도 이어진다는 전망이다. 더 이상 성별분업화와 같은 "표준화된 라이프 스테이지를 답습하지 않고, 자신의 독자적인 인생 시간 축에 따라 살아간다"[28]는 유연한 사고가 재일가족, 가정생활에 진정한 민주적인 변혁을 가져올 것이라는

---

[27] 朴和美, 「「自分時間」を生きる、ということ」, p.69.
[28] 朴和美, 위의 논문, p.69.

박화미의 사상은 재일사회 내 봉건적 유교문화의 폐단을 극복하고자
하는 구체적인 실천이자, 전 세계적으로 확장되어 가는 양성평등의
시대적 조류와도 부합하는 '재일역사의 한 페이지'로서 아로새겨질 것
이다.

5. 마치며: 민주적 재일문화를 위하여

해방 후 재일조선인들은 일본 사회에서 일방적으로 '외국인'으로 배
제되었고, 각종 제도와 취업, 일상적 차별 등 전방위적인 배외주의 구
조 속에서도 어떻게든 한민족으로서의 긍지를 유지하고자 했다. 그
대표적인 사례로서 일본 각지에 조선학교를 세우면서 민족성을 지키고
민족의 정통성을 다음 세대에 전수시키고자 진력한 사실은 소수민족의
당당한 생존을 위한 인간의 자연스러운 영위였다고 하겠다. 하지만
그 한편으로 재일사회는 일본 사회가 강요하는 동화 압력에 대항하기
위해서, 본국(한반도)의 조선문화나 전통을 무비판적으로 계승하려는
경향이 강했고, 가정생활, 가족관계에서 그 구체적인 내역은 많은 부분
가부장적인 유교문화에 기반을 두고 있었다. 물론 한반도 전래의 유교
문화에는 조상을 공경하고 집안을 중시한다는 전통으로서의 미덕이
있고, 재일사회의 경우 민족적 마이너리티로서 자신들의 정체성을 견
지하는 데 필요불가결한 생활양식으로 기능한 긍정적 측면도 존재할
것이다.

하지만 가령 '제사' 등으로 대표되는 조선 유교문화의 양식은 그 구체
적인 행사에서는 압도적으로 여성에게 과중한 부담을 지웠고, 정작
조상에게 올리는 절은 기본적으로 남자만 할 수 있는 등 법도에서 여성

을 배제해왔다. 또한 시댁에 며느리로서의 '역할'을 무리하게 강요당하면서도 재일 1, 2세 여성들은 그것을 자신의 운명=팔자로 받아들이고 인내하는 태도를 견지한 반면, 이들의 자녀 세대인 3, 4세대 여성들은 생활의 여러 국면에서 느끼는 봉건적 유교문화의 구조적 모순을 지적하고 비판했다.

이 글은 재일여성을 하나의 주체로 상정하고, 그러한 주체 내부로부터의 목소리, 발언을 통해 그녀들의 반론과 사상, 가정생활에서의 개선 의지를 조명했다. 본문에서 소개한 여성들의 발언과 논의를 통해서도 확인할 수 있듯이, 가부장적 유교사상과 젠더화된 성별 분업의 속박에서 탈피한 재일사회의 변혁, 그리고 결혼, 가정, 부부관계, 육아교육, 직업 등에 대한 고민과 제언을 통해 우리는 현재 재일사회가 여성뿐만 아니라 남성까지 포함한 인간 보편의 차원에서 양성평등과 민주적 가정, 나아가 민주적 재일사회의 구축으로 나아가고 있음을 확인할 수 있었다.

다만 이 같은 변혁이 그리 순탄하지 않고 녹록치 않을 것임도 분명해 보인다. 이 글의 논의의 단초로서 살펴봤던 『82년생 김지영』에서 정신 이상을 일으킨 김지영의 담당 정신과 주치의는 3인칭 관찰자 시점으로 이 작품의 화자 역할을 맡으면서, 시종 김지영이 현재의 상태(증상)에 이르게 된 경위에 대해 일정한 이해와 공감을 표명한다. 하지만 작품의 마지막 대목에서 이 남성 정신과 전문의는 자신이 원장으로 있는 병원의 한 여성 상담사 선생이 결혼 6년 만에 어렵게 아이를 가져서 출산, 육아로 병원을 그만두게 되자 다음과 같이 마음속으로 읊조린다.

　　물론 이 선생은 훌륭한 직원이다. 얼굴은 고상하게 예쁘면서, 옷차림은 단정하게 귀엽고, 성격도 싹싹하고, 센스도 있다. 내가 좋아하는

커피 브랜드와 메뉴, 샷 수까지 기억했다가 사오곤 했다. 직원들에게
도, 환자들에게도 늘 웃는 얼굴로 인사하고 다정하게 말을 걸어 병원
분위기를 한결 밝게 만들어 주었다. 그런데 급하게 일을 그만두는 바람
에 리퍼를 결정한 환자보다 상담을 종결한 환자가 더 많다. 병원 입장
에서는 고객을 잃은 것이다. 아무리 괜찮은 사람이라도 육아 문제가
해결되지 않은 여직원은 여러 가지로 곤란한 법이다. 후임은 미혼으로
알아봐야겠다.(p.175)

작가 조남주가 이 작품의 마지막을 김지영이나 그녀의 가족에 관한
기술이 아닌, 담당 전문의 남성의 위와 같은 내면으로 맺고 있는 의도는
명확해 보인다. 자신의 환자에 대해서는 이해와 공감을 표명하면서도,
이 의사조차 이해타산이 작용하는 개인적 영역에서는 대한민국의 그렇
고 그런 남성의 하나일 뿐이다. 물론 소설 속 형상화를 그대로 실제상황
으로 등치시키겠다는 의미가 아니라, 그만큼 조선시대 이래 오랜 시간
한민족의 의식과 신체에 각인되고 내면화된 젠더화된 성차별과 유교문
화는 그만큼 무의식까지 잠식할 만큼 강고하게 작용해왔고 쉽사리 고
쳐지지 않으리라는 사실을 다시금 상기시키는 장치로 읽힌다.

하지만 그 극복 과정이 아무리 지난하다 할지라도 재일여성과 사회
가 이제 봉건적 유교문화의 속박에서 벗어나 '탈-젠더화'를 위한 실천
으로 나아가고 있음은 자명해보이고, 그 지향성은 민주적 재일문화로
이행해가는 재일사회 내 변화로 결실을 맺고자 한다.

이 글은 일본어문학회의 『日本語文學』 제98집에 실린 논문
「재일사회와 유교문화의 공과 - 가부장적 유교문화에 대한 재일여성의 비판과
극복 담론을 중심으로」를 수정·보완한 것임.

참고문헌

도노무라 마사루 지음, 『재일조선인 사회의 역사학적 연구』, 신유원·김인덕 옮김, 논형, 2010.

양명심, 「재일 문화의 이동과 여성의 권리: 종합문예지 『땅에서 배를 저어라(地に舟をこげ)』를 중심으로」, 『동악어문학』 86, 동악어문학회, 2022.

윤상인, 『문학과 근대와 일본』, 문학과지성사, 2009.

이승진, 「1990년 이후 재일잡지미디어 지형 고찰」, 『韓日民族問題研究』 37, 한일민족문제학회, 2019.

조남주, 『82년생 김지영』, 민음사, 2016.

任砂美, 「『82年生まれ、キム·ジヨン』を読んで」, 『抗路』 6, 抗路舍, 2019.

金村詩恩, 「「女性の物語」だけにしない」, 『抗路』 6, 抗路舍, 2019.

金五味, 「『82年生まれ、キム·ジヨン』を読んで」, 『抗路』 6, 抗路舍, 2019.

「創刊のことば」, 『抗路』 1, 抗路舍, 2015.

チョ·ナムジュ著、斎藤真理子訳, 『82年生まれ、キム·ジヨン』, 筑摩書房, 2018.

朴才暎, 「小説『82年生まれ、キム·ジヨン』現象が見せた、女性解放の新時代」, 『抗路』 6, 抗路舍, 2019.

朴和美, 「「自分時間」を生きる、ということ」, 『抗路』 8, 抗路舍, 2021.

「パネルディスカッション「在日」女語り」, 『コリアン·マイノリティ研究』 4, 在日朝鮮人研究会, 2000.

〈제17회 세계작가와의 대화 세계는 한국문학을 어떻게 볼까〉

http://weekly.hankooki.com/news/articleView.html?idxno=4075048(검색일: 2022.04.18.)

https://www.asahi.com/articles/ASPC851KJPC3UHBI00W.html(閲覧日: 2022.04.18.)

재일조선인의 세대갈등과 국적·귀화·결혼

잡지 『계간 마당(季刊まだん)』의 기사를 중심으로

이영호

1. 시작하며

　1970년대 재일조선인[1] 사회는 1960년대 중반까지 재일조선인 사회를 지탱했던 '조국, 조총련, 1세대'의 구도가 무너지고 '일본, 정주, 2세대'라는 키워드로 재편되어 가는 전환기였다. 일본에서 태어나고 자란 재일조선인 2세대는 재일조선인 사회의 주축을 이루며 사회풍토 변화가 나타나기 시작한다. 해방 이후 재일조선인 사회는 재일본조선인연맹(在日本朝鮮人聯盟, 이하 조련)이 주도권을 쥐고 있었으며, 조련이 1955년 재일본조선인총연합회(在日本朝鮮人総聯合会, 이하 조총련)로 재편된 이후 재일조선인 사회의 주도권을 쥐고 있는 것은 조총련이었다. 1959년 북송사업이 시작되며 수만 명의 재일조선인들이 북한으로 향했으며 그 열기의 중심에는 조총련이 있었다. 그러나 1960년대 중반, 북한의 (김일성) 개인숭배가 심해지고 조총련의 사상적 경직이 계속되며 조총련의 영향력이 약해지기 시작한다. 재일조선인들은 서서히 조직을 등

---

1)　본 글에서는 1970년대 당시 일본에서 재일교포들의 문학을 지칭했던 동시대 용어인 '재일조선인'이라는 용어를 사용한다. 해당 용어에는 어떠한 정치성도 개입되지 않았음을 밝혀둔다.

지기 시작했고 일본에서의 정주(定住)를 선택하며 재일조선인 사회의
판도 변화가 나타난다.

이러한 시대상을 반영하듯 1970년대에는 기존과 다른 성향의 재일
조선인 잡지 미디어가 나타나기 시작한다. 해방 이후부터 1960년대까
지 출간된 재일조선인 잡지 상당수는 조총련의 경제적 지원을 받으며
강한 정치적 색채를 보였다. 조총련의 지원을 받지 않는 지면이더라도
잡지 편집진 상당수가 조국지향 성향이 강한 재일조선인 1세대였기
때문에 국제관계, 이데올로기 문제를 다루었다. 그 결과, 해방 이후부
터 1960년대까지 출간된 재일조선인 잡지의 상당수는 강한 정치적 색
채가 나타났다.

그러나 1960년대에 접어들고 재일조선인 2세대가 사회의 주축을 이
루며 서서히 기존과 다른 모습이 나타나기 시작한다. 이들은 일본에서
의 정주라는 현실적인 삶의 문제를 고민했으며 기존 세대에 비해 귀화
와 국적문제에 한층 유연한 태도를 보였다. 이후 재일조선인 사회에서
는 일본인과의 국제결혼, 귀화가 증가하기 시작했으며 이는 재일조선
인 사회의 축소로 이어졌다. 재일조선인 잡지 『계간 마당(季刊まだん)』
(이하, 마당)은 이러한 현상에 주목했다.

지금까지 재일조선인 잡지 연구에서 『마당』은 크게 주목받지 못했
다. 규모에 상관없이 현재까지 출간된 재일조선인 잡지는 약 140종에
달하지만 연구 대다수는 유명작가가 편집위원이거나 대규모 잡지에
집중됐다. 때문에 1940~50년대의 『민주조선(民主朝鮮)』, 1960~70년
내 『한양(漢陽)』[2], 『계간 삼천리(季刊三千里)』(이하, 삼천리)[3], 1990년대

---

2) 『한양(漢陽)』은 1962년 3월 창간호가 발간되었고 1984년 3·4월호를 마지막으로 통권
   177호로 종간한 재일조선인 잡지이다. 일본 동경의 한양사(漢陽社)에서 발간하였으며

의 『청구(靑丘)』가 연구의 대다수를 차지했다. 1970년대 재일조선인 잡지 연구 현황을 보더라도 『한양』과 『삼천리』에 연구의 대다수가 집중되었다. 『한양』의 경우 한글로 출간되었기 때문에 한국 국문학계에서 활발히 연구되었다. 『삼천리』의 경우 1970년대 출간된 재일조선인 잡지를 대표하는 대규모 잡지였기 때문에 한일 양국에서 상당수 연구되었다. 이처럼 1970년대 재일조선인 잡지 연구 대다수는 『한양』과 『삼천리』에 집중되었으며 『마당』은 상대적으로 크게 주목받지 못했다. 간혹 잡지 계보 연구에서 『마당』이 언급되는 경우가 있었지만 1970년대의 출간 사실을 언급하는 정도에 그쳤다.

따라서 본 글에서는 지금까지 분석되지 않았던 1970년대 재일조선인의 결혼, 귀화, 국적문제를 『마당』의 기사를 통해 다루고자 한다. 재일조선인 국적과 관련된 문제는 교육문제와 함께 『마당』에서 가장 많이 다루어진 주제임에 불구하고 지금까지 거의 연구되지 않았다. 또한 재일조선인의 결혼, 귀화, 국적문제는 밀접하게 연결된 주제이며 이 문제를 둘러싸고 세대갈등까지 이어지는 등 결코 분리할 수 없는 문제이다. 1970년대는 재일조선인 사회의 판도가 변화하고 재일조선인 사회가 현재성을 구축한 중요한 시기이다. 이 시기의 재일조선인 사회의 국적·귀화·결혼 문제를 연구함으로써 재일조선인 사회의 변

언어는 한국어였다. 중농주의(重農主義)를 표방했던 『한양』은 한국과 일본에서 고등교육을 받은 비판적 지식인들에게 실천적 담론의 장을 제공해 한국과 재일조선인의 문화적 유대를 도모했다. 1974년 문인간첩단 사건에 이호철, 임헌영, 장백일, 김우종 등이 연루되어 이후 국내 유입이 금지되었다.

3) 『계간 삼천리(季刊三千里)』는 1975년 2월 창간되어 1987년 5월 50호로 종간한 종합잡지이다. 재일조선인 잡지 『일본 속의 조선문화』 야유회에서 김달수가 이진희(李進熙), 이철(李哲), 윤학준, 서채원(徐彩源)에게 근대 한일 관계를 다루는 잡지 간행을 제안해 창간되었다. 편집위원은 김달수, 이진희, 윤학준, 강재언(姜在彦), 김석범(金石範), 박경식(朴慶植)이었고 한일 관계, 국제문제 등을 중점적으로 다루었다.

화, 세대갈등 양상을 종합적으로 확인할 수 있을 것이다. 이를 통해 1970년대 재일조선인 사회를 종합적으로 분석하는 것은 물론 당시 국적·귀화·결혼 문제와 세대갈등 사이에서 『마당』의 역할을 확인할 수 있을 것이다.

2. 『마당』 소개 및 특징

『마당』은 1973년 10월 김주태(金宙泰)를 주필로 창간된 종합잡지이다. 1973년 11월 창간호 발행을 시작으로 1975년 6월에 6호로 종간했다. 잡지명은 일본어 광장(広場)의 한국어 단어인 '마당'이며 일본어로 발행되었다. 잡지 가격은 580엔, 발행처는 동경의 주식회사 창기방신사(創紀房新社)였다. 편집위원은 시인 김주태, 비교문화학자 김양기(金兩基), 평론가이자 번역가 이승옥(李丞玉), 화가 오병학(吳炳學)이며 발행인은 박병채(朴炳采), 윤학기(尹學基)였다. 『마당』은 경제적 이유로 6호 발간 이후 휴간을 선언했고 이후 복간하지 못한 채 종간했다.

『마당』은 잡지 부제를 「재일조선·한국인의 광장(在日朝鮮·韓国人のひろば)」으로 정해 재일조선인 사회문제에 관련된 다양한 담론을 형성했다. 동시에 삼국시대, 고려, 조선의 문화유산을 활용해 민족적 자긍심을 고취하고 후대 재일조선인 사회에 계승할 수 있는 민중문화 형성에 주력했다. 『마당』이 가장 주안점을 둔 부분은 남북 한쪽으로 기울지 않는 징치적 중립이었다. 『마당』의 편집진은 『마당』이 여타 재일조선인 잡지처럼 모든 문제가 이데올로기 정치문제로 수렴되는 것을 우려했다. 때문에 의도적으로 이데올로기 문제를 지면에서 배제했으며 민단, 조총련 어느 쪽도 지지하지 않았다.

하지만『마당』이 추구했던 정치적 중립이란 '남북 이데올로기 문제'에 국한되었으며 일본이 대상일 경우 노골적인 정치성을 드러냈다. 『마당』은 가해자 일본, 피해자 재일조선인의 구도를 형성해 반일감정을 형성했다. 창간호에서는 히로시마 원폭문제를 다루며 일본이 일으킨 전쟁의 피해자 조선인의 모습을 부각했으며 이 외에도 김희로 사건[4], 히타치 투쟁[5] 등을 다루며 반일감정을 형성했다. 3호부터 6호까지는 김일면(金一勉)의 위안부 특집을 연재했다. 『마당』은 한국보다 먼저 위안부 문제를 다루었으며 재일조선인 사회 최초로 위안부 문제를 다루며 반일감정을 형성할 수 있는 다양한 주제를 다루었다.

『마당』은 재일조선인 각 세대의 가치관 차이로 발생하는 세대갈등과 교육, 결혼, 청년문제와 같은 사회문제를 주로 다루었다. 이는『마당』의 특집에서도 확인할 수 있다. 2호 특집은 「재일조선인의 육성(在日朝鮮人の肉声)」, 3호 「요구받는 재일청년상(問われる在日青年像)」, 4호 「해방의 원점을 모색하다(解放の原点を求めて)」, 5호 「민족교육의 내일

---

[4] 김희로(본명: 권희로(權禧老))는 1968년 2월 20일 시즈오카현 시미즈시에서 폭력배 간부 두 사람이 조선인에 대한 모욕적인 발언을 했다는 이유로, 두 사람을 살해하고 인근 온천여관에서 여관주인과 투숙객 13명을 인질로 잡고 88시간 동안 "재일교포에 대한 차별철폐"를 요구하며 인질극을 벌인다. 이 사건을 계기로 '재일조선인'의 인권과 차별문제는 일본의 사회적 문제로 부상하게 된다. (김환기,「전후 재일 코리안 문학의 변용과 특징」,『일본학보』 86, 한국일본학회, 2011, p.170.)

[5] 1970년 재일조선인 2세 박종석(朴鐘碩, 일본명 아라이 쇼지(新井鐘司))은 히타치(日立) 소프트웨어 도쓰카구(戸塚区) 공장에 채용된다. 박종석은 히타치 지원 당시 성명란에 일본명 아라이 쇼지를 기입했고 본적란에는 출생지인 아이치현(愛知県)을 기입했다. 히타치는 박종석의 호적등본을 요구했으나 박종석은 재일조선인이기에 호적등본을 낼 수 없으며 외국인등록증을 내겠다고 했다. 이 사실을 알게 된 히타치는 박종석의 채용을 취소했고 박종석은 히타치를 1970년 12월 8일 요코하마 지방법원에 고소했다. 약 3년 6개월 후인 1974년 6월 19일 법원은 히타치 측에 박종석을 채용하고 합격 발표일로부터 3년간의 봉급 및 위자료를 지불하라고 판결한다. 이후 이 사건은 '히타치 투쟁', '히타치 취업차별 사건'이라 불리며 대표적인 재일조선인 인권운동으로 알려진다.

을 내다보다(民族教育の明日をさぐる)」, 6호「결혼(結婚)」이었다. 특집에서 확인할 수 있는 것처럼 『마당』은 재일조선인의 삶과 관련된 문제를 주로 다루었다. 동시대 잡지 『삼천리』가 한국과의 유대, 고국 정세, 한일관계 등 대외문제에 초점을 맞추었다면 『마당』은 재일조선인 사회 문제에 집중했다. 이 대목에서 『마당』의 지향점을 확인할 수 있으며 동시에 기존 재일조선인 잡지들과 『마당』의 차이점을 확인할 수 있다. 『마당』은 일본비판에 매우 적극적이었으며 이러한 양상은 결혼, 귀화, 국적담론에서도 확인할 수 있다.

3. 『마당』의 국적·귀화·결혼 담론 분석

1) 1970년대 재일조선인 사회의 현상과 인구변화

1970년대 재일조선인 사회에서는 급격한 인구변화가 나타났다. 1911년부터 1980년까지의 재일조선인 인구변동을 보면 다음과 같다.

<표1> 재일조선인 연도별 인구추이[6]

연도	재일조선인 수	연도	재일조선인 수	연도	재일조선인 수
1911	2,527	1933	456,217	1955	577,682
1912	3,171	1934	573,695	1956	575,287
1913	3,635	1935	625,678	1957	601,769
1914	3,542	1936	690,501	1958	611,085

---

6) 출처는 재일본대한민국민단 홈페이지의 '재일동포 통계' 페이지 (https://www.mindan. org/kr/shokai07.php) 이하 인구추이 변동표는 '재일동포 통계' 페이지에 의한다.

1915	3,917	1937	735,689	1959	619,096
1916	5,624	1938	799,878	1960	581,257
1917	14,502	1939	961,591	1961	567,452
1918	22,411	1940	1,190,444	1962	569,360
1919	26,605	1941	1,469,230	1963	573,537
1920	30,189	1942	1,625,054	1964	578,545
1921	38,651	1943	1,882,456	1965	583,537
1922	59,722	1944	1,936,843	1966	585,278
1923	80,415	1945	1,115,594	1967	591,345
1924	118,152	1946	647,006	1968	598,076
1925	129,870	1947	598,507	1969	607,315
1926	143,798	1948	601,772	1970	614,202
1927	165,286	1949	597,561	1971	622,690
1928	238,102	1950	544,903	1972	629,809
1929	275,206	1951	560,700	1977	656,233
1930	298,091	1952	535,065	1978	659,025
1931	311,247	1953	575,287	1979	662,561
1932	390,543	1954	556,239	1980	664,536

1911년 2,257명에 불과했던 재일조선인은 일제강점기를 거치며 꾸준히 증가했다. 특히 1930년대 급증했으며 해방 직전인 1944년에는 약 2백만 명에 가까운 조선인이 일본에 거주했다. 그러나 해방 직후인 1945년부터 급격한 감소현상이 나타났다. 1945년부터 1946년까지 나타난 감소 원인의 대다수는 조국으로의 귀환이었다. 일본에 잔류를 선택한 재일조선인들은 약 60만 명이었다.

1950년대 후반, 재일조선인 사회 인구변동의 가장 큰 원인은 북송사업을 통한 북한으로의 귀국, 일본으로의 귀화와 결혼이었다. 1959년 북송사업이 시작되며 상당수 재일조선인이 1960년대 북한으로 귀국한다. 재일조선인에게 거의 관심을 보이지 않았던 한국의 이승만 정부[7]와 달리, 북한은 1957년 4월부터 조총련에 교육원조비 명목으로 약 1억 2100만 엔의 지원금을 송금하는 등 재일조선인 사회에 전폭적인 지원을 하며 한국과 대비되는 행보를 보였다.[8] 당시 북한은 소련의 지원을 받았으며 국가적 인프라가 한국에 비해 상대적으로 안정되어 있었다. 이러한 상황과 함께 지상낙원이라는 북한의 선전, 민족의 대이동이라는 일본 정부의 슬로건과 함께 재일조선인 상당수가 북한으로 귀국한다. 하지만 1960년대 (김일성)주체사상의 강조, 조총련의 사상적 경직, 귀국자들을 통해 북한의 실상이 알려지며 북송사업 참가자가 크게 감소한다.

이러한 상황에서 재일조선인 2세대들이 사회의 주축이 되기 시작한다. 일본에서 태어나 일본식 교육을 받은 재일조선인 2세대들은 상대적으로 조국 지향 성향이 약했으며, 국적에 한층 유연한 사고를 보였다. 다음은 재일조선인들의 귀화로 인한 인구변동표이다.

---

7) 해방 직후 이승만 정부는 한국이 피폐한 상황이며 일본에 대표부가 있다는 이유로 재일조선인 사회에 큰 관심을 보이지 않았다. 북한과 대비되는 행보에 민단은 한국 정부에 항의했으며 이후 이승만 정부의 지원이 시작되지만 금액은 약 북한의 1/10 수준에 불과했다.

8) 북한이 당시 재일조선인들의 귀국에 적극적이었던 이유는 당시 북한의 국가상황과 밀접한 연관이 있다. 1956년 북한의 전후 복구사업 종료 이후 '천리마운동'을 통한 대중동원 양적 성장단계에 접어든다. 또한 1957년에 시작된 5개년 계획 이후 많은 노동력이 필요한 상황에서 북한은 재일조선인의 귀국지원을 통해 노동력을 확보하고자 했다.

<표2> 귀화로 인한 재일조선인 연도별 인구추이

연도	귀화 수	연도	귀화 수	연도	귀화 수	연도	귀화 수
1952	232	1959	2,737	1967	3,391	1979	4,701
1953	1,326	1960	3,763	1968	3,194	1980	5,987
1954	2,435	1961	2,710	1969	1,889	1981	6,829
1955	2,434	1962	3,222	1970	4,646	1982	6,521
1956	2,290	1963	3,558	1971	2,874	1983	5,532
1957	2,737	1965	3,438	1972	4,983	1984	4,608
1958	2,246	1966	3,816	1973	5,769	1985	5,040

1952년 232명에 불과했던 재일조선인 귀화자는 1953년부터 꾸준히 증가했다.[9] 1970년대 접어들어 1971년을 제외하고 매년 4천 명 이상이 귀화하며 재일조선인 수가 감소했다. 이와 함께 외국인과의 결혼을 통한 인구변화 역시 증가했다. 다음은 혼인으로 인한 인구변화 변동표이다.

<표3> 혼인으로 인한 연도별 인구추이

연도	혼인건 수	동포 간 혼인		외국인과의 혼인	일본인과의 혼인			기타 외국인
		혼인 수	구성		일본인 아내	일본인 남편	합계	
1955	1,102	737	66.9%	33.1%	22.0%	8.5%	30.5%	2.6%
1965	5,693	3,681	64.7%	35.3%	19.8%	14.8%	34.6%	0.7%
1975	7,249	3,618	49.9%	50.1%	21.4%	27.5%	48.9%	1.2%
1985	8,588	2,404	28.0%	72.0%	29.4%	42.2%	71.6%	0.4%

----

9) 1952년부터 1953년까지의 귀화자 증가는 정주지향과 함께 샌프란시스코강화조약에 따른 외국인등록법에서 기인한 경우가 혼재되어 있다.

　조사가 처음 시작된 1955년에는 총 1,102건의 혼인 중 동포 간 혼인이 737건으로 66.9%가 동포와 결혼했다. 1965년에도 동포 간 혼인이 64.7%를 차지하며 1955년에 비해 다소 감소했지만 큰 차이는 없었다. 그러나 1975년에는 총 7,249건의 혼인 중 동포 간 혼인이 49.9%, 외국인과의 결혼이 50.1%를 차지하며 처음으로 외국인과의 결혼이 동포 간 혼인을 추월한다. 또한 외국인과의 혼인자 50.1% 중 1.2%를 제외한 48.9%가 일본인과 결혼하며 일본인과의 국제결혼이 97.6%를 차지한다. 1985년에는 동포 간 결혼이 28% 외국인과의 결혼이 72%를 차지하며 완전히 역전되었으며 그중 99%가 일본인과의 결혼이었다. 이처럼 1965년 이후 재일조선인 동포 간 결혼이 급감하고 일본인과의 결혼이 급증한다.[10]

　이런 상황을 재일조선인 각종 단체는 심각한 문제로 인식한다. 1974년 일본인과의 국제결혼이 조선인과의 결혼을 상회하고, 이후 민족단체들이 결혼에 적극 개입한다. 『마당』역시 이러한 현상에 우려를 표하며 지면을 통해 재일조선인 사회에 다양한 메시지를 전달했다.

2) 국적·귀화·결혼 담론을 통한 일본 비판

　『마당』은 창간호부터 종간호까지 결혼·국적·귀화에 관련된 다양한 기사를 수록했으며, 결혼·국적·귀화를 표제어로 한 기사현황은 다음과 같다.

---

10) 국제결혼으로 인해 태어난 자녀의 경우 일본은 1985년 전까지 '부계주의 국적법'으로 인해 아버지의 국적에 따라 자녀의 국적을 부여하였다. 따라서 1984년까지 출생한 자녀는 아버지의 국적에 따라 국적이 부여되었지만 1985년 1월 1일부터는 부모 중 한 명이 일본인이면 일본 국적을 부여할 수 있도록 국적법을 개정했다.

〈표4〉『마당』에 수록된 결혼 기사 현황

호수	발행일	저자	제목	비고
1호	1973년 10월 1일	박정자 (朴貞子)	결혼을 맞이한 동포청년에게 (結婚を迎える同胞青年に)	
2호	1974년 2월 1일	혼다 야스하루 (本田靖春)	귀화인그룹《성화클럽》을 방문하고 (帰化人グルーピ《成和クラブ》を訪ねて)	르포(ルポ)특집
		박정자 (朴貞子)	한 어머니의 집념 (ある母の執念)	결혼상담실(結婚相談室) 코너 연재
		이정차 (李定次)	「혼혈」의 결혼 (「混血」の結婚)	
		우치다 유카 (内田ゆか)	호적이 없는 부부(戸籍のない夫婦)	
3호	1974년 5월 1일	박정자 (朴貞子)	상성(궁합)에 관하여 (相性(宮合)について)	결혼상담실(結婚相談室) 코너 연재
		이시다 마유미 (石田真弓)	「결혼상담실」에 질문 (「結婚相談室」への質問)	살롱 마당(サロン・まだん) 투고
		야마구치 후미코 (ヤマグチ フミコ)	나는 결혼하지 않는다 (わたしは結婚しない)	특집·재일동포의 수기(特集·在日同胞の手記) 수록
		아오키 히로즈미 (青木広純)	일본 국적을 가진 조선인으로서 (日本国籍を持つ朝鮮人として)	
		시마무라 아키코 (島村章子)	반조선인과 반일본인 (半朝鮮人と半日本人)	
4호	1974년 8월 1일	박정자 (朴貞子)	국제결혼에 관해 (国際結婚について)	결혼상담실(結婚相談室) 코너 연재
6호	1975년 6월 1일	김양기 (金兩基)	증발한 신부 (蒸発した花嫁)	특집·결혼 (特集·結婚) 수록
		정수령 (鄭秀嶺)	보이는 사랑과 보이지 않는 국경 (みえる愛とみえない国境)	
		시미즈 지에코 (清水千恵子)	조선남자에게 말하다 (朝鮮男にもの申す)	
		종추월 (宗秋月)	죽은 자와 산 자와 (死者と生者と)	

	박종금 (朴鐘琴)	「여자」와 「재일」 (「女」と「在日」)	
	박정자 (朴貞子)	불행한 남자와 여자들 (不幸な男と女たち)	
	후지사키 야스오 (藤崎康夫)	일본인 처는 외친다 (日本人妻は叫ぶ)	
	고사명(高史明) 김주태(金宙泰) 정대균(鄭大均)	재일의 결혼을 생각하다 (在日の結婚を考える)	특집 좌담회 (特集座談会) 수록

　표에서 확인할 수 있는 것처럼 『마당』은 5호를 제외하고 모든 호에서 한 건 이상 결혼·국적·귀화 관련 기사를 수록했다.

　『마당』의 결혼·국적·귀화 담론은 크게 두 방식으로 전개되었다. 첫 번째는 과거 일제강점기부터의 역사적 사실과 1970년대에도 계속되고 있는 차별을 제시해 일본을 비판하는 방식이었다. 『마당』은 과거 일제강점기의 불행한 역사적 사실과 국제결혼의 실패사례를 제시한다. 박정자의 「불행한 남자와 여자들(不幸な男と女たち)」에서는 조선인과 일본인의 국제결혼이 일제강점기부터 시작되었다고 설명한다.

> 일본의 무가시대에 도래했던 조선의 귀화시대는 별개로 하더라도 일제의 '대동아전쟁'[11]이 한창일 때 일제는 내선일체를 강하게 강요하면서 일본의 침략전쟁수행을 위해 중노동력과 징병에 조선을 이용하기 위해 천황의 적자로 우대하는 것처럼 일본 여성과의 결혼을 장려했다. 아마도 이 시기 많은 국제결혼의 형태가 시작됐다고 생각된다. 여기서 정부는 「결혼의 길을 열어 사상의 융화 통일을 기하다(結婚ノ途ヲ開キテ思想ノ融和統一ヲ期スル)」에 열심이었다. 이것은 마치 일본인화의

---

11) 원문에서 대동아전쟁으로 표기되어 있기에 번역은 '대동아전쟁'으로 번역. 본문 분석에서는 '아시아·태평양전쟁'이라는 용어를 사용한다.

강요이자 조선민족의 말살의 한 방법이었다.[12]

일제는 아시아·태평양전쟁에서 조선인 노동력이 필요했고 이를 타개하기 위해 전략적으로 국제결혼을 이용했다. 즉, 일제강점기 일본군부가 조선인을 전쟁에 동원하기 위한 수단으로 국제결혼을 이용했다는 것이다. 그러나 여기서 가장 주목할 점은 일본인 역시 피해자라는 사실을 강조한 점이다. 『마당』은 일반적으로 지면에서 가해자 일본 / 피해자 조선의 구도를 만들어 반일감정을 조성했다. 그러나 결혼문제에 있어서는 일본인 역시 피해자라는 사실을 강조하며, 전쟁을 위해 자국민까지 이용했던 일제를 비판했다. 6호에서 후지사키 야스오(藤崎康夫) 역시 일제강점기의 결혼정책을 비판한다.

> 《내선결혼(한일결혼)》-「내(内)」「선(鮮)」이라는 단어가 연결된 것에서부터 명백하지만 이건 한일병합시대의 이야기이다. 1910년, 한일병합시대를 맞이했지만 그 통치방법에 관해서는 군국주의침략정책에 의한 조선의 예속화와 동종동근론에 기반한 동화정책이 있지만 후자의 구체적인 방법이 내선결혼 정책이었다. 힘으로 밀어붙이는 방식에 유일하게 윤활유적인 역할을 할 작정이었던 것이다.[13]

후지사키는 조선의 예속화와 동종동근론(同種同根論)에 기반한 동화정책이 내선결혼이었다고 설명한다. 그러나 조선인은 친족에 다른 민족이 유입되는 것을 거부했고, 일본인 역시 조선인에 대한 차별적 시선 때문에 국제결혼을 반대했음에도 불구하고 일제가 국제결혼을 추진했

---

12) 朴貞子, 「不幸な男と女たち」, 『季刊まだん』 6, 創紀房新社, 1976, p.51.
13) 藤崎康夫, 「日本人妻は叫ぶ」, 『季刊まだん』 6, 創紀房新社, 1975, p.59.

다고 밝히고 있다. 후지사키는 해방 이후 일본 여성들의 불행한 삶을 묘사한다. 일본에 살던 조선인 남편들은 해방되어 조국으로 돌아가지만 조선에 살던 일본인 부녀자들은 국교가 단절되어 일본으로 돌아가지 못한다. 조선에 남게 된 일본인 부녀자들은 경제적으로 비참한 생활을 했고 이승만 정권의 반일정책 때문에 일본인이라는 사실을 숨기고 살아야 했다. 남편은 부인을 호적에 올리지 않았고 자녀가 태어나더라도 호적이 없기 때문에 친척에게 입양 보낼 수밖에 없던 사례를 제시한다. 이를 통해 당사자의 의사를 배제하고 추진했던 일제의 결혼정책을 강하게 비판한다. 이처럼 『마당』은 역사적 사실과 과거 국제결혼의 불행한 사례를 제시해 일본의 식민지배 역사와 동화정책을 비판했으며 재일조선인 간 결혼을 독려했다.

과거의 역사적 사례의 제시와 함께 『마당』은 1970년대 현재의 일본 사회 구조와 동화정책을 비판한다. 『마당』은 1970년대에도 계속되는 일본의 차별에도 불구하고 동화현상을 보이는 재일조선인 2세대에게 우려를 표한다. 다음은 창간호에 수록된 박정자[14]의 「결혼을 맞이한 동포청년에게(結婚を迎える同胞靑年に)」의 일부이다.

> 일본으로의 동화현상이 급속화되고 있는 와중에 어쩔 수 없는 일이라 말하면 거기까지겠지만 이 사태를 방치해도 좋은 것일까? 나 자신의 민족적 입장에서 이러한 현상을 볼 때 동포사회의 심각한 문제로 다뤄야 한다고 생각한다.[15]

박정자는 급속도로 진행되는 재일조선인의 '일본인화'를 심각한 문

---

14) 『마당』에서 박정자의 직책은 결혼상담소장(結婚相談所長)으로 기재되어 있다.
15) 朴貞子, 「結婚を迎える同胞靑年に」, 『季刊まだん』 1, 創紀房新社, 1973, p.30.

제로 인식했다. 또한 사회보장제도와 같은 각종 제도를 수단으로 귀화를 유도하는 일본의 동화정책을 비판했다. 박정자는 일본인과의 국제결혼은 반드시 가정불화로 이어진다 주장하며 일본 사회의 재일조선인 차별구조를 비판했다. 다음 인용문에서도 이와 유사한 태도를 확인할 수 있다.

> 일반적으로 국제결혼에 실패하는 경우를 보면 사회적 차별상황 예를 들어 재일조선인은 취업이 매우 불안정하기 때문에 정주할 수입이 좋지 않아져 가정이 빈곤해지고 그 결과 여러 불만이 축적된다. 그 원인이 일본 사회의 차별구조에 있음에도 당신이 조선인이기 때문에 이렇게 된 것이라는 상황이 되어버린다.[16]

6호 좌담회에서 고사명(高史明)은 일본 사회의 차별구조에서 가정불화가 발생한다 주장한다. 구조적 차별이 경제적 빈곤을 유발하고 가정불화와 이혼으로 이어진다 말하며 가정불화의 근본원인이 일본의 사회적 구조에 있다고 강조한다. 더 나아가 이러한 문제들은 세대를 넘어 자녀에게 이어진다고 말한다. 조선과 일본의 과거사는 혼혈자녀의 정체성 혼란을 유발하며 조선 국적을 택할 경우 일본 사회에서 차별받고 일본 국적을 선택하면 재일조선인 사회에서 멸시받는다고 설명한다. 또한 일본학교에서 교육받은 자녀가 조선인 부모를 멸시하는 경우가 빈번하다 주장하며 역사, 정치문제로 얽힌 일본인과의 국제결혼에 부정적인 태도를 보인다. 동시에 현재 일본 사회에서는 여전히 재일조선인 차별과 무시가 계속되고 있기에 재일조선인과 일본인의 국제결혼을

---

16) 高史明, 金宙泰, 鄭大均, 「在日の結婚を考える」, 『季刊まだん』 6, 創紀房新社, 1975, p.79.

반대했다.

이러한 사례에서 확인할 수 있는 것처럼 『마당』은 과거의 역사적 사실, 국제결혼의 실패사례를 근거로 일본을 비판했다. 또한 현재 사회구조를 만든 일본을 비판하며 일제강점기부터 시작된 차별이 현재까지 이어지고 있음을 강조했다. 더 나아가 이러한 차별은 대를 건너 자녀에게까지 이어짐을 강조했다. 이처럼 『마당』은 과거 일본의 식민지배와 현재의 동화정책을 비판했으며 재일조선인 간 결혼을 통해 재일조선인 사회를 유지하고자 했다.

하지만 『마당』은 문제의 원인을 일본만으로 상정하지 않는다. 일본의 사회구조와 차별과는 별개로 재일조선인 사회 내부혁신이 동반되어야 한다고 주장한다.

3) 재일조선인 사회변화와 민족교육을 통한 사회운동 전개

『마당』은 2세대들이 재일조선인 사회를 떠나는 원인이 내부에도 있음을 강조하며 1세대와 재일조선인 사회풍토 변화 필요성을 말한다.

변화의 첫 번째 대상은 재일조선인 1세대의 구시대적 사고 및 발상의 변화이다. 3호의 「결혼상담실」에서 박정자는 상대 동포의 진영논리, 사상, 부모의 본적지, 궁합을 이유로 결혼을 반대하는 재일조선인 가정의 태도를 문제로 제기한다.[17] 민족의 공통항인 통일을 추구해야 하는 상황에서 궁합과 지역감정을 이유로 동포 간 결혼을 반대하는 것은 시대착오라 박정자는 말한다. 6호에서 김양기(金兩基) 역시 전라도, 제주도 출신을 반대하는 지역감정이 백 년 이상 지속되었다고 말하며

---

17) 朴貞子, 「相性(宮合)について」, 『季刊まだん』 3, 創紀房新社, 1974, p.82.

비과학적이고 근거 없는 차별의식이 재일조선인 사회에 뿌리 깊게 자리 잡은 상황을 지적한다.[18] 재일조선인 남성과 결혼한 일본인 시미즈 지에코(淸水千惠子)는 자신의 경험담을 토대로 재일조선인 가정의 문제를 지적한다. 부모의 과도한 간섭, 대등하지 못한 부부관계, 폭력적이고 가부장적인 조선인 남성의 태도를 사례로 제시하며 재일조선인 사회 풍토 전반의 변화가 필요함을 강조한다.[19] 이처럼『마당』은 재일조선인 남성의 가부장적 태도, 궁합, 지역주의 등 재일조선인 1세대의 구시대적 사고와 사회 전반적 변화를 주장했다. 이를 통해 상황을 개선하고 재일조선인 2세대가 정주하고 싶은 사회를 만들고자 했다. 그러나『마당』은 변화의 당위성을 강조하면서도 재일조선인 1세대의 태도를 대변한다. 6호 좌담회에서 김양기는 1세대가 일본인과의 결혼을 반대하는 것은 경험에서 기인한 것임을 설명한다.

> 1세의 경우 일본인에게 곤욕을 당하거나, 조선인을 위해 무엇 하나 받은 것이 없었다는 이유가 아니라 생활감각에 스며든 관념이 있기 때문에 어떻게든 일본인과의 결혼을 인정하고 싶지 않은 것입니다. 이것은 이미 신념 같은 것이 아닙니다. 어떤 부모라도 자녀의 행복을 바라는 것은 당연하며 우리들은 자신의 과거체험에 비추어 2세대들은 행복해지길 강렬히 바라는 것이며 이런 것을 단순히 반대가 아니라는 것을 알아주면 좋겠습니다. 그렇기 때문에 1세대의 동포결혼에 대한 고착은 커다란 관점에서 보면 문화라고 생각합니다.[20]

---

18) 金両基, 「蒸発した花嫁」, 『季刊まだん』 6, 創紀房新社, 1975, p.21.

19) 淸水千恵子, 「朝鮮男にもの申す」, 『季刊まだん』 6, 創紀房新社, 1975, pp.36~37.

20) 金宙泰, 「在日の結婚を考える」, 『季刊まだん』 6, 創紀房新社, 1975, p.71.

김양기는 부모가 자녀의 행복을 바라는 것은 당연한 것이며 1세대가 자녀에게 동포와의 결혼을 주장하는 것은 자신의 체험에서 오는 것이라 주장한다. 즉 동포와의 결혼이 행복으로 이어진다는 것을 경험을 통해 알고 있으며 이는 강요가 아닌 문화라 주장한다. 이처럼 『마당』은 재일조선인 1세대의 구시대적 사고와 사회변화를 주장하면서도 1세대의 입장을 옹호했다.

동시에 『마당』은 민족교육을 통한 재일조선인 2세대의 정체성 확립과 사회운동의 참여를 독려한다. 『마당』은 역사적 관계로 얽혀 있는 재일조선인과 일본인과의 결혼은 일반의 국제결혼과 다르다고 주장한다.

> 2세와 일본인의 결혼은 일반적인 국제결혼과는 다른 것이며 또한 1세와 일본인과의 결혼과도 다소 상이한 관점에서 볼 수 있다. 왜냐하면 서양인과 동양인 혹은 서양인 간의 국제결혼은 각각의 국적과 민족적 자긍심을 가진 남녀의 결합이다. 또한 재일동포 사회에 많이 보이는 조선인 1세와 일본인과의 결혼 역시 1세는 자신이 조선인이라는 것을 조금도 의심하지 않는 존재로서 일본인과 결혼하는 것이다. …… 그러나 오늘날, 2세들이 자기주체성과 감각능력을 갖춘 형태로 진정한 조선인이 되려는 것은 매우 어려운 일인 것 같다.[21]

정수령(鄭秀嶺)은 재일조선인 2세와 일본인의 결혼은 서양인과 동양인의 결혼, 서양인 간의 결혼과 다른 차원의 문제라 주장한다. 재일조선인 2세는 동화정책의 영향으로 일본인화(化)되어 민족적 자긍심이 결여되어있기 때문에 1세대의 국제결혼과는 차원이 다르다고 주상한다. 마찬가지로 창간호에서 박정자는 재일조선인 청년들이 일본에서

---

21) 鄭秀嶺, 「みえる愛とみえない国境)」, 『季刊まだん』 6, 創紀房新社, 1975, p.29.

왜곡된 역사를 교육받았다고 주장하며 2세대와 후속 세대가 올바른
역사관과 민족관을 정립해야 한다고 주장한다.[22]

> 동포사회와 멀어져 사는 청년들 사이에서는 일찍이 일본제국주의에
> 의한 왜곡된 역사와 민족관에 둘러싸여 자신을 잃고 열등의식에 괴로
> 워하는 사람이 있는 것 같습니다. …… 이렇게 왜곡된 역사관과 민족적
> 편견이 심한 사회에서 우리는 살기 좋은 사회는 아닐지라도 이 현실을
> 올바른 역사관과 민족을 자신의 것으로 만들어 극복할 수 있도록 노력
> 해야만 합니다.[23]

박정자는 재일조선인 청년들이 일본에서 왜곡된 역사를 교육받았기
때문에 올바른 역사관과 민족관의 정립이 필요하다고 말하며 교육의
중요성을 강조했다. 이러한 상황의 해결책을『마당』은 민족교육으로
제시한다. 더 나아가 민족교육은 교육기관에서만 이루어지는 것이 아
닌 자녀의 소년기 시절부터 가정에서 시작되어야 함을 강조한다.

> 1세대는 강렬하게 동족결혼을 바라지만 아무래도 자신들의 아이들
> 은 매우 관심이 희미해진 건지 무관심하다는 것. 이것은 교육과 관련된
> 문제이지만 인간은 누구라도 자신의 문화를 자식에게 제대로 전달한다
> 면 역시 좋다고 생각하는 것을 아이들은 남겨간다고 생각합니다.[24]

김주태는 1세대가 2세대에게 조선의 문화를 교육하는 것은 '의무'라

---

22) 朴貞子,「結婚を迎える同胞青年に」,『季刊まだん』1, 創紀房新社, 1973, p.31.

23) 朴貞子, 위와 같음.

24) 高史明, 金宙泰, 鄭大均,「在日の結婚を考える」,『季刊まだん』6, 創紀房新社, 1975,
   p.72.

말하며 가정교육의 중요성을 강조한다. 재일조선인 2세대는 일본학교
와 사회에서 차별을 겪고 스스로 열등의식에 처할 우려가 있는 세대이
기에 가정교육이 그만큼 중요하다고 강조한다.[25] 또한 일본 사회는 한
국과 일본을 비교하는 방식으로 일본의 우월함을 정립하기에 가정과
민족학교에서 지속적으로 교육해야 함을 강조한다. 이를 통해 혼혈이
나 일본으로 귀화한 재일조선인들이 민족적 자긍심을 확립하고 사회운
동에 적극 참여해야 한다고 주장했다.

> 재일조선인이 일본에 있는(재일)하는 한 일본 정부의 방침이 재일조
> 선인의 생활을 결정한다. 일본에 주장해야 하는 권리를 자칫하면 인정
> 받을 수 없고 억압받는 입장에 있다. 그러면 일본 정부의 재일조선인
> 정책을 바꾸기 위해 어떻게 하면 좋을까? 당연히 재일조선인도 일본인
> 과 같은 권리를 주장하고 사법으로 제소하고 국제사법재판소에 소송을
> 걸어 권리를 인정받는 운동을 전개할수록 좋다. 우리들은 조국을 침략
> 당했고 생활을 파괴당했고 많은 육친을 살해한 일본에 건너왔다. 일본
> 정부에 적어도 자민족과 같은 권리를 우리들에게 부여하도록 주장할
> 권리는 충분히 있다.[26]

자신을 혼혈이라 밝힌 아오키 히로즈미(靑木広純)는 현재 재일조선인
들의 삶의 형태를 만든 것은 일본이기 때문에 사회운동을 통해 적극적
으로 권리를 주장하고 사법제소를 해야 한다고 주장한다. 여기서 주목
할 점은 사회운동의 형태가 조총련, 민단 등 조직의 영역에서 벗어나
수행되어야 한다고 주장한 점이다. 이 대목에서 『마당』이 지향했던

---

25) 위와 같음.
26) 靑木広純, 「日本国籍を持つ朝鮮人として」, 『季刊まだん』 3, 創紀房新社, 1974, p. 41.

이데올로기를 초월한 실천적 사회투쟁을 확인할 수 있다. 이 외에도 시마무라 아키코(島村章子)는 역사적 사실로 자신의 존재를 확실히 하고 차별철폐를 위해 사회운동에 참여할 것을 독려했으며,[27] 이정차(李定次)는 본인 스스로 부당한 사회차별에 맞서 사회운동에 참여하겠다고 다짐하며 혼혈의 '금지'와 '위치'를 명확히 할 것을 주장했다.[28]

이처럼 『마당』의 국적·귀화·결혼담론에서는 역사적 사실을 통해 일본을 비판했으며 더 나아가 현재까지 이어지고 있는 사회차별과 동화정책을 비판했다. 이러한 상황을 극복하기 위해 재일조선인 2세대의 민족교육을 강조하고 실천적 사회운동을 독려했다. 그렇다면 『마당』이 국적·귀화·결혼담론에서 일본을 비판하고 재일조선인 사회의 변화와 실천을 주장한 이유는 무엇이었을까?

4. 국적·귀화·결혼 담론의 의도 및 의의

일본에서 태어나고 자란 재일조선인 2세대는 1970년대 사회의 주축으로 자리 잡지만 취업차별, 공무원 임용 거부, 지문날인 등 국적에 한계를 체감한다. 이런 상황에서 조국통일의 불가능한 현실을 인식하고 1965년 한일국교 정상화 회담에서 동포들의 권익에 무관심하다는 것을 체감한다. 재일조선인 1세대와 달리 2세대에게 조국은 실제 경험한 적 없는 가상의 공간이었다. 이들은 일본에서 삶을 주체적으로 선택하는 재일론을 모색했으며 그 결과 귀화하고도 조선인으로 살아간다는

---

27) 島村章子, 「半朝鮮人と半日本人」, 『季刊まだん』 3, 創紀房新社, 1974, pp.44~45.
28) 李定次, 「混血」の結婚」, 『季刊まだん』 2, 創紀房新社, 1974, p.166.

'제3의 길'이 1970년대에 등장한다.[29] 재일조선인 2세대에게는 '귀국'보다 '정주'가 보다 중요한 문제였다. 이들은 조국과 민족에 한층 유연한 태도를 보였다. 1950년대부터 일본 정부의 귀화 행정의 기본은 '단일민족국가' 속에 이민족으로서의 흔적을 남기지 않을 수 있는 자만을 선별해 동화시켜 일본화하는 것이었다.[30] 이는 다민족 복합국가에서 시민권을 취득하는 것과 근본적 차이가 있으며 언어와 생활면에서 일본인으로 귀화가 용이한 재일조선인들은 귀화행정의 주요 대상이 되었다. 또한 가족 중 미성년자가 있는 경우 부모의 미성년자 자녀를 포함한 가정 전체가 귀화하는 제도를 운영하며 가족단위의 귀화를 유도했다. 그 결과 일본으로의 귀화자가 급증했고 재일조선인 사회는 축소되기 시작했다.

1970년대 당시 재일조선인 사회와 각종 단체는 이러한 현상을 심각한 문제로 인식했다. 1974년 일본인과의 국제결혼이 조선인과의 결혼 건수를 상회한 이후 민족단체들은 결혼문제에 적극 개입했다. 국제결혼이 국적변경과 커뮤니티 이탈로 이어질 가능성이 높은 것으로 인식한 후 각종 단체들이 다양한 관련 사업을 시작했다는 사례에서도 당시 재일조선인 사회가 얼마나 상황을 부정적으로 인식했었는지 확인할 수 있다.[31]

그렇다면 이 문제에 관련하여 『마당』은 동시대 재일조선인 사회와 어떠한 차이를 보였을까? 동시대 잡지 『삼천리』의 경우 재일조선인을

---

29) 이한창, 위와 같음.
30) 강재언·김동훈, 「제3장 전후 일본의 한국·조선인」, 『재일 한국·조선인-역사와 전망』, 소화, 1999, p.116.
31) 지은숙, 「디아스포라 관점에서 본 재일조선인 여성의 결혼문제-30대 여성들의 결혼활동을 중심으로」, 『재외한인연구』 25, 재외한인학회, 2011, p.55.

대상으로 일본의 귀화정책은 어떻게 구체적으로 실행되고 있는지 양상
을 소개하는 데 주력했다. 이 과정에서 일본의 귀화정책이 추후 일본에
재일조선인 소수민족 형성 가능성의 화근을 제거하기 위해 추진된 것
이며 타민족을 자민족으로 서서히 동화시키는 정책이라 설명하며 우려
를 표했다.[32] 이 외에도 동시대 재일조선인 사회의 결혼 및 동화정책
담론은 재일조선인의 생활습성과 사회양상 분석 등 대안의 제시보다
현상분석에 초점을 맞추었다.

그러나 『마당』은 동시대 재일조선인 사회와는 상이한 양상을 보였
다. 『마당』은 구체적 실천방식을 제시했으며 동포 간 결혼을 중재하는
등 구체적 행동을 전개했다. 동시대 재일조선인 단체와 지면이 구체적
대안보다 상황에 대한 우려와 비판에 그쳤다면 『마당』은 1세대 중심의
구시대적 사고의 탈피를 통한 재일조선인 사회혁신과 2세대 중심의
시민운동이라는 구체적 실천방안을 제시했다. 『마당』은 재일조선인
후속세대가 정주하고 싶은 사회를 만들고 재일조선인의 국적으로 일본
인과 동등한 제도적 혜택을 받을 수 있다면 재일조선인의 이탈이 줄어
들 것으로 예상했다.

더 나아가 국적·귀화·결혼담론은 『마당』이 기존 재일조선인 잡지
와는 다른 새로운 잡지로 평가받는 근거가 되었다. 다음은 김학영(金鶴
泳)이 『마당』에 대해 평가한 대목의 일부이다.

> 『마당』 3호를 통독해보면 지금까지 '정치'망의 눈에서 낙오된 채 살
> 아온 재일조선인의 다양한 문제라기보다 재일조선인의 여러 군상이

---

32) 佐藤信行, 「帰化行政にみる在日朝鮮人政策」, 『季刊三千里』 24, 三千里社, 1980,
pp.90~93.

그 모습 그대로 제시되어있고 그리고 아마도 여기에서야말로 진정한
'재일조선인 문제'의 모습이 있다고 말할 수 있다.[33]

재일조선인 작가 김학영은 『마당』에 '진정한 '재일조선인 문제'의
모습이 있다고 말한다. 재일조선인의 문제를 정치문제로 간주했던 기
존의 지면들과 달리 『마당』은 재일조선인 사회의 실제적 문제를 생생
하게 보여줌으로써 기존 지면들과의 차이를 보이는 것이다. 김학영은
이러한 양상의 구체적 사례를 결혼담론으로 제시한다.

> 『마당』에는 이상과 같이 재일조선인의 새로운 세대에 의한 재일조
> 선인으로서 새로운 존재의 모색의 태동이 엿보인다. 하지만 그것이
> 반드시 에너지가 있고 밝게 드러나는 것만은 아니다. 예를 들어 야마구
> 치 후미코「나는 결혼하지 않는다」와 같이 어두운 심연에 은밀하게
> 잠긴 모습도 있다.[34]

김학영은 3호에 수록된 야마구치 후미코의「나는 결혼하지 않는다
(わたしは結婚しない)」를 예로 들며 『마당』에 재일조선인 개개인의 어두
운 모습이 드러났다고 평가한다. 즉, 재일조선인의 삶의 문제를 다룸으
로써 정치문제를 극복한 실제적 현실문제가 드러나며 국적·귀화·결
혼 담론에서 구체적 사례를 확인할 수 있는 것이다. 『마당』만의 변별점
을 국적·귀화·결혼담론을 통해 확인할 수 있는 것이다. 김학영 역시
이 부분을 언급한다.

---

33) 金鶴泳,「新しい在日朝鮮人-「まだん」3号(三角形の本棚)」,『早稲田文学』第7次6(8),
    早稲田文学編集室 編, 1974, p.73.
34) 위의 논문, p.75.

> 종래 대체로 정치적 차원에서만 언급되던 자신들의 문제=재일조선
> 인 문제를 정치와 다른, 이른바 날것 그대로의 생활감각 차원에서 생각
> 해보고자 하는 패기가 이 발언에는 보인다. 이 점이 『마당』 그 자체의
> 특징이며 그것은 재일조선인에게 있어 하나의 무척 신선한 현상이라고
> 나는 생각한다.[35]

김학영은 재일조선인 문제를 정치적 차원에서 접근하지 않고 생활
감각의 측면에서 다룬 점이 『마당』의 특징이며 무척 신선한 현상이라
고 평가한다. 즉 『마당』은 기존 재일조선인 잡지와 차별화된 새로운
패러다임의 지면이자 기존에 공론화되지 않았던 재일조선인 사회문제
를 다룬 지면이다. 이러한 특징을 확인할 수 있는 것이 『마당』의 국
적·귀화·결혼담론이다.

5. 마치며

1970년대는 북송사업, 귀화, 결혼 등 복합적 이유로 재일조선인 사
회가 축소되어 가던 시기였다. 1970년대 사회의 주축을 이룬 재일조선
인 2세대들은 '제3의 길'을 선택하며 1세대와는 다른 삶을 선택했다.
이들에게는 조국의 문제보다 일본에서의 정주가 실질적인 문제였다.
재일조선인 국적으로는 일본의 사회보장제도의 혜택을 받을 수 없었으
며 취업에서 불이익을 받았다. 정주를 선택한 재일조선인들은 일본
사회의 성원으로 인정받길 원했고 이들은 국제결혼과 귀화를 선택했

---

35) 위의 논문, pp. 72~73.

다. 이러한 현상은 재일조선인의 감소 및 재일조선인 사회 축소로 이어
졌다.

『마당』은 상황의 개선을 위해 지면에서 지속적으로 국적·귀화·결
혼 문제를 다루었다. 『마당』의 국적·귀화·결혼담론은 크게 두 방식으
로 전개됐다. 첫 번째로 일제강점기부터 현재까지 이어지고 있는 일본
의 차별과 동화의 사례를 제시하여 일본의 식민지지배 역사와 동화정
책을 비판하는 방식이었다. 『마당』은 일제의 조선침략과 일제강점기
의 내선결혼 정책이 현재 재일조선인 사회를 만들었으며 해방 이후에
도 불행한 가정을 양산했다 말하며 일본을 비판했다. 또한 과거 반성
없이 현재에도 계속되고 있는 일본 사회의 조선인 차별과 정부의 동화
정책을 비판했다. 두 번째로 지역감정, 궁합, 부모의 간섭 등 1세대의
구시대적 관습의 철폐와 재일조선인 사회의 변화를 주장했다. 이와
함께 가정에서 시작되는 민족교육을 통한 재일조선인 2세대의 정체성
확립, 사회운동 참여 등을 주장했다.

이처럼 『마당』은 재일조선인 사회의 변화와 구체적 실천방식을 제시
하며 담론을 전개했으며 이와 별개로 동포 간 결혼을 중재하는 등 재일
조선인 사회를 유지하기 위한 다양한 노력을 했다. 이를 통해 재일조선
인 사회에 가해지는 차별을 극복하고 재일조선인 사회를 유지, 더 나아
가 강하게 결속시켜 정주할 수 있는 재일조선인 사회를 만들고자 했다.
이러한 『마당』의 지향점을 확인할 수 있는 것이 국적·귀화·결혼 담론
이다.

이 글은 한국일본학회의 『일본학보』 제119집에 실린 논문 「재일조선인의 세대갈등과 국적·
귀화·결혼 – 잡지 『계간 마당(季刊まだん)』의 기사를 중심으로」을 수정·보완한 것임.

제3장

재일디아스포라
민중문화의 발신

재일조선인 민중문화 운동과
민중문예 종합지『민도(民涛)』

1970~1980년대의 민중문화 운동과 잡지의 실천을 중심으로

신재민

1. 머리말

　1980년대라는 시기는 재일조선인 사회에 있어 재일조선인 간의 결속력 강화를 위한 독자적 아이덴티티의 구축이 시대적 과제로 요구되던 시기였다. 당시는 재일조선인 사회 외적으로는 동유럽 공산권의 붕괴와 자본주의 경제체제로의 이행이라는 세계사적 변화에서 시작하여, 조국 분단의 고착화, 재일조선인 북송사업의 실질적 실패와 북한의 지원감소, 남한의 독재정권의 민주화투쟁, 일본 정부에 의한 지속적인 억압과 차별, 동화정책의 시행 등 다양한 제반문제가 발생한 시기였다. 나아가 재일조선인 사회 내부에 있어서도 조국에 대한 경험이 전무한 재일조선인 3세대의 등장과 이들을 중심으로 하는 세대교체의 진행, 일본의 고도성장에 의한 재일조선인 사회의 계층분화, 일본인과의 결혼과 귀화로 인한 국적 문세, 시속석으로 전개되는 민족단체 간의 이념대립 등은 재일조선인 사회의 결속 자체를 위협하고 있었다.

　한편, 이러한 상황 속에서 1970년대 이후 활발히 전개되어 나름의 성과를 거두어 온 한국의 민중문화 운동은, 재일조선인 사회 내 한국의

반독재 민주화 투쟁에 동조하는 세력들의 활동에 힘입어 점차 재일조
선인 사회로 유입·전파되게 된다. 그리고 이러한 흐름은 해방 이후
주류문화에서 배제되어 이념집단의 관제문화 속에서 명맥을 이어온
재일조선인 민중문화에도 영향을 미쳐 재일조선인 사회의 민중문화
운동의 활성화에 상당한 영향을 미치기에 이른다. 당시 한국의 민중문
화 운동과 민주화 운동에 주목하고 있었던 재일조선인 민중과 지식인
들은 1980년대에 점차 대외적, 집단적으로 전개되기 시작한 재일조선
인의 민중문화 운동의 흐름에 동조하여, 재일조선인 민중문화 운동의
정착과 활성화에 힘쓰게 되는데, 재일조선인 민중문예 종합지『민도』
의 등장은 이와 같은 흐름 속에서 성립하게 된다.

　1987년 주필 이회성을 비롯하여 양민기, 박중호, 김시종을 포함한
8인의 지식인 및 작가들을 중심으로 창간한『민도』는 1980년대의 시대
적 상황 속에서 재일조선인 민중문예 종합지를 표방하며 등장한 잡지
였다. 이 잡지는 외적으로는 조국의 분단과 통일, 독재정권과 민주화
및 민중문화 운동, 일본 정부에 의한 정책적 차별과 동화 등에 이르기
까지 다양한 문제를 해결하기 위한 실천적 논의의 장을 형성하고자
했으며, 내적으로는 재일조선인 사회 내부의 결속력 약화와 이념대립
의 문제에 대한 민중문화 운동을 중심으로 하는 민중담론의 장을 형성
하고자 하는 시도를 보였다. 이는 기존의 잡지와는 다른『민도』만의
특색이라 할 수 있는데, 특히 이 잡지는 이러한 실천들 속에서 자칫
민족전통예술의 수용과 발전적 계승에 국한될 우려가 있는 협의로서의
민중문화 운동의 틀을 넘어, 1980년대 본격적으로 논의되기 시작한
민중이 주체가 되는 문화·예술·인문 활동의 총체로서의 민중문화 운
동에 초점을 맞추고, 재일조선인 사회의 주체를 확장하기 위해 노력한
잡지이기도 했다. 이를 위해『민도』는「독자의 소리」이외에도「자유

종」과 「민민도도」 등과 같은 코너를 신설하여 민중이 주체가 되는 담론 공간을 형성하고자 하는 한편, 재일조선인 신인작가들의 작품을 적극적으로 게재하고, 르포르타주, 수기, 기행문, 그라비아, 인터뷰 등에 이르기까지 기존의 정형화된 장르를 넘어 다양한 장르적 실험을 전개한 바 있다. 이외에도, 『민도』는 주로 개별 단체와 인물들을 중심으로 전개되어온 1980년대의 민중문화 운동과 관련된 게재문과 특집을 적극적으로 게재하는 것에 더해, 민족문화제와 민중문화패의 현황과 의식구조 등을 구성원의 목소리를 통해 전달하고 있다.

그러나 잡지의 이러한 의의에도 불구하고, 기존의 연구는 대부분 민중문예종합지로서의 『민도』의 서지적 사항[1]이나 그 문예지로서의 성격에만 주목하고 있거나[2], 1970년대부터 이어져 온 재일조선인과 한국의 민중문화 운동의 연관성과 영향관계에 대한 논의보다는 잡지에 게재된 1980년대 후반 당시의 민중문화 운동에 대한 관심만을 표명[3]하고 있을 뿐이다. 물론 이들 대부분의 연구가 잡지가 표방하고 있는 민중문화 운동이 한국의 민중문화 운동과 접점을 가지고 있다는 점을 인정하고, 『민도』의 민중문예지로서의 입지와 민중문화 운동에 대한 관심을 잡지의 내적 구성과 연계하여 체계적으로 분석하고 있다는 점에서는 분명한 성과를 거두고 있는 것은 사실이다. 그러나 앞서 서술한 바와 같이, 1980년대 후반 등장한 『민도』가 표방하고 있는 민중문화

---

1) 양명심·김주영, 「재일문예 『민도(民涛)』 연구 – 『민도(民涛)』의 서지고찰과 이회성의 문제의식」, 『日本語文學』 62, 한국일본어문학회, 2014, pp.369~392.
2) 양명심, 「재일조선인 문학계보의 재해석: 잡지 『민도』를 중심으로」, 『日本語文學』 68, 한국일본어문학회, 2016, pp.215~234.
3) 신승모, 「재일문예지 『민도』의 기획과 재일문화의 향방 서지적 고찰을 중심으로」, 『일본학연구』 43, 단국대학교 일본연구소, 2014, pp.80~100.

운동의 활성화를 위한 노력은 단순히 한국의 민중문화 운동의 계승과
발전을 의미하는 협의로서의 민중문화 운동을 넘어, 민중이 주체가
되는 문화·예술·인문 활동의 총체로서의 문화 운동을 의미하는 것이
라 할 수 있으며, 따라서 『민도』의 민중문화 운동에 대한 논의는 기존
의 논의를 넘어 다각도로 이루어질 필요가 있다고 할 수 있을 것이다.
그러나 이에 대해서는 『민도』에 드러난 민중문화 운동과 1980년대 한
국의 민중문화 운동과의 영향관계를 중심으로 고찰한 졸고[4]에서 부족
하나마 일부 다룬 바 있으며, 이러한 광의로서의 민중문화 운동의 흐름
은 1970년대부터 이어져온 재일조선인 민중문화 운동의 흐름과 전개
와는 또 다른 양상을 보이는 1980년대의 한국의 민중문화 운동의 영향
하에서 성립된 것이기 때문에, 본고에서는 민족전통예술의 유입과 발
전적 계승이라는, 협의로서의 민중문화 운동에 주목하여 논지를 전개
해 나가고자 한다. 앞서 서술한 바와 같이 재일조선인 민중문화 운동의
흐름은 '침묵의 문화'로 불려온 기존의 재일조선인 민중문화 운동의
흐름 속에서, 변화하는 조국의 상황과 새롭게 등장하는 재일조선인
세대, 그리고 1970년대에 활발히 전개된 한국의 민주화와 민중문화
운동의 유입이 다각적인 관계를 맺는 과정을 통해 형성되고 발전적으
로 계승되어 온 것이라 할 수 있다. 따라서, 본 연구에서는 1970~1980
년대의 재일조선인 민중문화 운동의 흐름과 변화, 그리고 이들의 전개
과정을 토대로 재일조선인 민중문화 운동을 종합적으로 고찰하고, 이
를 토대로 1987년 등장한 재일조선인 민중문예종합지로서의 『민도』의

---

4) 신재민, 「재일조선인 잡지 『민도』에 드러난 민중문화 운동의 실천과 양상-1980년대
   한국의 민중문화 운동과의 관련성을 중심으로」, 『일본학보』 120, 한국일본학회, 2019,
   pp.121~143.

의의와 실천에 대해 고찰해 보고자 한다.

2. 1970년대 재일조선인 민중문화 운동의 흐름

1970년대 재일조선인의 민중문화 운동은 민단계 단체인 한민통과 한청, 한학동 등의 단체들과 그리고 7.4남북공동성명을 계기로 활성화된 민족학급, 그리고 이외에도 기독교 단체인 재일 및 한국 YMCA 등의 영향 하에서 전개되었다. 이들의 움직임은 크게 1970년대 초반의 유신체제의 확립과 민주화 운동의 확산과 7.4남북공동성명 이후의 통일 기류 조성을 그 원인으로 들 수 있는데, 먼저 한민통과 한청, 한학동 등의 단체의 움직임을 파악하기 위해서는 민단 민주화를 요구한 자주파 세력의 움직임에서부터 논의를 시작할 필요가 있을 것으로 보인다.

1970년대 초반은 군부 독재가 확고히 자리매김하는 과정 속에서 재일조선인 사회에 직접적인 영향력을 행사하기 시작하면서, 민단 내부의 갈등이 최고조에 달했던 시기라 할 수 있다. 특히, 당시는 5.16군사정변 이후 박정희 정권을 지지하던 기존의 민단 중심세력이 유신민단을 자청하며 이에 지속적으로 반발해왔던 세력을 축출하고, 유신체제에 대한 지지를 공고히 한 시기였다. 소위 '민족 양심파' 또는 '자주파'로 칭해지는 당시 반독재와 민단정상화를 요구하던 세력의 중심인물들은 정재준, 배동호, 곽동의 등으로, 이들 대부분은 민단의 간부 출신이었으며, 곽동이는 당시 재일한국청년동맹(在日韓國青年同盟; 약칭 한청)의 의장직을 역임하고 있었다. 당시 이들 세력은 민단의 정상화 및 민주화를 요구하며 지속적인 투쟁을 벌였으나, 민단 중앙부는 1971년 배동호를 반국가행위를 자행했다는 이유로 제명하였으며, 1972년 7월에는

자주파였던 민단 도쿄본부와 조총련 도쿄본부가 연합하여 개최한 7.4
남북공동성명 지지대회에 대한 지지성명을 발표한 것을 빌미로 한청동
과 재일한국인학생동맹(在日韓國學生同盟; 약칭 한학동)의 산하단체 인정
을 취소하기도 했다. 이러한 상황 속에서 민단에서 축출된 배동호는
1972년 민족통일협의회(民族統一協議会)를 결성하여 조국통일운동을
개시하였으나, 같은 해 유신체제가 확립되자 조국통일에 앞서 민주화
가 시급한 과제로 인식하고 당시 정권의 위협을 받고 있던 김대중을
의장으로 포섭하여 1973년 한국민주회복통일촉진국민회의(韓國民主回
復統一促進國民會議; 약칭 한민통)를 창설했다. 당시 민단으로부터 산하단
체의 인정을 취소당한 한청 역시 이들 세력에 합류하여 산하단체로
자리 잡으며 일본에서의 조국 민주화와 민중운동에 힘쓰게 된다.

　이상의 서술을 통해 파악할 수 있듯이, 1970년대 초반의 재일조선인
사회는 당시 조국의 민주화 운동과 민중운동에 동조하여 이들과의 연
대 투쟁을 지속한 한민통과 한청, 한학동 등의 세력들의 활동이 매우
두드러지게 나타나던 시기였다고 할 수 있다. 그리고 당시의 재일조선
인 민중문화 운동의 발전과 전개과정 역시 당시의 이들의 활동에 상당
한 영향을 받았던 것으로 보인다. 물론 이들의 활동은 대부분 조국지향
적 차원에서 조국의 민주화와 통일운동에 기반을 두고 진행된 활동이
었던 만큼, 그 목적이 본고에서 다루고자 하는 재일조선인 민중문화
운동의 활성화에 있다고 할 수는 없겠으나, 이들의 이러한 활동이 재일
조선인 민중문화 운동에 끼치는 영향은 결코 작지 않았던 것으로 보인
다. 먼저, 이들 단체 중 한학동은 2009년을 기점으로 한국문화연구회
(韓国文化研究会; 약칭 한문연)만을 남긴 채 현재 더 이상 집단적인 활동을
벌이고 있지는 않으나, 당시 각 대학의 한문연을 통해 민주화 및 민중
문화 운동의 전파에 힘썼던 것으로 보인다. 한학동은 한청과 비슷한

노선을 걸었음에도 불구하고, 민단 산하단체 인정 취소 이후에도 한민
통으로 이행하지 않은 채 자체적인 집단활동을 벌였는데 특히 대학가
를 중심으로 반독재 운동과 한국의 학생운동 지원·연대를 표방하는
사업을 주도적으로 진행했다. 한학동의 주된 사업으로는 조국경험이
없는 재일조선인 대학생들을 대상으로 조국의 역사와 한글 등을 정기
적으로 강습하고, 민중문화 운동, 그중에서도 특히 당시 한국의 학생운
동 층에 의해 활발히 향유되었던 풍물과 사물놀이 등을 중심으로 하는
민중문화 운동의 보급을 들 수 있는데, 당시 재일조선인 유학생 중
간첩 혐의를 받은 학생들 중 다수가 한문연과 직·간접적으로 관련이
있었다는 사실은 이러한 한학동의 영향력이 상당했음을 증명하는 것이
기도 하다. 이외에도 1970년대 당시 한학동의 대표적인 활동으로는
외국인 등록법 등과 같은 재일조선인에 대한 차별철폐 운동, 민청학련
사건 관련 시위, 김대중, 김지하 석방운동 등으로, 주로 조국의 민주화
와 관련된 성향의 운동을 다각도로 전개해 나갔다.

한민통의 산하단체로 활동했던 한청 역시 이와 비슷한 흐름을 보이
고 있는데, 이는 이들 두 단체가 모두 민단계에 속했던 단체이기 때문
이기도 하며, 상호 간에 긴밀한 연관을 두고 있었던 단체이기도 하기
때문으로 판단된다. 한청은 전술한 바와 같이 민단 산하단체 인정 취소
후 한민통의 산하단체가 되어 민단과 조총련 어느 쪽에도 소속되지
않은 채 한국의 민주화 및 민중운동에 적극적으로 동조해 나갔는데,
그 주된 골자는 역시 한국의 민주화와 통일 등을 중심으로 하는 '정치적
문제'에 있었던 것으로 보인다. 물론 이와 같은 흐름은 1970년대 이전
에도 이어져 왔으나, 특히 당시의 흐름은 뚜렷한 '조국지향' 속에서
이루어진 투쟁적 성격을 강하게 보이고 있다. 그러나 한청은 이러한
활동을 중심으로 하면서도, 한·재일 학생연대, 재일조선인 사회에 한

국의 민중문화 및 노동운동의 보급과 전파, 한글과 한국어 교육, 조국
의 역사와 문화에 이르기까지 재일조선인 청년에 대한 교육과 민중문
화 운동 보급에 힘쓴 바 있으며, 내부적으로도 4.19 기념식, 하기·동기
강습회를 통해 전통무용, 사물놀이, 풍물 등을 공연하고 교육하고, 지
부 자체 문화제 등의 행사를 벌여 지속적으로 민중문화 운동과 민주화
에 대한 실천을 지속해 나간 바 있다. 또한 당시의 한청의 활동에서
주목해야 할 것은 한민통과 연계하여 실행한 김지하의 「진오귀(チノ
ギ)」 공연의 전국적 확대와 그 성과이다. 김지하의 「진오귀」는 1973년
발표된 작품으로, 기존의 정형화된 무대가 아닌 '마당'을 활용하여 공
연된 작품이자, 탈춤과 판소리 마당극과 굿이 결합된 최초의 마당극
작품이었다. 이 작품은 그 주제의식은 농촌계몽을 위한 선전극에 가까
운 성격을 보이나, 관객을 넘어 민중이 주체가 되어 참여할 수 있는
'마당'이라는 공간적 장치를 활용한 작품이었다는 점과, 민족예술의
다양한 장르를 마당굿으로 융합했다는 지점에서 큰 의의를 지닌 작품
이라 할 수 있다. 그러나 작품의 이러한 의의에도 불구하고, 마당극
「진오귀」는 한국에서는 공연에 어려움을 겪어 한동안 공연되지 못하다
가, 1973년 12월이 되어서야 본래의 작품명을 사용하지 못한 채 「청산
별곡」이라는 제목으로 간신히 공연되기에 이른다. 이후 김지하가 민청
학련 사건에 얽혀 중앙정보부에 의해 수감되고 무기징역을 언도받으면
서 이 작품은 잊혀지는 듯했으나, 1974년 12월 한민통과 한청의 손을
거쳐 극단 『민예(民芸)』를 통해 「チノギ」라는 제목으로 공연이 열리게
된다. 김경식이 번역과 대본을 맡아 진행된 이 공연은 감독은 물론
출연에 있어서도 일본인들이 중심이 되어 시행되었던 만큼, 재일조선
인을 중심으로 하는 공연은 아니었으나, 민족예술 장르가 융합된 창작
마당극을 전파·보급하는 데 분명한 성과를 올리고 있었던 것으로 보인

다. 나가노에서 상연된 제1회 공연이 성공한 뒤, 한청은 이를 전국적 공연으로 확산하고자 하였으며 이듬해인 1975년 일본 전국 22개소로 공연을 확장하기에 이르는데, 당시의 「チノギ」 공연에는 재일조선인 은 물론 일본인을 포함하여 약 24,000여 명의 관객이 동원[5]되어 일본 은 물론, 재일조선인 사회에서도 확산되고 있었던 한국의 민중문화와 민주화에 대한 관심을 더욱 고취시키는 결과를 낳았다.

　이상의 논의를 토대로 알 수 있듯이, 1970년대의 민중문화 운동의 흐름은 민단 내부의 혼란 속에서 '조국지향'의 성격을 강하게 표방하며 조국의 민주화와 통일운동에 앞장선 한학동과 한민통, 그리고 한청의 활동 속에서 성립한 것이라 할 수 있다. 그러나 전술한 바와 같이 당시 의 이들의 활동의 주된 목표는 조국의 민주화와 통일이라는 정치적 목적이 주를 이루고 있었던 만큼, 한청과 한학동에 의한 민중문화 운동 의 보급은 어디까지나 조국의 문화를 이해하고, 민주화된 조국에 동화 하기 위한 방편으로 이해되었던 것이 사실이다. 이는 이들의 문화 활동 중 가장 중점적으로 시행되었던 부분이 한국어와 한국의 역사교육이었 다는 지점에서도 파악가능한데, 이에 대해 한청은 제22회 동기강습회 주제 강연에서 언어와 역사교육을 통해 민족으로서의 동질감을 고취시 키고, 민주화된 조국에서 일익을 담당해야 함을 주장하여 이러한 의식 을 명확히 하고 있다. 그러나 이들 활동이 지니는 이러한 한계 속에서 도, 한청과 한민통, 한학동의 활발한 활동 속에서 1970년대 재일조선 인 민중문화 운동은 나름의 영역을 갖추고 서서히 발전해가고 있었는 데, 이는 당시 선개된 민족학습의 활성화와도 깊은 연관을 맺고 있었던 것으로 보인다.

----

5)　林茂澤, 『在日韓國靑年同盟の歷史−1960年代から80年まで』, 新幹社, 2011, p.337.

널리 알려진 바와 같이, 7.4남북공동성명은 이후 전개된 유신체제와 남북의 지속적인 대립으로 인해 그 의의가 퇴색되기는 하였으나, 성명 이후 재일조선인 사회 내부에서 통일의 기류가 형성되고 민족의식이 고취되었던 것은 분명한 사실이다. 이는 재일조선인의 민족교육에도 상당한 영향을 미쳤는데, 특히 72년형 민족학급의 등장은 당시의 이러한 상황을 잘 보여주고 있다. 기존의 가서민족학급과의 구별되는 형태로 출발한 72년형 민족학급은 자주적 민족학급으로도 칭해지는데, 이는 점차 힘을 잃어가던 기존의 민족학급과 민족교육에 새로운 활기를 불어넣게 된다. 실제로, 1970년대에는 1948년 이후 시행된 조선학교폐쇄령 이후 재일조선인의 교육투쟁을 거쳐 실시된 각서민족학급의 경우, 일본학교에서의 방과 후 자율학습 형태로 이어져 왔으나, 조총련에 의한 조선학교의 재건운동의 활성화, 재일조선인 학생에 대한 차별, 민족교사 정년퇴임에 따른 후임교사 선발 보류 등 내·외부적인 문제가 지속적으로 발생함에 따라 민족학급의 존속 자체가 위협받는 상황[6]이 전개된다. 이러한 상황 속에서 1971년 오사카의 나가하시 소학교에서 남인이라는 학생이 재일조선인 학생에게도 부락민에 대한 권리보장[7] 처럼 보충학습을 실시하고 민족교육을 보장하라는 내용을 호소[8]한 것을 계기로 재일조선인 민족교육에 대한 재일조선인 사회 내부는 물론,

---

6) コリアNGOセンターに서 발표한「民族学級の略史 – 民族教育が歩んだ５０年」보고서에 따르면, 당시의 민족학급은 교육현장에서의 재일조선인에 대한 차별과 국적과 이념 단체를 불문하고 조선학교로의 전학을 강력히 권장했던 당시의 분위기에 더해, 후임교사 선발에 대한 보류가 이어지면서 종래의 학급 수의 3분의 1까지 경감했다고 한다.
7) 당시 나가하시 소학교가 있던 오사카 니시나리구에서는 부락해방운동이 활발히 전개되었는데, 부락민에 대한 교육권 보장과 학습활동은 이의 일환으로 전개되었다.
8) 김웅기,「재일코리안 민족교육을 둘러싼 정치성 – 1970년대 자주민족학급의 사례를 중심으로」,『일본학』48, 동국대학교 일본학연구소, 2019, pp.6~7.

일본 교육계의 관심 또한 높아지게 된다. 이후 부락해방운동 세력과 재일조선인 학부모회 등이 연대하여 민족학급에 대한 논의와 실천을 이어가던 중, 1972년 7.4남북공동성명의 발표가 기폭제가 되어 오사카 시 의회 역시 이에 관심을 표명하게 되고, 이에 조선장학회의 오기형 등이 협력하여 점차 자주형 민족학급이 구체적 형태를 갖춰나가기 시작한다. 결과적으로 재일조선인의 민족교육에 대한 열망과 통일의 기류 속에서 나가하시 소학교에서는 동년 11월부로 재일조선인에 대한 민족학급을 정식으로 개설하게 되고, 이러한 흐름은 오사카 동화교육 추진교를 중심으로 점차 퍼져나가 5년 뒤인 1977년에는 오사카 야오시립 가쓰라 소학교에서 기존의 민족학급을 제외하고 최초로 민족학급이 개설되게 된다. 이후 민족학급은 지역사회와 연대를 강화하기 위한 「민족교류회」를 개최하는 한편, 점차 그 영역을 넓혀 오사카 지역에서만 40개소가 넘는 민족학급이 운영되게 된다.

이렇듯, 당시는 남북공동성명과 더불어 형성된 통일의 기류 속에서 민족의식 고취와 민족교육에 대한 재일조선인 사회의 관심이 폭발적으로 증가하게 되었는데, 이는 자주형 민족학급의 등장과 확산 속에서 그 기틀을 잡아갔던 것이다. 당시 민족학급의 주된 교육은 조국의 역사와 한국어, 그리고 장구, 북 등의 민속악기와 무용, 사물놀이 등과 같은 민족예술이 주를 이루고 있었는데, 특히 민족학급에서 이루어진 민중 문화에 대한 전파와 보급, 이를 통한 공연 등은 그간 자신들의 존재를 숨긴 채 생활해왔던 재일조선인 및 재일조선인 학생의 의식구조를 변화시키고 민족으로서, 재일조선인으로서 자각하는 계기가 되었던 것으로 보인다. 실례로, 현재까지 활동을 이어오고 있는 재일조선인 전통예술가나 민중·민족문화패에 소속되어 활동하고 있는 인물 중 다수가 전통예술을 접한 계기로 학교에서의 체험 또는 민족교육을 손꼽고 있는데, 대표적인 사례는 다음과 같다. 먼저, 1984년부터 현재에 이르기까지 재일본한국 YMCA에서 장구교실을 맡고 있는 변인자(卞仁子 1952~)[9]의 경우, 민족학교인 백두학원에 재학 중인 언니의 영향으로 한국무용을 처음 접하게 되었고[10], 이후 학교에서의 문화 활동 중 관람한 김백봉의 춤에 깊은 감명을 받고 한국 유학길에 올라 한국 신무용을 전수받게 된다. 이후 일본으로 돌아와 1978년 다시 간사이한국YMCA의 지원으로 재차 한국 유학길에 올라 전통무용과 설장고 등을 배운 바 있다. 이후 그녀는 1979년부터 1년간 간사이한국YMCA에서 무용과 장구를 교육한 바 있으며, 1984년에는 재일본한국YMCA로 소속을 옮겨 현재까지 무용과 장고교실을 맡아 한국과 일본 양국 모두에서 활발한 활동을 전개하고 있다. 재일조선인 2세 무용가이자 민중문화 전수자인 김군희(金君姬)의 경우도 변인자와 비슷한 양상을 보이고 있다. 그녀 역시 학창시절의 영향으로 전통예술에 흥미를 느끼고 고교졸업 이후 한국에 유학하여 전통무용과 장구를 배웠으며, 일본으로 돌아가 1983년부터 현재까지 간사이한국YMCA에서 장구와 무용을 교육하고 있다. 이에 더해, 재일조선인 2세 무용가인 차천대미(車千代美) 역시 1976년 고교시절 경험한 부채춤을 통해 전통예술에 관심을 갖게 되어 유학 후 민족학교인 백두학원과 금강학원의 민족강사로 취직하였으며, 현재

---

9) 재일조선인 2세 무용가·민중문화 전수자. 변인자의 경우 오사카에 있는 민족학교인 금강학원에서 수학한 인물이기 때문에, 자주형 민족학급과 직접적인 관련은 존재하지 않으나, 민족교육을 통해 민중문화 운동에 관심을 가지게 되었다는 점, 1972년 남북공동성명의 조류에 힘입어 한국유학 길에 올라 장구와 춤 등을 수학했다는 점을 토대로 볼 때 본고에서 다루어야 할 인물 중 하나라고 판단했다.

10) 이에 대해 일부 연구에서는 1976년 고등학교 재학 중 한국무용을 처음 접하게 되었다고 서술하고 있으나, 변인자가 1952년생이라는 점, 10살 무렵에는 이미 니시나리 교실에서 무용을 배우고 있었다는 점 등을 통해 볼 때, 이는 사실이 아닐 것으로 판단된다.

까지도 학생들과 함께 다양한 공연을 벌이고 있다. 특히 그녀는 일본 내에서 개최되는 전국고등학교종합문화제에 학생들과 함께 지속적으로 참여하여 전통예술 공연을 펼치고 있으며, 이를 위한 작품창작에도 힘쓰고 있다.[11] 이외에도, 재일조선인 2세대 전수자들을 중심으로 하고 있는 전통예술 교육기관에서는 물론, 1980년대 당시 민족문화제의 중추역할을 수행했던 민족·민중문화패「여명」,「한마당」,「마당」 등에 참여한 재일조선인 청년들 역시 전통예술과의 접점을 민족교육에서 찾고 있다는 점은 주목할 만하다.

이상의 논의를 토대로 알 수 있듯이, 1970년대의 민족학급과 민족교육의 활성화는 민중문화 운동의 정착과 보급에 상당한 영향을 미쳤음을 알 수 있다. 이는 현재까지도 왕성한 활동을 이어오고 있는 재일조선인 민중문화 전수자의 양적·질적 확대에 긍정적인 영향을 미쳤던 것은 물론, 1980년대 들어 활발히 전개되기 시작한 재일조선인 민족·민중문화패의 활동과 민족문화제의 개최에 있어 문화적 기반을 형성하는 역할을 수행하기도 했다.

이렇듯, 1970년대의 민중문화 운동의 흐름은, 본국지향을 뚜렷하게 보이며 활동을 지속해온 한민통과 민단계 학생단체의 움직임 속에서 조국의 민주화·통일 운동의 일환으로 전개되는 한편, 1972년 7.4남북공동성명으로 활기를 띠게 된 민족학급과 민족교육 속에서 그 영역을 확보해 나가기 시작했다. 당시의 이러한 흐름은 비록 그것이 민중과 민중문화 운동에 대한 명확한 인식을 가지고 출발한 것이 아닌, 민주회·통일된 조국에 회귀하기 위한 민족적 아이덴티티를 고취하기 위해

---

11) 이사라,「재일 한국인 2세 여성 무용가들의 무용 활동을 통한 정체성 형성에 관한 고찰」, 한국예술종합학교 학위논문, 2017, pp.80~87.

실행된 것이었거나, 주로 개인적·소집단 규모에서의 활동에 국한되어 있었던 것은 사실이라 할 수 있으나, 이러한 활동의 결과를 통해 그간 외면 받아왔던 재일조선인의 민중문화가 재발견되고 한국의 민중문화 운동과의 융합을 통해 발전적으로 전개해나갈 가능성을 확보했다는 점에서는 큰 의의를 지니고 있다고 할 수 있다. 또한 당시의 민중문화 운동의 전파와 보급은 결과적으로 현재까지도 왕성한 활동을 전개하고 있는 재일조선인 전통예술가층의 형성에 결정적으로 기여하였으며, 재일조선인 민중문화 구축에 있어 가장 큰 영향을 미쳤던 1980년대의 민족·민중문화패의 활동과 민족문화제의 형성에도 상당한 영향을 미치게 된다.

3. 1980년대 재일조선인 민중문화 운동의 흐름

전술한 바와 같이, 1970년대의 한청동, 한학동 등과 같은 학생단체 들의 움직임과 한국과 재일 YMCA의 문화 교육, 민족학급 등의 활성화 는 민중문화 운동에 대한 재일조선인 사회의 인식의 변화에 긍정적 전망을 제시했다. 그러나 이들이 가지는 이러한 의의와는 별개로, 당시 의 재일조선인 민중문화 운동은 또한 종래와 같이 개인적이거나 소집 단 규모에서의 활동이 주를 이루고 있었으며, 상대적으로 폐쇄적인 성향을 띄고 있었다. 또한 당시는 조국과 재일조선인 사회 내부에서 이념적 대립이 지속적으로 존재했던 만큼, 인해 민중문화 운동 역시 이념단체의 성향과 범위를 벗어나서 성립하는 일은 크게 눈에 띄지 않았다. 이는 당시 재일조선인 민중문화 운동의 전파에 앞장섰던 한청 동과 한학동의 활동에서 역시 동일한 양상을 보이고 있었는데, 이들

단체에 있어 민중문화 운동은 조국의 민주화 운동의 흐름에 동참하기 위한 운동의 일환으로, 당시 대학가와 노동자를 중심으로 전개되었던 민중문화를 재일조선인 사회에 보급 전파하고자 하는 의도에서 실행된 것이었다. 즉, 이들을 중심으로 한 민중문화 운동의 흐름은 향후 민주화된 혹은 통일된 조국에 대한 갈망 속에서 조국지향과 민족적 아이덴티티의 고취를 위한 노력의 일환으로 전개되었던 것이다. 이렇게 볼 때 1970년대 당시의 민중문화 운동은 다분히 조국지향적 성격을 보이고 있었으며, 소집단 규모의 폐쇄적 형태의 운동이 주를 이루고 있었음을 알 수 있다.

　그러나 이러한 재일조선인 민중문화 운동의 성격은 1980년대에 들어 점진적인 변화를 맞이하기 시작하는데, 이에 대해서는 당시의 시대적 상황과 재일조선인 사회의 전반적인 상황 속에서 살펴볼 필요가 있을 것으로 보인다. 앞선 장에서 서술한 바와 같이, 당시는 동유럽 공산권의 몰락과 독재정치와 민주화로 인한 남한의 혼란, 그리고 일본 정부에 의한 지속적 억압과 동화 정책의 시행으로 인해 발생한 사회 외적인 문제에서 조국 경험이 없는 3세대로의 중심세대 이행, 이념단체의 지속적인 대립, 재일조선인 간의 경제적 계층분화 등과 같은 사회 내적인 문제에 이르기까지 다양한 제반 문제들이 연속적으로 발생하던 시기였다고 할 수 있다. 이러한 상황 속에서 재일조선인 사회에서는 재일조선인의 구심점이 될 독자적인 아이덴티티의 구축에 대한 논의가 활발히 전개되었는데, 재일조선인 민중문화 운동에 대한 인식과 흐름의 변화는 바로 이러한 지점에서 성립하게 되었던 것이다. 1980년대의 재일조선인 민중문화 운동은 1970년대의 그것과는 달리 점차 대외적으로 확산되기 시작하는 양상을 보이며, 단순히 조국의 민중문화 운동을 유입·전파하는 것에서 그치지 않고 재일조선인 사회의 독자적인 민중문화

형성을 위해 힘쓰게 된다. 1980년대를 시작으로 확산되기 시작한 재일조선인 민족문화제와 민중문화패, 민중문화 공연 등은 당시의 민중문화 운동의 흐름을 잘 드러내고 있는데, 이와 같은 변화를 선도했던 것이 바로 한국의 마당극 운동에 영향을 받아 1982년 민중문화 운동가 양민기가 기획하고 고찬유가 연출한 「아리랑고개(アリラン峠)」 공연이었다. 재일조선인 2세대와 3세대가 중심이 되어 진행된 이 공연은 당시 재일조선인 사회에 큰 반향을 불러일으켰는데, 이는 재일조선인의 민중문화패의 확산과 민족문화제의 설립 등으로 이어지게 된다. 실제로 이 공연을 계기로 결성된 재일조선인 청년들의 '마당극의 회(マダン劇の숲)'가 공연 1년 뒤 정식으로 출범하였으며, 이듬해 집단창작물인 「할망(ハルマン)」을 발표하고, 이를 재일조선인 사회에 보급하기에 이른다. 이외에도 1983년 종래의 소규모 축제형태[12]를 넘어 민족문화제로 개최된 이쿠노 민족문화제에서는 마당극을 비롯한 민중문화가 주된 프로그램으로 자리 잡게 된다. 또한 이후에도 1984년 오사카 어머니학교 축제, 1985년 8.15 민족 미래 창조 페스티벌(원 코리아 페스티벌), 1986년 민족민중문화패 「한마당」 결성과 같은 해에 전개된 한우리의 「통일굿」 공연 등의 흐름은, 당시의 이 공연의 성과가 재일조선인 민중문화 운동의 활성화로 이어지는 흐름을 잘 보여주고 있다.

그러나 이러한 현실을 넘어 이 공연이 재일조선인 민중문화 운동에 큰 반향을 불러일으킨 것은 「アリラン峠」가 한국의 마당극 운동의 유

---

12) 기존의 재일조선인 민중문화와 관련된 축제는 1970년대 이후 지속적으로 개최되었으나, 대부분 소규모 취미집단이나 민족학급의 학예회, 상인들을 중심으로 한 상가 축제 규모를 넘지 못했던 것으로 보인다. 이쿠노 민족문화제의 경우 1982년 일본기독교회 사회관에 김덕환 관장이 취임하면서 기획, 발안되었고, 1년의 준비 기간을 거친 뒤 1983년 10월, 농악, 가면극, 민속놀이, 탈춤과 풍물 그리고 마당극이 중심이 되는 대규모 민족문화제로 개최되어, 2002년까지 지속된 바 있다.

입과 전파라는 차원을 넘어서 재일조선인의 독자적인 공연으로 전개되었기 때문이다. 전술한 바와 같이 이 공연은 1981년 양민기에 의해 기획된 공연으로 양민기와 구보 사토루(久保覚)가 공저하여 출판한 『가면극과 마당극(仮面劇とマダン劇)』[13]의 출판기념회가 계기가 되어 이듬해인 1982년 11월 26일에 재일조선인 밀집 지역이었던 오사카 이쿠노구에서 공연되었던 재일조선인 최초의 마당극 작품으로, 1930년대를 배경으로 식민지기 농촌의 수탈을 그려낸 작품이다. 특기할 점은 이 작품의 구성원이 재일본조선인유학생동맹[14]과 재일한국학생동맹[15]의 청년들을 중심으로 하고 있었다는 점인데, 1년 뒤 '마당극의 회'로 발전하여 활발한 활동을 전개한 이들 모임의 구성원 중 재일본조선인유학생동맹은 조총련 산하의 좌파 계열 학생단체였으며, 재일한국학생동맹은 재일본조선인유학생동맹의 전신인 재일본조선학생동맹에서 이념대립으로 분리되어 나온 우파 계열 학생단체였다. 이렇듯, 「アリラン峠」는 구성원의 면면에서부터 북과 남, 조총련과 민단(한국)이라는 이념과 사상, 단체에 치우치지 않고, 이들 간의 갈등을 극복하고 재일조선인이라는 큰 틀 속에서 화합하기 위한 실천적 행보를 보이고 있었으며, 이러한 일종의 '독자성'은 공연의 내용과 구성에서도 두드러지게 나타나는 것이라 할 수 있다.

---

13) 久保覚, 梁民基, 『仮面劇とマダン劇ー韓国の民衆演劇』, 晶文社, 1981.
14) 재일본조선학생동맹에서 발전된 단체. 한학동의 전신으로 1945년 결성된 학생단체, 1955년 재일본조선인총연합회 결성 이후 조총련 산하의 학생조직으로 사리 잡으며 단체명을 재일본조선인유학동맹으로 변경했다.
15) 1950년 재일조선학생동맹 중 한국을 지지하는 일부 세력이 분열하여 설립한 학생 단체로, 이후 민단에 합류하여 민단계 학생단체로 활동하였으나, 유신정권에 협력하는 민단의 민주화를 요구하고, 조국 민주화운동에 투신한 일을 계기로 1972년 7월 민단 산하 단체 인정이 취소되었다.

전술한 바와 같이 「アリラン峠」 공연은 재일조선인이 중심이 되어 기획하고 참여한 최초의 마당극 공연[16]으로, 1982년 5월 극단 연우무대에 의해 공연된 「판놀이 아리랑 고개」의 영향을 받아 1930년대 식민지기 농촌을 배경으로 하고 있다. 그러나 기존의 주장과는 달리, 양민기의 「アリラン峠」는 한국의 마당극 대본을 토대로 그 내용을 재일조선인의 역사와 실정에 맞게 바꾸어 공연을 진행한 바 있는데, 구성에 있어서도 기존의 「판놀이 아리랑 고개」와는 상당부분 다른 양상을 보인다. 「アリラン峠」는 원작에서 연희 전에 행해지는 난장 부분을 상당부분 축약하고 연희마당의 첫째마당의 '녹두풀이' 부분은 배제한 채로 둘째마당인 '아리랑 고개'의 첫 단락으로 진입하고 있는데, 기존의 서사자의 대사를 길영[17]의 대사로 바꾸는 형태의 변용이 가해져 있으며,

---

16) 재일조선인 마당극 공연 「アリラン峠」에 대해서는 재일조선인 양민기가 쓰고 발표한 최초의 마당극 공연이라는 「우리 공연문화 읽기 20 : 마당극 아리랑 고개」의 심우성의 주장과, 양민기가 1970년대부터 활발히 전개된 한국의 마당극운동에서 발표된 작품의 대본을 입수하여 기획하였다는 『재일코리안 사전』의 고정자의 주장 두 가지가 존재하나, 실제로는 이는 둘 모두 작품에 대해 정확한 평가를 내리고 있지는 못한 것으로 보인다. 먼저, 양민기가 기획한 「アリラン峠」의 대본을 살펴보면 시대적 배경설정과 내용의 구성, 마당의 전개 등이 1982년 5월 극단 연우무대에 의해 공연된 「판놀이 아리랑 고개」와 상당 부분 유사하며, 길용과 분이 등의 등장인물 역시 일치하는 것을 알 수 있다. 이렇게 볼 때, 이 작품은 양민기의 순수창작이라고는 파악할 수 없을 것으로 보인다. 그러나 후자의 주장 역시 이견의 여지가 있는데, 마당극 「アリラン峠」가 분명 「판놀이 아리랑 고개」와 다수의 유사점이 발견되는 것은 사실이나, 대사나 내용의 흐름, 전체적인 작품의 길이와 주제의식 등에 재일조선인과 관련된 내용이 추가되어 각색되어 있거나, 변형되어 있는 것 또한 사실이다. 따라서, 고정자의 주장과 같이 이 작품을 단순히 한국의 마당극 대본을 입수하여 기획하였다고 보는 것에는 무리가 따를 것으로 판단된다. 이러한 혼란을 줄이기 위해 본고에서는 당시의 공연을 재일조선인이 중심이 되어 공연을 기획하고 참여한 최초의 마당극 공연으로 정의하기로 한다.

17) 현재 마당극 「アリラン峠」의 대본은 기획자 양민기의 장녀인 양윤(梁潤)에 의해 한국어로 번역되어 공연과 리뷰 제84호에 실려있으나, 원작에서의 길용이 길영으로 표기되어 있다. 이는 번역과정에서 생긴 오류로 판단되나, 본고에서는 길영을 그대로 사용하기로 한다.

이 대사 이후에 다시 넷째마당으로 진입하고 있다. 흥미로운 것은 기존의 공연에서 갈등을 형성하는 주된 인물로 등장했던 것이 지주, 사음, 우두머리와 같은 '앞잡이', 즉 친일파 세력으로 설정되어 있다면, 「アリラン峠」에서는 이것이 탈1, 탈2 등과 같은 모호한 인물 설정 속에서 점차 일제 그 자체로 형상화되어 나가고 있다는 점이다. 또한, 갈등구조 역시 농민에 대한 수탈과 민족 내부의 갈등 보다는 국토를 빼앗긴 민족의 설움을 중심으로 하고 있으며, 이에 대해 투쟁의지를 고취하고 있다. 다음은 공연의 대본 중 일부를 인용한 것이다.[18]

> 서사자 : (전략) 조상이 물려준 땅조각을 남의 손에 빼앗기고 쪽박을 차고 넘어가는 원한의 고개도 이 아리랑 고개다. 이 아리랑 고개는 지금 가지가지 피맺힌 사연과 함께 있는 것이다.[19]
>
> 길영 : (전략) 우리네 조상들이 대대로 이어 받아왔던 이 땅을 일본놈들에게 빼앗겨 어떻게라도 살기 위해 멀리 만주 벌판으로, 아니면 눈물의 현해탄을 건너 일본으로 떠나가는 겨레들이 발을 질질 끌며 넘고 넘던 원한의 고개도 이 아리랑 고개였지…….
> 이렇듯 아리랑 고개는 우리 삼천리강산 방방곡곡에 피로 물들여진 역사와 함께 살고 있었단다.[20]
>
> 길용 : (전략) 저희는 떠나갑니다. 지금은 이렇게 쫓겨나는 신세가 되었지만, 이 땅이 저희들을 버리지도 않았고 저희가 이 땅을 버리

---

18) 인용문은 원작의 대본을 먼저 배치하고, 동일한 부분의 「アリラン峠」의 내용을 후에 배치하여 비교를 용이하도록 하였다.

19) 유해정, 「[판놀이]판놀이 「0아리랑 고개」(2차 대본)」, 『실천문학』 1982. 11, 실천문학사, 1982, p.231.

20) 심우성, 「[우리 공연문화 읽기 20: 마당극(マダン劇) I] 아리랑 고개(アリラン峠)」 『공연과리뷰』 84, 현대미학사, 2014, p.194.

지도 않았으니, 언젠가는 다시 돌아와 이 땅을 되찾고야 말겠습니다. 그러니 우리가 서러울 때 함께 부르고 괴로울 때 입을 모아 함께 불렀던 아리랑을 불러 주십시오![21]

길영 : (전략) 여러분! 나는 떠나가렵니다. 이 땅은 우리를 내버려두질 않았고, 우리도 이 땅을 그대로 내버려두질 않았습니다. 하루 빨리 일본놈 침략자들을 몰아내고 그리운 고향, 아름다운 이 산하를 되찾기 위해 모두 다 힘을 합쳐 싸워나갑시다!

농민들 : 남아있는 우리 모두는 끝내 여기서 싸워야지!

길영 : 그럼 우리 함께 힘주어 부르던 「아리랑」을 다 같이 힘껏 부릅시다![22]

이상의 인용문에서 알 수 있듯이, 「アリラン峠」는 원작과는 달리 일제에 대한 강한 반감을 가감 없이 드러내고 있을 뿐 아니라, 이들을 투쟁의 대상으로 설정하고 지속적인 투쟁을 전개해나갈 것임을 강조하고 있다. 특히 땅과 흙 그리고 아리랑 고개 등으로 상징되는 민족 지향과 동일성 회복을 위한 의식이 뚜렷하게 드러나 있다는 점은, 원작과는 두드러진 차이를 보이고 있다고 할 수 있을 것이다. 나아가 이 작품은 또한, 기존의 공연과는 달리, 공연 중간에 환등기와 내레이션을 이용해 교과서 문제 등과 같은 재일조선인 차별과 관련된 문제를 시각·청각적으로 제시하고 있는데 이는 작품의 주된 골자인 일제에 대한 투쟁을 재일조선인 차별에 대한 투쟁으로 이어나가야 한다는 주제의식에 힘을 실어주고 있는 것이라 할 수 있다. 나아가 이 공연은 「쾌지나칭칭나네」의 장단에 맞추어 '조국의 평화통일을 이룩하자', '외국군대 철퇴', '재

21) 유해정, 「[판놀이]판놀이 「0아리랑 고개」 (2차 대본)」, 1982, p.235.
22) 심우성, 「[우리 공연문화 읽기 20: 마당극(マダン劇) I] 아리랑 고개(アリラン峠)」, 2014, p.204.

일동포는 하나가 되자.' 등의 깃발을 흔들며 구경꾼들과 함께 춤을 추는 것으로 끝을 맺고 있는데, 이는 재일조선인 간의 화합의 문제에서 조국의 통일과 민주화에 이르기까지 당시의 시대적 현안에 대해 제시하고 이에 대한 참여를 독려하는 과정을 드러내는 것으로, 이는 이 공연이 단순한 민족예술 공연이 아닌 시대적 현안과 맞물려 재일조선인의 연대를 도모하고자 했던, 민중문화 운동의 전개를 잘 드러내고 있는 부분이기도 하다.

이렇듯, 1982년 공연된 「アリラン峠」는 재일조선인 민중문화 운동의 변화하는 방향성을 뚜렷하게 드러내고 있는데, 민중과 민중문화 운동을 중심으로 하는 재일조선인 문화 구축에 대한 인식의 전개, 이념과 단체 간의 대립을 넘어선 재일조선인의 화합, 재일조선인 및 조국의 현안문제 해결에 대한 연대 구축 등이 바로 그것이었다. 이는 이 공연 이후로 지속된 민족문화제나 민중문화패의 활동에서도 동일하게 드러나는 의식이라 할 수 있는데, 1983년 오사카 이쿠노구에서 개최된 이쿠노 민족문화제의 경우는 물론, 「한마당」의 행보나, 「3.1문화제」 등에서도 이러한 의식의 전개는 두드러지게 나타나고 있다.

먼저, 1983년 오사카 이쿠노구에 거주하는 재일조선인을 중심으로 개최된 이쿠노 민족문화제는 '하나가 되어 키우자, 민족의 문화를! 넋을!'이라는 구호를 슬로건으로 삼았던 만큼, 민족·민중문화를 통해서 정치적 입장을 초월하여 재일조선인 내부의 갈등을 완화하고자 하고 있었다. 실제로, 매년 새롭게 선발되는 이쿠노 민족문화제의 실행위원은 민단과 조총련 어느 쪽에서도 파견되지 않은 인물을 중심으로 구성되며, 정치적 단체를 초월하여 개인자격으로의 참가만을 허용하고 있다는 점[23]은 이 축제의 성격을 잘 드러내고 있다. 또한, 이쿠노 민족문화제는 농악과 풍물, 마당극, 탈춤 등 재일조선인의 민중문화를 중심으로

축제를 구성하고 있었는데, 특히 농악 퍼레이드와 길놀이 등과 같은 구성은 재일조선인이라는 자신들의 아이덴티티는 물론 재일조선인의 민중문화를 일본 사회 내에 대외적으로 드러내는 역할을 수행했던 것으로 보인다. 이는 '침묵의 문화'로 향유되었던 재일조선인 민중문화 운동을 재일조선인 사회 전면에 드러내는 계기를 마련하는 것임과 동시에, 지속적인 차별과 동화의 정책 속에서 은폐되었던 재일조선인을 일본 사회 전면에 내세우는 것이기도 했다. 나아가, 이 축제의 1983년 1회 개최 당시 포스터를 살펴보면 '새로운 재일문화의 창조를(新たな在日文化の創造を)'라는 문구를 확인할 수 있는데, 이는 이쿠노 민족문화제 역시 재일조선인 사회의 민중문화 구축을 당시의 절실한 현안 중 하나로 인식하고 있었음을 방증하고 있다. 실제로 이쿠노 민족문화제의 경우, 1회에서 20회에 이르기까지 일반인 참가자를 중심으로 축제가 구성되었는데, 일반인 참가자를 모집하여 4월부터 일주일에 1회씩 모여 연습을 하고, 이것을 공연하는 장이 바로 이쿠노 민족문화제가 되었던 것이다. 이는 단순히 하나의 집단을 중심으로 전개되는 공연의 차원을 넘어, 재일조선인이라면 누구나 민중문화 운동에 참여할 수 있는 계기를 마련하였다는 점에서 그 의의가 있을 것으로 보이는데, 이는 곧 재일조선인 사회의 문화적 기반을 민족·민중문화를 토대로 구축하고자 했던 당시의 시대적 인식의 변화를 드러내고 있는 것이라 할 수 있다.

이렇듯, '재일조선인의 새로운 문화 창조'는 이쿠노 민족문화제 외에도 1982년부터 개최되어 1985년 본격적으로 자리매김한 3.1문화제나

---

23) 손미경, 「오사카 재일코리안 사회와 축제─이쿠노민족문화제를 중심으로」, 『학·연·산 연구성과 교류회 및 공동 국제학술대회 자료집』 376, 전남대학교 세계한상문화연구단, 2014, p.352.

1986년 설립된 민족·민중문화패 '한마당'의 활동 등에서도 동일하게 드러나는 양상이라 할 수 있는데, 3.1문화제의 경우 1982년 '창조하자. 재일동포문화를! 지지하자 재일동포예술가!(創造しよう在日同胞文化を! 支えよう在日同胞芸術家!)'를 슬로건으로 내세우고, 재일조선인 악단과 예술가, 청년회원의 무용 등을 중심으로 공연을 개최한 바 있다. 교토의「한마당」의 경우에도 이는 마찬가지로,「한마당」결성에 직접적으로 관여했던 양민기는 민중문화 운동을 통한 재일조선인 사회의 문화적 기반을 구축해야 한다는 주장을 펼치면서 재일조선인 민중문예종합지『민도』의 2권「지금 무엇이 벌어지고 있는가(いま、何が起こっているか。)」에 다음과 같이 서술한 바 있다.

> (전략) われわれ自身の文化、真に在日同胞が主体となる民主的な文化の創造に、「旺盛な創作活動」を向わしめなければならない。[24]
> (전략) 우리 자신의 문화, 진정으로 재일동포가 주체가 될 수 있는 자주적 문화의 창조를 위해「왕성한 창작활동」을 지속해야 한다.

> (전략) 民族文化の運動は、民族分断という現実の中で統一の情緒を高め、南北民衆の「断層」ではなく同質性を強める真に主体的な「代案文化」として、「在日」文化の根幹をなしつつあり、なしてゆくであろう。[25]
> (전략) 민족문화 운동은 민족분단이라는 현실 속에서 통일의 정서를 고양하고, 남북민족 간의「단층」이 아닌, 동질성을 강조하는 진정으로 주체적인「대안문화」로「재일」문화의 근간을 형성하고 있으며, 형성해 나갈 것이다.

24) 梁民基,「いま、何が起こっているか。」,『季刊 在日文芸 民涛』2, 民涛社, 1988, p.74.
25) 위의 책, p.77.

이상의 인용문에서 파악할 수 있듯이, 양민기와 한마당의 기획은 민중문화 운동을 통해 남북과 재일조선인의 이념적 '단층'을 넘어 동질성을 회복할 수 있는 계기를 마련해야 하며, 이를 위해 재일조선인의 독자적, 자주적 민중문화의 왕성한 창조활동이 필요함을 강조하고 있다. 이러한 취지 아래서 활동을 개시한 「한마당」은 1986년 마당극 「돼지풀이(豚プリ)」를 시작으로, 이듬해 히가시쿠조에서 열린 「기미가요, 히노마루에 반대하는 주민집회(君が代日の丸に反対する住民集會)」에 참여하여 창작 마당극 「당신이 노래하지 않는다면 나도 노래하지 않겠다(君が歌わないなら僕も歌わない)」를 공연하였으며, 같은 해 외국인 등록법에 반대하는 창작 마당극 「손가락(ソンカラッ)」 또한 공연한 바 있다. 이 외에도 슬라이드 구성극 「광주오월(光州五月)」, 일본의 재침략과 한국노동자의 문제를 다룬 「아귀(アグ)」 등을 공연하는 한편, 다수의 「노래와 시의 구성(歌と詩の構成)」과 민화극 또한 공연하며, 1년간 십 수회에 걸친 창작 공연을 왕성하게 전개하였는데, 이를 통해 재일조선인 민중을 민중문화 운동에 동화시키고, 나아가 민중의 의식구조 변화에 힘썼던 것으로 보인다.

이상의 논의를 토대로 알 수 있듯이, 1980년대의 민중문화 운동은 1970년대의 그것과는 달리, 대외적이고 전면적인 방향으로 전개된 바 있으며, 민중을 중심으로 하는 민중문화 운동을 표방하면서 동시에 이를 재일조선인의 독자적인 문화형태로 자리매김하기 위해 노력한 바 있다. 이는 재일조선인 사회가 스스로의 결속력을 지속적으로 잃어가고 있었던 당시의 시대적 상황 속에서 절실한 현안으로 등장한 '재일조선인의 독자적 아이덴티티 구축'에 대한 당시 재일조선인 지식인 및 민중들의 노력의 일환으로 판단할 수 있을 것이다. 그리고 이러한 흐름은 시대적 요구에 따라 재일조선인은 물론 일본과 조국, 동아시아에 이르는 연대와 공생을 포함하여 점진적인 변화를 보이고는 있으나, 1980년대를 넘어 1990년대까지도 이어지는 재일조선인 민족문화제와 민중문화를 관통하는 의식으로 자리 잡게 된다.

4.『민도』의 실천과 재일조선인 민중문화 운동

1970년대와 달리 1980년의 민중문화 운동의 흐름이 이념과 조국의 사상대립을 넘어서 대외적이고 전면적으로 전개되는 한편, 재일조선인의 독자적 문화의 구축에 힘쓰는 방향으로 전개되었던 것은 분명한 사실이다. 그리고 이러한 흐름 속에서 1987년 '민중의 물결을 일으키자'라는 슬로건 속에서 창간된『민도』는 '민중문화 운동'의 활성화와 정착에 적극적으로 앞장서기 시작했다. 이는 잡지의 민중문화 운동에 대한 다양한 구상을 넘어 잡지의 주필 이회성은 물론, 편집진의 면면에서도 확인 가능한 부분이라 할 수 있다. 당시 주필을 역임하고 있었던 이회성은 1985년 우리문화연구소(ウリ文化研究所)를 결성하고, 이듬해인 1986년「한우리(ハヌリ)」와 함께「통일굿(統一グッ)」을 공연한 바 있으며, 편집위원 중 하나였던 재일조선인 민중문화 운동가 양민기는 앞선 장에서 서술한 바와 같이「アリラン峠」를 공연하는 한편, 재일조선인 청년들을 중심으로「마당극의 회」,「한마당」등을 결성하고, 민족문화제「히가시쿠조 마당」의 개최에도 힘쓴 바 있다. 이외에도 잡지의 다수의 특집기획과 기사에 참여한 재일조선인 1세대 시인이었던 김시종 역시 오사카 지역에서 열린 재일조선인 민족문화제「8.15 페스티벌 민족·미래·창조」개최에 참여한 바 있다. 이렇듯,『민도』는 잡지 전반에 걸친 활동에서는 물론, 편집에 이르기까지 민중문화 운동에 대한

지대한 관심을 드러내고 있었으며, 이는 잡지의 권두언을 통해서도
뚜렷하게 드러나는 부분이기도 하다. 『민도』의 1호와 10호에서 이회성
은 권두언을 통해 재일조선인의 민중문예운동이 한국과 일본 사이에서
독자적이고, 이질적인 공간을 만들어 나가야 하며[26], 재일조선인이 한
국의 민중문화 운동이 낳은 마당극, 판소리, 민족악기, 연극, 영화 등의
장르를 살려 나가야 한다[27]고 주장하고 있는데, 이것이 재일조선인의
문화적 빈곤을 해결하고, 1990년대 이후에도 재일조선인을 문화적 인
간으로 살아남을 수 있게 할 것이라고 강조한 바 있다. 이는 앞으로의
재일조선인 사회에 있어 문화적 기반을 형성하고 이를 계승·발전시켜
나가는 것이 곧 재일조선인 사회의 해체를 막을 기반을 닦는 일이라는
잡지의 의식을 드러내고 있는 것으로, 민중문화 운동에 대한 『민도』의
실천은 결국 여기서 시작되는 것이라 할 수 있다. 그렇다면 이를 위한
잡지의 실천은 어떠한 방식으로 이루어지고 있는가. 본 장에서는 이에
대한 고찰을 중심으로 논지를 전개하고자 한다.

　1980년대 본격적으로 전개되기 시작한 재일조선인의 민중문화 운동
이 1970년대에 비해 대외적이고 전면적으로 시행되었다는 점은 앞서
밝힌 바 있다. 1982년의 「アリラン峠」나 1983년 「이쿠노 민족문화제」
이후 재일조선인 사회 내부에서는 지역별, 단체별로 다양한 민족·민중
문화패가 결성되고, 민족문화제의 수 역시 지속적으로 증가해 나갔다.
그러나 당시의 민중문화 운동은 1980년대 한국의 민중문화 운동의 근
간을 이루고 있었던 '민중주체'에 대한 명확한 인식과 상호 연계보다는
개별 단체와 지역별로 활동을 전개해 나간 것이 사실이다. 특히, 당시

---

26) 李恢成, 「創刊辭」, 『季刊 在日文芸 民涛』 創刊号, 民涛社, 1987, p.3.
27) 李恢成, 「九○年代をわれらの手に」, 『季刊 在日文芸 民涛』 10, 民涛社, 1990, p.6.

는 민중문화 운동의 활발한 전개과정 속에서도 재일조선인의 주된 담론공간은 소수의 지식인들을 중심으로 구성되어 있었는데, 이는 곧 재일조선인 민중이 중심이 되는 담론 공간, 발언공간의 부재를 의미하는 것이기도 했다. 이에 주필 이회성을 비롯한 잡지의 편집위원들은 점차 발전해나가는 민중문화 운동의 흐름에 동조하여 재일조선인 민중이 주체가 되어 형성하는 문화적 기반의 구축을 『민도』의 방향성으로 설정하고, 민중의 직접적인 참여를 독려하는 한편, 민중문화 운동에 대한 인식의 보급과 정착에 힘쓰게 된다. 실제로 『민도』에는 당시 재일조선인 민중문화 운동에 직접적으로 참여하고 있던 이들의 글이 다수 게재되어 있는데, 이는 특히 전문적 지식을 요구하지 않는 자유 기고 코너였던 「민민도도」, 「자유종」, 「독자후기」 외에도, 「민중문화운동의 현재(民衆文化運動の現在)」[28] 등의 특집에서도 이루어지고 있다. 특히 이들 코너 중 「자유종」에는 민족·민중문화패 회원은 물론, 「이쿠노 민족문화제」를 이끌었던 김덕환 관장이나 「8.15 페스티벌 민족·미래·창조」를 개최한 정갑수 위원장 등의 글 또한 게재되어 있다. 이들의 기고문은 주로 당시 개최된 민족문화제와 관련된 내용을 중심으로 하고 있으며, 각자의 민족문화제에 거는 기대나 포부 등을 중점적으로 밝히면서, 민중문화 운동을 통한 재일조선인 사회의 새로운 가능성에 대해 주장하고 있는데, 『민도』 2호에 게재된 「하나의 시도(ひとつの試み)」[29]와 10호에 게재된 「철학에 대한 물음(問われる哲学)」[30]이 바로 그

---

28) 『민도』 제 2호에 실린 특집기사. 게재된 기사로는 양민기의 「いま、なにが起こっているか」, 「マダンクッとは何か」, 「民衆美術運動のうねり」, 「ハヌリにかかわって」, 「ハヌリについて」, 「部署を捨てる-第五回生野民族文化祭ルポ」 등이 있다.

29) 金德煥, 「ひとつの試み」, 『季刊 在日文芸 民涛』 2, 民涛社, 1988, pp.66~68.

30) 鄭甲寿, 「問われる哲学」, 『季刊 在日文芸 民涛』 10, 民涛社, 1990, pp.60~62.

것이다. 먼저 제5회 「이쿠노 민족문화제」를 성황리에 마쳤음에 대한 보고로 시작된 김덕환 관장의 글 「ひとつの試み」에서는 「이쿠노 민족문화제」가 지역사회 내 재일조선인에 대한 차별로 인해 개최지 선정에 어려움을 겪고 있음을 어필하는 한편, 민족문화제와 민중문화 운동을 통해 재일조선인 사회가 세대 간의 갈등은 물론 이념집단의 대립을 넘어서 새로운 화합의 장을 형성해 가고 있음을 역설하고 있다. 이에 대해 김덕환 관장은 추후의 「이쿠노 민족문화제」가 민족문화제를 통한 '재일동포의 지역 공동체 사회' 건설을 향해 나아가야 한다는 방향성 또한 제시하고 있는데, 그가 주장한 '지역 공동체 사회'란 결국 재일조선인 사회가 대립을 넘어 하나의 공동체로 결속되는 깃을 의미한다고 할 수 있다. 그는 이러한 '지역 공동체 사회'의 주체가 조국지향에서 벗어나지 못하고 있는 1세대도, 일본 사회 내에서 받은 억압과 차별 속에서 인간성이 손상된 2세대도 아닌 새로운 세대, 즉 재일조선인 3세대가 될 것이라고 강조하고 있는데, 이는 축제의 주역으로 활약하고 있는 재일조선인 3세대들이 민중문화 운동을 토대로 상호간의 결속을 다져나가는 과정 속에 그 실마리가 존재할 것이라는 믿음 때문이기도 하다. 10호에 게재된 정갑수 8.15페스티벌 실행위원장의 글 「問われる哲学」에서는 동유럽 공산권 붕괴 속에서 현재의 사회가 '금력만능주의'의 방향으로 흐르고 있음을 우려하면서, 이러한 시대에서야말로 인간의 이상에 대한 철학적 신념을 가져야 함을 어필하고 있다. 이 글에서 정갑수 위원장이 이러한 이상과 신념에 대해서는 직접 밝히고 있지는 않으나, 그 주장의 기저에 민족의식에 입각한 통일문화 운동이 자리하고 있음은 자명해 보인다. 이는 그가 글의 말미에서 그간 「8.15 페스티벌 민족·미래·창조」로 사용되어온 축제의 명칭을 「원 코리아 페스티벌」로 개칭한 점에서 쉽게 파악할 수 있을 것으로 보이며, 그간 재일조선인 사회의 공생과 화합과 조국의 통일, 일본 사회와의 소통 등을 강조해온 그의 활동에서도 파악 가능하다. 흥미로운 점은 그가 기고문의 말미에 제6회를 맞이하여 참가자들의 이해와 홍보를 돕기 위하여 페스티벌 명을 개칭한다는 알림 이외에도 페스티벌의 일정과 장소 등을 홍보하며 재일조선인의 참여와 지지를 독려하고 있다는 점이다. 실제로 『민도』에는 원 코리아 페스티벌과 같은 민족문화제에 대한 홍보는 물론, 「한마당」, 「한우리」 등의 정기 공연이나 창작 마당극에 대한 홍보가 적극적으로 게재되어 있었다. 나아가 제5호부터는 매호의 말미에 2페이지 가량의 「인포메이션(インフォメーション)」 코너를 신설하고, 재일조선인과 관련된 공연, 전시회, 문화제 등의 정보를 게재하는 한편, 재일조선인 민중문화와 관련된 강연, 강습, 학습회와 민중문화패의 모집공고 역시 게재하고 있었는데, 이는 당시 민중문화 운동의 보급과 전파에 대한 잡지의 관심을 여실히 드러내고 있다.

전술한 바와 같이 이러한 재일조선인 민족문화제 개최위원장들의 자유기고문 이외에도, 『민도』에는 민족·민중문화패 및 민족문화제에 직접적으로 참여하고 있는 재일조선인 3세대들의 글이 「자유종」과 같은 코너에서는 물론, 현장 르포나 사진, 수기, 인터뷰 등의 형식을 통해 다양한 장르에 걸쳐 게재되어 있다. 이들 글의 대부분은 당시에 활발히 전개되고 있었던 민중문화 운동에 대한 긍정적인 인식의 변화에 그 초점을 맞추고 있는데, 이는 단순히 조국지향적 민족의식의 확보라는 차원을 넘어, 변화하는 재일조선인의 의식과 관련된 문제를 다루고 있다는 점에서 주목할 필요기 있다. 앞서 서술한 바와 같이 당시의 재일조선인 민중문화 운동은 단순히 조국의 문화를 수용하여 받아들이는 차원을 넘어 재일조선인 민중의 주체적인 창작과 참여를 토대로 독자적인 형태를 갖춰나가고 있었던 것으로 판단된다. 이러한 시점에

서 게재된 이들의 게재문은 민중문화 운동에 참여하고 있다는 자부심에 더해, 이에 참여하는 과정을 통해 재일조선인 사회 내부에 존재하는 세대 간, 계층 간, 이념 간의 대립을 넘어서 재일조선인이 문화를 통해 화합할 수 있다는 전망을 뚜렷하게 드러내고 있다. 이는 단순히 공연과 축제의 주체로 참여했던 이들만의 인식은 아니었던 것으로 보이는데, 『민도』 제2호의 특집 「民衆文化運動の現在」에 게재된 재일조선인 3세대 조희주(趙喜珠)의 글 「한우리에 관하여(ハヌリにかかわって)」[31]에서 이러한 의식의 변화가 명확히 드러나 있다. 조희주는 「한우리」의 마당굿인 통일굿 공연을 통해 변화하는 재일조선인 3세대의 의식에 대해 서술하고 있는데, 이는 기존의 무대가 아닌 '마당'이라는 공간에서 펼쳐지는 연희였던 마당극 특유의 성격과도 밀접한 연관을 지닌다. 그녀는 자신을 조국에 대해 깊이 생각해본 적이 없고, 조국과의 접점도 딱히 없었던 재일조선인 3세대라고 소개하고 있는데, 친구의 소개로 우연히 참여하게 된 마당굿 공연에서 재일조선인이라는 자각과 연대감을 경험하게 되었다고 주장하고 있다. 그녀는 이 과정이 '마당'이라는 공간을 통해 연희자와 관객이 적극적으로 소통하고, 춤과 노래를 통해 이들 간의 구별이 사라져 하나가 되는 과정 속에서 이루어진 것임을 강조하고, 이러한 동질감과 일체감 속에서 자신의 아이덴티티에 대한 자각과 재일조선인이라는 민족적 의식의 각성이 이루어졌다는 점에 주목한다. 나아가 당시 공연을 개최한 「한우리」의 활동에 깊은 공감과 지지를 보낸다는 의지를 표명하며 글을 끝맺고 있는데, 이는 당시 전개된 마당극 운동, 그리고 민중문화 운동의 성과와 의의를 잘 드러내고 있는 부분이라 할 수 있다. 특히, '마당'을 통한 관객과의 소통과 이를 토대로

----

31) 趙喜珠, 「ハヌリにかかわって」, 『季刊 在日文芸 民涛』 2, 民涛社, 1988, p.96

한 공감대의 형성, 나아가 민중문화 운동에 대한 참여의지의 발현이라
는 일련의 과정은 재일조선인 민중문화 운동이 나아가야 할 방향성과
도 일치하고 있다는 점에서 주목할 필요가 있다.

상기한 당시의 민중문화 운동의 성과와 의의는 『민도』에 게재된 자
유기고문 이외에도, 2호에 게재된 「いま、何が起こっているか。」[32]에
서 보이는 「한마당」의 전신인 「마당극의 회」가 집단 창작한 「할망(ハル
マン)」과 5호에 게재된 우리문화연구소(ウリ文化研究所)의 고규미(高圭
美)의 「우리 할아버지(ウリ ハラボジ)」[33] 등의 창작 공연과 같이 재일조선
인 민족·민중문화패의 실천에서도 살펴볼 수 있다. 이 두 작품은 모두
'마당'에서 이루어지는 마당극 공연으로, 다인극과 1인극으로 그 구성
과 내용에서는 큰 차이를 보이나 관객과의 소통을 중심으로 공연이
전개된다는 점에서는 공통적인 성향을 보이고 있다. 먼저, 교토에서
주로 공연된 「ハルマン」은 남편을 찾아 도일한 할머니의 신세타령을
중심으로 서사가 성립하고 있다. 이 공연은 양민기가 밝히고 있는 바와
같이 공연의 진행뿐만 아니라 결말에 있어서도 정해진 양식 없이 마당
을 중심으로 하는 관객과의 소통을 통해 전개되고 있는데, 이러한 소통
속에서 연령, 성별, 나이, 이념을 넘어선 재일조선인으로서의 동질감
을 형성하고 있다. 이는 고규미의 「ウリ ハラボジ」에서도 동일하게 전
개되는 양상이라 할 수 있는데, 특히 「ウリ ハラボジ」는 재일조선인
3세대인 화자가 재일조선인 1세대인 할아버지의 이야기를 전하는 차원
에서 성립되는 공연이었던 만큼, 재일조선인의 세대 간의 단절을 넘을

---

32) 梁民基, 「いま、何が起こっているか。」, 『季刊 在日文芸 民涛』 2, 民涛社, 1988, pp.70~
77.
33) 「ウリ ハラボジ」, 『季刊 在日文芸 民涛』 5, 民涛社, 1989, pp.38~43.

수 있는 계기로 작용했을 것으로 판단된다. 이에 더해 『민도』에서는 2호에서「民衆文化運動の現在」라는 특집을 마련하여 재일조선인 민중문화 운동의 현황은 물론, 그 성과와 의의에 대해 논하는 한편, 민족·민중문화패의 공연에 대한 평론과 민족문화제 르포르타주와 같은 글 역시 게재하고 있는데, 이는 재일조선인 민중문화 운동의 장르적 기반을 확보하고자 했던 잡지의 실천을 잘 보여주고 있다.

이상의 논의를 토대로, 1980년대 민중문화 운동의 흐름과 변화 속에서 성립한 『민도』의 실천에 대해서 고찰해 보았다. 주지하는 바와 같이 『민도』는 재일조선인 사회가 맞이한 내·외부적인 격변기 속에서 활성화된 민중문화 운동을 토대로 재일조선인의 독자적인 문화적 기반을 구축하고, 이를 발전시켜나가는 과정을 통해 재일조선인 사회의 화합과 결속을 목표로 적극적인 활동을 전개한 바 있다. 이는 단순히 민중문화 운동에 대한 기사나 특집을 게재하는 것에서 그치지 않고, 그간 재일조선인 지식인을 중심으로 형성되어온 담론의 공간을 재일조선인 민중에게로 돌리는 과정을 통해 민중이 주체가 되는 문화운동의 흐름을 형성하고자 했던 것은 물론, 민중의 다양한 의견을 적극적으로 게재하고 있었다. 이는 잡지에 드러난 재일조선인 민중문화 운동에 대한 홍보나, 민중문화에 대한 강습, 학습회, 전시회, 공연 등에 관한 정보제공을 통해서는 물론, 민중문화 운동에 대한 다양한 특집기사와 평론, 르포르타주 등을 통해서도 파악할 수 있는데, 이는 당시의 시대적 요구에 대응하는 『민도』의 실천을 뚜렷하게 드러내고 있다.

5. 맺음말

이상의 논의를 통해 1970년대 이후 활발히 전개된 재일조선인 민중
문화 운동의 전개와 그 변화과정, 그리고 이러한 흐름 속에서 등장한
재일조선인 민중문예종합지 『민도』의 의식과 실천에 대해 고찰해 보았
다. 해방 이후 봉건적 유습으로 여겨져 생활개선운동의 대상이 되어
그 입지를 상실했던 재일조선인 민중문화는 1960년대 조총련을 중심
으로 하는 문화서클 운동을 중심으로 일시적 부흥을 맞이하나, 이 역시
당시의 경직된 교육과 정치적 편향성 아래서 급격히 그 힘을 잃게 된다.
이러한 상황 속에서 1970년대 한국에서 활발히 전개되었던 민중문화
운동의 흐름이 재일조선인 사회에까지 전이됨에 따라 재일조선인의
민중문화 운동에는 급격한 변화가 생기기 시작한다. 1970년대의 재일
조선인 민중문화 운동은 7.4남북공동성명 아래서 고조된 통일에 대한
열기 속에서 활성화된 민족학급과 조국의 민주화에 앞장선 한민통과
한청, 한학동과 같은 단체들의 활발한 움직임 속에서 서서히 그 기반을
다지게 된다. 그러나 당시 활발히 전개되던 이들 운동은 민주화와 통일
조국에 대한 귀속을 중심으로 하고 있었던 만큼, 그 의식적 편향이
존재했던 것은 물론, 규모에 있어서도 개인의, 혹은 소집단 규모의 문
화활동에 지나지 않았던 것이 사실이다. 그러나 이러한 흐름은 1980년
대 들어 재일조선인 사회의 내·외적인 혼란 속에서 또 다른 변화를
맞이하게 된다. 앞선 장에서 서술한 바와 같이 1980년대 재일조선인
사회의 민중문화 운동은 재일조신인의 독자적 아이덴티티의 구축이
시대적 현안으로 대두되고 있었던 당시의 상황 속에서 1970년대의 그
것과는 달리 전면적이고 대외적인, 그리고 집단적인 규모를 형성하게
되는데, 민족·민중문화패의 결성과 활동, 민족문화제의 개최 및 확산

은 이러한 민중문화 운동의 흐름을 잘 보여주고 있다. 이렇듯 점차 그 저변을 넓혀 가고 있었던 민중문화 운동의 흐름 속에서 창간된 재일 조선인 민중문예종합지 『민도』는 그간 소수의 재일조선인 지식인들을 중심으로 형성되어 왔던 담론의 공간을 넘어 재일조선인 민중이 주체 가 되는 자유로운 의견개진의 장을 형성하기 위한 다양한 노력을 전개 하는 한편, 민중문화를 토대로 재일조선인 사회의 독자적인 문화적 기반을 형성하기 위한 실천을 지속해나가게 된다. 기존의 잡지와는 달리 『민도』는 독자들의 참여를 활성화하기 위해 「자유종」, 「민민도 도」, 「독자의 소리」 등과 같은 자유기고문 코너를 활성화하는 한편, 민족·민중문화패 및 민족문화제를 위한 홍보의 공간을 마련하여 재일 조선인 사회의 적극적인 참여를 독려하고 있다. 뿐만 아니라, 당시 재 일조선인 민중문화 운동에 직접적으로 참여하고 있었던 이들의 기고문 을 통해, 민중문화 운동의 성과와 의의, 그리고 추후의 방향성까지 제 시하는 것은 물론, 민중문화 운동에 대한 특집과 기사, 평론 등을 게재 함으로써 재일조선인 민중문화 운동의 장르적 기반을 형성하고자 했 다. 이러한 『민도』의 시도는 민중문화 운동을 통해 단체 간, 계층 간의 대립을 넘어 재일조선인 사회의 결속을 다지고, 이를 토대로 재일조선 인 사회의 독자적 아이덴티티를 구축하고자 했던 재일조선인 지식인들 은 물론 민중의 고뇌와 실천을 잘 드러내고 있다 할 수 있을 것이다. 추후의 연구는 본고에서 논의한 협의로서의 민중문화 운동에 대한 고 뇌와 실천이 광의로서의 민중문화 운동으로 이어지는 흐름을 잡지의 특집과 기사는 물론, 자유기고문 등을 중심으로 살펴보고자 한다. 이를 통해, 주체로서의 민중에 대한 의미 고찰은 물론, 1987년 6월 항쟁의 성과로도 상징되는 민중문화 운동의 성과에 대해 고찰해보고자 한다.

이 글은 한국일본학회의 『일본학보』 제122집에 수록된 논문 「재일조선인 민중문화 운동과 민중문예 종합지 『민도(民涛)』-1970~1980년대의 민중문화 운동과 잡지의 실천을 중심으로」를 수정·보완한 것임.

참고문헌

국제고려학회 일본지부, 『재일코리안사전』편집위원회, 『재일코리안사전』, 선인, 2012.

임명상, 주동완 외, 『코리아타운과 축제』, 북코리아, 2015.

林茂澤, 『在日韓國靑年同盟の歷史-1960年代から80年まで』, 新幹社, 2011.

飯田剛史, 『在日コリアンの宗教と祭り-民族と宗教の社会学』, 世界思想社, 2002.

『季刊在日文芸民涛』 1号-10号, 民涛社, 1987~1990.

久保覚, 梁民基, 『仮面劇とマダン劇-韓国の民衆演劇』, 晶文社, 1981.

김웅기, 「재일코리안 민족교육을 둘러싼 정치성-1970년대 자주민족학급의 사례를 중심으로」, 『일본학』 48, 동국대학교 일본학연구소, 2019.

김태영·임영언, 「재일코리안 사회의 한통련 통일마당과 원코리아페스티벌 통일문화운동 고찰」, 『일본문화학보』 69, 한국일본문화학회, 2016.

박수경, 「재일 코리안 축제와 마당극의 의의 生野民族文化祭를 중심으로」, 『일본문화학보』 45, 한국일본문화학회, 2010.

손미경, 「오사카 재일코리안 사회와 축제-이쿠노민족문화제를 중심으로」, 『학·연·산 연구성과 교류회 및 공동 국제학술대회 자료집』 376, 전남대학교 세계한상문화연구단, 2014.

신승모, 「재일문예지 『민도』의 기획과 재일문화의 향방 서지적 고찰을 중심으로」, 『일본학연구』 43, 단국대학교 일본학연구소, 2014.

신재민, 「재일조선인 잡지 『민도』에 드러난 민중문화 운동의 실천과 양상-1980년대 한국의 민중문화 운동과의 관련성을 중심으로」, 『일본학보』 120, 한국일본학회, 2019.

심우성, 「[우리 공연문화 읽기 20: 마당극(マダン劇) I] 아리랑 고개(アリラン峠)」 『공연과리뷰』 84, 현대미학사, 2014.

양명심·김주영, 「재일문예 『민도(民涛)』 연구-『민도(民涛)』의 서지고찰과 이회성의 문제의식」, 『日本語文學』 62, 한국일본어문화학회, 2014.

양명심, 「재일조선인 문학계보의 재해석: 잡지 『민도』를 중심으로」, 『日本語文學』 68, 한국일본어문학회, 2016.

유해정, 「[판놀이]판놀이 「0아리랑 고개」 (2차 대본)」, 『실천문학』 1982, 실천문학사, 1982.

이사라, 「재일 한국인 2세 여성 무용가들의 무용 활동을 통한 정체성 형성에 관한 고찰」, 한국예술종합학교 학위논문, 2017.

이정은, 「경계의 균열, 공생(共生)의 문화변용: 민족축제 '마당'을 통해본 교토(京都) 히가시쿠조(東九条)의 역사성과 장소성」, 『사회와역사』 97, 한국사회사학회, 2013.

이지선, 「재일코리안 전통예술인의 교육 활동 – 일본 관동지방을 중심으로」, 『국악교육연구』 12, 한국국악교육연구회, 2018.

이진원, 「전후 재일코리안 청년 학생 운동의 흐름 및 성격–민단계 청년 학생운동을 중심으로」, 『일본학』 48, 동국대학교 일본학연구소, 2019.

정아영, 「재일동포사회문제와 한국사회–동화와 기민을 넘어」, 전남대학교 세계한상문화연구단 국제학술회의, 전남대학교 세계한상문화연구단, 2003.

2000년대 일본 사회 저항적 목소리의 '재생'과 문예지 『전야(前夜)』

이승진

1. 글을 시작하며

재일조선인[1] 사회와 일본 진보 세력 간 지적 교류의 기원은 전전(戰前)[2]인 1920년대까지 거슬러 올라간다. 초기 유학생이 중심이었던 재일사회는 노동자 계층이 유입되면서, 점차 조선 사회의 축소판적인 모습을 갖추어가기 시작한다. 이 시기 일본은 "국적과 언어의 공동성 속에서 성립한 국민적(대중적) 공공권을 천황제 내셔널리즘이라는 이데올로기를 통해 이념화"[3]시키는 작업에 박차를 가하고 있었다. 일본

---

1) 이 글에서는 해방 이전에 일본에 넘어간 조선인과 그들의 후손, 그리고 1965년 한일협정 이후 일본사회에 새롭게 정착한 뉴커머 모두에 대해, 한반도 출신자를 가리킨다는 의미에서 '재일조선인'이라는 명칭을 사용한다. 이 명칭은 정치적 맥락이나 의미를 배제한 것임을 밝혀둔다. 이하 표기의 편의상 '재일조선인 사회', '재일조선인 조직', '재일조선인 세대', '재일조선인 잡지'를 각각 '재일사회', '재일조직', '재일세대', '재일잡지'로 약칭하며, 인용부호는 생략한다.

2) 일본은 1945년 8월 패전 이후를 '전후(戰後)'라고 부른다. 이 글은 일본사회의 '전후' 인식에 대한 태도를 비판적으로 인식하면서 이 용어를 사용하고자 한다. 같은 맥락에서 이 글은 패전 이전을 '전전(戰前)'으로 표기할 것이며, 이하 인용부호는 생략한다.

3) 서동주, 「예술대중화논쟁과 내셔널리즘—나카노 시게하루의 예술대중화론 비판의 위상」, 『일본사상』 17, 한국일본사상학회, 2009, p.110.

사회의 공동체 의식에서 볼 때 개인 권리의 억압은 익숙한 풍경이었다. '군주주의'와 '민주주의'가 별다른 대립 없이 공존할 수 있다고 본 초기 일본 자유민권론자들의 발상에서 엿볼 수 있듯이, 민중들의 자각적인 의식 혁명에서 출발하지 못한 일본의 근대화는 뚜렷한 한계를 갖고 있었다.

1901년 사회민주당의 성립과 함께 실질적인 출발을 알린 일본의 사회주의는 1906년 일본사회당이 합법적으로 인정되면서 세를 넓혀가나, 1910년에 발생한 대역사건으로 괴멸적인 타격을 입게 된다. 이 몰락은 두말할 필요 없이 압도적인 국가 폭력의 탄압이 만들어낸 결과였다. 하지만 한편으로는 "초기 사회주의자 대부분이 신문, 잡지 등의 평론 활동"[4]을 통한 사상적 모색의 수준에 머물러 있었던 탓에, 대중적 지지 기반이 취약했던 탓도 작지 않았다. 1920년대에 들어서면서 일본의 사회주의는 빠르게 복권된다. 제1차 세계대전 이후 빈부격차와 노동인권 등 일본 사회가 노정하고 있던 여러 문제에 대한 대중들의 불만이, 마침 일본에 유입되고 있었던 공산주의 사상운동의 방향성에 동조하는 형태로 분출되기 시작한다.

하지만 일본 공산주의의 앞날은 험난했다. 천황을 정점으로 한 일본의 근대 체제에 대한 전면적인 부정을 이 사상이 담고 있었기 때문이다. 한편 공산주의 사상의 혁명성은, 식민자와 피식민자라는 입장 차이를 넘어선 이상 실현의 씨앗을 뿌리기에 더할 나위 없이 적합한 토양이기도 했다.[5] 재일사회와 일본 사회의 좌파 세력은 이내 본격적인 연대를

---

[4] 정혜선, 「일본공산당의 형성과 그 성격」, 『일본역사연구』 5, 일본사학회, 1997, p.123.
[5] 이승진은 그의 글(「재일조선인조직의 태동과 전개-1920~50년대를 중심으로」, 『일본학』 46, 동국대학교 일본학연구소, 2018, pp.46~47)에서, "이 시기의 재일조직은 사회주의 성향의 운동 조직뿐 아니라, 재일사회의 문화적 고양을 주요한 목적으로 삼았던

시작한다. 그리고 1930년대 중반 일본공산당(일공)이 궤멸되면서 멈췄던 이 관계는 전후(戰後) 공간에서 유사하게 복원된다. 이번에는 연합국 사령부(GHQ)로 대변되는 미국과의 대치 국면 앞에 나란히 서게 된 것으로, 이들에게 전후는 미지의 가능성과 시련이 공존하는 시간이었다.

주지하다시피 사상의 역사는 분열의 역사이기도 하다. 전후 일본은 1970년대에 각각의 정치 진영 내 가치 경합을 통해 신좌익과 신우익과 같은 새로운 사상 흐름을 만든 한편, 2000년대에는 미디어 환경의 변화와 기술 진보의 암부에 기생하는 넷좌익과 넷우익 같은 변종 사상의 출현을 낳기도 한다. 특히 신우익과 넷우익의 연합 속에서 진행되어온 일본의 급격한 우경화는, 정치, 경제, 사회, 문화 전반에 걸쳐 제국 시대로의 향수를 자극하고 있다.

이 같은 분위기 속에서, 2004년 한 잡지가 출발을 알린다. "문화를 통한 저항"을 표방하면서 등장한 『전야(前夜)』(2004~2007)가 그것이다. 문화, 예술, 사상을 망라하는 종합문예지적 성격을 띤 이 잡지는, 일본의 진보적 지식인만이 아니라 다수의 재일조선인이 필진으로 참여하여 영역을 횡단하는 비평을 추구한다. 이들에게 2000년대의 일본은 그 옛날 사회주의 혁명을 꿈꾸던 이상주의자들 앞에 놓여 있던 모순투성이의 모습과 크게 다르지 않았다. 아베 정권을 지지하는 주요 정치세력인 '일본회의(日本會議)'가, 노골적으로 전전 체제로의 복귀를 주창하는 것은 오늘날 일본에서 일상적 광경이 된 지 오래이다.

『전야』에 대한 학술적 연구는 한일 양국에서 지금까지 전무하다.

단체에서, 친일성향의 단체에 이르기까지 다양하게 존재했다. 그럼에도 불구하고 사회주의 계열의 재일조직이 그 대표성을 획득할 수 있었던 것은 재일조선인이 일상적으로 직면하는 계급 불균형과 같은 자본주의의 부조리를 이 이념이 정면으로 겨냥하고 있었기 때문이다"라고 언급하고 있다.

잡지가 종간한 2007년 이후 일본 사회가 점점 더 우경화되고 있는 모습을 감안하면, 이 잡지가 제기한 첨예한 이슈들에 대한 고찰이 지금까지 부재하는 현실은 매우 아쉽다. 더욱이 『전야』는 일본의 진보적 지식인이 발행 주체가 되어, 잡지라는 공간 속에서 재일사회 구성원과 교류를 이어온 흐름의 연장선에 위치하고 있기도 하다. 재일잡지사의 시야에서 이 잡지를 해석할 수 있는 여지가 여기서 발생한다. 이 글은 재일사회와 일본 사회의 진보적 가치 공유 양상을 몇몇 잡지의 사례와 함께 부감할 것이다. 나아가 일본 신사상의 탄생 맥락을 짚고, 『전야』의 창간을 추동한 시대 상황과 잡지의 전반적인 지향점을 특집 주제를 중심으로 살펴본다. 다만 이 글은 『전야』라는 잡지 연구의 시작점에 위치한다. 세밀한 게재 글 분석 및 다양한 미디어분석 방법론을 이용한 해석은 향후의 과제로 남겨 둘 것임을 밝혀 둔다.

2. 진보적 문화 교류의 전개와 잡지 미디어

전후 일본의 사회주의 세력은 빠르게 복권된다. 사상범으로 투옥되었던 활동가들이 석방되고, 전향했던 인사들이 돌아오면서 사회주의 세력 전반에 걸친 운동이 재가동된다. 재일사회 또한 비슷한 환경에 놓여 있었다. 다양한 단체들이 난립하면서 출발한 재일사회는 우파 조직을 배제한 재일본조선인연맹(조련)을 빠르게 출범시키고, 자국민의 귀국과 체계적인 생활 지원으로 활동을 시작한다. 초기의 GHQ는 이들 사회주의 세력 모두에게 해방군이었다. 해방 국민에 대한 GHQ의 대우는 호의적이었고 미묘한 온도 차이가 있었다고는 하나,[6] GHQ를 향한 좌파 세력들의 태도 역시 대체로 유화적이었다. 주지하다시피

이 관계는 길게 유지되지 못한다. 냉전 체제가 고착화되는 과정에서, 그 최전선인 동아시아에서 양 세력 사이의 사상적 대립은 심화될 수밖에 없는 운명이었기 때문이다.

한편 전후 공간에서 잡지 매체는 일상의 전 영역에 걸쳐 영향력을 발휘하는 유력한 공론의 장이었다. 일찍이 프롤레타리아 문화운동을 함께 전개했던 조련과 일공의 구성원들은 이내 일본 사회의 현황과 전망을 둘러싼 담론을 잡지를 중심으로 개진하기 시작한다. GHQ와의 대립이 격화되면서 재일사회와 일본 사회의 좌파 세력 간 사상적 연대의 복원이 시급한 과제로 떠오르게 되었을 때, 잡지는 가장 손쉬운 문화 교류의 수단이었다.

> 『민주조선(民主朝鮮)』이 발간된 지 얼마 안 되어, 김달수(金達寿), 허남기(許南麒), 이은직(李殷直) 등이 신일본문학회(新日本文学会)의 회원이 된다. 이때부터 『근로자문학(勤労者文学)』, 『문학시표(文学時標)』, 『붉은 깃발(アカハタ)』, 『인민문학(人民文学)』 등 일본인이 발행한 매체에 이들은 자신의 글을 활발히 발표하게 된다.[7]

----

6) 전후부터 1950년대 중반 무렵까지 GHQ에 대한 태도에는 일공과 사회당, 그리고 좌파 조직을 지지하는 재일사회 사이에 조금씩 다른 온도차를 보인다. 이에 대한 내용은 이승진의 연구(「전후 재일잡지미디어 지형과 재일사회–1959년까지의 태동기를 중심으로」, 『韓日民族問題研究』 35, 韓日民族問題學會, 2018)에서 자세히 다루고 있다. 그 내용을 범박하게 정리하면, GHQ에 대해 가장 먼저 대립적인 태도를 보인 세력이 재일사회였으며, 사회주의 세력에 대한 GHQ의 탄압이 노골화되자, 일공도 이에 대응하여 대립적인 입장으로 돌아선다. 앞의 두 세력이 1950년대 초반까지 실력 투쟁을 마다하지 않았던 것에 비해, 일본의 사회당은 의회주의를 지지하면서 가장 유화적인 투쟁 방식을 관철한다.

7) 宋恵媛, 『「在日朝鮮人文学史」のために–声なき声のポリフォニー』, 岩波書店, 2014, p.137.

일본의 패전 후 일본 사회를 대표하는 문인과 사상가 다수가 모여 사회주의 운동의 결집체를 결성한다. 1945년 12월 창립된 '신일본문학회'가 그것이다. 이 단체는 『신일본문학(新日本文学)』(1945~2005)을 발행하면서, 일본의 사회주의를 폭넓게 수렴할 수 있는 문화적 공론장을 모색한다. 그에 반해 『인민문학(人民文学)』(1950~1954)과 그 후속지인 『문학의 친구(文学の友)』(1954~1955)는 일공이 1950년대를 전후하여 폭력혁명으로 노선을 전환하던 때에, '신일본문학회'의 조류에 반발한 일공의 주류 세력이 이탈하여 만든 잡지였다. 일본 사회주의 세력 내의 다양한 분화와, 일공의 조직 방침을 둘러싼 내부의 태도 차이에 따라 실로 다양한 좌파적 입장들이, 다채로운 잡지로 표출된 시기가 1940·50년대였던 것이다. 그리고 위의 인용에서 엿볼 수 있듯이, 사회주의 사상에 친화적이었던 재일사회의 많은 구성원들은 이 같은 정치적·문화적 지형 변화에 민감히 반응하면서 다양한 일본 잡지와 긴밀한 관계를 쌓아간다.

물론 이 교류는 쌍방향에서 이루어진 것이었다. 가령 『신일본문학』과 거의 같은 시기에 발행되기 시작한 『민주조선(民主朝鮮)』(1946~1950)』은 '신일본문학회' 소속의 일본 지식인 다수가 글을 발표하는 공간이기도 했다.[8] 그리고 1950년대 초반 일본 사회를 휩쓸었던 전무후무한 기록 운동을 맞아서는, 『진달래(ヂンダレ)』(1952~1958)로 대표되는 다양한 재일 서클잡지가 동시기 발행된 수많은 일본 서클잡지와 교류를

----

8) 송혜원은 위의 글(『「在日朝鮮人文学史」のために-声なき声のポリフォニー』, p.137)에서 "일선에서 활약하고 있었던 일본 문학자들이 기고와 좌담회 참가와 같은 형태로 협력을 아끼지 않은 점도 『민주조선』의 성공에 크게 기여했다. 일본어 사용의 의의를 적극적으로 인정한 데에 『민주조선』의 최대의 특징이 있었고, 그로 인해 『민주조선』은 일본인의 이해와 지지를 받을 수 있었다"라고 기술하고 있다.

이어간다.[9] 요컨대 전후부터 1950년대 무렵까지 두 세력 사이의 문화 교류에서 사회주의 사상 운동이 핵심적인 동력으로 작용하고, 그 전파 체로서 잡지가 중요한 역할을 맡은 것으로, 이는 일찍이 프롤레타리아 문화운동의 공조에서도 목격할 수 있는 풍경이었다.

하지만 이 같은 모습은 1950년대 중반 재일본조선인총연합회(총련) 결성을 전후하여 두 세력의 정치 노선이 엇갈리면서 급격한 변화를 맞이한다. 총련은 북한 정권의 방침을 그대로 수용하는 조직으로 변질 되고, 일본 정부에 대해서는 적대적인 태도를 유지한다. 반면 일공은 사회주의에 대한 일본 대중들의 지지가 사회당으로 옮겨갈 수 있다는 위기감 속에서 온건한 정치 운동 방침으로 선회한다. 그로 인해 "재일 조직과 일공과의 사상적 연계, 그리고 그 연장선에서 이루어진 문화교 류 역시 급속히 축소"[10]될 수밖에 없었고, 이는 재일사회와 일본 사회 교류의 축이 조직이 아닌 민간 영역으로 이동해야 함을 의미했다. 그리 고 일상과 정치를 포함하는 다양한 분야에서 일본 사회와의 접촉면을 확대하고자 하는 문화 수요가 총련의 강력한 권위에 억눌려 있는 상황 에서, 그나마 그 역할을 담당할 수 있는 존재가 현실 정치 운동과 일정 부분 거리를 둔 일본의 진보적 지식인들이었다.

1960년대에 들어 조선 문제를 전문적으로 다루려는 일본의 진보적 지식인 집단이 등장한다. '일본인에 의한 일본인의 입장에 선 조선연 구'를 표방하면서, 재일조선인과 남북한의 다양한 이슈를 폭넓게 이해

---

9) 『「在日」と50年代文化運動-幻の詩誌『ヂンダレ』『カリオン』を読む』(人文書院, 2010)를 포함한 다수의 서적과 논문들이 '50년대 일본의 문화운동'과 재일문화의 연관성에 대 해 다루고 있다.

10) 이승진, 「전후 재일잡지미디어 지형과 재일사회-1959년까지의 태동기를 중심으로」, 2018, p.119.

하기 위해 설립된 '일본조선연구소(日本朝鮮硏究所)'가 그것이었다. 이 연구소는 『조선연구월보(朝鮮硏究月報)』를 발행하면서 활동을 시작한다. 이 단체 이전에 '조선문제연구소(朝鮮問題硏究所)'(1952년 설립)가 일찍이 존재하기는 했으나, 이 조직은 일공 내 민족대책부(민대)에서 총련으로 이어지는 과정에서 활동한 산하 단체였고, 따라서 이들이 발행한 『조선문제연구(鮮問題硏究)』와 『월간 조선자료(月刊 朝鮮資料)』는 기관의 정치 선전을 위한 내용으로 편중되어 있었다. 그에 비해 『조선연구월보』는 일본의 민간 학자가 중심이 되어, 일련의 정치 지형과 거리를 둔 문화 교류를 지향하면서 출발한다.

> 이들 잡지의 발행 주체는 1961년 설립된 이후 일본의 입장에서 한국과 북한의 정치, 경제, 사회, 문화 등의 제 문제를 지속적으로 다뤄온 '일본조선연구소'였다. 그 구성원은 우쓰미 아이코(內海愛子), 가지무라 히데키(梶村秀樹), 사토 가쓰미(佐藤勝巳) 등 당시 일본에서 조선 관련 연구를 대표하는 학자들이 망라되어 있었고, 일본 국적을 취득한 재일조선인을 변절자라며 입회를 거부한 사례에서 추정할 수 있듯이 재일조선인 회원도 상당수 포함되어 있었다.[11]

이 단체가 지향한 것은, "어떠한 정치적 입장에 치우치지 않은, 공평하고 절도 있는"[12] 태도를 통한 공론장의 구축이었다. 비록 일본인이 주도적으로 조선 관련 문제를 다룬다는 점에서 시종일관 조심스럽게 의견을 개진한 측면이 없지는 않았으나, 훗날 '제3의 길 논쟁'의 단초가

---

11) 이승진, 「1960~80년대 재일잡지미디어 지형과 재일문화」, 『일본문화학보』 81, 한국일본문화학회, 2019, p.37.
12) 「잡지명 변경을 맞아(改題に当たって)」, 『현대코리아(現代コリア)』 239, 1984.04, p.1.

되는 재일조선인의 시민권 문제를 주저 없이 제기할 만큼 도전적인 논쟁의 장이기도 했다.[13] 이 연구소가 1962년 1월 창간한『조선연구월보』는 29호까지 나온 후,『조선연구(朝鮮研究)』로 잡지명을 변경하여 1987년까지 총 238호가 발행된다. 이후 다시『현대코리아(現代コリア)』로 이름을 바꾸어 2007년까지 총 476호까지 발행을 이어갔고, 이 무렵 단체명 역시 '현대코리아연구소'로 변경한다.[14] 그리고 2007년 종이 잡지 발간을 중단한 이후부터는 인터넷 상에서 관련 연구를 발표하는 담론장의 형태로 단체 활동에 변화를 주기도 한다. 한반도 및 일본의 정세와 재일사회 내부의 분화, 그리고 미디어 환경의 진화에 맞추어 잡지의 틀과 내용을 빠르게 변화시키며, 이 연구소는 오늘날까지 일본의 대표적인 조선 관련 연구 단체의 위상을 유지하고 있다.

'일본조선연구소'보다 조금 앞선 1959년 '조선사연구회(朝鮮史硏究會)'가 만들어진다. 이 단체는 "종래의 조선사 연구의 성과를 비판적으로 승계하고, 새로운 조선사학 발전을 도모"[15]하기 위한 목적에서 설립된 모임이었다. 아오야마 기리노리(青山公亮), 하타다 시게오(畑田重夫) 등 일본 유수의 역사학자와 정치평론가만이 아니라, 강덕상(姜德相), 이신희(李進熙) 등 재일사회를 대표하는 역사학자들과 함께 발걸음을

---

13) 문경수는 그의 책(文京洙·水野直樹『在日朝鮮人 - 歷史と現在』, 岩波書店, 2015, p.199)에서,『조선연구』172에 실린「자립된 관계를 지향하며(自立した関係をめざして)」(内海愛子·加藤晴子·佐藤勝巳·谷口智彦·和田純, 1977)라는 글에 대해 "이 주장이 동화도 본국지향도 아닌 제3의 길, 즉 민족성을 유지하면서도 일본에서의 시민적 권리 획득을 중시하는 주장으로 무겁게 받아들여져, 그 반향이 작지 않았다"라고 설명하고 있다.

14) 재일코리안사전(国際高麗学会日本支部,『在日コリアン辞典』編集委員会 編,『在日コリアン辞典』, 明石書店, 2010, p.260)에 의하면, 잡지명을 바꾼 2년 후에 '일본조선연구소'에서 '현대코리아연구소'로 단체명을 변경했다.

15) http://www.chosenshi.gr.jp/index.html

뗀 '조선사연구회'는, 창립년도부터 『조선사연구회회보』(朝鮮史研究会
会報)를 발행하면서 활동을 시작한다. 또한 연구자 중심의 심도 있는
학문장을 지속적으로 모색하기 위한 목적에서, 1965년부터는 매년
1~2회씩 논문집을 펴내기도 한다. 더불어 1986년부터는 『입문·조선
의 역사(入門·朝鮮の歷史), 『전후 일본 조선사 문헌 목록(戦後日本におけ
る朝鮮史文献目録)』(1994) 등 조선의 역사 관련 서적 출판에도 힘을 기울
이는데, 전문적인 연구 교류를 통한 한일 양국의 우호 증진에 여전히
노력을 다하고 있다.

그런데 1970년대에 들어서면서, 사회주의 계열로 치우쳐 있었던 재
일사회의 정치 지형에 서서히 변화가 찾아온다. 북한으로의 귀국 운동
과 한일협정을 거치면서, 균형 잡힌 재일사회 내지는 한반도에 대한
이해가 재일사회와 일본사회 양쪽에서 요구되기 시작한 결과였다. '조
선문제연구회(朝鮮問題研究会)'는 이러한 분위기 속에서 "회사원, 공무
원, 주부와 같은 일반인"이 모며 1974년 "근현대 조선의 정치, 사회,
문화 등의 문제를 자유롭게 연구"[16]하기 위해 성립된 모임이었다. 이
단체는 창립 후 바로 『해협(海峽)』을 발간하면서 왕성하게 활동을 전개
한다. 다만 구성원의 면면을 살펴보면, '일본조선연구소'에서도 활동
한 오자와 유사쿠(小沢有作), 마세기 히사오(欄木寿男), 히구치 유이치(樋
口雄一)를 비롯하여, 임전혜(任展慧)와 박경식 등 당대의 재일 관련 연구
자들이 다수 포함된 전문적인 연구 집단에 가까운 단체였다.

'조선문제연구회'에서 활동한 인원 중 상당수가, 1977년 12월 만들어
진 '재일조선인운동사연구회(在日朝鮮人運動史研究会)'에 참가한다. 이
단체는 민족학교와 '조선연구소' 같은 총련계 단체에서 주로 활동하며,

---

16) 『해협(海峽)』 창간사, 1974, p.12.

1950년대부터 "우리 역사에 대한 일본학계의 왜곡된 시각을 비판하고, 민족사관을 관찰하는 작업"[17]을 이어온 박경식이, 1970년대 초반 조직과 결별하고 조성한 모임으로, 이후 『재일조선인사연구(在日朝鮮人史研究)』라는 잡지를 매년 1, 2회씩 간행하면서, 재일조선인운동사에 특화된 연구 활동을 펼쳐간다. 이 단체의 중심이었던 박경식은 1987년 다수의 일본 학자들과 함께 만든 '아시아문제연구소(アジア問題研究所報)'의 대표 발기인으로 참여하기도 하는데, 『아시아연구소보(アジア問題研究所報)』의 창간호의 설립 취지에서, 그는 "아시아 각국의 국민들의 상호 이해를 한층 더 촉진하고, 친선과 우호, 세계의 항구적 평화에 기여"[18] 하고 싶다고 소회를 밝힌다. 1980년대부터 가속화된 일본 사회의 다문화·다민족 환경에서 재일조선인의 역사를 넘어선 연대로 그의 시야가 향하고 있었음을 엿볼 수 있는 대목으로, 이는 재일사회의 변화를 함축하는 것이기도 했다.

한편 1990년대에 들어 일본 출판 시장은 '잡지불황'에 직면해 있었다.

> 전체적인 매출 저하 중에 잡지 매출의 감소폭이 두드러진다. 서적의 감소폭이 적다는 사실을 고려할 때 '출판불황'이라고 불리는 실체는 '잡지불황'을 가리킨다고 할 수 있다.[19]

이 시기 대중문화를 제외한 모든 영역에서 서적 판매가 타격을 받게 된다. 수많은 잡지들이 종간하거나 혹은 인쇄 매체가 아닌 인터넷 공간

---

17) 최영호, 「박경식 선생님을 추모하며」, 『한국민족운동사연구』 18, 한국민족운동사학회, 1998, p.310.
18) 박경식, 「아시아문제연구소 설립 취지」, 『아시아연구소보(アジア問題研究所報)』, 아시아문제연구소, 1987.03.
19) 藤竹暁, 『図説 日本のメディア』, NHK出版, 2012, p.123.

으로의 이행을 도모하는 등 타개책 찾기에 내몰리게 된 것인데, 특히 중소형 출판사가 발행하는 인문 영역 잡지들의 위기는 심각했다. 이러한 상황은 그동안 잡지를 중심으로 전개해온 재일사회와 일본 사회 문화교류 공간의 축소를 불러온다. 가령 1990년대에 '재일조선인연구회(在日朝鮮人硏究会)'와 그 후신인 '코리안·마이너리티 연구회(コリアン·マイノリティ硏究会)'와 같은 모임이 설립되어, 일본 사회 마이너리티와의 연대 모색을 지향한 잡지를 발간하나 이내 사라진다. 중소형 출판사가 발행해온 전통 있는 문예잡지들마저 종간되는 상황에서, 새로운 잡지가 나타나도 오랫동안 지속되지 못하는 상황이 재일잡지 시장에 고착화된다. 대형 출판사의 문예 잡지가 진보적 이슈마저 독점하면서, 진보 매체의 스펙트럼이 축소되는 흐름은 재일사회와 일본 사회 양쪽에서 이미 돌이킬 수 없는 현상이었다.

여기에 1990년대 무렵부터 가속화된 일본 사회의 우경화는 이 같은 상황에 기름을 붓고 있었다. '잡지불황'에 직면한 메이저 잡지가 상업성을 추구하면 할수록, 『세카이(世界)』와 같은 진보 매체들의 자기 검열 요구 또한 예외 없이 강화된다. 독자 환경 전반이 오른쪽으로 치우친 상황에서, 독자층의 확대는 진보 이슈를 희석시키는 방향으로 모색될 수밖에 없기 때문이다. 그리고 이는 1920·30년대 정치와 밀착한 거대 자본이 대중문화를 포섭하면서, 사회주의 이념을 대중들로부터 유리시켰던 기억, 즉 정치권력과 자본 구조, 그리고 그에 연동한 문화 환경의 편중이라는 유사한 광경이, 1990년대 이후 일본 사회에 재현되기 시작했음을 의미했다. 위기는 기억을 상기시키고, 기억은 연대를 불러온다. 진보적 목소리의 '재생'은 이러한 절박함이 만들어낸 움직임이었다.

3. 신(新) 사상운동의 태동과 『전야』의 창간

1960년대 재일사회의 경색된 문화 환경은 기존 기관지 성격의 잡지 내용과 범위의 급격한 축소를 불러왔다. 재일사회와 일본 사회의 잡지 간 문화 교류도 벽에 부딪힌다. 총련이 강력한 영향력을 유지하고 있는 가운데, 일본어 표현에 대한 부정적인 이미지와, 해당 행위자라는 낙인을 감당하면서까지 발언을 강행할 수 있는 문화 담당 층은 재일사회에서 소수에 불과했다. 총련에서 이탈한 이들 또한 한동안 잡지 창간을 시도하기 어려웠다. 조직의 노골적인 방해를 제외하더라도, 잡지 발간에 필수적인 물적, 인적 자원을 민간 영역이 조달해본 경험이 매우 적었기 때문이다. 이 틈새를 메워 준 것이 앞서 언급한 '일본조선연구소'와 '조선사연구회'와 같은 존재였다. 이 단체들은 일본 근대 역사에 대한 비판적인 입장에서 조선 관련 이슈를 다룬다는 점에서 진보적 태도를 취하나, 사상적 실천성을 주요한 목적으로 하지 않는다는 점에서 평화주의적 입장에 서 있는 지적 결합체에 가까웠다. 상대적으로 온화한 지적 교류와 탐구를 지향하는 인사들이 주요 구성원이었던 이유로, 이들의 시야는 정치 운동과 일정 부분 거리를 둔 이상주의적 사회 모델을 향해 있었다.

그런데 이들이 활동을 시작한 1960년대는 일본에서 신좌익이 태동한 때이기도 했다. 신좌익은 "일공의 스탈린주의를 비판하고, '싸우지 않는 기성 좌익'에 반발하여 대두한 세력"[20]이었다. 1960·70년대 일본의 인보투쟁과 학원분쟁에서 엿볼 수 있듯이, 신좌익은 자신들이 꿈꾸

---

20) 조관자, 「일본 신좌익의 전후민주주의 비판과 '조반 운동'」, 『일본사상』 34, 한국일본사상사학회, 2018, p.325.

는 혁명을 위해 실천적인 폭력 투쟁을 마다하지 않았다. 하지만 일본 역사에서 사회주의 세력의 실력 투쟁이 성공한 기억은 전무하다.

> 대중은 전공투의 이념적 명분에 공감하고 집단행동의 즐거움을 공유하면서 참가했다. 정치에 무관심했던 대학생과 대학원생도 사학 비리에서 촉발된 학원투쟁에 참가했고, '고교전공투'와 '낭인공투'도 생겨났다. 유희성은 헬멧과 마스크를 착용하고, 바리케이드를 치며 각목을 든 새로운 집단 패션과 운동 스타일에서도 나타난다.[21]

일본 시민들은 사회적 모순을 날카롭게 파고들어 기성 체제에 반발하는 이들의 행위를 '유희'로 받아들여 환호하다가도, 폭력 투쟁이 일정 선을 넘으면 빠르게 지지를 회수하는 양면성을 가지고 있었다. 투쟁에 몰입될수록 유희와 폭력을 가르는 경계는 불분명해진다. 유희가 주는 중독성에 마비되어 있던 사회주의 세력은, 분파 간 알력이 심화되자, 기성 체제가 아닌 내부를 향해 폭력을 휘두르는 추락을 겪게 된다.[22] 신념의 변질을 바라보는 대중들의 실망감은 이루 말할 수 없었다. 현대 일본 사회의 현실 정치 영역에서, 진보 사상의 혁명성을 바라보는 시민들의 환상은 이 시기에 상당 부분 깨져버렸다고 할 수 있다.

한편 총련 발행 기관지는 오로지 주체사상을 선전하기 위한 수단으로, 표현 언어와 내용 양쪽에서 완전히 확장성을 상실해 있었다. 반면 군사독재정권에 대한 여전한 비판 여론에도 불구하고, 남한에 대한 재일사회의 관심도는 지속적으로 고조된다. 과거보다 훨씬 더 복잡하

---

21) 조관자, 「일본 신좌익의 전후민주주의 비판과 '조반 운동'」, 『일본사상』 34, 한국일본사상사학회, 2018, pp.327~328.

22) 대표적인 사건이 '연합적군'파가 일으킨 아사마 산장 사건이다. 1972년 12월부터 약 2개월간, 29명의 적군파 대원 중 12명이 집단 구타와 동사, 그리고 질식사로 희생되었다.

고 다층화된 구도 속에 재일사회가 놓이게 되자 여론 형성의 주도권 또한 민간으로 서서히 옮겨간다. 물론 좌파 사상에 대한 재일사회의 친밀감은 여전했다. 다만 신좌익운동에서 보이는 과열 양상은 거꾸로 레닌주의가 천명해온 폭력혁명론이 유효 기간을 상실했음을 재일사회의 구성원들에게 각인시키는 계기로도 작용한다. 더불어 재일사회는 정주화 이후 '민족주의'의 약화라는 보다 본질적인 과제에 직면해 있었다. 게다가 이 문제는 세대를 더하면서 더욱 더 심화될 수밖에 없었다. 신좌익의 영향력이 재일사회에 비교적 제한적으로 미친 이유가 여기에 있다. 이는 『삼천리(三千里)』(1975~1987), 『민도(民涛)』(1987~1990), 『청구(青丘)』(1989~1996)와 같은 대표적인 재일 공론장에서, 제도, 정치, 역사 등에 대한 이론적 탐구를 새로운 재일의식이라는 화두와 적극적으로 접목시켜가는 모습에서도 확인되는데, 시간이 흐를수록 사상의 주창은 재일잡지의 주요 관심사에서 급격하게 그 지위를 상실해 간다.

그런데 1990년대를 거치면서 일본 사회는 가파르게 우경화의 길로 접어들고 있었다.

> 1990년대는 일본 사회의 큰 변혁기였다. 냉정 체제 붕괴 후 자민당은 55년 체제 이후 처음으로 야당에게 정권을 빼앗겼다. 경제적으로도 버블 경기의 붕괴로 본격적인 불황기에 접어들었다. '일본군 위안부' 논쟁으로 발표된 '고노담화'는 보수 세력에게는 큰 충격이었다. 일본군 위안부를 공식적으로 인정하고 사과한다는 것은 일본이 나치와 같은 '전범 국가'가 된다는 것을 의미한다. 보수 세력에게 있어서는 결코 받아들일 수 없는 사건이었고 위기의 순간이었다. 이때 보수 세력들이 들고 나온 것이 '역사수정주의'이다.[23]

---

23) 강기철, 「일본 혐한 현상에 대한 비판적 분석」, 『일본문화학보』 85, 한국일본문화학

전후 체제를 둘러싼 기존 좌파의 대응 방식에 대한 불만에서 신좌익이 잉태되었다면, 정확히 같은 논리에서 "정책운동과 연구회 등 기존과 다른 방식"[24]을 추구하면서 신우익이 등장한다. 이들이 겨냥한 '기존'이란, 사회주의 사상만이 아니라 친미적 입장의 정통 보수를 함께 아우르는 것이었다. 한편으로는 신좌익의 혁신운동에 대항하고, 다른 한편으로는 전전 천황제로의 복귀[25]와 반미적 입장의 자주 국가로의 전화[26]을 지향하는 새로운 열망이 1970년대에 발아하여, 1990년대에 실질적인 열매를 맺기 시작한다.

신우익이 만들어낸 흐름은 정치, 교육, 문화 전반에서 일어난 것이었다. 예컨대 강기철은 1990년대 초반에 일본에서 기지개를 편 역사수정주의 운동의 내용이 전혀 새로운 것이 아님을 지적하면서, "다른 점은 역사 논쟁의 주체가 확대된 점과 이들의 주장을 받아주는 미디어의 존재가 많아졌다는 사실이다"[27]라고 부연한다. 또한 스가노 다모쓰는

회, 2020, p.23.

24) 석주희, 「신우익의 등장과 '일상적 내셔널리즘'의 탄생」, 『민족연구』 75, 한국민족연구원, 2020, p.70.

25) 신우익을 대표하는 일본회의는, '일본을 지키는 국민회의'와 '일본을 지키는 모임'이 통합하여 설립된 단체이다. 아오키 오사무의 책(아오키 오사무, 『일본회의의 정체』, 이민연 역, 율리시즈, 2017)에 따르면, 전자인 '일본을 지키는 국민회의'는 "1981년 탄생했는데, 이른바 '원호법제화 운동(일본의 공식연호를 기록방법으로 법제화하려는 운동)'(p.21) 등을 추진한 단체를 발전시키고 개편한 것"이고, 후자인 '일본을 지키는 모임'은 "생장의 집이라는 신흥종교와 신도계 종교단체가 전쟁 후 일본 우파 운동의 원류"(p.25)로 자리 잡은 것으로, 두 단체 모두 전전의 '천황제'에 사상적 지향점을 두고 있음이 명확하다.

26) 조관자는 그의 글(「일본인의 혐한의식」, 『아세안연구』 59(1), 고려대학교 아세안문제연구소, 2016, p.258)에서, "'넷우익' 또는 '신보수'는 패전국가의 규범을 준수하고자 했던 친미적 보수주의와 달리, 1990년대 후반부터 전후 레짐의 탈각을 시도해온 새로운 보수적 흐름을 총칭한다"라고 설명하고 있다.

27) 강기철, 「일본 혐한 현상에 대한 비판적 분석」, 『일본문화학보』 85, 한국일본문화학

우파 미디어 간의 관련성에 대해 다음과 같이 설명한다.

> '넷우익'이라는 말에서 보듯, 확실히 그들은 인터넷 사이트를 정보
> 출처로 삼는 경우가 많다. …… 하지만 그 근원인 인터넷 글을 자세히
> 살펴보면, 개인들이 제멋대로 떠들어대는 망상이거나 떠오르는 대로
> 써놓은 것도 있는 반면, 대부분은 '출처'가 붙어 있는 것들이다. 그리고
> 그런 '출처'는 대부분 『세론』『Will』『레키시쓰우(歷史通)』 같은 '보수
> 잡지'이다.[28]

1990년대 초반 '위안부' 문제의 의제화[29]와 '고노 담화'에 대한 반발
이, 정치 권력의 차원에서는 1994년 선거구제 개편을 통한 우파에 유리
한 정치 지형 구축으로 가시화된다. '자학사관'을 부정한다는 명분 아래
'새로운 역사 교과서를 만드는 모임(새역모)'가 만들어지고, 강력한 정
치·종교 결사체인 '일본회의'가 연이어 설립된 것도 1990년대 중반이
었다. 문화계에서는 보수 잡지의 창간이 줄을 잇고, 여기서 기인한 편
향된 정보가 '2채널' 같은 인터넷 게시판에 공유되면서 '특정아시아
인'[30]과 같은 멸칭어의 탄생을 부추긴다. 때마침 발생한 북한의 대포동
미사일 발사와 일본인 납치 문제의 부상, 그리고 일본 대중들이 2002년
한일월드컵에서 목도한 한국의 반일 감정은, 우익 세력에게 역사의

회, 2020, p.23.

28) 스가노 다모쓰, 『일본 우익 설계자들』, 우상규 역, 살림, 2017, p.9.

29) 하종문은 그의 글(「넷우익을 통해 본 일본 우경화의 정치 동학」, 『일본비평』 10(1),
서울대학교 일본연구소, 2018, p.256)에서, "1991년 8월 14일 김학순은 기자회견에서
자신이 일본군 '위안부'였다는 사실을 증언했다. 그의 나지막한 외침은 점차 한일관계
의 기저를 뒤흔드는 강령한 의제로 바뀌었다"라고 서술한다.

30) 일본 위키피디아에 따르면, 특정아시아인은 중국, 한국, 북한을 지칭하는 표현으로
"아시아제국 중 반일적인 태도를 취하는 국가"를 가리킨다.

가해자 입장에서 벗어날 절호의 소재였다. 증오의 감정을 마음껏 드러낼 수 있는 일본 사회의 분위기 속에서 넷우익으로 상징되는 인종주의가 탄생하는 것은 오히려 필연적인 결과였다. '혐한' 현상을 단순하게 한반도 출신자에 대한 차별 의식이 아닌, 전후 일본의 민주주의 체제를 수정하려는 신우익의 현재진행형 기획으로 봐야 하는 근거가 여기에 있다. 반면 일본의 좌파 세력에게는 이 같은 움직임에 대항할 방법이 거의 남아 있지 않았다. 일공의 정치력은 신좌익 운동의 몰락으로 일찍이 치명타를 입은 상태였다. 게다가 "평화적 원칙과 이념을 지지하던 여론과 연동하여 정치적 영향력을 확보"[31]해온 사회당의 몰락은, 이전보다 훨씬 더 보수색이 강한 정치 지형[32]의 구축을 야기한다.

특히 1990년대 출판 시장에 찾아온 불황은, 상대적으로 독자층이 협소한 진보 매체에 훨씬 큰 타격을 입히면서 문화 전반에 걸쳐 우경화를 가속화시킨다. 이러한 상황은 일본 매체와 재일 매체가 공통되게 직면한 현실이었다. 1990년대를 거치면서 재일문화인조차 일본 매체를 주요한 발언 창구로 삼는 현상마저 일어날 정도로, 공론장으로서 재일잡지의 역할 상실과 지위 하락은 심각했다. 일본 진보 매체 또한 정치적 편향이 문화 지형에 그대로 반영되는 현실 앞에서 조금씩 대중들로부터 소외된다. 하지만 2000년대에 들어서도 멈출 줄 모르는 배외주의의 만연은 그 반대 목소리를 빠르게 소환하기도 한다. 여성, 재일

---

31) 무라마쓰 미치오, 『일본의 정치』, 조규철·김웅희 역, 푸른산, 1993, p.111.
32) 이단비는 그의 글(「일본의 자위대 해외파병 정책결정과정 연구: 의회 내 정당 간의 역학관계를 중심으로」, 서울대학교대학원 석사학위논문, 2020, p.26)에서, "평화적 색채를 강하게 띠고 있던 거대 정당이 쇠퇴하고 중도보수 성향의 민주당이 새롭게 창당되어 제1야당으로 거듭나자 이념적, 정책적 분열이 양극화되었던 보수와 혁신의 대결이 무색해지고 일본의 국내정치가 보수와 새로운 보수의 대결로 변화하였다"라고 지적하고 있다.

조선인, 마이너리티의 입장에 천착한 진보적 지식인들의 연대 움직임이 다시금 꿈틀거리기 시작한 것이다. 문화적 발언의 균형 회복을 위해 창간한 문예지 『전야』는, 일본 사회와 재일사회의 진보적 시민들의 위기의식과 새로운 열망의 틈새에서 찾아온 것이었다.

4. 문화를 통한 저항의 '외침', 『전야』

2001년 9월 전 세계에 충격을 안긴 9.11테러는, 냉전체제 이후 도래할 신 세계질서가 또 다시 전쟁과 폭력으로 얼룩질 것임을 예고하는 사건이었다. 같은 해 11월 고이즈미 총리가 이끄는 자민당은, 공명당, 보수당과 공조하여 '테러방지특별법'을 통과시킨다. 1990년대부터 진보적 야당의 평화주의 노선에서 이탈해 있었던 민주당은, 이 법안을 막을 구심력도 역량도 갖추고 있지 못했다. 뒤이은 2003년 7월, 자위대를 전장(戰場)에 내보낼 수 있는, '이라크부흥지원특조법'이 일본 국회에서 통과된다. "전투지역에 직접적인 파병을 금기시하던 일본의 외교 안보정책에 큰 획을 긋는 사건"[33]으로, 전쟁 가능한 국가로의 회귀를 꿈꿔온 우익 세력의 전후 최대 성과는 이렇게 달성된다.

한편 2002년 부시 대통령에 의해 테러지원 국가로 지목된 북한은 이란, 이라크와 함께 '악의 축'으로 낙인찍힌다. 한 국가의 윤리성에 대한 미국의 재단은, 일본의 극우 세력에게 헌법 개정이라는 오래된 꿈과, 이를 가능케 힐 증오의 인설을 일직신으로 연결시킬 절호의 기회

---

33) 이단비, 「일본의 자위대 해외파병 정책결정과정 연구: 의회 내 정당 간의 역학관계를 중심으로」, p.133.

를 제공한다. 정치권과 언론은 일반의 군중 심리를 쉽게 자극할 수 있는
일본인 납치 사건을 본격적으로 이슈화하고, 넷우익은 분노를 직접 표
출할 수 있는 대상으로서 '올드 커머'를 재빠르게 소환한다. 가해자와
피해자의 위치가 뒤바뀌고, 전전 체제로의 복귀 움직임에 정당성을 부
여할 수 있는 근거가 2000년대 일본 사회에 마련되어 버린 것이다.

『전야』는 이 같은 일본의 상황을 칠흑 같은 '밤(夜)'으로 진단하면서
출발한 매체였다. 창간호의 편집후기에 따르면 잡지가 세상에 선보이
기까지 약 1년 반의 준비 기간을 거친 것으로 확인된다. 이들이 출발을
도모한 시기는 '이라크부흥지원특조법' 통과를 둘러싸고 정치권이 한
참 시끄러운 시기였다. 희망 없는 어둠 속에서, 2004년 10월 『전야』
1기가 닻을 올린다. 3년간 총 12호를 발행한다는 계획 하에 비영리단체
를 조직하고, 임원 모두가 편집위원을 겸하면서 내딛은 첫걸음이었다.

'NPO(비영리단체)전야'의 두 명의 공동 대표이사 중 다카하시 데쓰야
(高橋哲哉)는 1990년대 중도파 지식인 가토 노리히로(加藤典洋)와의 논
쟁[34]을 경유하여, 대표적인 좌파논객이자 지식인으로서 북한 및 중국
의 역사관을 지지하는 입장에서 학문적 활동을 이어온 인물이었다.
또 다른 공동대표이자 잡지의 편집장을 겸임한 오카모토 유카(岡本有
佳)는 징용공 문제와 위안부 문제를 일찍부터 제기한 시민 운동가였다.
여기에 부대표 이사로 이효덕(李孝德)이, 고화정(高和政)이, 이사로 미야
케 아키코(三宅晶子), 나카니시 신타로(中西新太郎), 서경식(徐京植), 기
쿠치 게이스케(菊地惠介)가 포진된다. 여성과 피억압민족이 균형감 있

---

34) 1995년 가토 노리히로가 잡지 『군조(群像)』지에 발표한 「패전후론(敗戰後論)」이 기화
가 되어 촉발된 논쟁으로, 일본인 주체의 전후 사죄를 주장한 그의 의견에 대해, 다카하
시는 가토의 역사관에 내셔널리즘적인 태도가 노골적으로 담겨 있다고 비판한다.

게 분포되어 있고, 각각 포스트 콜로니얼 비평, 재일담론, 독일문화론, 사회철학, 정치철학, 사회사상사를 연구해온 그야말로 '영역을 횡단하는 비평'이라는 잡지의 슬로건에 걸맞은 다채로운 면면들로 구성된 편집진이었다. 창간을 기념한 리플릿에서 다카하시는 다음과 같은 내용으로 독자들을 초대한다.

> 1945년의 패전은, 민주주의와 평화주의 헌법을 가져왔으나, 이 나라의 '본질(地金)'에 변화는 없었다고 할 수 있다. 지금, 다시금 전쟁과 차별의 시대가 다가오려 하고 있다. 전쟁을 긍정하고, 차별을 조장하는 언설이 해금(解禁)되어, 거꾸로 '일반 시민들'의 갈채를 받고 있다. 국책에 저항하는 소수파는 권력에 의한 탄압만이 아니라, 시민 사회로부터도 공격과 배제의 대상이 되었다.[35]

전전 체제로의 복귀 움직임이 일본 시민 사회의 호응 속에서 이루어지고 있다는 위의 진단에서, 중요한 키워드가 문화이다. '차별을 조장하는 언설'이 편중된 미디어 환경에서 비롯되고 있다는 문제의식이 잡지 창간을 추동한 주된 이유였음을 엿볼 수 있기 때문이다. 편집장인 오카모토 또한 창간호의 편집후기에서, "정보가 점점 더 파편화되고, 단순화되어, '생각'한다는 의미 자체가 실종된, 냉소주의와 상대주의가 만연하고 있다"[36]라고 밝힌다. 이는 동아시아의 진보적 잡지 미디어와의 교류를 위해, 한국의 『한겨레 21』, 『황해문화』, 『당대비평』을 소개한 2호의 글에서, "한겨레라는 일간지가 존재한다는 자체가, 우파 미디어가 횡행하고 있는 일본의 상황과 크게 다르다"[37]라고 평가한 부

---

35) 高橋哲哉, 「一点の燈」, 『前夜』 1, 2004.10, p.275.
36) 「文化的抵抗の拠点として」, 『前夜』 1, 2004.10, p.278.

분에서도 확인되는 내용으로, 보수 언론만이 아니라 진보로 분류되는 언론 매체까지를 포함한 일본의 주류 언론 전체에 대한 이의제기에서 잡지가 출발했음을 알 수 있다.

한편 "문화·예술 분야 비평에 특히 역량을 집중해, 장르라는 벽을 뛰어 넘는 새로운 스타일을 창조"[38]하기 위한 편집진의 노력은 창간호부터 종간호까지 일관되게 유지한 입체적인 콘텐츠 구성에서 찾을 수 있다. 인터뷰, 특집, 대담, 학술·예술 비평, 창작(시, 소설, 에세이) 글로 나뉜 잡지의 내실은 여타 종합문예지와 크게 다르지 않았다. 다만 가령 10호의 '현대 일본의 인종주의(現代日本のレイシズム)'라는 특집에서, '혐한'이라는 현 시점의 구체적인 현상을 고리로, 일본이 노정하고 있는 '증오의 정치' 문제를 역사학, 사회학, 미디어학, 여성학, 영상학 등 문화와 사상을 아우르는 영역에서 다루고자 한 편집 방향은, 『전야』를 동시기의 다른 매체와 뚜렷이 차별 짓는 특징이었다. 또한 편집진은 해외 사상가, 학자, 예술가들의 인터뷰를 거의 매호 빠짐없이 싣고, 소설 창작 란을 해외 작가의 작품을 중심으로 구성한다. 더불어 재일조선인, 여성 등 사회적 약자들의 글을 동시대 일본의 여타 문예잡지들이 비해 압도적으로 많이 소개하기도 하는데, "다양한 형태로 억압·분단되어, 서로 만나기 어려운 상황에 놓인 이들의 대화와 연대의 장 구축"[39]에, 잡지가 각고의 노력을 기울였음을 보여주는 대목이다.

'NPO전야'의 또 다른 활동의 축은 '전야 세미나'의 개최였다. 매스미디어를 향한 사상적 문예 비평의 공간이 잡지라면, 세미나는 '언어가

---

37) 「雜誌メディアの交流」, 『前夜』 2, 2005.01, p.277.
38) 「前夜宣言」, 『前夜』 1-12.
39) 「前夜宣言」, 『前夜』 1-12.

내실을 잃어가는 시대'에 시민성의 회복을 위한 장이었다. 수준 높은, 동시에 팔리는 잡지를 지향한 편집진에게, 의식 있는 나아가 충성도 높은 독자층의 확보는 필수적인 과제였다. '대담', '강연', '영화 상영회' 와 같은 이벤트로 구성된 세미나는, 독자의 직접적인 참여를 이끌 수 있을 뿐 아니라, 책, 영화, 미술, 음악 등 일반 대중에게 호소할 수 있는 텍스트 발굴과 소개에도 기여할 수 있는 기획이었다. '전야 세미나'는 심도 있는 워크숍과 심포지엄 또한 지속적으로 개최한다. 이들 행사는 이미 다뤘거나, 혹은 앞으로 다룰 특집 주제와 밀접히 연동되는 점이 특징으로, 첨예한 글들이 중심이 될 수밖에 없는 잡지 내용에 대한 대중들의 경계를 허물고, 연대를 이끌어내기에 유효한 수단이었다. 여기에서 『전야』 전호의 특집 주제를 정리하면 아래와 같다.

〈표1〉 특집 주제 목록

호(발행년월)	특집 주제
1호(2004.10.)	문화와 저항(文化と抵抗)
2호(2005.01.)	반식민주의(反植民地主義)
3호(2005.04.)	'전후'재고(「戦後」再考)
4호(2005.07.)	〈여성〉들의 현재(〈女性〉たちの現在)
5호(2005.10.)	전쟁과 예술(戦争と芸術)
6호(2006.01.)	제3세계라는 경험(第三世界という経験)
7호(2006.04.)	국가의 변모(国家の変貌)
8호(2006.07.)	'격차사회'의 심층(「格差社会」の深層)
9호(2006.10.)	이동과 기억(移動と記憶)
10호(2007.01.)	야스쿠니·교육·천황제(靖国·教育·天皇制)
11호(2007.04.)	현대 일본의 인종주의(現代日本のレイシズム)
12호(2007.07.)	억압의 문화·해방의 문화(抑圧の文化·解放の文化)

위의 표를 살펴보면, 현대 일본 사회가 직면하고 있는 모순과 왜곡을, 그 기원과 현상의 측면에서 잡지가 치밀하게 조명해가고 있음을 확인할 수 있다. 예컨대 창간호의 이효덕과의 대담에서 다카하시 데쓰야는 '국민국가의 재편성'이라는 표현을 사용하여, 다음과 같이 발언한다.

> 계층분화가 진행되면 될수록 '패자'의 반란을 예방하기 위한 국민 통합 강화의 필요성이 높아진다. 일본 보수층에게 국민 통합에 이용할 수 있는 내셔널 심벌은, 구제국의 기억을 상기시킬 수 있는 히노마루(日の丸)와 기미가요(君が代), 그리고 천황제인데, 이것들이 새롭게 리사이클 되어, '승자'와 '패자' 사이의 분열과 계층화의 모순을 감출 도구로 기능하기 시작하고 있다.[40]

근대 일본의 국민국가론에는 개인이 조우하는 사회적 모순을 집단 이데올로기의 폭력으로 덮을 수 있는 논리가 함의되어 있었다. 현대 일본 사회에서 계층 갈등이 유발한 '패자'의 분노가 엉뚱한 곳으로 향하는 현실은, 근본적으로 국민국가 이데올로기에서 작동했던 것과 동일한 원리가 지금도 유효하기 때문이라는 인식이 위의 인용에는 잘 드러나 있다. 지난 19세기 서구 자본의 글로벌화 과정에서, 자본주의의 거의 유일한 대항 사상은 마르크스로 상징되는 사회주의였다. 이후 레닌이 주도한 공산주의 혁명은 경제 생산과 소비의 주체를 개인도 국가도 아닌 노동자에게 옮기려는 실천적인 시도였고, 그런 의미에서 "착취 장치로서 국가에 대한 저항"[41]을 상정한 것이었다. 사회주의는 서구 자본주의 모순의 한복판을 겨냥하여 사상적 투쟁을 전개함으로써 자신

---

40) 高橋哲哉, 「対談 哲学は抵抗たりうるか?」, 『前夜』 1, 2004.10, p.33.
41) 李孝德, 「対談 哲学は抵抗たりうるか?」, 『前夜』 1, 2004.10, p.32.

의 존재 의미를 성공적으로 증명한 바 있다. 주지하다시피 좌파 진영의 정치적 실험은, 공산주의가 서구 국민국가의 공동성을 아득히 뛰어넘는 전체주의로 변질되면서 실패로 결론을 맺는다. 하지만 신자유주의의 세계적 확산이 낳은 양극화의 폐해는, 자본주의 이후의 대안 사상 모색에서 사회주의의 이상주의적 원리를 다시금 소환케 하는 요인으로 지금 작용하고 있는 것 또한 사실이다.

문제는 현실 정치에서 사회주의적 가치의 실효성이 크게 훼손된 일본의 경우, 오로지 '국민국가 재편성'이라는 제국시대의 욕망으로만 역류하고 있다는 사실이다. 더욱이 편중된 매체 환경은 이러한 움직임에 끊임없이 당위성을 부여하는 방향으로 메시지를 발신한다. 『전야』의 구성원들이 '문화'와 '앎(知)'의 중요성에 주목하고, 굳이 저항의 도구로서 잡지라는 매개체를 선택하여, 일본 제국주의의 민낯을 치밀하게 폭로하고자 한 이유가 여기에 있었다. 더불어 잡지 전호의 특집주제를, 일본식 제국주의의 기원과 원리, 그리고 이 시스템의 현대적 재현으로서 작금의 정치 상황과 문화적 왜곡을 짚으려는 방향으로 나눈 것은, 문제의 근원과 해결책 모두에서 과거와 지금이 크게 다르지 않다는 인식 때문이었다.

가령 국민국가론이라는 공동체 이념에 자본주의 경제 약육강식의 폐단을 은폐하는 구조가 내포되어 있다면, 유사한 맥락에서 신자유주의에는 경제적 격차가 유발한 개별적인 분노가 '여성'과 '피억압민족', 그리고 '소수자'와 같이, 더 약한 공동체로 향하기 쉬운 원리가 함의되어 있다. 이에 대해 4호의 '〈여성〉들의 현재'라는 특집 주제에서, 나카니시 신타로는 일본 페미니즘에 대한 반동 움직임을 예로 들며 다음과 같이 설명한다.

백래쉬(backlash)의 사상은, 일종의 이중성을 띠고 있다. 젠더 프리 운동에 대한 보수층의 비판에 더해, 종래의 가족질서를 해체하면서 여성을 최저임금 노동자로 고용해온 신자유주의적인 움직임이 그 것이다.[42]

1990년대를 거치면서, 정규직 남편과 비정규직 아내라는 일본 사회의 표준적인 가족 모델이 해체되기 시작한다. 종속적인 경제 체계 안에서 안주해온 여성들은 변화된 현실 앞에서 자신들의 목소리를 내기 시작한다. 일본 젠더 프리 운동의 문제의식은, 신자유주의와 이를 일본에 정착시킨 보수 정치 행태 모두를 향하면서 제기된 것이었다. 하지만 신자유주의가 낳은 폐해에 대한 분노는, 정작 이 이념의 모순을 향하지 않고 현실에서 왜곡된다. 예컨대 비정규직이라는 고용 환경에 직면한 남성들의 불만은, 자신들의 일자리를 언젠가 빼앗을 수 있는 여성과 외국인 노동자로 먼저 향한다. 이들에게 여성의 처우 개선 목소리는 자신들의 고용 환경을 지금보다 더 악화시킬 수 있는 신호로만 읽히기 쉽다. 여성들 또한 언젠가 신자유주의의 수혜자가 될 수 있다는 열망 앞에서, 침묵하는 여성과 발언하는 여성 사이의 입장 차이가 표면화된다. 여성의 처우 개선 목소리가 신자유주의와 이를 지지해온 일본 보수 정치 세력 모두를 향한 강력한 이의 제기로 기능할 수 있고, 이를 통해 보다 안정적인 고용 형태 확립의 단초가 될 수 있음에도, '패자'의 초조감이 대다수 사회 구성원으로 하여금 끊임없이 약자를 소환케 하는 동인으로 작동해 버리는 것이다. 그리고 이 일방적인 분열의 원리에 편입되지 않기 위해, 승자 또한 더욱 더 승자라는 지위에 집착하게

---

42) 中西新太郎, 「特集にあたって」, 『前夜』 4, 2005.07, p.28.

된다. 그 결과 사회 구성원 다수가 합리성 여부와 관계없이, 현존하는 시스템을 지지할 수밖에 없는 구조가 성립된다. 요컨대 젠더 프리에 대한 '백래쉬의 사상'에는 자본주의가 각종 이의 제기에 맞서 공동체를 유지해온 분열의 원리가 집약되어 있는 것이다.

이 같은 구조는 재일조선인을 향한 차별에서 정확히 반복된다. 11호의 특집 '현대 일본의 인종주의'는 일본의 혐한류 현상을 본격적으로 다루는데, 이 시기는 『만화 혐한류2』가 출판되어 다시금 일본 대중의 열광을 이끌어내던 때였다. 특집의 다각적인 논의 중에서도, 가장 주목되는 것이 정영환(鄭榮桓)의 다음과 같은 발언이다.

> 지금 '격차'를 둘러싼 논의가 한창입니다만, 불평등을 비판하기 보가 이를 옹호하는 방향으로 전개되고 있다는 느낌입니다. 『혐한류』에도, 약자로 간주되어 온 조선인들이 실은 약자가 아니라, 예컨대 생활보호제도 아래에서 일하지 않고 살아가고 있다는 주장들이 난무하고 있습니다. 이는 단순히 조선인 비판만이 아니라, 복지국가 비판이기도 합니다. 70년대 이후 세계적으로 진행되어온, 복지국가에 대한 반대 주장들이 인종주의를 불러왔다고 할 수 있습니다. 또한 여기에는 젠더 프리에 대한 반격도 포함되어 있습니다.[43]

강자와 약자 사이의 길항 관계를 심화시키는 자본주의의 모순은, 유럽의 수많은 사례에서 알 수 있듯이 복지국가의 성립과 같은 대안 체제로의 모색으로 극복할 수 있다. 하지만 일본의 극우 문화는 이 논의를 원천적으로 막는 도구로, 재일조선인이라는 약자를 호출한다. 사회를 진보와 혁신이 아니라 정체와 반동으로 유지하려는 의도 아래,

---

43) 鄭榮桓, 「〈嫌韓流〉の何が問題か」, 『前夜』 11, 2007.04, p.43.

국민국가주의와 인종주의는 문화라는 가면 뒤에서 밀접히 연대한다. 수많은 사회적 모순들에 대해, 재차 그 모순의 숫자만큼의 갈등을 양산함으로써 문제의 본질을 감추려는 시도가, 미디어의 적극적인 동조 속에 끊임없이 진행되는 것이다.

흥미로운 점은 전야 1기를 마무리하는 종간호의 대담에서, '50년대 문화운동'이 재차 중심 이슈로 다뤄진다는 사실이다.[44] 전후 노동자의 입장에서 체제의 저항하는 목소리를 낸 이 운동은 "'쓰는 행위'를 통해 민중의 주체 획득의 욕망을 표출"[45]한 과정이었다. 공산주의 사상운동의 맥락에서는 '공작(工作)' 행위로 볼 수 있으나, 참여자 모두가 '공작자'의 자격을 갖추고 있다는 점에서, 프로파간다의 목적을 훨씬 뛰어넘는 '문화적 저항'의 의미를 이 운동은 담고 있었다. 잡지 『전야』의 구성원들이 자신들의 활동을 통해 궁극적으로 이끌어내고자 한 효과도 이와 크게 다르지 않은 것으로 보인다. 다양한 갈등들이 눈앞을 가리고 있는 일본의 모순된 현실에 대응하기 위해서는 사안의 본질을 꿰뚫게 하는 '앎'을 참여자 모두의 자각을 통해 복원하는 행위가 필수 조건이었을 것이기 때문이다.

이 같은 『전야』의 실험이 유의미한 성과를 만들어냈는가는 판단하기 어렵다. 공교롭게도 '전야 1기'는 출판 시장을 둘러싼 자본주의의 논리 앞에서 어려움에 직면해야 했고[46], 일본의 정치·사회·문화 환경

---

44) 佐藤泉·中西新太郎, 「〈身動きがとれない〉 人びとがうごきだすとき－戦後日本の民衆記録と文化運動をたどって」, 『前夜』 12, 2007.07.

45) 道場親信, 「下丸子文化集団とその時代」, 『現代思想』 35(17), 青土社, 2007, p.45.

46) 『전야』 종간호의 편집후기는 잡지 창간과 운영을 둘러싼 재정 문제를 계기로, 이사 5인이 사임했음을 밝히고 있다. 편집진의 구성이 바뀐 10호 발행을 전후하여 일어난 사건으로 추측된다.

이 잡지가 종간한 이후에도 오른쪽을 향해 줄곧 치닫고 있기 때문이다. 이 활동의 성과를 확인할 수 있는 변화가 아직까지는 미미해 보인다. 하지만 깊은 어둠은, 역설적이지만 작은 불빛이 발하는 저항적 목소리가 더욱 더 선명하게 '재생'될 수 있는 무대이기도 하다. 적어도 『전야』의 외침이 2000년대 일본 사회의 '한줄기 등불'과 '희박한 희망'으로나마, 많은 이들에게 깊은 울림을 주었다는 사실은 부인하기 어려우며, 향후 잡지의 가치와 의미에 대한 평가 또한 바로 이 지점에서 출발해야 할 것이다.

5. 글을 맺으며

일본의 근대는 현실의 정치 체제와 정신적, 윤리적 관념을 무분별하게 결합시킨 '국체'사상이 상징하듯, 오류와 왜곡으로 점철된 역사였다. 국민국가의 편성 흐름에서, 사회주의는 유일한 대항 사상으로 기능했고, 재일사회와 일본 사회의 구성원 다수가 공산주의라는 실천적 정치사상을 매개로 문화 교류를 이어왔다. 제국주의의 폭력 앞에 속절없이 좌절했던 사회주의 세력은 일본의 패전과 함께 빠르게 복권된다. 그리고 사회주의 세력 내의 분열과 관계 변화, 신사상의 태동과 정치 지형의 요동 속에서도, 잡지 매체를 통한 재일사회와 일본 사회의 진보적 구성원들의 문화교류는 면면히 이어진다.

1990년대를 지나면서 일본 사회는 빠른 속도로 우경화된다. 편중된 미디어 환경과 정치 지형은 '국민국가의 재편성'을 향한 욕망을 자극하면서 넷우익의 탄생을 추동한다. 그리고 이는 재일조선인, 오키나와인, 여성, 외국인 노동자에 대한 대중들의 혐오 감정을 부추기는 온상으로 기능하고 있다. 이 같은 분위기에 대항하여, 2004년 "문화를 통한 저항"을 표방하면서 하나의 잡지가 등장한다. 일본 내 진보 세력이 연대하여 '영역을 횡단하는 비평'을 시도한 『전야』가 그것이다. 잡지의 구성원에게 2000년대의 일본은 그 옛날 사회주의 혁명을 꿈꾸던 이들 앞을 가로막던 제국의 모습과 크게 다르지 않았다. 일본식 '국민국가'의 원류에 대한 이들의 집요한 추적은, 작금의 엄혹한 현실이 '제대로 된' 역사적 성찰을 거치지 못했기 때문이라는 진단에서 비롯된 것이었다.

『전야』가 발신한 저항적 목소리가 현대 일본 사회에 어느 정도의 파장을 일으켰는가는 긴 시간이 흐른 지금도 알 수 없다. 다만 2000년대 초반 이들이 던진 외침이 일본 사회가 직면해 있던 수많은 모순을 향한 유의미한 이의 제기였다는 사실만은 분명하며, 작지만 선명한 발자취를 일본의 미디어사 내지는 문화사의 한편에 남겼다는 점은 기억해 둘 가치가 충분하다.

이 글은 한일민족문제학회의 『한일민족문제연구』 제40집에 실린 논문
「2000년대 일본사회 저항적 목소리의 '재생'과 문예지 전야(前夜)
-재일사회와 일본사회 사상적 문화 교류의 맥락에서」를 수정·보완한 것임.

참고문헌

스가노 다모쓰, 『일본 우익 설계자들』, 우상규 역, 살림, 2017.
아오키 오사무, 『일본회의의 정체』, 이민연 역, 율리시즈, 2017.
『在日コリアン辞典』編集委員会 編, 『在日コリアン辞典』, 明石書店, 2010.
道場親信, 「下丸子文化集団とその時代」, 『現代思想 35-17』, 青土社, 2007.
宋恵媛, 『「在日朝鮮人文学史」のために-声なき声のポリフォニー』, 岩波書店, 2014.
藤竹暁, 『図説 日本のメディア』, NHK出版, 2012.

特定非営利活動法人 前夜, 『前夜 1-12号』, 影書房, 2004~2007.

文京洙·水野直樹, 『在日朝鮮人－歷史と現在』, 岩波書店, 2015.

강기철, 「일본 혐한 현상에 대한 비판적 분석」, 『일본문화학보』 85, 한국일본문화학회, 2020.

박경식, 「아시아문제연구소 설립 취지」, 『아시아연구소보(アジア問題研究所報)』, 아시아문제연구소, 1987.

서동주, 「예술대중화논쟁과 내셔널리즘－나카노 시게하루의 예술대중화론 비판의 위상」, 『일본사상』 17, 한국일본사상학회, 2009.

석주희, 「신우익의 등장과 '일상적 내셔널리즘'의 탄생」, 『민족연구』 75, 한국민족연구원, 2020.

이단비, 「일본의 자위대 해외파병 정책결정과정 연구: 의회 내 정당 간의 역학관계를 중심으로」, 서울대학교대학원 석사학위논문, 2020.

이승진, 「전후 재일잡지미디어 지형과 재일사회－1959년까지의 태동기를 중심으로」, 『韓日民族問題研究』 35, 韓日民族問題學會, 2018.

조관자, 「일본 신좌익의 전후민주주의 비판과 '조반 운동'」, 『일본사상』 34, 한국일본사상사학회, 2018.

정혜선, 「일본공산당의 형성과 그 성격」, 『일본역사연구』 5, 일본사학회, 1997.

하종문, 「넷우익을 통해 본 일본 우경화의 정치 동학」, 『일본비평』 10(1), 서울대학교 일본연구소, 2018.

최영호, 「박경식 선생님을 추모하며」, 『한국민족운동사연구』 18, 한국민족운동사학회, 1998.

재일조선인 잡지 『계간 삼천리』와 코리안 디아스포라

이한정

1. 들어가며

1975년에 창간한 『계간 삼천리(季刊三千里)』는 재일조선인과 한국, 일본의 관계를 다룬 일본어로 발간한 종합 잡지다. 『계간 삼천리』는 「창간사」에서 "조선민족의 염원인 통일의 기본방향을 제시한 1972년 '7.4남북공동성명'에 준한 '통일된 조선'을 실현하기 위한 절실한 소망"을 담았다고 표명했다. 또한 "우리들은 조선과 일본 사이의 복잡하게 얽힌 실타래를 풀어 상호 간 이해와 연대를 꾀하기 위한 하나의 가교"(1호, p.11)[1] 역할을 다할 것이라고 천명하고 있다. 창간사는 일본에 거주하는 '재일조선인'[2]의 처지에서 조국통일의 소망과 한일 연대의 가교에 잡지의 지향점이 있음을 보여준다. 1987년 5월 「종간사」에서는 "이를 위해 조선의 역사와 문화, 교과서 문제, '재일조선인' 문제 등을 특집

---

1) 『계간 삼천리』에서 인용할 경우 '1호, p.11'과 같이 호수와 페이지를 인용문 뒤에 명기한다. 인용문의 괄호는 모두 원문에 의한다.
2) 일본에 거주하는 한국인에 대한 명칭은 '재일조선인' '재일한국인' '자이니치' '재일한인' '재일동포' '재일코리안' 등 수종에 이른다. 본고는 『계간 삼천리』에서 '재일조선인'이라고 사용하고 있으므로 그에 따르겠다.

으로 꾸몄는데 1700명이 넘는 사람들이 집필과 좌담회에 참가"(50호, p.288)했다고 한다. 집필자로는 재일조선인뿐만 아니라 다수의 일본인들이 참여했다.『계간 삼천리』이전에도 재일조선인에 의한 일본어 잡지는 1947년에 창간한『민주조선』(1949년까지 전 31호 발간)을 시작으로 1973년에 창간한『계간 마당』(1975년까지 전 6호 발간)에 이르기까지 수종이 있었다. 그럼에도『계간 삼천리』는 그 이전과 이후에도 존재하지 않는 잡지로서 위상을 지닌다. 12년에 걸쳐 전 50호를 발간했다는 점과 함께 '조국'과 유대감이 깊은 재일조선인 1세가 점점 줄어들고 '일본 태생'의 2세와 3세가 재일조선인 사회를 이끌 주역으로 등장하던 1970년대에서 1980년에 걸쳐 발행되었다는 점에서다.

특히 1975년은 남북통일에 대한 기대가 부풀어 있던 무렵이자 한국의 독재정치가 일본에도 여파를 미치면서 재일조선인에게 '조국'이 커다란 실체로 자기 삶 한가운데로 들어왔던 해이다. 창간호 특집은「김지하」로 당시 한국 독재정권에 맞서는 지식인을 다루고 있다.『계간 삼천리』보다 2년 먼저 창간한『계간 마당』은 이영호(2019)에 의하면 재일조선인 사회의 '화합'에 주안을 둔 잡지였다.『계간 마당』은 창간 1년 전에 이루어진 7.4 남북공동성명의 분위기 속에서도 '조국'보다는 재일조선인 사회의 변화에 집중하고 있었다. 이에 반해『계간 삼천리』는 '조국' 지향을 전면에 내세우고 있었다. 이 글의 논의와 관련한『계간 삼천리』의 선행연구는 한일관계의 문제를 다룬 박정의(朴正義; 2012), 가네코 루리코(金子るり子; 2017), 강석우(2019)의 논고가 있고, 재일조선인의 정체성 문제를 다룬 최범수(2009), 박정의(2014), 진성곤(2019)의 연구로 대별할 수 있다.

이러한 선행연구를 바탕으로 이 글에서는『계간 삼천리』연구에서 아직 논의되지 않은 '재일조선인'과 '해외 재주 조선인'의 관련성을 살

펴보겠다. 『계간 삼천리』는 한일관계의 역사와 현재를 다룬 특집과
함께 '재일조선인' 자신들은 누구인가에 관한 특집을 자주 꾸몄다.[3]
이 특집들은 그 제목에 '현상' '지금' '오늘날' '80년대' '현재'라는 수식
어가 붙어 있듯이 바로 눈앞에 놓인 재일조선인 자신들의 문제에 치중
하고 있었다.

그렇다고 재일조선인이 일본에 사는 자신들, 그리고 조국과 관계를
맺고 있는 자신들의 문제에만 몰입하고 있지는 않았다. 제44호(1985년
11월)는 「해외 재주 조선인의 현재」 특집을 냈다. 조국, 그 너머에 있는
해외에 사는 '조선인'에 관한 내용을 다루고 있다. 이 글은 『계간 삼천
리』에 게재된 '해외 재주(在住) 조선인'(코리안 디아스포라)[4]와 관련한 기
사를 개괄하고 이들에 대한 이야기가 재일조선인의 '현재'(『계간 삼천
리』가 발행되던 당시)의 삶과 어떤 관계에 놓여 있었는지를 생각해 보고
자 한다.

---

3) 재일조선인 관련 특집호는 제8호(1976.11)「재일조선인」을 시작으로 제12호(1977.11)
「재일조선인의 현상」, 제18호(1979.5)「재일조선인이란」, 제24호(1980.11)「지금 재
일조선인은」, 제28호(1981.11)「재일조선인을 생각한다」, 제35호(1983.8)「오늘날의
재일조선인」, 제46호(1986.5)「80년대·재일조선인은 지금」, 제50호(1987.5)「재일조
선인의 현재」로 이어졌다. 제20호(1979.11)「재일조선인 문학」, 제39호(1984.8)「재일
조선인과 외국인 등록법」, 제48호(1986.11)「전후초기의 재일조선인」을 포함하면 전
50호 발간에서 11회에 걸쳐 재일조선인 자신들의 역사와 현재성을 묻는 작업이 중점적
으로 이루어졌다.

4) 『계간 삼천리』에서 특집 타이틀로 사용했던 이 말은 현재 국내외에서 통용되는 '해외동
포' '재외한인' '재외동포' 등과 동일한 것이다. 본고에서는 윤인진(2004: 8)이 일찍이
"한민족의 혈통을 가진 사람들이 모국을 떠나 세계 여러 지역으로 이주하여 살아가는
한민족 분산"을 '코리안 디아스포라'로 명명한 것에 의거해 '해외 재주 조선인'과 '코리
안 디아스포라'를 동일한 의미에서 병행해 사용한다.

2. '해외 재주 조선인' 관련 기사

1976년 11월 발행 『계간 삼천리』 제8호 특집 「재일조선인」은 편집자 중 한 사람인 강재언의 「재일조선인의 65년」을 시작으로 「8.15의 조선인과 일본인」(山田昭次), 「야간 중학교에서 공부하는 어머니들」(稻富進) 등의 기사로 이어진다. 이 특집에서 특히 눈에 띄는 내용은 「〈좌담회〉 재일 2세의 생활과 의견」이다. 재일 1세 강재언이 사회를 맡은 이 좌담회에는 재일 2세 학생 이은자와 신영철, 전기기술공 장선호, 의사 김시인, 인형작가 김예자, 회사원 김성지가 참가하고 있다. 이들의 연령은 모두 21살에서 31살까지로, 재일 1세 강재언은 이 좌담회에서 2세들에게 어떻게 '민족성'을 지키고 있는가를 묻고 있다. 1974년 5월에 발행된 『계간 마당』은 특집 「요구되는 재일청년상」을 마련하고 있는데[5], 2년 후 1976년 11월에 『계간 삼천리』도 재일조선인 청년들의 목소리에 귀를 기울이고 있는 것이다. 재일조선인 사회의 세대교체는 재일조선인들이 앞으로 일본에서 어떻게 살아갈 것인가를 스스로 묻고 답하는 문제와 직결된다. 이런 논의가 『계간 삼천리』의 '재일조선인' 관련 특집 등에서 계속 이어지는 가운데 1985년 11월 발행 제44호의 특집은 「해외 재주 조선인의 현재」이었다. 재일조선인은 자신들과 동병상련의 처지에 있을 해외의 '조선인'에 눈을 돌려 그들을 '거울'로 삼아 자신을 비춰보려 했던 것이다.

제44호 특집에는 재일조선인과 '재미조선인'의 대담, 일본인 역사연

---

5) 이 특집에는 청년들이 출석한 〈좌담회 엿 먹어라 민족!?=청년의 상황을 둘러싸고〉가 게재되어 있다. 편집부는 "재일동포 청년에게 자기 확립이란 무엇인가"를 묻고 있다. (3호, p.31.)

구가와 이민 문제 연구가의 중앙아시아 조선인과 간호사의 미국 이민
에 관한 기사, 중국에서 간행된『중국 연변 조선족자치주 개황』의 발췌
번역, 한국 간행『미국 속의 한국인』의 발췌 번역, 동남아시아의 한국
인, '재미, 재소, 재중의 조선인' 수기, 중국 조선족의 언어생활 등이
실려 있으며, '가교'란에는 일본인 연구자가 '소련에서 만난 조선인'
'모스크바에 본 조선인'에 대한 수필도 싣고 있다. 여느 특집호에 뒤지
지 않게 해외에 살고 있는 조선인에 관한 풍성한 내용을 담고 있다.
한일관계와 재일조선인 자신들의 문제에 치중하던 잡지에 마련된 색다
른 특집이라 하겠다. 그런데 '해외 재주 조선인'에 관한 기사는 특집호
보다 훨씬 이전부터『계간 삼천리』에서 다루어지고 있었다. 1976년
6월에 발행된 제6호는「중앙아시아의 조선인」이란 제목의 논설을 싣
고 있다. 첫 '해외 재주 조선인'에 관한 기사이며, 이후 제8호「재일조
선인」특집호에는「중국 연변지구의 조선인」이 게재된다.『계간 삼천
리』전 50호가 나오는 동안에 코리안 디아스포라에 관한 기사는 줄곧
이어졌고 그 전체 현황은 다음과 같다.

<표1>『계간 삼천리』게재 '해외 재주 조선인' 관련 기사

게재년월 (호)	기사 제목	필자	글 성격 (필자 직업·소속)
1976.5(6)	중앙아시아의 조선인	尾崎彦朔	르포, 시찰기록 (대학교수)
1976.11(8)	중국 연변지구의 조선인	鶴嶋雪嶺	르포, 시찰기록 (대학교수)
1977.11(12)	인도네시아 독립 영웅이 된 조선인	内海愛子	수필 (일본조선연구소)
1978.8(15)	중국·길림의 조선인	石川昌	르포, 시찰기록 (신문기자)

게재년월 (호)	기사 제목	필자	글 성격 (필자 직업·소속)
1979.8(19)	세 명의 중국계조선인	村上公敏	수필(대학교수)
	하와이의 조선인 이민	チェ·ヨンホ (阿萬実枝子 역)	영문 논문 번역
1980.2(21)	사마르칸트에서 만난 조선인	藤野雅之	수필(신문기자)
	미국의 이주 조선인 -이철수 문제와 관련해서-	鶴嶋雪嶺	기록문(대학교수)
1980.5(22)	조선인의 하와이 이주와 일본	Wayne Patterson (阿萬実枝子 역)	영문 논문 번역 (대학교수)
1980.11(24)	타슈켄트에서 만난 조선인	丹藤佳紀	르포, 시찰기록 (신문기자)
1981.8(27)	하바롭스크의 여성 가이드	直木孝次郎	수필(대학교수)
1981.11(28)	〈대담 재일 재미 조선인을 말한다〉	曹瑛煥·姜在彦	대담 (대학교수·역사가)
1982.2(29)	중국 연변의 단장(斷章)	横尾正信	여행기 (시민단체대표)
	중국 속의 조선 -동북 3성을 여행으로 돌아보다-	西川宏	시찰기(고교교사)
1982.11(32)	단동(丹東)에서 본 조선 -압록강 연안의 중국 도시·단동을 방문하고-	風間喜樹	르포, 시찰기록 (신문기자)
1983.5(34)	만주 개척과 조선인	林郁	수필(작가)
1983.11(36)	'만주'·시베리아의 조선인 -철도 여행에서 본 것, 생각한 것-	海野峰太郎	기행문(여행가)
1984.8(39)	애틀랜타의 이 씨에 관하여	三橋修	수필(사회학자)
	중국·장춘의 조선족	西川宏	시찰기(고교교사)
1984.11(40)	우수리 지방 조선인 이민사 -두만강을 넘었던 사람들-	海野峰太郎	기록문(여행가)
	〈정담〉 재일·재미의 조선인·중국인	曹瑛煥/戴国輝/ 姜在彦	정담(鼎談) (대학교수/대학교수 /역사가)

1985.2(41)	사할린 잔류 조선인에게 귀환의 길을	井上昭彦	논설(아시아에 대한 전후책임을 생각하는 모임 사무국장)
1985.11(44)	대담 소련 중앙아시아의 조선인	姜在彦· 木村英亮	대담 (대학교수·역사가)
	중앙아시아로 쫓겨난 사람들 -스탈린주의와 조선인-	志賀勝	논설(역사연구가)
	한국에서 미국으로 간 간호사 이민	石朋次	논문 (이민문제연구가)
	중국 연변 조선족자치주의 성립	(山下英愛 편역)	중국 발행『중국 연변 조선족자치주 개황』발췌 번역
	농남아시아 속의 한국-아시아의 여행에시-	内海愛子	기행문(아시아 여성들의 모임)
	미국의 조선인 사회	蔡英昌 (洪大均 편역)	한국 발행『미국 속의 한국인』 발췌 번역
	재미 6년의 날들	李貞順	수기
	'재미'와 '재일'	ジョン·リー	수필(대학원생)
	알마티의 조선인	山口瑞彦	여행기(신문기자)
	사할린을 방문하고	井上昭彦	기행문(아시아에 대한 전후책임을 생각하는 모임)
	중국 연변으로의 여행	森川展昭	여행기(무궁화회)
	중국 북동에 있는 어느 농촌에서	長野広生	시찰기 (현대사연구자)
	어느 중국 조선족 일가의 언어생활	崔吉元(高柳俊 男·역·해설)	중국어잡지 『중국어문』게재 논문의 번역
	소련의 김 씨 두 사람	和田春樹	수필(대학교수)
	모스크바에서 본 '조선'	水野直樹	수필(조선사연구자)
1986.2(45)	재미조선인 운동사(1905~45년)	Warren Y. Kim (文京洙 역)	서울 발행『Korean in American』 발췌 번역

1986.5(46)	재미를 살아가는 젊은 세대	岡部一明	기록문 (이민문제연구가)
	인터뷰 중국 조선족 현상	朱紅星 (인터뷰어 李哲)	조선족 교수와 재일조선인의 인터뷰 기사
	사할린 잔류 조선인 문제 -희망을 가질 있을까-	高木健一	논설(변호사)
1986.8(47)	중국 연변 생활기①	大村益夫	체류기(대학교수)
1986.11(48)	중국 연변 생활기②	大村益夫	체류기(대학교수)
	조선인 집단농장의 반생기	エム・ゲ・ フヴァン(木村英 亮 역)	모스크바 발행 『집단농장(정치부)』 발췌 번역
1987.2(49)	중국 연변 생활기③	大村益夫	체류기(대학교수)
	미국 사회의 조선인	辛美沙	여행기
1987.5(50)	재일동포와 재미조선인 -그 환경, 지위, 전망의 비교-	南仁淑・曺瑛煥 (洪大均 편역)	대담 (대학강사・교수)
	미국의 아시아계 소수민족의 비교조사-일본, 중국, 조선계 이민을 중심으로-	ノ・グァンヘ (梁澄子 편역)	논문(대학교수)
	블라디보스토크 신한촌	原暉之	수필 (러시아사연구가)
	중국 연변 생활기④	大村益夫	체류기(대학교수)

'해외 재주 조선인' 관련 기사에서 다루고 있는 지역은 소련의 중앙아시아, 러시아 연해주, 사할린, 중국 동북 3성, 연변지구, 미국, 하와이, 동남아시아 등에 걸쳐 있다. 대담과 정담 참여자를 포함한 필자는 대학교수, 신문기자 등 일본인이 다수를 차지하고 있고, 조영환, 남인숙, 존리 등 재미동포와 조선족 주홍성, 외국인 학자 등이 참여하고 있다. 『계간 삼천리』 편집인 강재언과 이철은 대담과 정담, 인터뷰를 담당하고 있으며, 필자로 참여한 재일조선인은 3세 신미사(辛美沙) 한 명뿐이었다. 기사는 여행기, 시찰기, 체류기, 논설, 수필, 논문(해외

발행 논문·도서의 발췌 번역 포함) 등 여러 형태로 실려 있고, 내용은 역사 기록에서 현재의 생활상까지 폭넓게 다루어지고 있다.

일본인 필자가 다수인 이유는 1970, 80년대 당시 상황에서 소련이나 중국 방문은 일반인에게 허용되지 않았기 때문이다. 이러한 사정은 제36호에 「'만주'·시베리아의 조선인」을 쓴 여행 작가인 운노 미네타로(海野峰太郎)의 글에서도 "더욱이 우리들이 길림성 연변 조선족자치주를 방문하고 있다고 생각해도 통상의 수단으로는 불가능하다"(36호, p.86)라고 언급되고 있다. 해당 지역 연구자, 신문기자의 취재 등 특정 신분이 아니면 당시 일본에서 소련과 중국 방문은 쉽지 않았다. 그런데 코리안 디아스포라에 관한 기사의 필자 다수가 '일본인'인 점은 오늘날 다수의 한국인들이 코리안 디아스포라를 취재하고 연구하는 상황에서 보자면 이례적이며, 그렇기에 일본인에 의해 생산된 『계간 삼천리』의 '해외 재주 조선인' 관련 기사는 이 시기 재일코리안 디아스포라의 실상을 알 수 있는 귀중한 정보라 하겠다.

특집 「해외 재주 조선인의 현재」의 기사 중 하나인 「대담 소련 중앙아시아의 조선인」에서 강재언은 "우리들 재일조선인은 동포가 소련에 있든 중국에 있든 저류에 피가 통하는 것과 같은 연대감이 있어서 그들이 현재 어떻게 지내는지 궁금합니다. 재일조선인이 일본 속에서 처해진 입장도 관계하고 있기 때문이지요. 그러나 궁금하더라도 서로의 연대가 잘 이루어지지 않고 실태도 파악하지 못하고 있으면 어쩐지 불안한 그런 기분이 솔직히 듭니다만 소련에 있는 조선인은 이런 것을 어떻게 생각하고 있습니까? 재일조선인이라든가 중국 조선족을 어떻게 보고 있는 건가요? 혹은 본국의 조선인을 어떻게 보고 있을까요"(44호, p.29)라고 묻는다. 〈표1〉은 바로 이러한 재일조선인에게 자신들의 '거울'과 같은 존재인 해외에 살고 있는 조선인들의 역사와 생활 모습을 전해주는 기사들이라 할 수 있다. 특히 여행기에서 수필, 그리고 논문 등 여러 형태의 글로 된 기록이어서 읽는 즐거움도 준다. 여행, 시찰, 탐방 기사들은 필자 자신들이 갔던 곳의 지도와 함께 현지에서 찍은 사진까지 실려 있어서 해외 재주 조선인의 1970년대 전후의 삶을 이해하는 데 소중한 자료라 할 수 있다. 논문이나 논설과 같은 글은 그 내용이 매우 충실해 코리안 디아스포라의 역사나 이주 당시의 생활을 이해하는 학술적 사료로서도 손색이 없다 하겠다.

이 글에서는 위 〈표1〉에 실린 기록 가운데 주로 '해외 재주 조선인'의 '현재'를 다루는 여행기, 시찰기를 중심으로 소련, 중국, 미국에 살고 있는 코리안 디아스포라의 삶이 『계간 삼천리』에 어떻게 담겨져 재일 조선인의 삶과 연결되고 있는지를 살펴보겠다.

3. 소련 우즈베키스탄 조선인의 '민족감정'

소련에 살고 있는 조선인을 다룬 글로는 「중앙아시아의 조선인」(6호), 「사마르칸트에서 만난 조선인」(21호), 「타슈켄트에서 만난 조선인」(24호), 「하바롭스크의 여성 가이드」(27호), 「'만주'·시베리아의 조선인」(36호), 「우수리 지방 조선인 이민사」(40호), 「사할린 잔류 조선인에게 귀환의 길을」(41호), 「대담 소련 중앙아시아의 조선인」(44호), 「중앙아시아로 쫓겨난 사람들」(44호), 「알마티의 조선인」(44호), 「사할린을 방문하고」(44호), 「소련의 김 씨 두 사람」(44호), 「모스크바에서 본 '조선'」(44호), 「사할린 잔류 조선인 문제」(46호), 「조선인 집단농장의 반생기」(48호), 「블라디보스토크 신한촌」(50호)이 있다.

우즈베키스탄 타슈켄트와 사마르칸트, 카자흐스탄 알마티, 러시아

연해주 우수리 지방(하바롭스크, 블라디보스토크), 시베리아, 사할린, 모스크바 등의 조선인의 생활이 일본인 필자들에 의해 포착되고 있다. 이 가운데 「조선인 집단농장의 반생기」만이 소련에 재주하는 조선인의 글을 번역한 것이다. 1976년 5월호에 게재된 「중앙아시아의 조선인」(6호)을 쓴 오자키 히코사쿠(尾崎彦朔)는 오사카시립대학 경제학연구소 교수로 1969년에 어느 연구과제의 조사를 위해 1개월 정도 우즈베키스탄과 타지키스탄을 방문한 적이 있다. 이때 우즈베키스탄 수도 타슈켄트의 어느 식당에서 우연히 조선인 청년을 만났다. 이 청년은 "부모는 극동에서 옮겨 왔지만 자신은 여기에서 태어났다. 이 대도시와 주변에 20만이 넘는 조선인들이 있다. 소련의 쌀 생산시의 중심지가 이곳인데 이곳을 우리 조선인들이 맡고 있다……라고 말한다. 그런 말을 들으니 어제 버스 안에서 노년의 부인이 조선어로 말을 걸어온 것이 생각났다"(6호, p.123)라고 하고, 이 '조선인 청년'과의 만남을 계기로 학생시절에 막연하게 알았던 소련에 거주하는 조선인들이 중앙아시아로 강제 이주를 당했던 것이 떠올랐고, 당시 자신의 연구조사 일정을 일부 할애해 조선인 집단농장(콜호즈)을 견학했다고 오자키 히코사쿠는 회상한다. 이것을 계기로 이번에 다시 중앙아시아의 '조선인 집단농장 시찰'을 시도하여 그는 「중앙아시아의 조선인」을 쓴 것이다.

오자키 히코사쿠의 「중앙아시아의 조선인」은 인구 150만의 중앙아시아 최대 도시 타슈켄트의 조선인 집단농장을 방문 내용을 담고 있다. 그가 찾은 곳은 '김병하'의 이름을 붙인 조선인 집단농장으로 타슈켄트시 동쪽에 위치해 있다. 조선인 집단농장 중심부는 이전에는 '북극성'이라 불려 조선인들만 살았으나 몇 년 전에 인접해 있는 몇 개의 소수민족집단과 합병하였다. 현재는 조선인을 비롯해 러시아인, 우즈베키스탄인, 카자흐스탄인, 우크라이나인, 키르기스스탄인 등 7개 민족에 의해 이 집단농장은 구성되어 있다. 그래서 이제는 순수한 조선인 집단농장은 거의 사라졌다고 하면서, 그래도 가장 중심이 되는 민족은 조선이라서 보통 '카레이스키(조선인) 집단농장'으로 통용된다고 한다. 조선인들이 집단적으로 사는 곳을 중심으로 집단농장의 공공시설, 집회장, 클럽 하우스, 진료소, 스포츠 하우스, 창고 등이 집중적으로 모여 있고 그 주위로 기계기구 수리공장, 초등학교, 종합유치원이 몇 개인가 있다고 하면서 집단농장의 주변 환경을 설명하고 있다.

이곳이 조선인 집단농장으로 발전하게 된 계기로는 첫째 자연조건이 좋고, 둘째 우즈베키스탄의 국가적 지원이 있었고, 셋째 소련의 전체 농산물 가격 개정(改訂), 넷째 여러 민족의 융화를 들고 있다. 초창기 무렵부터 이곳 지도자였던 '김병하'는 '민족성'을 넘어서는 위대한 인물이었고 그의 이름은 여러 민족의 '통합'을 상징한다고 하고 김병하 흉상이 마을 공회당 앞에 세워져 있다고 말한다. 오자키 히코사쿠는 김병하에 관한 상세한 경력은 알 수 없으나[6] 그가 소련연방의 노동영웅 훈장을 2회 수상했고 레닌훈장을 5회 수상한 빛나는 공적을 쌓은 인물로 알려져 있다고 소개하며 김병하의 흉상이 있는 전경 사진도 싣고 있다.

「중앙아시아의 조선인」은 1959년의 통계를 인용해 소련 재주 조선인은 총 31만 4천 명으로 그중 대부분은 중앙아시아의 여러 나라 및 카자흐스탄에 있다고 한다. 그 상세 분포를 보면 우즈베키스탄에 13만 8천 5백 명, 카자흐스탄에 7만 4천 명, 키르기스스탄에 3천 6백 명, 타지키

---

6) 김병하에 관해서는 2019년이 되어서야 1956년에 한글 교과서를 만든 인물로 국내에 알려지고 있다. 『연합뉴스』(2019) 기사(4월 23일 자) 「광주고려인 마을, '고려인의 삶과 모국어' 발간」 참고.

스탄에 3천4백 명, 투르크메니스탄에 1천9백 명, 러시아에 9만 1천 명이 살고 있다는 것이다. 실제 오자키 히코사쿠가 돌아본 '김병하 이름의 집단농장'에는 1300호가 살고 있고 이 가운데 조선인 집은 320호라고 한다. 조선인 가정 한 곳을 오자키 히코사쿠는 집단농장 의장인 최라는 성을 가진 인물과 방문을 했는데 트럭운전수인 남편은 출타중이고 아이들은 학교에 가서 부인만 있는 집이었다. 이 집은 현관이 다다미 4장 크기이고, 집 안으로 들어가면 현관의 두 배가 되는 거실이 있고 딱딱한 마룻바닥에 카펫이 깔려 있고 텔레비전, 정리 선반, 작은 탁자, 의자 등만 있는 거실은 "전체적으로 아주 청결하고 또한 간소했다"고 하며, 그 거실 안쪽에 다다미 8장 정도의 큰 부부 침실이 있고 그 옆에 옷과 물건을 넣은 침실 보조용 방도 있다. 안채는 러시아풍으로 지어져 있고 별도의 작은 건물 중 한 곳에 김치를 담그는 통이 2개 있는 것이 인상적으로 보였다고 한다. 집 안에 대한 설명에 이어 다음과 같이 쓰고 있다.

> "뭘 대접해 드릴 것이 없어서……"라면서 의자를 권하는 김 부인은 살짝 보니 일본의 시골 주부를 떠올리게 한다. 완전한 러시아풍의 안채에서 "그대로 올라오셔도……"라고 말하는 것을 조선식(일본식?)으로 신발을 벗고 맨발로 들어서서, 그런데 무엇을 물어볼까. 나의 흥미는 먼 조국(고향)에 대한 그리움이라도 물을까, 말하자면 민족감정은 어떤 형태로 있는 걸까, 혹은 변화해 가는 걸까에 있었다. 그러나 이것은 완전히 예민한 문제이다. 가족과 동족 간에는 조선어가 일상적으로 말해지고, 아이들은 우즈베키스탄어로 놀고 있다(의무교육에서는 수년 전부터 조선어의 정규수업은 없어져 주 2시간만 특강의 형태로 이루어진다고 현장에서 들었다. …… 그러나 제대로 들었는지 정확함에는 자신이 없다). "나이 드신 분들은 때때로 고향에 관한 일이 생각나실 테지요……"라고 나는 말을 꺼낸다. "그건 말씀하신 대로입니다. 저는 실제

로 알지 못하지만 부모님으로부터 자주 들었습니다. 그러나 우리 아이
들은 여기가 태어난 곳이기 때문에……"라는 김 부인의 말을 거들 듯
최 의장은 "노인들이 그런 감정을 갖는 것은 당연합니다. 그러나 우리는
이곳을 일군 소련인이기 때문에……"라고 덧붙인다.(6호, pp.127~128)

　　내심 우즈베키스탄에 살고 있는 조선인들이 여전히 '조국'에 대한
'민족감정'을 지니고 있으리라 기대했던 오자키 히코사쿠는 이러한 말
에 더 이상 말을 할 수가 없었다고 한다. 자신의 질문이 '우문'이었다는
것이다. 그러면서 "생활의 사회적 환경이 사람들의 의식을 지배해 가는
과정이 여기에서는 상당히 도시적으로 나타나고 있다. 조선인의 소련
화는 기정사실이고 그 형식은 아마도 '러시아화'를 우즈베키스탄과 그
외 주변의 여러 민족과 함께 걷고 있다"라고 말하고 있다. 즉 소련에
살고 있는 조선인인 최 의장이 자신들을 '소련인'이라고 했을 때, 이는
소수민족인으로서 '러시아'에 속하면서 나아가 '소련인' 의식을 갖는다
는 것이다. 그래서 "반면으로 러시아 민족 그 자체도 여러 민족문화에
의해 보완되고 풍요로워지는 길을 걸으면서 소련화되지 않을 수 없다"
고 한다. 최 의장의 말을 듣고 오자키 히코사쿠는 소련에 살고 있는
조선인이 '소련인이자 조선인'인 것을 느낀다. 이 시찰기에는 부인의
사진도 게재하고 있어서 현장감을 준다.
　　「중앙아시아의 조선인」은 "이들 단편적인 관찰로부터 경솔하게 소
련 재주 조선인의 동향이나 민족의식 평가할 수 없다. 그러나 '조국'은
소련 재주 조선인에게 있어서 '선조의 땅'이긴 해도 '국가'로서는 이미
아닐 것"(6호, p.131)이라며 소련에 살고 있는 조선인들에 대해서 "그들
은 '우리가 여기를 일궜다'라는 자부심을 가지고 소련인인바 조선인으
로서 완전히 탈바꿈한 삶을 살고 있는 것은 분명할 것이다"라며 마무리

하고 있다.

　이 시찰 기록에서 알 수 있는 것은 소련 재주 조선인의 '민족의식'이 세대에 따라 변화하고 있으며 이는 러시아식 이름에도 반영되어 있고, 그들이 스스로를 '소련인'으로 인식하고 있다는 점, 그러나 그들의 생활은 민족의 언어인 '조선어'를 바탕에 두고 있고 생활양식에서도 김치를 담그는 등 민족의 풍습과 관습을 이어가고 있다는 점이다.

　이 '시찰 기록'보다 9년 후 1985년 11월호 「특집 해외 재주 조선인의 현재」에 실린 요코하마국립대학의 러시아 역사 전공자 기무라 히데스케(木村秀亮)와 강재언의 「대담 소련 중앙아시아의 조선인」에는 최근의 통계 자료가 제시되고 있다. 1970년과 1979년의 인구조사에 의한 소련 재주 조선인의 인구추이를 표에 담아 보여주고 있다. 1970년 소련 인구 241,720,134명 중 조선인은 357,507명, 1979년 소련 인구 262,084,926명 중 조선인은 388,926명으로 나타나 있다. 1979년 조사에 의거해 그 분포를 보면 우즈베키스탄 재주 조선인은 163,062명, 카자흐스탄 재주 조선인은 91,984명이다. 이 대담은 조선인의 해외 이주 역사를 개괄하면서 1937년 스탈린 정부에 의해 시행된 18만 명의 조선인 중앙아시아 강제 이주 역사에 대해 일본도 책임이 있다고 말하고 있다.

　기무라 히데스케는 대담에 참여하기 이전에 논문 「소련 중앙아시아·카자흐스탄의 조선인」을 발표한 학자다. 그는 대담에서 "조선인이 원래 소련 연해지역에 살게 된 것은 일본이 조선을 식민지화한 것과 크게 관련이 있습니다. 그리고 중앙아시아로 이주하게 된 것에 대해서도 일본의 침략정책이 큰 영향을 미치고 있습니다. 전쟁 중에 일본에 의해 사할린으로 강제연행을 시킨 약 4만 명의 조선인이 전후 그대로 남겨진 것을 포함해 모두 일본에 책임이 있습니다. 소련의 문제라기보다 일본의 문제라고 저는 생각하고 있습니다"(44호, p.28)라고 말하고 있다. 그러면서 소련 재주 조선인의 현재 '민족의식'은 "소련인"이라는 의식이 점점 강해져가고 있다고 하며 앞서 봤던 1976년 오자키 히코사쿠의 '시찰 기록'의 내용을 뒷받침하는 말을 하고 있다. 이에 대해 강재언은 재일조선인 2세와 3세의 조선어 문제와 연관시켜 "소련의 학교교육에서 조선인 자녀에 대한 어떤 언어교육이 이루어지고 있는가"에 대해 물었다.

기무라 히데스케는 우즈베키스탄 재주 조선인 자녀는 조선어와 러시아어를 하는 사람이 많다고 하면서 통계를 인용해 "우즈베키스탄 재주 조선인 중 조선어를 자민족어로 하고 있는 사람은 1970년에 73.5%였는데 1979년에는 62.1%로 10년간에 약 10%가 낮아졌"다라고 했다 (44호, p.31). 이에 대해 강재언은 "그러나 그 정도로 조선 본토와 동떨어진 중앙아시아에서, 게다가 세대적으로 본다면 3대째, 4대째가 되고 있다고 생각하는데, 그럼에도 불구하고 아직 60% 이상이 러시아어 이외에 조선어를 모어로 하고 있다는 것은 대단한 일이군요"라며 소련의 '민족정책'을 거론하고 있다. 두 사람은 중국의 '민족정책'이 소련과 다른지도 확인한다. 강재언은 중국의 조선족자치주인 '연변'에서는 '조선어 출판물'도 많이 나온다고 말하면서 중국의 조선족은 소련 재주 조선인보다 그 숫자가 훨씬 많다는 것을 상기시킨다. 강재언은 소련 재주 조선인 대부분의 '국적(国籍)'은 '소련적(ソ連籍)'이고, 중국의 조선족은 99%가 '중국적(中国籍)'을 가지고 있다는 점도 언급하면서 다음과 같이 말하고 있다.

재일조선인만은 조선적(朝鮮籍) 혹은 한국적(韓国籍)을 가지고 있어서 해외공민이라는 말을 사용하고 있지요. 미국에 있는 친구 등은 이런 점을 좀처럼 이해할 수 없는 듯하고 일본에서 태어나 자랐는데 어째서 일본 국적(日本国籍)이 아닌가를 묻는 경우가 자주 있습니다. 그것은 역시 일본과 조선의 역사적 관계가 큽니다. 예를 들면 소련이든 미국이든 중국이든 각각의 국적(国籍)을 취하면서도 이름까지는 바꾸지 않고 있습니다. 그런데 재일조선인 중에 이제까지 10만 명 정도가 일본에 귀화하고 있지만 완전히 이름을 일본식으로 바꿉니다. 그러므로 조선계 일본인이 아니라 완전한 일본적인 일본인이 되어 버린다는 문제가 있습니다.(44호, pp.31~32)

재일조선인은 조선족이나 재미동포 등과 달리 일본에서 태어나고 일본에서 자랐는데도 '일본 국적'을 가지고 있지 않다. 식민지 역사가 재일조선인의 처한 상황에 관련이 있겠으나 일본의 재일조선인에 대한 '차별'을 수반하는 소수민족정책도 문제가 있는 것이다.

위와 같이 『계간 삼천리』에서 소련 재주 조선인에 대한 관심의 주요 사항은 그들의 이주 역사를 공유하면서도 현재 그들이 '민족의식'을 어떻게 유지하고 있는가, 그들의 세대 간 변화는 어떻게 이루어지고 있는가, 그들을 둘러싼 환경, 즉 '차별'을 받고 있는가. 그들이 속한 국가의 '민족정책'은 어떠한가에 맞추어져 있었다. 다음 장에서 살펴보는 중국에 살고 있는 조선족에 대한 기사에서도 이 세 가지가 주요 사항으로 다루어지고 있다.

4. 중국 연변 조선족의 '민족문화'

『계간 삼천리』에 게재된 중국에 살고 있는 조선인에 관한 기사는 「중국 연변지구의 조선인」(8호), 「중국·길림의 조선인–소수민족정책과 일본–」(15호), 「세 명의 중국계조선인」(19호), 「중국 연변의 단장(斷

章)」(29호), 「중국 속의 조선」(29호), 「단동(丹東)에서 본 조선」(32호), 「만주 개척과 조선인」(34호), 「'만주'·시베리아의 조선인」(36호), 「중국·장춘의 조선족」(39호), 「중국 연변 조선족자치주의 성립」(44호), 「중국 연변으로의 여행」(44호), 「중국 북동에 있는 어느 농촌에서」(44호), 「어느 중국 조선족 일가의 언어생활」(44호), 「인터뷰 중국 조선족 현상」(46호), 「중국 연변 생활기①~④」(47호~50호)이다. 중국의 연변, 길림, 단동, 장춘 등에 사는 조선인들의 이야기인데, 이 가운데 제19호의 「세 명의 중국계조선인」은 모모야마학원대학 교수 무라카미 기미토시(村上公敏)가 한국 국적을 소유한 조선족 3명을 서울과 프랑스, 일본에서 만난 에피소드를 수필에 담고 있는 것이다. 조선족은 반드시 중국 국적을 갖고 중국에만 살고 있는 것이 아니라는 점을 보여준다.

중국 재주 조선인에 관해 처음 실린 글은 1976년 11월호에 실린 「중국 연변지구의 조선인」(8호)으로 간사이대학 교수인 쓰루시마 유키미네(鶴嶋雪峰)가 쓴 시찰 기록이다. 서두에서는 일본의 조선 침략과 함께 '연변(간도)'에 어떻게 조선인들이 살게 되었는지 그 역사를 서술하고 연변에서 이루어지는 중국의 '소수민족정책'을 다음과 같이 개괄하고 있다.

> 중국은 50개에 가까운 민족으로 이루어진 다민족국가라고 말해지고 있다. 그러나 인구의 94%까지를 한족이 차지하고 그 밖의 소수민족은 모두 합쳐 불과 6%에 지나지 않는다. 그래서 소수민족의 생활과 권리를 지킬 필요가 있고 이를 위해 소수민족의 주장을 어느 정도 존중하는가가 중요하게 된 것이다. 중국에서는 "소수민족 인민은 모여 사는 지역에서 국가의 주인공으로서 민족 내부의 지역적 사무를 관리할 권리를 가진다. 즉 민족의 지역적 자치를 실행한다"라고 되어 있다.(8호, p.166)

중국에 사는 소수민족은 이러한 '민족의 지역적 자치'를 법률로 인정받아 '민족의 특징'을 살리는 지역 자치를 운영하고 있다. 연변 조선족자치주는 중국의 29개 민족자치주 가운데 하나이다. 그렇다면 연변은 "민족의 특징을 정치, 경제, 문화의 영역에서 존중하는" 자치주일까. 쓰루시마 유키미네는 연변의 위치, 면적, 인구, 교육, 문화, 의료, 산업 등을 개괄하고 자신이 직접 돌아본 연변과 거기에 사는 조선족에 대해 말하고 있다. 그가 돌아본 곳은 '연변인쇄청'과 '장백인민공사' 그리고 '연변대학'이었다.

연변의 조선족은 전체 인구의 절반에 조금 못 미치는데 각급 지도부에 53%, 행정기관에 50%에 달하는 조선족이 근무하고 있고 연변의 공용어는 한어와 조선어를 병행하고 자치주 방송국도 한어와 조선어를 병행해 방송하고 있으며, 자치주에서 지도하는 농촌의 90%는 조선어 유선방송을 시청하고 있다고 한다. 고등학교까지 한어와 조선어로 공부를 하고 있으며 조선족의 고등교육시설 중 하나로 종합대학인 연변대학이 있다. 인쇄공장에는 대부분이 여성 노동자들로 미리 지시를 받았는지 쓰루시마 유키미네가 견학을 갔을 때에는 모두 빨간 계통의 저고리를 입고 일을 하고 있었으며 많은 부인들이 파마머리를 하고 있었다. 인쇄청에서는 한어와 조선어 출판물을 인쇄하고 있었고, 문화대혁명(1966~1976) 이후 중국공산당은 민족정책에 한층 더 힘을 쏟아 소수민족을 위한 도서 보급을 꾀해 그에 관한 책의 출판물이 두 배 늘었다는 것이다. 문화대혁명 이후 연변대학도 면모가 바뀌어 학교에는 '노동자 모택동 선전대'가 상주하고 있었다. 쓰루시마 유키미네가 만났던 학생은 부끄러움을 타고 적극적으로 말을 하지 않으려고 했다. 여러 질문 중 의외의 대답이 나왔는데, 특히 동북지방과 연변에 대한 학생의 답변에 대해서 다음과 같이 쓰고 있다.

그 빛나는 항일투쟁에 대해서조차 그다지 자세히 배우지 않고 있었던 것이었다. 그것은 중국사와 중국공산당사로서 배운다는 설명만 되돌아 왔다. 그러나 이것은 중국의 조선족이 중국 국민의 일부를 이루며, 연변이 중국의 일부라는 것을 중심에 두고 생각하면 오히려 당연한 것일지도 모른다. 문화대혁명을 사이에 두고 중국이 크게 변해가고 있으나 중요한 변화의 하나는 소수민족 문제임을 통감하면서 우리들은 연변을 떠났다.(8호, p.173)

'민족의 특징'을 살리는 자치주의 교육에서 민족정신으로 계승해야 할 '항일투쟁'의 역사 교육이 소홀히 이루어지고 있는 것이다. 이것은 문화대혁명의 영향으로 쓰루시마 유키미네는 연변의 변화를 주로 문화대혁명 전후로 살피면서 문화대혁명 이전에 비해 이후에 소수민족에 대한 중국공산당의 지도가 강화되고 있음을 시사하고 있다. 연길의 장백인민공사의 농촌에도 문화대혁명 이후에 도시의 지식청년이 들어와 빈농과 중농의 교육을 담당하고 있고, 조선족과 한족의 일부 사람들은 공산당에도 입당하면서 농촌지도의 멤버가 된다. 연변에 있는 대학도 문화대혁명 이전에는 교사가 한어나 조선어 어느 것을 사용해도 무방해서 대부분 조선어를 사용했으나 현재는 모두 한어만을 사용하고 있다고 한다.

그런데 1986년 5월호에 실린 주홍성 연변대학 조선문제연구소 소장의 「인터뷰 중국 조선족의 현상」(46호)에서는 중국의 민족정책이 재일조선인의 처지에서는 부러움의 대상으로 말해지고 있다. 이 기사는 쓰쿠바대학에 방문교수로 와 있던 주홍싱이 『계간 삼천리』의 편집인 중 한 명인 이철(李哲)과 인터뷰를 한 내용이다.

주홍성은 '중국에 사는 조선족의 분포 상황'에 대하여 "중국에는 약 180만 명의 조선족이 살고 있습니다만 그 대부분은 동북지방에 있습니다. 길림성에 100만 명, 흑룡강성에 45만 명, 요녕성에 25만 명이 있고 나머지 약 10만 명 정도는 내몽고자치구, 북경 등 동북지방 이외에 살고 있습니다. 지금 길림성에 100만 명의 조선족이 있다고 말씀드렸습니다만 조선과 국경선을 이루고 있는 두만강에 인접한 연변지역에 살고 있"다(46호, p.139)라며 중국의 조선족 거주 분포를 말하고 있다. 그리고 1950년 중화인민공화국의 민족구역자치제 정책에 의해 연변 조선족자치주가 생겼다고 하며 연변지역에 조선인이 이주한 역사는 100년에 이르고 있다고 하고, 중국 동북지방의 논농사는 조선족에 의해 시작되었다고 한다. 주홍성은 자치주의 역사, 경제상황, 1949년 연변대학의 설립, 연변에서 발간된 조선족의 잡지, 신문 등을 언급하고 문학과 예술 방면에서 민족문화유산의 발굴, 계승 등이 조선족에 의해 이루어지고 있다고 소개하고 있다. 자치주의 운영 내용을 말하면서 "조선민족의 전통적인 문화, 풍속, 습관은 남북 조선보다도 순수한 형태로 보존되고 있다"고 한다. 이에 대해 인터뷰를 진행하고 있는 이철은 "재일조선인의 경우는 일상생활 속에서 민족적인 것이 점점 사라지고 있는데 연변에서는 옛 생활풍속, 민족적인 것을 굳게 계속 지켜가고 있습니다. 이것은 감격스럽습니다"라고 했다. 이철의 이러한 반응에 주홍성은 다음과 같이 말하고 있다.

중국 정부의 민족정책은 동화가 아니라 오히려 민족적 문화를 발전시켜 다민족국가로서의 중국 전체의 문화를 발전시키려고 하는 것이기 때문에, 민족 언어의 발전을 보장하고 있습니다. 그러므로 자치주의 제1공무용 언어는 조선어입니다. 물론 중국어도 동시 사용하고 있습니다. 그렇지만 또 조선족은 자기 말을 사용할 권리를 법률적으로 보장받고 있습니다. 예를 들어 재판에서 중국어를 몰라도 통역이 붙고 조선족의 학교에서 교과서도 강의도 조선어이기 때문에 고등학교까지 다닐

수 있으면 민족어는 완전히 익히게 됩니다. 또한 대학입시도 조선어로
치러집니다. 취직할 때 중국어를 모르기 때문에 안 된다는 것이 아닙니
다.(46호, p.143)

주홍성은 이와 같이 중국의 '민족정책'이 '동화'가 아니기에 조선족
은 민족문화와 민족의 언어를 그대로 유지하며 살아갈 수 있다고 말하
고 있다. 재일조선인 이철은 이러한 조선족의 민족정신을 그대로 구현
하는 삶을 가능하게 하는 '중국의 민족정책'에 대해 "재일조선인의 한
사람으로서 여러 가지 생각이 들었습니다. 앞으로 '재일'과 '재중' 간
여러 분야에서 교류를 진행해 더 세부적인 것에 걸쳐서 논의를 할 수
있다면 멋진 일이겠지요"라는 말로 인터뷰를 끝맺고 있다. 이 인터뷰
기사에 이어 번역문 「자료 연변 조선족자치주 자치조례(발췌)」가 3쪽에
걸쳐 실려 있다. 재일조선인들의 '연변 조선족자치주'에 대한 관심을
엿볼 수 있다.

중국 조선족자치주에 대한 상세한 정보는 제44호에 연변인민출판사
에서 출판된 『연변 조선족자치주 개황(槪況)』의 일부를 번역해 제공하
고 있다. 번역 기사 타이틀은 「중국 연변 조선족자치주의 성립」이고,
제8호에 실린 「중국 연변지구의 조선인」도 연변의 '조선족자치주'의
역사와 그에 대한 현황을 소개하고 있다. 중국 '민족정책'은 재일조선
인에게는 부러움의 대상이자 참고 자료였다. 하지만 연변에서 장기간
머물며 체류기를 쓴 와세다대학 교수 오무라 마스오(大村益夫)는 연변
의 '조선어'의 장래에 대해서 "지금 조선족을 담당하고 있는 최전선에
서 활약하고 있는 것은 3세들이 많다. 중국의 소수민족에 대한 우대도
있어서 안정적으로 중국에 정착하고 있긴 하나, 정착하면 할수록 어떤
면에서는 필연적으로 동화의 수준이 높아진다는 딜레마가 발생한다.

젊은 학생들이 조선어로 인사조차 할 수 없어서 노인들의 빈축을 사고 있다. 부모와 이야기를 할 때만 조선어를 사용하고 친구와 형제와 이야 기를 할 때는 한어를 사용하는 것이 일상이 되고 있다. 문학을 좋아하 는 청년이라고 해도 한어의 중앙 잡지는 읽어도 연변의 조선어로 쓰인 문예지는 그렇게 읽지 않는다"(49호, p.152)라고 말하며 젊은 세대의 조선어 이탈을 우려하고 조선족의 '민족문화' 계승의 장래에 대해 어두 운 전망을 내리고 있다. 중국에서 '조선족'은 중시되는 소수민족 가운 데 하나이다. 중국의 '소수민족정책' 속에서 조선족 젊은 세대들이 '민 족어'와 멀어지고 거주지에 동화되어 가는 문제는 '재일조선인'에게도 당면한 과제였다. 다음 장에서 살피는 재미동포를 둘러싼 '민족정책'과 '젊은 세대'의 변화도 '해외 재주 조선인'이 '민족감정'을 어떻게 품고 '민족문화'를 살아가는가의 문제와 관련이 있다.

5. 미국 '시민'으로서의 조선인

『계간 삼천리』에 게재된 미국에 사는 조선인에 대한 기사는 재미동 포 당사자의 목소리를 적극적으로 담는 양상을 보인다. 이것은 소련과 중국보다도 재일조선인에게 미국 왕래가 더 자유로웠던 탓도 있을 것 이다. '재미조선인'[7]에 관한 기사로는 「하와이의 조선인 이민」(19호), 「미국의 이주 조선인」(21호), 「조선인의 하와이 이주와 일본」(22호), 「대담 재일 재미 조선인을 말한다」(28호), 「애틀랜타의 이 씨에 관하여」

---

7) 『계간 삼천리』에서 '미국 재주 조선인'에 관한 호칭은 '재미조선인' '재미동포' '재미교 포'를 사용하고 있다. 본고에서는 주로 '재미동포'를 사용하겠다.

(39호), 「〈정담〉 재일·재미의 조선인·중국인」(40호), 「한국에서 미국으로 간 간호사 이민」(44호), 「미국의 조선인 사회」(44호), 「재미 6년의 날들」(44호), 「'재미'와 '재일'」(44호), 「재미조선인 운동사(1905~45년)」(45호), 「재미를 살아가는 젊은 세대」(46호), 「미국 사회의 조선인」(49호), 「재일동포와 재미조선인」(50호), 「미국의 아시아계 소수민족의 비교 조사」(50호)가 있다. 이 기사들의 필자 중 대담자를 포함해 재미동포는 7명이나 된다. 앞의 소련 재주 조선인 관련 기사의 당사자는 1명이었고, 조선족은 2명이었다. 특히 종간호인 제50호에 실린 '재미조선인' 관련 글은 모두 재미동포 당사자가 쓴 것이다. 「재미 6년의 날들」은 재일조선인이 미국으로 이주해서 살고 있는 내용이고, 「'재미'와 '재일'」은 재미동포가 일본에 와서 체류하며 쓴 감상문이다.

재미동포에 관해 가장 먼저 『계간 삼천리』에 게재된 글은 1979년 8월에 재미동포 학자 최영호의 논문을 번역해 실은 「하와이의 조선인 이민」이다. 이 논문은 조선인의 하와이 이민 역사를 상세하게 밝히고 있다. 또 한편의 하와이 이민 관련 논문이 세인트노버트대학 교수인 웨인 패터슨의 「조선인의 하와이 이주와 일본」이다. 그리고 1980년 2월호에 실린 쓰루미 유키미네의 「미국의 조선인 이주 – 이철수 문제와 관련해서–」는 1973년 억울한 살인누명을 쓰고 종신형을 살다가 재차 옥중살인사건에 연루되어 교수형에 처해질 위기에 놓인 재미동포 이철수의 구명운동에 관한 내용을 다루고 있다.[8] 이 기사에 이어 1981년 11월호에 실린 애리조나주립대학 아시아연구소 소장 조영환과 재일

---

8) 이철수는 '이철수구명위원회'의 노력으로 1982년 누명을 벗고 석방되었다. 이 사건은 미국 소수민족의 인권운동에 큰 영향을 끼쳤다. 이에 관해서는 유재건, 『함께 부르는 노래』, 범우, 2009. 참고.

조선인 역사가 강재언의 「대담 재일·재미 조선인을 말한다」(28호)는 재일조선인과 재미동포를 서로 비교하면서 재미동포의 현실을 종합적으로 담고 있다.

　조영환 교수가 게이오대학에 객원교수로 와 있는 것을 계기로 만난 두 사람의 대화는 해외에서 활약하는 조선인들에 대한 이야기로 시작된다. 그리고 미주에 조선인들이 어떻게 살게 되었는지 이주의 역사를 말하고 재미동포가 가장 집중해 있다는 로스앤젤레스에 '조선인계 시민'들이 어떻게 모여 사는지에 대해 이야기를 나눈다. 학자들에 의해 다르지만 당시 로스앤젤레스에는 7만에서 13만 정도의 재미동포가 살고 있다고 한다. 매일 2~3시간씩 조선어로 방송하는 TV가 3채널 있고, 미국판 『한국일보』 『중앙일보』 『동아일보』가 이전 1페이지 분량으로 발매되었으나 현재는 10페이지 넘게 나오고 있다는 것이다. 주간지가 5종, 월간지와 계간지가 각각 1종씩 간행되며 이 중 월간지는 전국적으로 판매되는 잡지다. 이 잡지들은 조선어로 80%가 쓰여 있고 나머지가 영어로 쓰여 있다. 로스앤젤레스 조선인들의 직업은 자영업이 5, 6천 개, 조선식 레스토랑이 70개, 거의 수입하는 조선식품 가게가 65개, 할인가게 25개 정도, 교회 200개 전후라고 하며, 조영환은 자녀 교육에 대해서는 "아마 조선인이 유대인 다음으로, 보통의 백인보다도 훨씬 높다고 할 수 있습니다. 미국 전체로는 조선인의 대학졸업자가 36.3%로 중국인 25.6%, 일본인 15.9%, 백인 11.6%, 흑인 4.5%, 필리핀인 22.5%이기 때문에요"(28호, p.91)라고 말하며 재미동포의 높은 교육수준이 장래 재미동포의 활약을 기대하게 만든다고 한다.

　재일조선인 강재언이 무엇보다도 관심을 갖고 묻는 것은 '시민권'에 관한 것이었다. 미국에 사는 조선인들은 영주권을 가지고 이주한 후 5년 이상 미국에 거주하면 '시민권'을 취득할 자격이 있고 시민권을 취득하면 미국 '시민'이 된다고 한다.

    (강) 시민권을 취득한다는 것으로 이름을 바꾼다거나 하는 미국화되는 것을 요구하는 일은 없습니까?

    (조) 그런 일은 없지요. 최근에는 소수민족이 자기들의 독자적 문화를 가져야만 한다는 생각이 정착하고 있기 때문에 이전과 같이 동화를 주장할 까닭은 없습니다.

    (강) 그러나 일본에서는 귀화를 신청했을 경우 철저하게 일본화하지 않으면 허용되지 않고 이름까지도 일본식으로 바꾸지 않으면 안 되는 것입니다.

    (조) 나는 미국의 시민권을 취득해 20년 이상이 지났으나 원래 이름대로 미국식 이름 따위는 사용한 적이 없습니다. 시민권을 취득하는 시험도 사람에 의해 다르긴 하나 간단한 형식적인 것입니다.

    (강) 그것도 일본과 상당히 다른 점이군요.

    (조) 시험은 1분 정도로 한눈에 봐도 안쓰러운 아주머니거나 하면 당신은 어디에 살고 있냐고 묻고 영어로 자기 주소와 이름을 말하면 그대로 오케이 하는 정도의 느낌입니다.

    (강) 이민족에 대한 사고방식의 차이이군요. 일본에서는 일본 국민이 아니라 일본 민족이 되기를 요구합니다.

    (조) 물론 미국에서도 시민이 되는 과정을 naturalization=귀화라고 합니다. 그러나 일본과 달리 시민권을 가져도 자기 모국·조국과 분리되는 느낌까지 가질 필요는 없지요.

    (강) 미국에서는 자기 이름을 사용하고 자기들의 생활양식을 지키고 전통적인 문화를 계승하고 있지만 일본에서는 자기 민족과 연을 끊고 일본화하는 것을 요구합니다.(28호, p.94)

재일조선인과 재미동포는 동일하게 조국과 동떨어진 생활을 하고 있다. 하지만 각자를 둘러싼 환경에 따라 놓인 처지가 다른 것이다.

'사회참여'와 '차별' 문제에 대한 대화는 공통분모를 찾지 못한다. 재미동포가 누리는 '시민'의 권리를 재일조선인은 갖지 못하고 있다. 강재언은 재미동포 자녀들이 공공기관이나 회사에 취직할 경우 차별당하는 일은 없는가 묻고 있는데, 이에 대해 조영환은 "그런 일은 거의 없습니다. 공공기관이나 어디나 자기가 재능을 가지고 있으면 들어갑니다. 다만 회사라면 과장, 부장까지는 오릅니다만 그 이상은 좀처럼 올라가지 못합니다."(28호, p.96) 백인이 아니면 회사의 고위직에 쉽게 오를 수 없는 것이 미국의 현실인 것이다. 강재언은 일본에서는 국공립대학 정규직에도 재일조선인은 채용될 수 없다면서 일본의 "국적조항에 따른 법률차별과 사회의식으로서의 차별관과 같은 폐쇄성"을 말한다. 이에 대해 조영환은 미국에서는 현재 '일본 넘버 원'이라면서 일본이 곧 미국을 따라잡는다는 담론이 있으나 '차별'의 관점에서 미일의 차이는 크다고 하며, 강재언은 미국 사회의 힘을 "여러 가치관과 인종, 민족을 넘은 능력을 그대로 흡수하는 것"에 있다고 말한다. 재미동포의 현실을 보면 이주의 역사가 동일할지라도 살아가는 환경은 재일조선인과 다르다. 재미동포는 재일조선인의 현실을 다시 비춰주는 '거울'과 같은 존재다. 1987년 5월에 발행한 『계간 삼천리』 제50호 종간의 특집은 「재일조선인의 현재」이다. 여기에는 애리조나주립대학 교수 조영환과 강사 남인숙의 공저 논문 「재일동포와 재미조선인」이 번역되어 실려 있다. 이 논문의 부제는 '그 환경, 지위, 전망의 비교'이다. 또 「미국의 아시아계 소수민족의 비교 조사—일본, 중국, 조선계 이민을 중심으로」라는 텍사스 A&M대학 교수인 노관해(ノ·グァンヘ)의 논문도 번역해서 싣고 있다. 「재일동포와 재미조선인」은 재일조선인과 재미동포의 역사적 환경, 이민사회의 민족차별, 정신문화의 차이를 살피면서 특히 법적으로 "일본의 국적법이 미국과 같이 출생지주의가 아니라 혈통주

의이기 때문에 일본에서 출생해도 귀화하지 않으면 일본 국민이 될 수 없다"는 것과 "재일동포가 귀화를 거부하는 이유를 ①귀화해도 사회적으로 일본인으로서 받아주지 않으며 한편으로 재일동포로서의 권익 옹호를 위해 싸우는 것도 곤란하다. ②일본 이름을 강제한다. ③귀화를 하면 동시에 조선인으로서의 아이덴티티를 말살당하기 때문에 마치 일본인에게 굴복한 것 같은 굴욕감을 부여"(50호, p.55)받아서라고 말하고 있다. 이것을 뒷받침하는 내용이 이민문제연구가인 오카베 가즈아키(岡部一明)가 1986년 5월호에 쓴 「'재미'를 살아가는 젊은 세대」(46호)에서도 잘 나타난다.

오카베 가즈아키는 조선인의 미국 이민의 역사를 서두에서 간략히 개괄한 후 기사를 쓰는 '현재' 미국에는 추정으로 70만 명이 살고 있을 것이나 1980년 미국 정부의 조사로는 354,529명이라면서 이 조사에 의거한 '재미조선인의 지역분포'를 표로 제시하고 있다. 이 표에 의하면 캘리포니아주에 103,891명(로스앤젤레스 권역 75,587명 포함), 뉴욕주 34,157명, 일리노이주 23,980명, 하와이 17,948명, 매릴랜드주 15,087명, 텍사스주 13,997명, 워싱턴주 13,077명, 뉴저지주 12,845명, 버지니아주 12,550명, 펜실베이니아주 12,550명, 기타 94,494명이 분포되어 있다.(46호, p.49) 이들 가운데 미국에서 태어난 수는 약 2%에 불과해 미국의 조선인 사회는 '이민사회'로서 성격이 강하다고 한다. 그러나 미국에서 자라는 젊은 세대의 수는 확실히 증가하고 있다면서 젊은 세대의 한 사람인 장태한(張泰翰) 씨를 인터뷰한 내용도 기사 도중에 싣고 장태한과 부인 징희 씨의 사진도 게재했다. 현재 UCLA 아시아언구과 석사과정에 재학 중인 장태한 씨는 1974년 18세 때 부모님과 함께 미국으로 이주했고, '미국의 조선인과 중국인 비교연구'를 주제로 공부하고 있다. 그래서 중국의 조선족자치주에도 다녀온 경험이 있고 1982

년에는 10일 정도 오사카에 체류하면서 재일조선인 청년들도 만났다고
하며 그 인상을 말하고 있다.

> 만약 그들이 조선인, 재일의 조선인이라고 말하지 않으면 그 문화,
> 감정, 습관, 모든 것이 일본인으로 보였습니다. 저는 그들이 일본인과
> 다른 점을 아무 것도 발견하지 못했습니다. 그들로서도 조선에 돌아간
> 다와 같은 가능성은 거의 생각하고 있지 않을 테지만 저는 그들이 조선
> 계의 일본 시민이라는 관점을 가질 필요가 있다고 생각합니다. 그렇게
> 함으로써 공민권을 강력하게 주장할 수 있습니다. 오해는 하지 말아주
> 세요. 저는 법적 자격에 관한 것만을 말씀드리고 있습니다. 시민권
> (Citizenship, 미국에서는 거의 국적의 의미로 사용된다)은 자의적인
> 것입니다. 이것은 인종이나 민족과는 관계가 없고, 순수하게 법적인
> 개념입니다. 일정의 법적 자격을 갖추면 취득할 수 있는 자격, 단순한
> 한 장의 종이쪽지에 불과합니다.(46호, p.153)

장태한은 재일조선인 청년들의 삶이 일본에 뿌리내려져 있으므로
일본에서 법적 지위를 보장받을 수 있는 '시민권'과 같은 것을 취득할
수 있는 '공민권운동'에 힘을 기울여야 한다고 말한다. 그런데 이 시민
권을 '민족성'과 동일하게 생각해서는 안 된다고 주의를 기울이면서
아시아의 나라들은 이것을 '혼동'하거나 '잘못' 생각하고 있다고 하고,
위 인용문에 이어서 "민족의 아이덴티티와 문화는 시민권과 관계없이
지켜가야 하며 지켜가야만 합니다. 재일조선인은 법적으로 일본 시민
이라는 것에 의해 독자적인 문화를 가진 조선인으로서 일본 사회에
대한 평등한 참가를 강하게 주장할 수 있습니다"라고 덧붙이고 있다.
이에 대해 인터뷰어인 오카베 가즈아키는 재일조선인의 많은 사람들
은 '강제연행'의 역사 속에 있고, 일본은 국적 취득을 '동화'로 보고

완전히 일본인인 되는 것으로 한다고 말했다. 장태한 역시 일본의 '차별'을 알고 있으며 무리하게 시민권을 취득하라는 문제가 아니고 "우선 시민권 취득에 관한 차별적인 행정관행을 없앨 필요가 있겠지요"라고 대답했다. 그러면서 "나는 미국 시민이며 동시에 조선인입니다. 이것은 나 자신이 가지는 아이덴티티에 그치지 않습니다. 아이덴티티는 사회에 의해서도 부여받습니다"라고 했다. 오카베 가즈아키는 장태한과 한 인터뷰 소개에 이어 미국에서 '시민권'이란 무엇인지를 상세하게 소개하고 "시민권은 일본의 국적과 기본적으로 큰 차이를 지니고 있다"라고 하고 "미국의 귀화(시민권 취득)는 사람을 국가에 굴복시키지만 민족은 굴복시키지 않는다"라며, "일본 국적을 취득하는 것은 일본에서 사는 데 있어 시민적 권리를 취득하는 것이 아니라 민족적·인종적으로 일본인이 되는 것이다"(46호, p.158)라고 말하고 있다. 오카베 가즈아키는 일본인으로서 이러한 일본의 '편협한 민족적 자기중심주의'에 입각한 '폐쇄성'은 비판받아 마땅하고 사라져야 한다고 했다.

재미동포의 '시민권'은 재일조선인에게는 일본의 '시민'일 수 없는 자신을 비추는 거울과 같은 것이었다. 또 재미동포 젊은 세대의 '민족감정' 역시 재일조선인 젊은 세대의 '민족감정'을 비추어 주었다. 20대의 재일 3세 신미사(辛美沙)[9]가 미국을 방문하여 또래의 재미동포 청년들을 만난 경험담을 다룬 「미국 사회의 조선인」(49호)이 이 상황을 보여준다. 신미사는 1980년대에 한국에 어학연수를 다녀온 경험도 있고, 이때 재미조선인 청년들과 교류했고 그들을 미국에서 다시 만나 미국

---

9) 오사카 출신으로 현재 아트 매니지먼트·디렉터로 활약하고 있는 인물. 아버지가 에도 시대의 조선통신사 사료 수집가이자 연구가로 알려진 신기수(辛基秀)이며, 1993년 뉴욕대학 석사과정을 수료하고 있으므로 이 기사를 썼을 무렵에는 대학생이었을 것이다.

사회의 조선인의 모습을 스케치하고 있다. 신미사는 미국의 또래 재미동포를 만나 그들이 "조선인인 것에 대해 조금도 마이너스 감정을 갖고 있지 않다는 점"과 게다가 재일조선인이 일본에서 말하고 있는 "민족의식이라는 것 등이 거의 그들에게는 관계가 없는 것 같았다"는 점이 자신들과 '차이'가 있다고 하고, 나아가 미국과 일본의 "소수민족에 대한 시스템의 차이가 확실해졌다. 그리고 왠지 재일조선인만이 아주 비참한 존재인 듯 생각되었다"(49호, p.155)라고 했다. 재미동포 젊은이들이 그들만의 '소사이어티' 속에서 댄스파티도 즐기고 이성 친구도 찾기도 하지만 결혼을 반드시 재미동포와 해야 한다는 생각은 청년들이나 부모 세대도 하지 않는다고 해서, 이 점도 재일조선인과 다르다고 보았다. 그러면서 신미사는 귀국길에 대한항공을 탔는데, 그 옆에 앉은 본국의 한국 청년에게 일본에서의 생활이 풍요로워졌으면 "왜 자기 나라로 돌아오지 않는가"라는 질문을 받고 든 생각을 다음과 같이 말하고 있다.

> 재일교포는 일본에서 차별받으며 가난하고 힘든 생활을 하며 일본인은 차갑기 때문에 재일조선인은 한국에 돌아가고 싶어 한다라는 답을 그는 기대하고 있었던 듯하다. 그러나 나에게는 그에 영합할 정도의 과잉적인 민족의식도 없다. 나는 재일조선인이고 재일조선인은 설령 귀화를 하든 이름을 바꾸든 일본이라는 나라 속에서 에스닉(소수민족)이며 본국과는 차원이 다른 것이라고 생각하기 때문이다.(49호, p.161)

재일조선인의 젊은 세대가 1세대의 '조국지향성'과는 다른 일본 내 '에스닉(소수민족)'의 방향을 설정하는 것은 일본 태생인 그들에게 자연스러운 길일지도 모른다. 신미사의 말은 재일 2세 문경수가 말하는 "예를 들면 나 자신, 민족이라는 것이 점점 추상적인 것이 되어 가고

있는 점이 있습니다. 그것은 결정적으로는 생활공간이 일본에 갇혀
버렸기 때문이겠지요"(46호, p.67)[10]라고 하는 것과도 다를 것이다. 신
미사가 말하는 '민족의식'은 '추상적인 것'이 아니라 재미동포 젊은 세
대와 미국에서 함께 보내며 갖은 '개인적인 경험'을 바탕에 두고 있기
때문이다. 사실 문경수도 '민족'은 '본국의 친척'을 방문하는 재일조선
인들에게서 더 또렷할 것이며, 자신에게 그런 기회가 없어 '추상적인
것'이라고 하는 것이다.

『계간 삼천리』는 전체적으로 본국의 '통일조국'을 지지하고 응원하
며 고대 한일관계에서 현대에 이르기까지의 역사를 되짚으면서 한일의
'가교' 역할을 '자임'했던 잡지다. 신미사의 재미동포와의 만남처럼 『계
간 삼천리』는 '조국'과 만나고 있었다. 하지만 '만남'의 형태는 '조국'에
실감을 갖지 못하는 젊은 세대와는 다른 것이었다. 앞서 언급한 제8호
특집 「재일조선인」의 「〈좌담회〉 재일 2세의 생활과 의견」에서 재일조
선인 2세들은 '우리에게 조국이란' 물음을 앞에 두고 "일본에 있으면
일본인에게 차별당하고 조국에 돌아가면 돌아간 지점에서 거절당해
다른 의미에서 역차별 당하는 상황이 있다"라고 하면서 "조국에 돌아가
도 근거로 삼고 서서 디딜 발판이 없다고 한다면 더욱더 우리는 일본에
서 보다 완성된 자기를 어떻게 만들어 낼 것인가, 그것이 중요한 문제가
아닐까"(8호, p.52)라고 말하고 있다. 일본의 '시민'으로 재일조선인은
아직 시민권을 획득하지 못했다. 그들은 재미동포가 지닌 '시민권'에
언젠가는 다가갈 것이고 그때 '민족감정'이나 '민족문화'는 또 재일조선
인 안에 어떤 형태로든 자리할 것이며, 그것은 문경수가 말하는 "개개
인 한 사람의 실행 문제"와 관계할 것이다. 재일 3세 신미사가 재미동포

---

10) 좌담회에는 2세 고도섭, 배중도, 문경수, 이희봉이 참석하고 있다.

또래들을 만나고 돌아오는 길에서 '에스닉(소수민족)'으로 남겠다고 다짐하는 것은 재미동포와 만나는 '실행'을 통해 자신을 '인지'하는 공간을 확보했다는 것을 의미한다. 이 공간은 로빈 코헨(2017: 33)이 말하는 "장소가 없는 공간"이라고도 하겠다.

6. 마치며

『계간 삼천리』가 창간된 1970년대에는 도노무라 마사루(2010: 494)가 밝히고 있듯이 재일조선인의 "혼인 형태와 어린이 교육 상황을 볼 때 기본적으로는 재일조선인의 독자적인 사회적 결합이 존속하고 있으면서 동시에 점차 일본인과의 관계도 강화되고 중요성을 더해 갔던 점"이 보인다. 이 글은 이러한 시기에 '통일조국'의 실천과 '한일연대'의 가교 역할을 자임한 『계간 삼천리』에 실린 '해외 재주 조선인' 관련 기사가 갖는 의의를 살폈다. 재일조선인에게 코리안 디아스포라는 '민족감정'과 '민족문화'의 측면에서 보면 인접해 있다. 지리적 거리에도 불구하고 '민족'으로 서로를 나란히 두고 바라볼 수 있다. 재일조선인과 코리안 디아스포라를 병행해 보면 '민족감정'과 '민족문화'의 인접성으로만 나란히 있을 수 없는 각각이 처해진 환경이 나타난다. '소련인이자 조선인'의 감각으로 '민족감정'을 지닌 소련 재주 조선인, '민족문화'를 고수하면서도 차츰 중국에 '동화'되어 가는 중국 조선족 젊은이들, '미국시민이며 동시에 조선인'으로서 '민족의식'을 당당히 내세우는 젊은 재미동포와 일본의 혈통주의에 노출되어 차별받고 '민족'을 감추어야 하는 재일조선인 젊은이는 다르다. 코리안 디아스포라가 처지가 다른 존재라는 것이 드러난다. 『계간 삼천리』가 '통일조국'이나

'한일연대'에 수반하는 '재일조선인' 자신들의 문제에 집중하면서 존 리(2019: 191)가 말하고 있듯이 "일본 내 한민족 디아스포라 정체성 형성에 기여했다"고 한다면, '해외 재주 조선인' 관련 기사는 '민족'이나 '동포'의 형태는 실체가 아닌 '인지'의 공간에 있다는 것을 보여준다.

 이 글이 살폈듯이 코리안 디아스포라가 서로 가깝다고 생각하는 '민족감정'이나 '민족문화'는 각각의 집단 안에 있고, 각각의 집단에 인접한 것이기에 서로 나눌 수 있게 만들어진 '인지의 공간'이라고 할 수 있다. 여기에서 '디아스포라' 의식을 재일조선인, 고려인, 조선족, 재미동포는 함께 공유한다. 하지만 그렇게 각 집단이 이미지로 만든 것(문화는 실제 생활양식이나 관습 안에 있으므로 심상 안에만 추상적으로 존재하지 않고 이미지화된다. 김치의 맛은 달라도 김치는 '민족문화'의 실체로 다가오며 일상 영역에서 실제 먹는 것이기도 하다.)은 살고 있는 지역과 처지에서는 달라진다. '국적'이나 '시민권' 등에서 현격한 차이가 발생한다. 일본 사회에서 '차별'받는 재일조선인에게 '민족'은 신미사가 말하듯이 '마이너스'의 요소이다. 재미동포 청년에게는 그렇지 않다. 그래서 자기의 '민족의식'이 본국 청년과 "차원이 다른 것"이라고 재일 3세 신미사가 말했을 때, 그것은 슬프지만 그대로 받아들여야 하는 '어떤 진실'이다. 이 '진실'은 강재언이 「대담 소련 중앙아시아의 조선인」에서 언급하듯이 재일조선인을 "그저 단순히 일본과 조선의 관계 속에서만 보는 것이 아니라 보다 글로벌"한 시야에서 보았을 때, 그래서 "미국과 중국 등 세계 각국에 흩어져 있는 해외 재주 조선인의 문제"(8호, p.22)에 접속해 바라보았을 때 재일조선인 자신들의 문제는 더 또렷해진다.

 『계간 삼천리』의 '해외 재주 조선인' 관련 기사는 재일조선인이 어떤 '민족감정'으로 어떤 사회 구조 안에 있는지를 알게 하는 촉매 역할을 했다. 재일조선인은 '민족감정'을 지니고 있어서 일본에서 '차별'받는 것이 아니다. 그들이 '소수민족'이어서만도 아닐 것이다. 일본의 '혈통주의'로 인한 법률적·사회적 '차별'에 재일조선인은 노출되어 있다. 재일조선인이 '혈통주의'의 희생자라는 것은 '해외 재주 조선인' 관련 기사가 명확히 비춰주고 있다. '혈통주의'는 일본에만 존재하지 않기에 재일조선인이 받는 '차별'의 처지는 일본과 재일조선인 관계만의 영역에 머물지 않는다. 신미사가 일본에서 느낀 '조선적인 것' 즉 '민족감정'이 재미동포 청년과 다를 뿐 재일조선인 청년 자기 안에 있다는 것을 '인지'하는 순간은 바로 '해외 재주 조선인'이라는 거울에 자기를 비춰봄으로써 도래했다. 재일조선인의 처지를 '해외 재주 조선인'에 비추었을 때 '에스닉(소수민족)'이 자기 안에 있는 '민족감정'과 '민족문화'를 일본에서 일상적으로 살아가는 자기 것으로 그려냈다고 말할 수 있을 것이다.

이 글은 한국일본어문학회의 『일본어문학』 제89집에 실린 논문 「재일조선인 잡지 계간 삼천리와 코리안 디아스포라」를 수정·보완한 것임.

참고문헌

『季刊三千里』, 第一号~第五十号, 三千里社, 1975~1987.

『季刊まだん』, 第三号, 創紀房新社, 1974.

강석우, 「『계간 삼천리』로 보는 1970년대 한·일 시민연대운동」, 『인문사회21』 10, 사단법인 아시아문화학술원, 2019.

金子るり子, 「『季刊三千里』における日本進歩的知識人の「在日朝鮮人観」 1975~1977年を中心に一」, 『日本語文學』, 일어문학회, 2017.

도노무라 마사루, 『재일조선인 사회의 역사학적 연구』, 신유원·김인덕 옮김, 논형, 2010.

로빈 코헨, 『글로벌 디아스포라: 경계를 넘나드는 사람들의 역사와 문화』, 유영민 옮김, 민속원, 2017.

朴正義, 「『季刊三千里』が語る在日の日本定住」, 『日本文化学会』62, 한국일본문화학회, 2014.

朴正義, 「『季刊三千里』と韓国民主化-日本人に知らさせる-」, 『日本文化学会』54, 한국일본문화학회, 2012.

윤인진, 『코리안 디아스포라-재외한인의 이주, 적응 정체성』, 고려대학교 출판부, 2004.

이영호, 「1970년대 재일조선인 문학 연구」, 고려대학교 대학원 박사논문, 2019.

전성곤, 「'재일되기'와 '재일외부' 사유에 대한 가능성-『계간 삼천리』를 중심으로」, 『인문사회21』 10, 사단법인 아시아문화학술원, 2019.

존 리, 『자이니치』, 김혜진 옮김, 소명출판, 2019.

최범순, 「『계간 삼천리』(季刊三千里)의 민족정체성과 이산적 상상력」, 『일본어문학』 41, 한국일본어문학회, 2009.

재일코리안 집중거주 지역의 언어경관

이쿠노코리아타운을 중심으로

정성희

1. 들어가며

2021년, 일본에서 젊은 세대를 중심으로 '도한놀이(渡韓ごっこ)'라는 단어를 사용하기 시작했다. '도한놀이'란 코로나바이러스 감염증-19 (COVID-19)의 세계적인 확산으로 인해 한국에 갈 수 없게 된 이들이, 일본 내에서 한국 음식을 먹거나, 한국 콘텐츠를 즐기는 등 마치 한국에 있는 것처럼 지내며 소비하는 행동을 말한다. 이러한 젊은 세대를 중심으로 이루어진 '도한놀이'와 K-POP 등의 인기로 인해 한국 분위기를 느낄 수 있는 장소인 에스닉 타운(ethnic town)을 방문하는 사람들이 많이 늘어나고 있다.

이러한 에스닉 타운은 주로 에스닉 그룹(ethnic group)들이 모여 사는 곳에 형성된다. 에스닉 그룹이란 자기 고유의 역사적 가치관이나 문화를 유지하며, 주류 문화(host culture), 즉 다수 민족이나 다수자 집단에 동화되지 않은 채 살아가는 소수 집단을 의미한다.[1] 일본 내 에스닉 그룹은 크게 원주민과 근대 이민자, 이 두 종류로 구분할 수 있다. 홋카이도(北海

---

[1] 태리 조든·모나 도모시, 『세계문화지리』, 류제현 역, 살림출판, 2004, p.10.

道)의 아이누 민족(ア イ ヌ 民族)과 오키나와(沖繩)의 류큐 민족(琉球民族)이 원주민이며, 한국에서 일본으로 건너온 재일코리안[2]이 근대 이민자에 해당된다. 또한 에스닉 그룹들은 긴 세월 동안 '배제'와 '차별'의 대상이 었기에[3], 그들은 자신의 생활 문화를 보여주는 에스닉 경관(ethnic landscape)은 결코 보여주지 않으려고 했다. 그러나 근년에 에스닉 그룹의 존재를 가시화하는 에스닉 경관의 등장과 '한류 붐(韓流ブーム)'을 보면 그러한 갈등이 어느 정도 해소된 것처럼 보이기도 하다. 그렇다면 이러한 코리아타운의 에스닉 경관은 어떤 의미를 지닌 것일까.

에스닉 타운은 에스닉 그룹이 생활, 쇼핑 등 다양한 문화 활동을 하는 장소이자 민족을 인식하여, 민족성을 키우고 강화하여 재현하는 장소이다. 그런 에스닉 타운의 에스닉 경관은 에스닉 그룹의 생활양식 이나 상업 등 그들의 문화가 표상된 것이라고 할 수 있다.

가가미 마사히로(加賀美正弘)에 따르면 에스닉 경관은 크게 두 가지 로 나눌 수 있다. 첫 번째는 에스닉 그룹의 생존으로 인해 행해진 활동

---

2) 재일코리안에 대한 명칭은 '재일조선인' '재일한국인' '자이니치(在日)' '올드 커머(old comer)' 등으로 다양하게 있고, 그 정의와 범위도 연구마다 차이가 있다. 본고에서는 일본에 의한 식민지 지배의 영향으로 일본에 이주하여 정주하는 한민족의 총체를 지칭 하는 용어로서 '재일코리안'을 사용한다. 또한 1980년대 이후 일본의 출입국관리법개 정을 경제적 활동을 목적으로 일본에 이주한 이주자들과, 재일코리안을 구별을 하기 위해 본고에서는 1980년대 이후의 이주자들은 가리키는 용어로 뉴커머(new comer)를 사용한다.

3) 100년을 넘은 재일코리안의 이주 역사는 재일코리아 4·5세가 출생하여 새로운 시대를 맞이하고 있다. 현재 재일코리안은, 일본이라는 이국땅에서 길은 결코 순탄치 않은 고난의 역경을 걸이오며, 일본 내에서 '공생'의 길을 이끄는 존재가 되었다. 그들은 자신들의 **빼앗긴** 권리와 문화를 되찾기 위해 1948년 '4.24한신교육투쟁', 1970년 '히타 치 취업차별 사건', 1980년 '지문날인 거부운동' 등 많은 사회운동과 문화운동을 통해 분투하였다. 2013년에는 2000년대부터 시작된 '혐한류'로 인해 재일코리안과 뉴커머 를 대상으로 '헤이트 스피치(hate speech)'가 발생하는 등 아직까지 많은 미해결 과제 가 있다.

이나 사람들의 생활에 의해 형성된 경관이다. 이것은 긴 세월 동안 특정한 지역에서 지켜온 에스닉 그룹이 가지고 있는 생활양식 등을 그대로 나타낸 경관이라고 할 수 있다. 두 번째는 에스닉 그룹의 유지와 존속, 또한 규모 확대를 요구하여 의도적으로 형성된 경관이다. 이것은 1. 구성원들의 귀속의식을 강화하는 것, 2. 구성원 외 사람들에게 에스닉 그룹들이 자신들의 존재를 알리기 위한 경관이며, 에스닉 경관을 관광이나 상업 자원으로 활용하는 것으로 구분된다.[4] 이러한 에스닉 경관 중 언어경관(linguistic landscape)은 에스닉 그룹의 중요한 지표라고 할 수 있다. 이는 언어경관이 에스닉 그룹의 문화적 정체성 표현이자 그들의 경제적, 정치적 실천의 표상이기 때문이다.[5]

언어경관에 대해 랜드리와 부르이(Landry and Bourhis)는 "특정한 지역 혹은 지역의 공공적·상공적 표시로 인한 언어의 가능성과 현저성"[6]으로, 바크하우스(Backhaus)는 "도로 표지판, 광고 간판, 지명 표시판, 점명 표시판, 관청의 표지판 등에 포함되는 가시적인 언어의 총체"[7]로 정의하였다. 또한 바크하우스는 언어경관은 주로 도로 표지판 및 지명 표시 등의 '공적 표시'와 광고 간판이나 상호 간판 등의 '사적 표시'로 나눌 수 있다고도 주장하였다. 이러한 언어경관의 정의는 이동하는

4) 加賀美雅弘, 「記憶と戦略としてのエスニック景観」, 山下清海編著, 『現代のエスニック社会を探る 理論からフィールドへ』, 学文社, 2011, pp.10~11.

5) 石井久生, 「エスニック集団の言語景観」, 山下清海編著, 『現代のエスニック社会を探る 理論からフィールドへ』, 学文社, 2011, p.21.

6) Landry, Rodrigue and Richard Y. Bourhis, "Linguistic landscape and ethnolinguistic vitality: An empirical study", *Journal of Language and Social Psychology* Vol.16 No.1, 1997, pp.23~49.

7) ペート・バックハウス, 「日本の多言語景観」, 真田信治・庄司博史 編, 『日本の多言語社会』, 岩波書店, 2005, p.53.

차량 외 고정된 시설물에 적힌 언어 혹은 디지털 광고판 등을 학자들에
따라, 언어경관의 일부에 포함시키기도 한다.

 일본에서 언어경관 연구는 마사이 야스오(正井泰夫)가 1962년에 실
시한 신주쿠(新宿)의 점포 간판을 분석한 것이 그 시작이라고 알려져
있다. 그 후, 지리학, 사회언어학, 문화인류학 등 다양한 영역에서 연구
가 진행되어 왔으나, 1980년대 들어 언어경관에서 새로운 현상이 나타
났다. 그것은 외국인을 위한 '외국어 경관' 즉 '다언어 경관(多言語景観)'
의 등장이다. 바크하우스는 다언어 경관에 대해 두 가지 시점을 제시하
고 있다. 첫 번째는 누구에 의한 다언어 경관인가 하는 시점으로, 이것
은 정부 혹은 지역 지방자치단체에 의한 공적인 표시인지, 아니면 기업
이나 지역 내 다양한 업종에 종사하는 사람들에 의한 사적인 표시 인지
를 의미한다. 두 번째는 누구를 위한 다언어 경관인지 하는 시점이다.
이것은 누구를 향한 언어경관인지, 불특정 다수를 향한 것이거나 혹은
특정한 그룹을 향한 것인지를 의미한다.[8] 그렇다면 에스닉 타운은 어
떤 경관을 가지고 있는 것일까.

 이 글은 이쿠노코리아타운(生野コリアタウン)의 언어경관에 주목하고
자 한다. 특히 앞에서 언급한 바와 같이 언어경관은 '공적 표시'와 '사적
표시'로 나눌 수 있고, 본 연구에서는 이쿠노코리아타운의 언어경관
'사적 표시' 중 상호를 나타낸 점포 간판에 대해 고찰하고자 한다. 점포
간판은 점포에 관한 정보제공이나 고객 입점을 촉구하는 것을 목적으
로 설치되는 경우가 대부분이다. 또한 점포 간판에서 사용된 언어는

8) Peter Backhaus, "Multilingualism in Tokyo: A Look into the Linguistic Landscape",
 International Journal of Multilingualism Vol.3, Taylor & Francis (Routledge),
 2006, pp.52~66.

점주의 선택에 의해 만들어지는데, 특정 언어를 선택할 때 점주는 다양한 사회적인 측면도 고려하게 된다. 이것은 점포 간판에 그 사회의 문화가 반영되고 있다는 것이다.

2022년 현재 해외에 거주하는 재외동포 인구는 약 750만 명이며, 그들이 거주하는 나라는 194개국에 달한다. 각 나라에는 동포들의 거주지나 에스닉 타운이 있고 그곳에서 볼 수 있는 언어경관은 지역의 시각적인 이미지의 구성 요소로서 큰 역할을 차지하고 있다. 이러한 도시의 언어경관에 영향을 미치는 중요한 요인은 언어 선택에 잠재된 동기이며, 그것은 이국땅에서 생활해온 그들의 정치적·사회적 갈등과도 관련되어 있다고 할 수 있을 것이다. 이에 따라 본고는 재일코리안이 다수 거주하는 지역인 이쿠노구에 위치한 이쿠노코리아타운의 경관의 변화와 언어경관에 주목하고자 한다.

이쿠노코리아타운은 오래전부터 일본인과 재일코리안, 그리고 한국과 북한을 연결하는 중간자적 역할을 지향해 왔고, 지역 활성화를 위해 다방면으로 노력해온 지역이다. 본고에서는 에스닉타운 특징 중 하나인 민족경관, 특히 언어경관에 주목하고 특정한 시공간 안에서 재일코리안이 일본 사회에서 어떻게 공생했는지 고찰하고자 한다.

2. 이쿠노코리아타운의 역사와 경관의 변화

이쿠노코리아타운은 오사카부(大阪府) 오사카시(大阪市) 이쿠노구에 위치하며, 미유키도리 히가시상점가(御幸通東商店街, 이하 동쪽상점가), 미유키도리 중앙상점회(御幸通中央商店会, 이하 중앙상점가), 미유키도리 상점가(御幸通商店街, 이하 서쪽상점가), 총 세 개의 상점가로 구성되어있다. 이쿠노코리아타운이 있는 이쿠노구의 인구는 2022년 3월 말 현재 총 125,160명이며[9], 이쿠노구에 거주하는 체류외국인은 총 26,256명이다.[10] 체류외국인의 국적은 한국 및 조선 19,619명, 베트남 2,711명, 중국 2,652명이며, 다른 국가의 외국인 국적자에 비해 한국·조선 국적자의 인구가 높은 것으로 나타났다.[11] 또한 이쿠노구에서 거주하는 주민 중 재일코리안을 비롯한 외국인 주민의 비율은 21%를 넘어, 이쿠노구는 다국적화·다민족화하면서 다양한 문화가 어우러진 장소라고 할 수 있다.

　재일코리안이 이쿠노구에 많이 거주하고 있는 이유는 크게 두 가지로 나뉘어 볼 수 있다. 첫째, 조선인이 이쿠노구에 있는 히라노강(平野川)의 개수 공사에 종사하기 위해 왔다가 그대로 이쿠노구에 머물며 거주하기 시작한 것이 그 이유일 것이다. 둘째로, 1922년 제주도와 오사카 사이의 항로를 개설하던 시기에 건너와 노동자로 일했던 조선인이 이쿠노구에 정착했으며, 그로부터 해방 후인 1947년, '제주 4.3사건'으로 인해 몸을 피해 일본으로 건너온 조선인들이 많았다는 것이다. 이로 인해 다양한 계기로 모인 조선인들이 생활하기 위한 에스닉 타운이 자연스럽게 형성된 것이다.

　이쿠노코리아타운은 약 100년의 역사가 있으며, 그 시작은 1926년 쓰루하시 공설시장(鶴橋公設市場) 개설이 계기가 되었다. 당시 이쿠노구

---

9) 大阪市, https://www.city.osaka.lg.jp/shimin/page/0000006893.html, (검색일: 2023.03.03.)

10) 大阪市, https://www.city.osaka.lg.jp/shimin/page/0000006893.html, (검색일: 2023.03.03.)

11) 大阪市, https://www.city.osaka.lg.jp/shimin/page/0000006893.html, (검색일: 2023.03.03.)

에서 생활하던 재일코리안들이 골목에서 음식 등을 팔고 있었는데, 전쟁이 격해지면서 미유키도리 상점가에서 장사하던 일본인 점주들이 지방으로 이주하기 시작했고, 재일코리안들은 자연스럽게 그 빈 점포들을 소유하게 되어 '조선시장(朝鮮市場)'이 형성되었다.[12] 그러나 점포를 소유한 재일코리안이 많아지자 당시 상점가 회장은 일본인을 위한 상점가로써의 특징을 강화하기 위한 상점가를 만들고자 자금 제공을 제안하였다. 그러나 점주들의 찬성을 얻지 못한 회장은 사임하게 되어 그와 동시에 상점가는 동쪽, 중앙, 서쪽의 세 가지로 분리하게 된다.[13]

1950년대부터 1970년대까지는 일본의 고도경제성장(高度経済成長)의 영향을 받아 한국 음식과 물품들이 한자리에 모인 상가가 되었고, 일본 전국에 거주하는 재일코리안들이 주로 한국 식재료를 구하기 위해 방문하였다. 그러나 1970년대 이후부터는 쓰루하시역(鶴橋駅) 주변 지역의 활성화와 재일코리안 사회에 세대교체가 이루어져 조선시장은 쇠퇴의 길로 접어들게 되었다.

이러한 가운데 1984년에는 오사카청년회의소와 한국청년회의소가 상점가 활성화를 위해 '코리아타운 구상(コリアタウン構想)'을 제안했다. 그러나 이 구성이 보도되자 내외부에서 다양한 압박이 있었고, 그중에는 '이곳을 조선인 거리로 만들 생각인가'라는 차별적인 전화가 걸려오는 등 결국 그 계획은 실행되지 못했다.[14] 하지만 이를 계기로 점주들은

12) 八木寛之·谷富夫,「生野コリアタウンは「韓流ブーム」にのって: 阪神圏商店街実態調査から」,『コリアンコミュニティ研究』5, こりあんコミュニティ研究会, 2014, pp.65~82.

13) 吉田友彦·三村浩史,「在日韓国·朝鮮人集住地区における居住アイデンティティの表現に関する研究-大阪市·鶴橋耕地整理組合区域のM商店街を事例として」,『日本都市計画学会学術研究論文集』31, 1996, pp.559~564.

14) 高賛侑,『コリアタウンに生きる 洪呂杓ライフヒストリー』, エンタイトル出版, 2007, p.87.

일본인과 재일코리안이라는 차이를 넘어 협력하는 모습이 나타났고, 1988년에는 쓰루하시 공설시장이 폐지되어 상점가의 점주들은 상점가가 없어질 수도 있다는 위기감을 느끼게 되어 활성화의 길을 모색하기 시작했다.

〈그림1〉 이쿠노코리아타운 에스닉 경관(출처: 필자)

그 후, 중앙상점가에서는 차양막(아케이드)의 노후화 문제가 나타났다. 당시 차양막의 토대가 썩었기 때문에 차양막을 철거하거나 유지하는가에 대한 선택이 필요했고, 결국 공사를 하게 된 것이다. 이로 인해 1993년에는 오사카부, 오사카시의 보조금과 상점가의 비용을 통해 동쪽상점가와 중앙상점가는 아케이드, 가로등, 도로 정비를 실시하여 각각 '코리아타운(KOREA TOWN)', '코리아로드(KOREA ROAD)'로 새로이 단장하게 되었다. 이것을 계기로 에스닉적인 경관을 갖게 된 이쿠노코리아타운이 다양한 매체를 통해 소개되었고, '코리아타운'이라는 이미지가 일본 사회 안에 정착되기 시작한다. 이러한 흐름에서 코리아타운 이라는 시각적인 에스닉 경관이 나타나게 될 때까지에는 정치적·사회 적 갈등이 있었다는 것도 확인할 수 있다.

더불어 2001년에는 오사카시 고노하나구(此花区)에 유니버설 스튜디 오 저팬(Universal Studios Japan)이 개설되어 일본 전국에서 많은 수의 학생이 오사카로 수학여행을 오게 되었다. 이것을 계기로 지역 NGO단 체와 협력하여 이쿠노코리아타운 필드워크 사업이 활발해지며, '다문 화 공생' '다문화 이해' 등의 학습의 장으로 코리아타운을 방문하는 사 람이 증가하였다. 그 후, '2002 FIFA 한일 월드컵(2002 FIFA World Cup Korea/Japan)', 한류 붐의 영향을 받아 코리아타운은 또 다시 부흥하게 되었다.

2009년에는 일본과 한국, 조선과의 지속적인 우호를 바라며, 서쪽 상점가에 위치한 미유키모리텐진구(御幸森天神宮)에 왕인 박사가 읊은 '나니와즈의 노래(難波津の歌)'의 노래비가 왕인박사가비건립위원회 등 지역 사람들의 모금을 통해 설치되었다.[15] 노래비에는 '나니와즈의 노 래'가 만요가나(万葉仮名), 가나(仮名), 한글로 새겨져 있다. 또한 노래비 옆에는 "이 지역은 이카이노(猪飼野)라고 불리어 고대부터 일본과 조선 반도의 사람들이 교류해 왔습니다. …… 일본과 한국·조선과의 우호 ·공생 시대가 영원히 지속되기를 바라며 노래비를 오사카 이카이노 땅에 건립합니다"라는 설명이 있다. 이러한 노래비를 통해서 이쿠노구 가 고대부터 한반도와의 교류가 활발했던 지역인 것을 확인할 수 있다.

---

15) 미유키모리텐진구는 약 1600년 전부터 닌토쿠 천황(仁德天皇)을 모시고 있는 곳이다. 미유키모리텐진구에 모셔진 닌토쿠 천황은 백제에서 온 도래인들과의 교류를 위해 이쿠노구 지역을 자주 방문하였다고 알려져 있다.

더불어 2014년에는 드디어 서쪽상점가에도 아케이드와 가로등이 설치되었다. 미유키도리 상점가가 이때까지 코리아타운의 실질적인 범위에서 제외된 이유로, 서쪽 상점가는 비교적 일본인의 점주가 많았고, 코리아타운이라는 구성을 받아들이기 어려웠다는 점을 들 수 있다. 그러나 2009년 노래비 설치와 한류 붐의 여파로 올드 커머 및 뉴커머 점주들이 늘어나 서쪽 상점가까지 그 규모가 확장되어, 코리아타운의 길을 함께 걷게 된 것이다.

2021년에는 오래전부터 많은 관광객들이 요청했던 이쿠노코리아타운에 인접한 미유키모리제2공원(御幸森第2公園)에 공중화장실이 설치되었다. 이 공중화장실은 한옥 모양으로 지어졌으며, 주오사카 대한민국 총영사관의 중개로 재외동포재단의 자금과 재일본대한민국민단 오사카지방본부 그리고 상점가에서 모은 자금으로 건축하여, 이쿠노코리아타운의 많은 방문객들이 이용하고 있다.

현재, 이쿠노코리아타운은 주말에는 발 디딜 틈이 없을 정도로 복잡하며, 일본 전국에서 예전보다 많은 방문객이 찾고 있다. 이로 인해 오사카코리아타운의 3개의 상점가가 통합하여 2022년 1월에 '오사카코리아타운(大阪コリアタウン)'의 명칭으로 일반사단법인을 설립했다. 더불어 2022년 6월에는 재일코리안 시인 김시종이 시를 써 보낸 '공생의 비(共生の碑)'가 세워졌고, 2023년에는 폐교된 미유키모리 초등학교(御幸森小学校)가 지역활성화의 거점인 '이쿠노 코 라이브즈 파크(いくのコーライブズパーク)'[16]로 새롭게 태어났다. 2023년 4월 29일에 '오사카

---

16) 이쿠노 코 라이브즈 파크는 2021년에 폐교된 미유키모리초등학교 건물을 활용한 복합시설이다. 'NPO법인 IKUNO 다문화후랏토(NPO法人 IKUNO·多文化ふらっと)'와 '주식회사 RETOWN(株式会社RETOWN)'이 운영, 관리한다. 이쿠노 코 라이브즈 파크는 함께 살아간다는 뜻인 코(CO), 존엄을 가진 사람이라는 뜻인 LIVES 그리고 열린 장소

코리아타운 역사자료관'이 개관되어, 이쿠노코리아타운은 활발하고 지속적인 활동을 해나가는 것으로 보인다.

이쿠노코리아타운은 식민지 시대 한반도에서 건너온 사람들이 많이 살아온 지역이며, 또한 재일코리안이 생존을 위해 음식과 문화의 맥을 이어온 곳이다. 이에 따라 이쿠노코리아타운의 경관은 그들이 오랜 시간에 걸쳐 형성한 경관이라고 할 수 있다. 이것은 앞에서 언급한 카가미의 에스닉 경관의 첫 번째 정의에 해당된다고 할 수 있다. 또한 이쿠노코리아타운은 1990년대 이후 아케이드와 가로등 설치 등 의도적으로 형성된 경관이 등장하기 시작했다. 또한 그는 에스닉 경관의 두 번째 정의를 '구성원들의 귀속의식을 강화하는 것'와 '구성원 외 사람들에게 에스닉 그룹들이 자신들의 존재를 알리기 위한 경관이며, 에스닉 경관을 관광이나 상업 자원으로 활용하는 것'으로 나눴다. 이쿠노코리아타운 경관 변화를 볼 때 노래비 설치, 오사카 코리아타운 역사자료관 개관은 첫 번째에 해당한다고 할 수 있다. 이 경관은 같은 지역에 사는 사람들 그리고 이 지역을 방문하는 사람들에게 이곳은 단지 관광지가 아니라 일본과 한반도의 역사로 인해 형성된 공생의 거리라는 지식이나 가치관 등을 공유하며 '공생'이라는 공통의 귀속 의식을 키우는 경관 중 하나라고 할 수 있다. 또한 아케이드와 가로등 설치는 에스닉 경관을 관광 자원이나 상업 자원으로 활용하는 것이며 이것은 집단 이외의 사람들에 대해 주장하기 위한 경관이다. 이에 따라 이쿠노코리아타운은 가가미가 앞서 언급한 에스닉 경관의 정의를 모두 가지고 있는 장소이며, 이쿠노코리아타운의 경관 변화는 사회적·경제적·정치적인 맥락으로 변화해왔다고 할 수 있을 것이다.

라는 뜻인 'PARK'라는 의미를 담아 명명되었다.

3. 이쿠노코리아타운의 언어경관

1) 조사 방법

2023년 현재 이쿠노코리아타운은 세 개의 상점가를 중심으로 구성되어 있다. 한류 붐으로 인해 쓰루하시역과 이쿠노코리아타운까지 걸어오는 길, 또한 이쿠노코리아타운 메인 거리 외에 골목에도 새로운 점포가 증가하고 있으나, 본 연구에서는 이쿠노코리아타운 입구라는 간판이 있는 곳부터 히라노강(平野川)까지 걸친 약 500m의 길을 조사 대상 지역으로 하였다. 또한 데이터 수집은 상업목적이 아닌 병원이나 사무실도 포함한 점포 간판을 대상으로 하였다. 다만 본 연구에서는 점포 간판에 쓴 문자를 중심적으로 살펴보기 위해서 상호와 함께 쓰여 있는 그 점포에서 판매하는 상품 이름, 선전문구, 주소, 전화번호 등은 대상에서 제외하였다. 또한 점포에 간판이 두, 세 개 있는 경우는 각각 하나의 간판으로 설정했고, 필자는 2019년 12월과 2022년 8월에 현지 조사를 하여 언어경관 샘플을 수집하고 카메라에 기록하였다.

2) 조사 결과

이번 조사에서 2019년은 173개, 2022년은 185개의 데이터를 수집하였다. 먼저 언어별로 보면 일본어(히라가나, 가타카나, 한자), 영어(알파벳), 한국어(한글)의 3개의 언어를 사용하고 있었고, 사용 빈도는 2019년과 2022년은 각각 일본어, 영어, 한국어로 순으로 나타났다. 또한 사용된 언어는 일본어, 영어, 한국어의 단독표기, 일본어와 영어 등 2가지 언어로 표기된 것, 그리고 일본어·영어·한국어 3가지 언어가 모두 표기된 것이 있었다. 위 결과를 사용 빈도가 높은 순으로 정리해

보면, 2019년은 일본어(117개), 영어(23개), 일본어와 영어(13개), 일본어와 한국어(13개), 한국어(5개), 영어와 한국어(1개), 일본어·영어·한국어(1개)였다. 2019년의 경우 일본어 단독표기가 67%로 나타나 과반수를 차지하였다. 2022년은 일본어(111개), 영어(32개), 일본어와 영어(14개), 일본어와 한국어(13개), 한국어(7개), 영어와 한국어(5개), 일본어·영어·한국어(3개)였다. 2022년에도 2019년과 큰 차이 없이 일본어만 단독으로 표기된 수가 60%로 그 절반 이상을 차치하였다.

다음으로 점포 간판으로 사용된 문자를 살펴보면 히라가나, 가타카나, 한자, 알파벳, 한글 5개의 문자를 확인할 수 있었다. 다음 〈표1〉은 이쿠노코리아타운의 점포 간판 문자 종류를 정리한 것이다.

〈표1〉 이쿠노코리아타운의 점포 간판 문자 종류

문자 수	문자 종류	2019	2022
1	히라가나	4 (2.3%)	4 (2.3%)
	가타카나	21 (12%)	19 (10.9%)
	한자	54 (30.9%)	50 (28.6%)
	알파벳	23 (13.1%)	32 (18.3%)
	한글	5 (2.9%)	7 (4%)
합계		107	112
2	히라가나 + 가타카나	2 (1.1%)	3 (1.7%)
	히라가나 + 한자	8 (4.6%)	6 (3.4%)
	히라가나 + 한글	1 (0.6%)	1 (0.6%)
	가타카나 + 한자	22 (12.6%)	22 (12.6%)
	가타카나 + 알파벳	6 (3.4%)	7 (4%)
	가타카나 + 한글	6 (3.4%)	5 (2.9%)
	한자 + 알파벳	3 (1.7%)	3 (1.7%)
	한자 + 한글	3 (1.7%)	5 (2.9%)
	알파벳 + 한글	1 (0.6%)	5 (2.9%)
합계		52	57

문자 수	문자 종류	2019	2022
3	히라가나 + 가타카나 + 한자	6 (3.4%)	7 (4%)
	히라가나 + 가타카나 + 알파벳	0 (0%)	1 (0.6%)
	히라가나 + 가타카나 + 한글	1 (0.6%)	0 (0%)
	가타카나 + 한자 + 알파벳	2 (1.1%)	2 (1.1%)
	가타카나 + 한자 + 한글	2 (1.1%)	2 (1.1%)
	한자 + 알파벳 + 한글	1 (0.6%)	3 (1.7%)
4	히라가나 + 가타카나 + 한자 + 알파벳	2 (1.1%)	1 (0.6%)
합계		14	16
총합계		173	185

  점포 간판의 종류는 문자 수 단독표기인 경우가 5종류, 2가지 표기인 경우가 9종류, 3가지 표기인 경우가 6종류, 4가지 모두 표기된 경우는 1종류로 합계 21종류로 표시되어 있었다. 전체적으로 살펴봤을 때 2019년은 물론 2022년에도 한자만 사용하는 점포 간판이 가장 많았다. 또한 전체 간판 중 약 60%의 간판이 하나의 문자로만 표기된 것을 확인할 수 있다. 이것은 점포 간판이란 이 점포가 무슨 점포인지에 대한 정보를 바로 전달해줘야 한다는 점을 고려하면, 많은 문자가 복잡하게 나열된 것보다 단 하나의 문자로 표기하는 것이 그 점포에 대한 정보를 신속하게 전달할 수 있기 때문이라고 해석할 수 있다.

  더불어 하나의 문자만을 사용한 점포 간판은 2019년은 107개, 2022년은 112개로 나타났다. 숫자는 작은 변화가 있으나 2019년과 2022년에 사용된 문자 수는 한자, 알파벳, 가타가나, 한글, 히라가나 순으로 나타났다. 점포 간판에 쓴 문자에서 한자가 많은 이유는 두 가지를 들 수 있다. 첫 번째는 일본에서 한자는 명함, 명부, 가정집 문패 등 정식적인 명칭을 나타날 때 사용하는 경우가 많다는 점이며, 두 번째는 이쿠노코리아타운에는 에스닉 이외의 점포, 즉 사무실이나 병원이 있

다는 점이다. 특히 일본에서는 사무실, 회사, 학교, 병원 등은 한자로
표기하는 것을 선호하는 경향이 있기 때문이다.

2가지 문자가 사용된 간판에 대해 살펴보면 여기서는 가타카나와
한자의 2가지 조합이 2019년과 2022년에 각각 22개로 가장 많았다.
또한 2가지 문자의 조합을 볼 때, 히라가나와 가타카나, 가타카나와
한자, 가타카나와 알파벳, 가타카나와 한글 등 가타카나와의 조합이
대부분인 것을 알 수 있었다. 이것은 가타카나는 외국어음이나 외래어
나 외국인 이름 등 발음을 나타내는 것을 강조하고 싶을 때 사용되는
경향이 있기 때문이고,[17) 그것은 'ミナミ豚肉店(미나미돈육점)', 'カゴモ
ト畜産(가고모토축산)' 등의 간판을 보면 강조하고 싶은 부분 즉 이름을
가타카나로 표시하였거나 'MUSIC FLOWER ミュージックフラワー'등
외래어의 읽는 법을 병기하는 등으로 사용된 것으로 보인다. 그렇다면
점포 간판의 언어와 업종은 어떤 관련이 있는지 살펴보자.

〈표2〉 이쿠노코리아타운의 점포 간판에서 사용된 언어와 업종 2019

언어수	언어 종류	식품·식자재	패션	식당	뷰티	의료	카페	테이크아웃	K-pop goods	기타	계
1	일본어	71	5	8	2	6	2	8	5	10	117
	영어	2	3	4	4	0	2	2	0	6	23
	한국어	1	0	2	1	0	0	1	0	0	5
2	일본어 + 한국어	1	0	4	0	0	2	6	0	0	13
	일본어 + 영어	0	1	2	3	0	0	0	5	2	13
	영어 + 한국어	0	0	1	0	0	0	0	0	0	1
3	일본어 + 영어 + 한국어	0	0	0	0	0	0	1	0	0	1
계		75	9	21	10	6	6	18	10	18	

17) 樺島忠夫, 『日本の文字-表記体系を考える』, 岩波新書, 1979, pp.160~163.

〈표3〉 이쿠노코리아타운의 점포 간판에서 사용된 언어와 업종 2022

언어수	언어 종류	식품·식자재	패션	식당	뷰티	의료	카페	테이크아웃	K-pop goods	기타	계
1	일본어	65	5	3	5	5	2	7	7	12	111
	영어	5	4	2	9	0	3	3	0	6	32
	한국어	0	0	2	1	0	1	2	0	1	7
2	일본어 + 한국어	1	0	2	0	0	0	7	0	3	13
	일본어 + 영어	0	1	2	3	0	0	1	4	3	14
	영어 + 한국어	0	0	1	2	0	0	1	0	1	5
3	일본어 + 영어 + 한국어	0	0	3	0	0	0	0	0	0	3
계		71	10	15	20	5	6	21	11	26	

〈표2〉와 〈표3〉은 이쿠노코리아타운의 점포 간판에서 사용된 언어와 업종을 정리한 것이다. 먼저 업종별 구성을 살펴보면 2019년은 식품·식자재가 75개 점포로 가장 높았다. 다음은 한국요리를 즐길 수 있는 식당이 21개, 테이크아웃과 기타(슈퍼, 잡화 등)가 18개 순으로 나타났다. 2022년은 식품·식자재가 71개, 기타 26개, 테이크아웃이 21개로 순위가 업종이 조금 바뀌었으며, 이에 따라 2019년과 2022년을 비교하면 한류의 영향으로 한국 음식의 테이크아웃이나 한류 상품을 판매하는 점포가 증가하는 것으로 나타났다.

그렇다면 업종별로 점포 간판에 대해서 살펴보자. 업종별로 간판의 언어구성을 살펴볼 때도 뷰티 이외의 업종에서 일본어 단독표기를 선호하는 경향이 있다는 것을 확인할 수 있다. 이것은 이쿠노코리아타운의 역사 그리고 재일코리안의 역사와 밀접한 관계가 있다.

첫 번째는 이쿠노코리아타운의 언어경관의 대상은 에스닉 그룹(재일코리안)이었다는 것이다. 재일코리안 1세들은 민족의 문화와 언어 등을 지키면서 일본에서 살아왔으나, 2세들은 일본에서 태어났기에 한국어를 잘 못하는 경우가 많다. 특히 재일코리안 세대가 교체됨에 따라 재일코리안의 언어 또한 일본어로 이행됐다. 이에 따라 간판에 한글을 사용하는 것보다 익숙한 일본어를 사용하는 게 자연스러웠기 때문이다.

두 번째는 일본인 상인, 일본인 지역 주민과의 관계이다. 재일코리안은 물론 상점가는 지역주민의 이해와 협력 없이는 지역 내에서 아무것도 못 한다. 앞에서 언급한 바와 같이 이쿠노코리아타운은 동쪽상점가, 중앙상점가, 서쪽상점가의 총 세 개의 상점가로 구성되어 있다. 특히 그들은 민족을 넘은 상점가 활동을 하면서, 같은 생활자로서 다양한 행사나 축제를 통해 서로 교류하고 공생해온 역사가 있다. 이러한 측면에서 볼 때 점주들은 일본인 상인이나 일본인 지역 주민이 쉽게 읽을 수 있는 일본어 간판을 선호했다고 할 수 있을 것이다.

세 번째는 재일코리안이 일본 내에서 오랜 배제와 차별의 대상이었다는 점이다. 앞에서 언급한 바와 같이 이쿠노코리아타운은 일제강점기 조선에서 건너온 조선인들이 모여 가난 속에서 살던 곳이었고, 빈곤과 차별의 상징이기도 했다. 즉 일본 사회에서 소외된 시대가 있었다. 앞에서 언급한 바와 같이 1980년대에 있었던 코리아타운 구상은 다양한 압박으로 인해 실현되지 못했다. 즉 차별이나 문제를 조장할 수도 있는 한글을 일부러 시각화할 필요가 없었던 것이다. 이러한 점을 고려했을 때 이쿠노코리아타운에 일본어 간판이 많은 것은 재일코리안들이 일본 사회에서 또한 '이쿠노'라는 지역에서 자신들의 문화를 지키면서 지역주민으로 공생하기 위한 방법이었다고 해석할 수 있을 것이다.

그 노력은 'キムチ(김치)', 'カルビ(갈비)' 등의 한국어를 가타카나로 표현하는 간판에서도 느낄 수 있다. 이것은 자신들의 음식을 한글이 아니라 일본에서 자주 쓰이는 가타카나로 표현을 한 것이다. 지금 일본 사회에서 이러한 단어들을 자연스럽게 쓰고 있으나, 예전에는 김치라

는 명칭조차 일반적이지 않아 '조센즈케(朝鮮漬)'이라고 불리는 경우가 많았다. 그런데 김치는 이제 코리아타운뿐만 아니라 슈퍼에서도 쉽게 구매할 수 있는 상품이 되어 자연스럽게 일본 식탁에도 올라오게 되었다. 이것은 이국땅에서 시행착오를 겪으며 자신들의 문화를 지키고자 노력한 결과라고 할 수 있을 것이다.

이러한 일본 사회의 변화는 이쿠노코리아타운 간판에도 작은 변화를 주었다. 2019년과 2022년을 비교하면 2022년은 한국어를 나타낸 간판이 조금씩 증가하는 것을 확인할 수 있기 때문이다. 한국어만의 단독표기는 5개에서 7개로, 영어와 한국어의 2중 표기는 1개에서 5개로, 일본어·영어·한국어의 삼중 표기는 1개에서 3개로 각각 늘어났다. 업종별로 볼 때 테이크아웃과 식당에서 한국어를 많이 사용하는 경향이 있었고, 2022년에 한국어만의 단독표기 점포는 7개 있었고 7개의 모든 점포가 한류 붐 이후에 오픈한 것이었다. 이것은 에스닉 그룹을 대상으로 만들어진 언어경관이 한류 붐으로 인해 불특정 다수 즉, 한국 음식이나 한국 상품의 쇼핑을 즐기는 사람들 대상으로 변하고 있다는 것을 보여준다.

〈그림2〉 이쿠노코리아타운 한국어 간판 (출처: 필자)

〈그림2〉는 한국어만 단독표기한 간판의 일부이다. 이 간판들을 보면 한국어를 적극적으로 사용하고 있는 것을 확인할 수 있다. 이러한 간판

의 특징으로 한국어가 정보전달이라는 일차적인 기능보다 상징성이나 장식성 등의 이차적인 기능으로 사용되고 있는 것으로 보인다. 이것은 '읽다'보다 '보다'에 중점을 두고 있다는 것이다.

이쿠노코리아타운의 방문자는 2021년에 100만 명이 넘었고, 앞에서 언급한 바와 같이 이쿠노코리아타운뿐만 아니라 쓰루하시역에서 이쿠노코리아타운까지 걸어오는 길에도 다양한 점포가 생기고 있는 상황이며 점포의 경쟁력이 점점 오르고 있다는 것이다. 이러한 가운데 각 점포는 판매하는 상품뿐만 아니라 점포의 내부, 외부에 대한 개성도 갖춰야한다. 생존하기 위해 형성된 경관이 한류 등으로 인해 오히려 특정 민족문화에 많은 사람들이 관심을 갖게 됐다. 그로 인한 경제적 이익이 발생하여, 간판 또한 상업 자원으로써 활용되기 시작한 것이다. 즉 한국어 간판은 많은 관광객의 눈길을 끌기 위한 자기 어필의 경관으로 활용되고 있다. 더욱이 한류로 인해 신규 오픈한 점포들은 뉴커머 점주들이 경영하는 경우가 많아, 그들이 이쿠노코리아타운 상권에 들어오게 되면서 적극적으로 한국어 간판을 사용하는 경향이 있는 것으로 보인다.

〈그림2〉의 경우, 두 점포는 모두 2021년경에 새롭게 오픈한 점포라는 점, 그리고 업종이 잡화나 카페 등이라는 것으로 보아 젊은 사람들을 대상으로 한 업종이며, 젊은 층을 의식하여 간판을 제작한 것으로 보인다. 실제로 2022년 10월에 일본 내각부정부홍보실에서 실시된 '외교에 관한 여론조사' 중 한국의 친근감에 대해 살펴보면, 2009년에 한국에 대한 친근감은 최고치에 도달한 후 떨어지고 있지만, 2020년, 2021년부터 다시 상승하고 있고 2022년에는 45.9%로 2021년 이후 최고치를 기록하였다. 또한 친근감을 느끼고 있는 연령대를 보면 18~29살이 26.7%로 가장 많은 수를 차지하였다.[18] 게다가 고등학생이나 대학생의 가방에는 한국어 명찰이 달린 모습이 눈에 띄게 많아졌고, 인터넷에서

도 쉽게 주문할 수 있다. 이것은 일본 사회가 한국 문화를 인지하여 받아들여지고 있고, 간판 또한 소비 대상에 따라 변화했다는 것이다.

여기서는 이쿠노코리아타운의 언어경관에 대해 살펴봤다. 이쿠노코리아타운의 언어경관의 변화는 재일코리안의 역사와 한류 붐 등으로 인한 일본 사회의 한국 문화 수용과 밀접한 관계가 있다고 할 수 있다. 즉 일본어 간판이 대부분을 차지하는 이쿠노코리아타운에서 점주들의 간판에 대한 언어 선택에는 숨어있는 동기가 있었다는 것이다.

재일코리안은 일본 사회에서 투명인간 취급 받으며 살아온 역사가 있다. 점포 간판이라는 관점으로 볼 때 그들이 일본어 간판을 사용한 것은 이국 '땅' 일본에서 정치적·사회적 갈등을 넘어 지역주민으로 일본 사회에서 공생하기 위한 그들의 노력이라 볼 수 있다.

4. 마치며

이쿠노코리아타운은 일제강점기 때 건너온 조선인들이 모여 가난 속에서 살아온 곳이었다. 그러므로 일본 사회에서는 빈곤과 차별의 상징이기도 했다. 1950년대부터 1970년대까지 일본 전국에 거주하는 재일코리안들이 식재료를 구하기 위해 이곳을 많이 방문했으나, 1970년대 이후부터 재일코리안 사회의 세대교체 등으로 인해 쇠퇴의 길로 접어들게 되었다. 이후, 점주들은 경관 장비, 축제 개최 등 다양한 방법으로 이쿠노고리아다운 활성화를 모색하기 시작했고, 2023년 현재 그들의

---

18) 內閣府政府広報室, https://survey.gov-online.go.jp/r04/r04-gaiko/gairyaku.pdf,
   (검색일: 2023.03.03.)

노력과 한류 붐 등으로 인해 한국의 문화는 적극적으로 수용되었고, 이쿠노코리아타운은 발 디딜 틈이 없을 정도로 많은 방문객이 찾고 있다.

이 글은 이러한 역사를 가진 이쿠노코리아타운의 언어경관 중 상호를 나타낸 점포 간판에 대해 주목하였다. 1993년 이후 이쿠노코리아타운은 아케이드, 가로등, 도로 정비로 인해 에스닉적인 경관이 강화되었다. 그러나 언어경관 측면에서 살펴봤을 때 이쿠노코리아타운은 미국 로스앤젤레스(Los Angeles)의 코리아타운 등과 달리 에스닉성을 드러내기 쉬운 점포는 여전히 간판에 일본어를 많이 사용하는 것을 확인하였다. 점포 간판은 점포에 관한 정보제공이나 고객 입점을 촉구하는 것을 목적으로 설치되는 경우가 대부분이며 점포 간판에서 사용된 언어는 점주의 선택으로 이루어진다. 즉 점주들이 간판에 언어를 선택할 때 다양한 사회적 측면을 고려한다는 것이고, 점포 간판에는 그 사회의 문화가 반영되어 있다는 것이다. 이쿠노코리아타운의 경우, 지금도 일본어 간판의 비율이 높은 이유로, 간판의 대상이 재일코리안이었다는 점, 이쿠노코리아타운에는 일본인 상인들이 많았다는 점, 그리고 재일코리안이 일본 내에서 오랜 배제와 차별의 대상이었다는 점을 들 수 있다. 이러한 점을 고려했을 때 간판에 일본어를 사용한 것은 일본 사회에서 '공생' 하려고 한 재일코리안 점주들의 하나의 방법이었다고 할 수 있을 것이다.

그들의 노력, 그리고 다양한 외부적인 요인으로 인해 이제 일본은 한국 문화를 적극적으로 수용하고 있다. 이러한 현상은 이쿠노코리아타운에서도 한국어 간판이 조금씩 증가하는 등의 변화를 보여주고 있다. 도시의 언어경관에 영향을 미치는 중요한 요소는 언어 선택에 숨어 있는 동기인데, 이제 점주들이 간판의 대상으로 생각하는 사람들이 재일코리안에서 한국을 좋아하는 사람들로 변하고 있다는 것이다. 이것은 즉 일본 사회가 한국의 문화를 수용하고 있다는 것이다. 더불어 간판, 포스터 등이 형성하는 언어경관은 건물 등과 마찬가지로 지역의 시각적인 이미지를 구성하는 데 큰 역할을 차지하고 있다. 이러한 이쿠노코리아타운의 언어경관 변화 또한 새로운 이쿠노코리아타운의 이미지를 형성하고 있는 것이다.

도시 안에서 에스닉 경관을 창조할 수 있는 것은 그 도시가 다양한 사람들을 받아들이는 포용력이 높기 때문이다. 이에 따라 에스닉 경관은 경제적 및 환경적 측면뿐만 아니라 문화적 및 사회적 요인에 대해서도 적극적으로 논의되어야 한다.

이 글은 2022년 10월 22일에 개최된 글로벌문화콘텐츠학회의 국제학술대회 '한류 문화콘텐츠로서의 한글'에서 발표와 글로벌문화콘텐츠학회의 『글로벌문화콘텐츠』 제55호에 실린 논문 「재일코리안 집중거주 지역의 언어경관-이쿠노코리아타운을 중심으로」를 수정·보완한 것임.

참고문헌

손미경·고정자, 「코리아NGO센터의 활동으로 본 재일외국인 비영리조직의 실태와 현황」, 『글로벌문화콘텐츠』 30, 글로벌문화콘텐츠학회, 2017.

태리 조든·모나 도모시, 『세계문화지리』, 류제현 역, 살림출판, 2004.

本間勇介, 「経済言語学からみたコリアンタウン」, 『明海日本語』 15, 明海大学日本語学会, 2010.

石井久生, 「エスニック集団の言語景観」, 山下清海編著, 『現代のエスニック社会を探る 理論からフィールドへ』, 学文社, 2011.

樺島忠夫, 『日本の文字―表記体系を考える―』, 岩波新書, 1979.

加賀美雅弘, 「記憶と戦略としてのエスニック景観」, 山下清海編著, 『現代のエスニック社会を探る 理論からフィールドへ』, 学文社, 2011.

金美善, 「言語景観にみえる在日コリアンの言語使用」, 真田信治·生越直樹·任榮哲編

　　　　著, 『在日コリアンの言語相』, 和泉書院, 2005.

_____, 「言語景観における移民言語のあらわれかた-コリアンコミュニティの言語変容を事例に」, 庄司博史·P·バックハウス·F·クルマス編著, 『日本の言語景観』, 三元社, 2009.

_____, 「言語景観に見えるコリアタウン、そのイメージの経年的変化」, 徐勝·小倉紀蔵編著, 『言葉のなかの日韓関係 教育·翻訳通訳·生活』, 明石書店, 2013.

高賛侑, 『コリアタウンに生きる 洪呂杓ライフヒストリー』, エンタイトル出版, 2007.

ペート·バックハウス, 「日本の多言語景観」, 真田信治·庄司博史編, 『日本の多言語社会』, 岩波書店, 2005.

上田正昭, 『ニッポン猪飼野ものがたり』, 批評社, 2011.

八木寛之·谷富夫, 「生野コリアタウンは「韓流ブーム」にのって: 阪神圏商店街実態調査から」, 『コリアンコミュニティ研究』 5, こりあんコミュニティ研究会, 2014.

吉田さち, 「新宿区大久保地区のコリアン系店名看板についての一考察」, 『コミュニケーション文化』 12, 跡見学園女子大学, 2018.

吉田友彦·三村浩史, 「在日韓国·朝鮮人集住地区における居住アイデンティティの表現に関する研究-大阪市·鶴橋耕地整理組合区域のM商店街を事例として」, 『日本都市計画学会学術研究論文集』 31, 1996.

Landry, Rodrigue and Richard Y. Bourhis, "Linguistic landscape and ethnolinguistic vitality: An empirical study", _Journal of Language and Social Psychology_ 16(1), 1997.

Peter Backhaus, "Multilingualism in Tokyo: A Look into the Linguistic Landscape", _International Journal of Multilingualism_ 3, Taylor & Francis (Routledge), 2006.

内閣府政府広報室, https://survey.gov-online.go.jp/r04/r04-gaiko/gairyaku.pdf

大阪市, https://www.city.osaka.lg.jp/shimin/page/0000006893.htm

大阪コリアタウン, https://osaka-koreatown.com/

제4장

재일디아스포라의 교류와 연대

냉전과 해빙의 시대 재일코리안과 고려인 디아스포라

재일코리안 잡지 『청구(靑丘)』의 기사를 중심으로

이영호

1. 시작하며

1910년 8월 조선은 일제의 식민지가 된다. 일제강점기 조선인의 일본 이주는 급격히 증가했으며 해방 직전인 1944년, 약 200만 명[1]의 조선인이 일본에 거주하게 된다. 조선인의 해외이주는 일본에 국한되지 않았다. 조선인들은 중국, 러시아, 중앙아시아, 남미, 북미 등 세계 각지로 향했고 서로 다른 거주국에서 조국의 운명을 함께했다. 1945년 8월, 해방을 맞이한 조선인들은 조국으로 돌아오기 시작했다. 하지만 약 60만 명[2]의 조선인은 귀국하지 않고 일본에서의 삶을 선택한다. 이들은 각종 재일코리안[3] 단체와 커뮤니티를 조직하여 민족성을 지키

---

[1] 정확한 수는 1,936,843명이며 이하 인구통계는 민단 홈페이지에서 인용함. 민단. "재일동포 연도별 인구추이." https://www.mindan.org/kr/syakai.php

[2] 정확한 수는 647,006명이며 출처는 위와 같음.

[3] 재일동포를 지칭하는 용어에는 재일코리안, 재일디아스포라, 재일조선인, 자이니치 등 다양한 용어가 있으며 각 용어마다의 고유한 의미가 있다. 본고에서는 재외동포를 코리안(Korean)으로 지칭하고, 재일동포의 경우 일본에 거주하는 코리안이라는 의미에서 '재일코리안'이라고 지칭한다. 해당 용어는 국적과 무관하게 일본에 거주하는

며 생활권을 형성한다. 나아가 해외에 거주하는 우리 민족을 향한 관심 즉, 디아스포라(Diaspora)[4]에 대한 관심을 나타내며 문화매체를 통해 관심을 구체화한다.

1989년 창간된 재일코리안 잡지 『계간 청구(季刊靑丘)』(이하, 『청구』)에서는 재외동포를 향한 재일코리안 사회의 관심을 확인할 수 있다. 『청구』는 창간 이후 동시대 재일코리안 사회를 대표하는 지면이었다. 『청구』는 해외에 거주하는 우리 민족, 특히 한반도와 인접한 러시아와 중앙아시아의 고려인[5]에 많은 관심을 나타냈으며 다양한 형태의 교류를 통해 접점을 형성했다.

이에 따라 이 글에서는 재일코리안과 고려인의 교류와 동시대 담론의 구체적 양상을 잡지 『청구』를 통해 분석한다. 구체적으로 『청구』에 수록된 러시아와 중앙아시아 관련 기사들을 텍스트 분석방법론과 디아스포라 연구 이론을 적용해 논의하고자 한다. 냉전과 탈냉전의 격동하는 세계사적 상황 속에서 재일코리안과 고려인이 교류로 형성된 담론의 실제상을 규명하고자 한다.

우리 동포 전체를 지칭하는 용어이며 어떠한 정치성도 없음을 사전에 밝혀둔다. 원문을 인용하거나 대상을 특정할 경우, 상이한 용어를 사용하기도 한다.

4) 디아스포라는 '흩뿌리다'는 뜻의 그리스어이다. 초기에는 팔레스타인을 떠나 망명생활을 하던 유대인들을 지칭하던 용어였지만 1990년대에 디아스포라의 개념이 확대되며 고국에서 추방당한 이들, 정치적 망명자, 무국적 거류민, 이민자 소수민족을 비롯해 자발적으로 고국을 떠나 타지에 정착한 이민자 모두를 아우르는 포괄적 개념으로 사용되고 있다(William Safran, "Diasporas in modern societies: myths of homeland and return," *Diaspora* 1(1), 1991, p.83).

5) 본고에서는 러시아와 중앙아시아에 거주하는 우리 민족을 고려인으로 지칭한다. 원문을 인용하거나 특정 대상을 구분해야 할 경우 조선인, 사할린 한인, 선주조선인 등의 용어를 사용하기도 한다.

2. 재일코리안 잡지 『청구』의 등장과 고려인

1) 잡지의 서지사항 및 특징

『청구』는 1987년 8월 창간되어 1996년 2월에 25호로 종간한 종합지
이다. 잡지명 '청구'는 과거 조선을 지칭했던 아호(雅號) 중 하나이다.
잡지의 발행언어는 일본어였으며 편집장은 이진희(李進熙), 편집인은
강재언(姜在彦), 위양복(魏良福), 강상중(姜尙中), 안우식(安宇植), 문경수
(文京洙)였다. 『청구』의 발행인은 한창우(韓昌祐)[6]였는데 편집장 이진희
가 1988년에 한창우를 찾아가 『삼천리』의 뒤를 잇는 잡지를 출간하고
싶다는 의사를 전달하고 한창우가 사재를 털어 지원을 시작하며 『청
구』가 창간된다. 창간 당시 『청구』는 1970~80년대 큰 족적을 남긴
『삼천리』의 후속지이자 당시의 편집위원이 참여한다는 사실로 큰 주목
을 받았다. 『청구』는 한국과 일본의 중간자 역할을 지향했으며, 이러한
취지는 다음 인용문을 통해 확인할 수 있다.

> 해협을 사이에 낀 이웃나라인 만큼 두 민족 간에는 불행한 관계에
> 빠진 적도 있지만 선린우호의 관계를 가진 역사가 훨씬 더 오래되었다.
> 그러나 금시기에 지배와 피지배라는 불행한 관계가 있었던 탓에 교과
> 서 문제 등에서 나타나는 것처럼 불모의 편견과 반발이 여러 형태로
> 모습을 드러내는 것이 현실이다.
> 상호불신을 제거하기 위해서는 지금까지의 경험을 비추어 보아 쉬
> 운 일이 아니지만 이웃나라를 바르게 보고자 하는 사람들과 젊은 연구
> 자는 매년 늘어나고 있다. 우리들은 젊은 세대에게 기대를 걸고 긴

---

6) 일본 파친코 체인점 마루한(MARUHAN)의 창업자이며 회장. 1990년에는 조선과 일본
    의 역사와 문화 연구 지원을 목적으로 '재단법인 한국문화연구진흥재단'을 설립했다.

호흡으로 노력해가고자 한다.[7]

창간사에서 확인할 수 있는 것처럼『청구』는 한반도와 일본의 중간자이자 매개로서의 역할을 자처했다. 특히 18세기 아메노모리 호슈(雨森芳洲)의 정신을 직접 언급하며 한반도와 일본의 우호적 관계를 만들고 나아가 남북대화와 통일을 염원했다. 이러한『청구』의 취지는 특집 구성을 통해서도 확인할 수 있다. 다음은『청구』의 특집목록이다.

〈표1〉『청구』의 특집목록

호수	발행일	특집명
1	1989.08.15.	쇼와를 생각하다(昭和を考える)
2	1989.11.15.	요시노가리와 후지노키(吉野ヶ里と藤ノ木)
3	1990.02.15.	중국·소련의 조선족(中国·ソ連の朝鮮族)
4	1990.05.15.	국제화와 정주외국인(国際化と定住外国人)
5	1990.08.15.	냉전하의 분단 오십 년(冷戦下の分断四十五年)
6	1990.11.15.	남은 전후책임(積み残しの戦後責任)
7	1991.02.15.	움직이기 시작한 한반도(動きだした朝鮮半島)
8	1991.05.01.	무로마치·에도시대와 조선(室町·江戸期と朝鮮)
9	1991.08.15.	이웃사랑의 일본인(隣人愛の日本人)
10	1991.11.15.	태평양전쟁과 조선(太平洋戦争と朝鮮)
11	1992.02.15.	임진왜란으로부터 사백 년(文禄の役から四百年)
12	1992.05.15.	지금 한반도는(いま朝鮮半島は)
13	1992.08.15.	재일한국·조선인(在日韓国·朝鮮人)
14	1992.11.15.	조선왕조 오백 년(朝鮮王朝の五百年)
15	1993.02.15.	지역에 사는 한국·조선인(地域に生きる韓国·朝鮮人)
16	1993.05.15.	지금 한일조약을 생각하다(いま日韓条約を考える)

---

7) 編集部, "創刊のことば,"『季刊青丘』1, 1989, p.9.

17	1993.08.15.	8.15해방과 분단(八 · 一五解放と分断)
18	1993.11.15.	지금 왜 전후책임인가(いまなぜ戦後補償か)
19	1994.02.15.	재일조선인 문학의 현재(在日朝鮮人文学の現在)
20	1994.05.15.	전형기의 재일한국 · 조선인(転形期の在日韓国 · 朝鮮人)
21	1995.02.15.	「재일」의 50년 (「在日」の50年)
22	1995.05.15.	「재일」의 50년-2 (「在日」の50年-2)
23	1995.08.15.	「재일」의 50년-3 (「在日」の50年-3)
24	1995.11.15.	「재일」의 50년-4 (「在日」の50年-4)
25	1996.02.15.	조선관의 계보 (朝鮮観の系譜)

〈그림1〉『청구』 전권 표지

특집 구성에서 확인할 수 있는 것처럼『청구』는「무로마치·에도시대와 조선(室町·江戸期と朝鮮)」,「이웃사랑의 일본인(隣人愛の日本人)」과 같은 한반도와 일본의 역사·공생에 관련된 담론을 형성했다. 더불어 한반도의 정세, 한일국교정상화 등의 국제문제를 비롯하여 일본의 전후책임, 역사, 문학, 재일코리안의 생활사 등 다양한 주제를 특집으로 다루었다. 또한 민족 전통에도 많은 관심을 보였는데 이러한 특징은 『청구』의 표지에서부터 확인할 수 있다.

표지에서 확인할 수 있는 것처럼『청구』는 전통의복, 그림, 석상 등 민족전통이 드러나는 이미지를 시각적으로 활용해 표지를 구성했다. 이를 통해 '재일코리안 민족의 종합지'의 정체성을 드러냈다.[8]

『청구』는 그 무엇보다 새로운 재일코리안 세대의 역할을 기대했다. 이러한 사실은 지면 구성을 통해 확인할 수 있는데『청구』는 창간호부터 14호까지 잡지 종반부에 편집후기와 함께「사고(社告)」란을 통해 독자의 글을 모집했다.「사고」는 '새로운 세대의 묻혀있는 재능을 발굴하기 위해 기록과 작품을 모집'하기 위한 코너로, 모집 주제는 (1)

---

8) 김환기는『청구』의 주제와 특징을 여덟 가지로 정의했다. 첫째, 한국의 역사/전통의식을 비롯해 한일 양국의 역사적 교류지점을 조명하면서 재일코리안의 주체성과 아이덴티티를 분명히 하고자 하는 노력. 둘째, 일제강점기 식민/피식민, 지배/피지배, 주류/비주류 형태의 계층/수직적 체계가 강제한 제국일본의 모순/부조리를 들춰내고 학문적으로의 조명. 셋째, 재일코리안 사회가 지난했던 한일 양국의 과거사를 극복하고 글로벌 시대의 동반자 관계를 구축하는 데 실질적 '가교' 역을 담당하며 공존공생의 메시지를 담아내는 것. 넷째, 재일코리안 사회가 안고 있는 핵심 쟁점들을 끊임없이 공론화하면서 문제해결을 위해 노력하는 점. 다섯째, 남북 간의 이데올로기적 반목/대립을 넘어서 통일조국을 실현해야 한다는 목소리. 여섯째, 구소련권 고려인들과 중국의 조선족에 구체적인 학문적 접근을 시도했다는 점. 일곱째, 탈경계적인 문학/예술적인 소통을 통해 한일양국 사이에 형성된 간극을 메우고 재일코리안 사회의 보편성과 열린 세계관을 보여준다는 점. 여덟째, 해방 직후의 한반도 정세와 '제주도 4.3사건'에 대한 학문적인 접근을 지속적으로 전개했다는 점이다. (김환기, 2014, pp.159~164.)

「나·우리 집의 기록」, (2) 창작, 평론, (3)「재일」하는 나의 주장, 생각 등이었다. 특히 (1)에서는 자신을 비롯한 가족의 역사, 조부·조모의 일대기를 모집해 재일코리안 각 세대의 삶과 경험을 공유하고자 했다. (2)에서는 새로운 작가를 발굴해 문학적 토대를 마련하고, (3)에서는 젊은 세대의 가치관을 재일코리안 사회와 공유하고자 했던 의도를 확인할 수 있다.

이와 같이 『청구』는 재일코리안의 삶과 한일관계를 비롯한 국제문제를 주제로 다양한 담론을 형성했다. 『청구』는 국제화 시대에 일본에 사는 재일코리안이 취할 수 있는 공존방식을 모색했으며 식민과 피식민, 가해자와 피해자라는 이분법적 구도에서 벗어난 '국제적 시각'의 중요성을 강조했다.[9] 이러한 시각에서 재외동포를 향한 관심은 필연적이었으며 고려인을 비롯한 디아스포라를 향한 관심의 배경이 된 것을 추론할 수 있다. 그렇다면 『청구』에서 고려인에 대한 관심은 어떻게 드러나고 있을까?

2) 『청구』의 고려인 관련 기사

『청구』는 해외에 거주하는 재외동포에게 많은 관심을 나타냈으며 특히 러시아와 중앙아시아의 고려인에 많은 관심을 보였다. 『청구』에 수록된 고려인 관련 기사 현황을 정리해보면 다음과 같다.

---

9) 이러한 인식은 『청구』의 편집위원이었던 강상중(姜尚中)의 글(13호 「「재일」의 새로운 기축을 찾아(「在日」の新たな基軸を求めて──抵抗と参加のはざまで)」, 15호 「「재일」의 정체성을 찾아(「在日」のアイデンティティーを求めて)」 등에서 확인할 수 있다.

〈표2〉 『청구』에 수록된 고려인 관련 기사

연번	호수(발행일)	작가	제목	잡지 내 코너
1	1 (1989.08.15.)	다카기 겐이치 (高木健一)	아직 끝나지 않은 '전후'-사할린 잔류 한국·조선인과 재한피폭자문제에 관하여 (まだ終わっていない「戦後」—サハリン残留韓国·朝鮮人と在韓被爆者問題に関して)	일반기사
2	3 (1990.02.15.)	임욱(林郁)	소련·중국에서 만난 사람들 (ソ連·中国で会った人びと)」	특집- 중국·소련의 조선족 (特集—中国· ソ連の朝鮮族)
3		고지마 아쓰시 (小島敦)	서울·올림픽 후의 소련 (ソウル·オリンピック後のソ連)	
4		다카야나기 도시오 (高柳俊男)	페레스트로이카 속의 조선인 (ペレストロイカの中の朝鮮人)	
5		신연자(申娟子)	알마아타의 '고려사람'들 (アルマアタの「高麗サラム」たち)	
6	4 (1990.05.15.)	기모토 시게오 (木元茂夫)	다카기 겐이치 『사할린과 일본의 전후 책임』 (高木健一『サハリンと日本の戦後責任』)	서가 (書架)
7	7 (1991.02.15.)	아에바 다카노리 (饗庭孝典)	소련·동구의 혁명과 동아시아 (ソ連·東欧の変革と東アジア)	일반기사
8		김경호 (金京鎬)	한국과 중국, 소련의 경제교류 (韓国と中国、ソ連の経済交流)」	
9	8 (1991.05.01.)	정상진 (鄭尚進)	소련 조선인 문단의 변천 (ソ連朝鮮人文壇の変遷)	일반기사
10		후지 고노스케 (藤井幸之助)	박형주·민도사 편집 『사할린으로부터의 리포트』 (朴亨柱·民涛社編集『サハリンからのレポート』)」	서가 (書架)
11	10 (1991.11.15.)	김·겔만·편집부 (キム·ゲルマン ·編集部)	재소조선인은 지금-김·겔만씨에게 묻다 (在ソ朝鮮人は今—キム·ゲルマン氏にきく)」	인터뷰 (インタビュー)
12		이소가이 지로 (磯貝治良)	사진집 증언하는 풍경, 증언 사할린조선인 학살사건 (서평) (証言する風景刊行委員会 編『写真集『証言する風景』·林えいだい 『証言·樺太朝鮮人虐殺事件』)	서가 (書架)

13	11 (1992.02.15.)	오카 나쓰코 (岡奈津子)	구소련에서 만난 조선인 (旧ソ連で出会った朝鮮人)	르포 (ルポー)
14	12 (1992.05.15.)	아에바 다카노리 (饗庭孝典)	소련 붕괴 후의 한반도-국제정세와 남북관계 (ソ連邦崩壊後の朝鮮半島—国際情勢と南北関係)」	일반기사
15		하야시 에이다이 (林えいだい)	강제연행기록의 여행6-극한의 사할린 (強制連行記録の旅6—極寒のサハリン)」	
16	14 (1992.11.15.)	오누마 야스아키 (大沼保昭)	자료로 보는 사할린 기민(1) (資料でみるサハリン棄民(1))	인터뷰 (インタビュー)
17		니콜라이 부가이 (ニコライ・ブガイ)	극동으로부터의 조선인강제이주 (極東からの朝鮮人強制移住)	일반기사
18	15 (1993.02.15.)	가와무라 미나토 (川村湊)	사할린 문학기행 (サハリン文学紀行)	
19		오누마 야스아키 (大沼保昭)	자료로 보는 사할린 기민(2) (資料でみるサハリン棄民(2))	인터뷰 (インタビュー)
20		운노 후쿠즈 (海野福寿)	자서를 말하다『청일·러일전쟁』 (自著を語る『日清·日露戦争』」	서가 (書架)
21	16 (1993.05.15.)	라브렌티 송 (ラヴレンティー・ソン)	구소련연방의 조선인은 지금 (旧ソ連邦の朝鮮人は今)	일반기사
22		오누마 야스아키 (大沼保昭)	자료로 보는 사할린 기민(3) (資料でみるサハリン棄民(3))」	인터뷰 (インタビュー)
23	17 (1993.08.15.)	와다 하루키 (和田春樹)	미소 점령과 조선의 분단 (米ソ占領と朝鮮の分断)	일반기사
24	19 (1994.02.15.)	쓰노타 후사코 (角田房子)	『슬픔의 섬 사할린』을 다 쓰고 (『悲しみの島サハリン』を書き終えて)」	수필 (随筆)
		미쓰요시 누마노 (沼野充義)	러시아문학의 다민족적 세계: 러시아문학은 러시아만의 것인가 (ロシア文学の多民族的世界: ロシア文学はロシア人だけのものか)」	일반기사
25		오카 나쓰코 (岡奈津子)	구소련의 조선인지식의 고뇌 (旧ソ連の朝鮮人知識人の苦悩)」	
26		고송무 (高松茂)	카자흐스탄의 고려인 (カザフスタンの高麗人たち)」	

연번	호수(발행일)	작가	제목	잡지 내 코너
27		유효종 (劉孝鐘)	구소련 중앙아시아의 조선인사회 : 카자흐스탄에서의 국제 워크숍부터 (旧ソ連中央アジアの朝鮮人社会: カザフスタンでの国際ワークショッ プから)」	
28		시가 마사루 (志賀勝)	블라디보스토크 별견: 강제추방된 조 선인이 돌아오다 (ヴラジヴォストーク瞥見: 強制追放 された朝鮮人が帰ってきた)」	
29	20 (1994.05.15.)	오누마 야스아키 (大沼保昭)	자료로 보는 사할린 기민(4) (資料でみるサハリン棄民(4))	인터뷰 (インタビュー)
30	21 (1995.02.15.)	다나카 미즈에 (田中水絵)	사할린 잔류조선인의 현재 : 1993~94 년 여름 (サハリン残留朝鮮人のいま: 一九九 三~九四年夏)」	일반기사

〈표2〉에서 확인할 수 있는 것처럼 『청구』는 창간호부터 종간호까지 총 30건의 기사를 통해 러시아, 중앙아시아 지역과 고려인에 대한 관심을 나타냈다. 이러한 사실에서 『청구』에서 고려인을 향한 관심이 일회성이 아닌 꾸준한 형태로 나타났음을 확인할 수 있다. 또한 다양한 디아스포라 대상 중 고려인을 향한 관심이 보다 깊었던 것은 『청구』에 수록된 다른 해외 관련 기사와의 비교를 통해 보다 명확히 확인할 수 있다.

〈표3〉『청구』에 수록된 해외 관련 기사[10]

연번	호수(발행일)	작가	제목	대상국
1	2 (1989.11.15.)	고지마 신지 (小島晋治)	청나라 말 중국인이 본 조선의 풍속 (清末中国人の見た朝鮮の風俗)	중국

10) 〈표2〉에서 고려인과 다른 재외동포를 함께 다룬 기사의 경우 〈표3〉에 중복기재 하지 않았다.

2	3 (1990.02.15.)	이시 도모지 (石朋次)	재미한국인의 「성공담」의 배경 : 다민족사회 속의 소수민족 비즈니스 (在米韓国人の「成功談」の背景 : 多民族社会の中の少数民族ビジネス)	미국
3	4 (1990.05.15.)	이시 도모지 (石朋次)	일본계 아메리카인 강제수용과 보상 문제 (日系アメリカ人強制収容と補償問題)	미국
4	5 (1990.08.15.)	강재언 (姜在彦)	조선전쟁과 중국 (朝鮮戦争と中国)	중국
5	6 (1990.11.15.)	가시와기 히로시 (柏木宏)	미일 마이너리티 사회에서 (日米マイノリティ会議から)	미국
6		이진희 (李進熙)	오년만의 중국집안 (五年ぶりの中国集安)	중국
7	9 (1991.08.15.)	미즈타니 유키에 (水谷幸恵)	한국·중국을 여행하고 (韓国·中国を旅して)	중국
8	13 (1992.08.15.)	이진희 (李進熙)	고구려기행 중국·동북의 산성을 가다 (高句麗紀行 中国·東北の山城を行く)	중국
9	14 (1992.11.15.)	단노 요시노리 (丹藤佳紀)	한·중은 맺어졌지만 : 동아시아의 90년대말 (韓·中は結ばれたが : 東アジアの九〇年代末)	미국
10		마스코 요시히사 (増子義久)	독일의 전후처리를 둘러싸고 : 과거의 극복을 위해 (ドイツの戦後処理をめぐって : 過去の克服のために)	독일
11	15 (1993.02.15.)	단노 요시노리 (丹藤佳紀)	중국에서 본 조선전쟁 : 정주40년을 생각하다 (中国からみた朝鮮戦争 : 停戦四〇周年に思う)	중국
12		아라이 도시아키 (荒井利明)	북경에서 본 한반도 (北京からみた朝鮮半島)	중국
13	17 (1993.08.15.)	가토 노부히로 (加藤修宏)	중국인강제여행과 하나오카 사건 (中国人強制連行と花岡事件)	중국
14	18 (1993.11.15.)	사토 요시쓰네 (佐藤健生)	독일의 전후 보상 방식 (ドイツの戦後補償のあり方)	독일
15	20 (1994.05.15.)	유동호 (柳東浩)	중국혁명의 격류 속에서 (中国革命の激流のなかで)	중국

연번	호수(발행일)	작가	제목	대상국
16	22 (1995.05.15.)	유효종 (劉孝鐘)	중국 내 몽골자치구의 조선인 : 아론기 신발 조선민족향을 찾아 (中国内モンゴル自治区の朝鮮人: 阿栄旗新発朝鮮民族郷を訪ねて)	중국
17		나구모 사토루 (南雲智)	후펑과 장혁주(상)-중국의 문예평론가가 본 조선인 작가 (胡風と張赫宙(上)-中国の文芸評論家がみた朝鮮人作家)」	중국
18	23 (1995.08.15.)	이정식 (李庭植)	한국은 미국의 「반공의 보루」가 아니었다(상) (韓国は米国の「反共の砦」ではなかった(上))	미국
19		다카사키 소지 (高崎宗司)	중국 조선족의 민족교육을 묻다: 연변 조선족 자치주의 주도·연길의 경우 (中国朝鮮族の民族教育を訪ねて: 延辺朝鮮族自治州の州都·延吉の場合)	중국
20		나구모 사토루 (南雲智)	후펑과 장혁주(하): 중국의 문예평론가가 본 조선인 작가 (胡風と張赫宙(下): 中国の文芸評論家がみた朝鮮人作家)」	중국
21	24 (1995.11.15.)	유효종 (劉孝鐘)	「개혁·개방」 속의 중국조선족2 : 시장경제 속의 농촌경제 (「改革·開放」のなかの中国朝鮮族2: 市場経済のなかの農村経済	중국
22		이정식 (李庭植)	한국은 미국의 「반공의 보루」가 아니었다(하) (韓国は米国の「反共の砦」ではなかった(下))	미국
23	25 (1996.02.15.)	유효종 (劉孝鐘)	「개혁·개방」 속의 중국조선족3: 전환기를 맞이한 민족교육 (「改革·開放」のなかの中国朝鮮族3: 転機を迎える民族教育)	중국

〈표3〉에서 확인할 수 있는 것처럼 『청구』는 창간호부터 종간호까지 러시아와 중앙아시아 지역을 제외하고 총 23건의 해외 관련 기사를 수록했다. 구체적 현황을 보면 중국 15건, 미국 6건, 독일 2건으로 특정

국가에 관심이 집중되었던 것을 확인할 수 있다. 『청구』에 수록된 총 53건의 해외 관련 기사 중 러시아와 중앙아시아 지역의 기사가 56.6% (30건)를 차지한 사실에서 고려인을 향한 『청구』의 관심이 보다 깊었던 것을 확인할 수 있다. 그렇다면 고려인에 대한 관심은 어떠한 양상으로 구체화되고 있을까?

3. 과거와 역사 – 일제강점기와 중앙아시아 강제이주

1) 일본의 전후책임과 사할린

사할린(Sakhalin), 일제강점기에 가라후토(樺太)라 불리던 이 지역에는 과거 수많은 조선인이 살았다. 1900년대 초반 많은 조선인들이 일제를 피해 연해주, 블라디보스토크, 사할린 등 극동지역으로 이주한다. 하지만 사할린은 다른 극동지역과는 상황이 달랐다. 러일전쟁 승리 후 러시아 남사할린 지역을 할양받은 일본은 사할린에 매장된 석유와 석탄 등의 자원을 얻기 위해 노동력이 필요했다. 이후 일본은 국가 차원의 인구 유입 정책을 추진하며 조선인 상당수가 사할린으로 이주한다. 그 결과 1920년, 약 천 명에 불과했던 조선인은 1934년에 육천여 명까지 증가한다. 이들은 해방 이후에 러시아, 일본이 서로에게 전후책임을 전가하며 조국으로 귀국하지 못하고 사할린에 남게 된다. 이와 같이 사할린은 강제징용과 전후문제가 혼재되어 한국, 북한, 일본, 러시아가 복잡하게 얽혀있는 지역이다.

『청구』에서는 사할린을 매개로 일본의 전후책임을 말한다. 창간호에서 다카기 겐이치(高木健一)[11]는 「아직 끝나지 않은 '전후'–사할린 잔

류 한국·조선인과 재한피폭자 문제에 관하여(まだ終わっていない「戦後」
―サハリン残留韓国·朝鮮人と在韓被爆者問題に関して)」를 통해 일본의 전
후책임을 언급한다. 다카기는 전후 처리 문제 관련 각종 모임[12]을 소개
하고 사할린 잔류 이산가족 상봉을 위한 제도의 확립과 예산확보를
촉구한다. 나아가 조선인 피폭자를 '삼중의 피해자'라 말하며 일본인에
상응하는 보상을 받아야 하는 대상이라 주장한다. 이밖에도 다카기는
독일과 일본의 전후처리 방식을 비교하며 독일은 전쟁책임을 철저히
사과하고 교과서에 역사문제를 수록해 반성적 태도를 보인 반면 일본
은 천황과 수상이 여전히 사과하지 않고 있으며 지금부터라도 전후책
임을 완료하기 위해 노력해야 한다고 말한다.

　사할린에 대한 관심은 서평을 통해서도 확인할 수 있다. 『청구』에는
총 사할린에 관련된 총 4편의 서평이 수록된다. 4호 기모토 시게오(木元
茂夫)의 「다카키 겐이치『사할린과 일본의 전후책임』(高木健一, 『サハリ
ンと日本の戦後責任』)」에서는 다카기의 저서를 언급한다. 기모토는 일본
이 사할린에서 자국민의 귀환에는 적극적이지만 조선인 잔류자는 철저
히 외면했다 말하며 일본의 정책을 비판한다. 나아가 단일민족 국가의
유지를 위한 일본 정부의 비인도성이 기가 막히다고 비판하며, 전후책

---

11) 일본의 변호사. 한국에서 논문 "일본의 전후(戦後) 보상문제의 현 단계," 『교민논총』
　　2호(1998)를 발표했으며 논문에서는 자신을 사할린지원회 회장이라 밝히고 있다. 1990
　　년에는 저서 『사할린과 일본의 전후책임(サハリンと日本の戦後責任)』(일본: 凱風社,
　　1990) 등을 발간하며 전후보상 관련 활동을 했다.

12) 구체적으로 '가라후토 귀환 재일한국인회(樺太帰還在日韓国人会)', '가라후토 잔류자
　　귀환청구재판(樺太残留者帰還請求裁判)'의 법원에서 전후처리문제에 관한 법률논쟁
　　활동, '사할린 잔류 한국인문제 특별위원회(サハリン残留韓国人問題特別委員会)', '아
　　시아에 대한 전후책임을 생각하는 모임(アジアにたいする戦後責任を考える会)'의 활동
　　을 소개했다. 일본 내 조직 외에도 한국의 '중국·소련 이산가족회'(회장 이두훈(李斗
　　勳))의 활동을 소개하며 전후 문제 해결을 위한 한일 양국에서의 노력을 소개했다.

임의 완전한 이행을 통해 아시아에 대한 편협함을 불식시키고 대등하고 서로 존경할 수 있는 신뢰관계를 쌓아야 한다 주장했다.[13] 8호에서 후지 고노스케(藤井幸之助)는 1990년 민도사(民涛社)[14]에서 발행된 박형주(朴亨柱)의 저서 『사할린으로부터의 리포트(サハリンからのレポート)』를 소개한다. 후지는 선주조선인(先住朝鮮人), 북한에서 온 파견노동자 그룹, 소련계 조선인 등 각종 고려인 그룹을 소개한다. 그 과정에서 혼혈 고려인을 언급하며 "'조선인도 일본인도 아닌' 존재가 아닌 '조선인이자 러시아인'으로의 새로운 문화를 가르쳐야 한다"고 강조했다.[15]

10호 서평에서는 이소가이 지로(磯貝治良)가 「사진집 증언하는 풍경, 증언 사할린 조선인 학살사건(証言する風景刊行委員会 編『写真集『証言する風景』』・林えいだい『証言・樺太朝鮮人虐殺事件』)」을 통해 가미시스카 경찰서 학살사건(上敷香警察署虐殺事件)[16]을 다룬다. 이소가이는 사건을 상세히 소개함으로써 조선인을 학살했던 일제의 잔혹함을 알리고, 일본의 전후보상 책임과 이산가족 문제의 해결을 촉구한다.

15호에 수록된 운노 후쿠즈(海野福寿)는 「자서를 말하다『청일・러일전쟁』(自著を語る『日清・日露戦争)』」에서도 유사한 양상을 확인할 수 있다. 운노는 일본의 새로운 사회 검정교과서에 청일전쟁을 근대 일본의 최초의 전쟁 승리, 국제적 지위 상승과 같은 표현으로 기술한 점에

---

13) 木元茂夫, "高木健一『サハリンと日本の戦後責任』,"『青丘』 4, 1990, pp.189~190.

14) 민도사(民涛社)는 작가 이회성(李恢成)이 주필로 창간한 재일코리안 잡지 『민도(民涛)』의 발행사이며 『사할린으로부터의 리포트(サハリンからのレポート)』는 민도사에서 유일하게 출간된 단행본이다.

15) 藤井幸之助, "朴亨柱・民涛社編集『サハリンからのレポート』,"『青丘』 8, 1991, p.175.

16) 1945년 8월 17일, 현 사할린 지역인 가미시스카(上敷香)에서 일본 경찰이 조선인 민간인 스무 명을 소련의 스파이라는 구실로 경찰서에서 총살하고 이를 은폐하기 위해 경찰서에 불을 질러 불타는 석탄더미에 사체를 던진 사건.

우려를 표한다. 운노는 이러한 교과서 집필은 "일본의 제국주의 역사를 긍정적으로 평가하고 사회적 우경화를 초래할 수 있으며 일본 정부와 국민은 식민지배의 역사를 돌아보고 청일전쟁을 제대로 보아야 한다" 말하며 일본을 비판한다.[17]

19호에서 쓰노타 후사코(角田房子)는 「『슬픔의 섬 사할린』을 모두 쓰고(『悲しみの島サハリン』を書き終えて)」를 통해 조선인의 사할린 이주 배경과 노동 양상을 소개하고 조선인 귀환, 이산가족 문제 등을 총체적으로 다룬다. 쓰노타는 강제연행으로 비극의 기원을 초래한 일본에게 가장 큰 책임이 있는 것은 분명하지만 고르바초프 시절까지 출국허가를 내주지 않았던 소련의 정책을 함께 비판한다. 쓰노타는 바른 역사를 아는 것이 매우 중요하다 강조하며 한국을 필두로 아시아 각국과 화해하고 새로운 관계를 설립해야 한다고 주장한다.[18] 이와 같이 『청구』에 수록된 러시아 관련 서평 대다수는 사할린을 매개로 일본의 전쟁책임, 가미시스카 경찰서 학살사건과 같은 역사문제를 다루고 일본과 러시아 정부의 전후보상 해결을 촉구하는 형태로 전개되었다.

이밖에도 오누마 야스아키(大沼保昭)는 14호부터 20호까지 4회에 걸쳐 「자료로 보는 사할린 기민(資料でみるサハリン棄民)」 인터뷰를 연재한다. 구체적 내용을 살펴보면 14호의 「자료로 보는 사할린 기민(1)(資料でみるサハリン棄民(1)」(1992.11.)에서는 1992년 7월 발행된 오누마의 저서 『사할린 기민−전후책임의 점경(サハリン棄民−戦後責任の点景)』을 통해 조선인의 사할린 이주 배경과 강제노동과 같은 사할린 이주 역사와 배경지식을 소개한다. 이밖에도 조선인 귀환을 주제로 GHQ 관계자와

---

17) 海野福寿, "自著を語る『日清・日露戦争』," 『青丘』 15, 1993, p.199.
18) 角田房子, "『悲しみの島サハリン』を書き終えて," 『青丘』 19, 1995, p.14.

주고받은 서신자료를 첨부하여 GHQ와 소련, 일본이 얽혀있는 귀환문제의 양상을 말한다. 15호(1993.02.)의 「자료로 보는 사할린 기민(2)(資料でみるサハリン棄民(2))」(1993.02.)에서는 일본외무성의 자료와 인터뷰를 바탕으로 조선인 귀환문제를 다룬다. 특히 1958년 박노학(朴魯學)을 중심으로 결성된 〈가라후토 귀환 재일한국인회(樺太抑留歸還韓国人会)〉의 활동과 『동아일보』 1996년 1월 17일 자 기사 「望郷에 지샌 「볼모20年」」 등을 소개하며 전후 고려인의 귀환문제를 냉전구조와 한국의 관계 속에서 다룬다.

〈그림2〉 『동아일보』 1996년 1월 17일 기사

16호 「자료로 보는 사할린 기민(3)(資料でみるサハリン棄民(3))」(1993. 05.)에서는 가라후토 억류 귀환 한국인회에 협력하는 〈부인회(妻の会)〉

의 결성과 기관지 『부인(妻)』의 발간소식을 알린다. 이밖에도 사할린 잔류 조선인 귀환을 위해 결성된 각종 단체의 활동을 소개하고 일본과 소련의 관계악화가 고려인에게 미친 영향, 사할린 성묘단 거부 문제 등의 각종 고려인 관련 주제를 다룬다. 20호의 「자료로 보는 사할린 기민(4)(資料でみるサハリン棄民(4))」(1994.05.)에서는 1980년대 사할린 잔류 조선인 귀환운동을 소개한다. 특히 다카키 겐이치 중심의 〈재사 할린 한국인 귀환소송 변호인단〉의 결성과 1975년 시작된 사할린 재판 을 소개한다. 또한 일본 정부와 소련을 압박하기 위한 변호사들의 연 대, 심포지움의 개최 등 다양한 활동을 소개한다. 나아가 1980년대 고려인의 한국 귀환 추진을 이회성이 「사할린 여행(サハリンへの旅)」을 통해 비판하고 한국을 독재국, 인권탄압국으로 보았던 동시대의 인식 과 반응 등을 상세히 소개한다. 이 밖에도 오누마는 4회에 걸친 연재를 통해 사할린 고려인의 역사와 형성, 사할린의 과거와 현재 등 다양한 층위의 문제들을 종합적으로 설명하고 각종 자료를 근거로 한국, 일본, 소련의 전후 대응을 비판한다.[19]

이와 같이 『청구』에서는 각종 기사를 통해 일본의 제국주의를 비판 하고 전후문제 해결을 촉구했다. 이 과정에서 재일코리안과 고려인, 일본인 등 다양한 시민사회가 연대해 국제사회에 역사적 실상을 알리 고 비판적 메시지를 발신했다. 재일코리안과 고려인의 교류는 일본 비판을 넘어 소련의 중앙아시아 강제이주 정책의 비판으로 이어진다.

---

19) 사할린 재판 당시, 일본을 피고로 소송을 제기한 인원은 4명이었다. 재판은 1989년까 지 계속되었지만 재판 결과가 나오기 전, 원고 4명 모두가 사망하며 끝내 재판의 결과 는 보지 못한다. 총 64회에 걸친 구두 변론, 수십 명의 증언으로 사할린의 조선인 문제가 국제사회에 알려진다.

2) 중앙아시아 강제이주와 고려인

1937년 8월 21일, 스탈린 정권의 소련 인민위원회 및 공산당 중앙위원회 결정(No. 1428-326cc)에 의해 "1937년 9월 1일부터 11월까지 러시아 극동지역에 거주하던 고려인 약 172,000명은 카자흐스탄, 우즈베키스탄 등 중앙아시아로 강제이주를 당한다."[20] 『청구』에서는 중앙아시아 강제이주와 관련된 각종 기사를 수록한다.

15호에서 니콜라이 부가이[21]는 「극동으로부터의 조선인강제이주(極東からの朝鮮人強制移住)」를 통해 구한말부터 일제강점기까지의 러시아 지역으로의 조선인 이주, 중앙아시아 강제이주의 역사를 자세히 설명한다. 이 과정에서 우즈베키스탄, 카자흐스탄, 키르기스 공화국으로의 이주 배경과 조선인의 입지 등을 설명하며 강제이주의 잔혹성과 소련의 비인도적 민족정책을 강하게 비판한다. 조선인 강제이주의 역사는 기존의 많은 연구에서 확인할 수 있지만, 본 기사에서 흥미로운 점은 니콜라이가 러시아에서 한국과 일본의 자료를 직접 인용한 점이다. 니콜라이는 와다 하루키(和田春樹)가 일본에서 1989년 발표한 논문 「러시아령 극동의 조선인 1863-1937(ロシア領極東の朝鮮人 1863-1937)」[22]을 인용하며 극동의 정치상황, 조선인 추방의 탄압적 조치를 언급한다.

---

20) 최초 정책이 시작되었을 때 이주대상은 극동에 거주하는 고려인으로 한정됐지만 이주 진행과정에서 이주대상이 극동에 거주하는 전 고려인으로 확대되었다. 강제이주 직후인 1939년 소련 거주인은 약 182,300명이었다. (남혜경 외, 『고려인 인구 이동과 경제 환경』, 집문당, 2005, p.18.)

21) 니콜라이는 캅카스(Kavkaz, 영어로는 코카서스(Caucasus) 혹은 코카시아로 지칭하기도 한다) 출신 소수민족 역사가이며, 스스로를 스탈린 민족정책의 희생자라 밝히고 있다. 현재 러시아과학아카데미 역사연구소 교수이다.

22) 和田春樹, "ロシア領極東の朝鮮人1863-1937," 『社會科學研究』 40(6), 1989, pp.235~286.

『청구』에 니콜라이의 기사가 수록된 시점이 1993년 2월이었다는 점에서 일본에서 비교적 최근까지 발표된 연구를 참고했음을 알 수 있다. 니콜라이는 이밖에도 한국의 자료를 인용하며 "여러 민족의 역사상의 '공백'을 연구하는 가능성이 나타나고 있다"고 말한다.[23] 본 기사에서 또 하나 주목할 점은 니콜라이의 글이 일본인 중앙아시아 연구자 오카 나쓰코(岡奈津子)[24]에 의해 일본어로 번역된 점이다. 러시아어 원고가 일본인에 의해 번역되어 재일코리안 지면에 수록된 사실에서 일본인을 매개로 전개되었던 재일코리안과 고려인 사회의 교류흔적을 확인할 수 있다. 이러한 교류방식에 대해 이한정은 "필자 다수가 '일본인'인 점은 오늘날 다수의 한국인들이 코리안 디아스포라를 취재하고 연구하는 상황에서 보자면 이례적이며, 일본인에 의해 생산된 담론, 재일코리안 사회에 발신되었단 점은 당시 코리안 디아스포라의 현황을 직접적으로 비교할 수 있는 귀중한 방식"[25]이라 평가하며 재일코리안 사회에서 발신된 재외동포 담론의 특징을 말한다. 즉, 재일코리안 – 일본인 – 고려인이 연계된 재일코리안 사회의 디아스포라 연구 특수성을 확인할 수 있다.

16호에서는 카자흐스탄 거주 영상작가 라브렌티 송(ラヴレンティー・ソン)이 「구소련연방의 조선인은 지금(旧ソ連邦の朝鮮人は今)」을 통해 소련의 정책을 말한다. 라브렌티는 1937년부터 약 185,000명의 고려인이 중앙아시아로 이주한 사실을 말하며, 소련이 고려인 외에도 다양

---

23) ニコライ・ブガイ, "極東からの朝鮮人強制移住," 『青丘』 15, 1993, p.132.

24) 현재 일본의 신영역연구센터·거버넌스 연구 그룹장(新領域研究センター ガバナンス研究グループ長)이며 전공분야는 카자흐스탄, 내셔널리즘, 이민 분야이다.

25) 이한정, 「재일조선인 잡지 계간 삼천리와 코리안 디아스포라」, 『日本語文學』 89, 한국일본어문학회, 2021, pp.174~175.

한 소수민족을 강제로 이주시켜 이들에게 불안감을 주어 국가를 쉽게
지배할 수 있도록 만들었다고 비판한다.[26] 또한 조선인 강제이주 과정
에서 사할린과 극동 아시아에서 민족교육을 담당하던 380여 개의 초등
학교, 중학교, 사범학교, 기술전문학교를 폐쇄하거나 러시아어 교육기
관으로 전환시킨 사실을 밝히며 소련의 강제이주와 민족교육 탄압을
비판한다.

　스탈린 정책의 비판은 19호에 수록된 시가 마사루(志賀勝)의 「블라디
보스토크 별견–강제추방된 조선인이 돌아오다(ヴラジヴォストーク瞥見–
強制追放された朝鮮人が帰ってきた)」에서도 확인할 수 있다. 시가는 "일
본의 전후책임이 오늘날의 문제인 것과 마찬가지로 구소련의 비인도적
역사도 현실의 문제로 자각하지 않을 수 없었다"[27]고 말하며 소련의
조선인 강제이주가 일제에 버금가는 비인도적 처사라 비판한다. 주목
할 점은 시가가 1985년 11월, 『삼천리』44호에 「중앙아시아로 추방된
사람들–스탈리니즘과 조선인(中央アジアへ追われた人びと—スターリニズム
と朝鮮人)」을 수록했던 점이다. 『삼천리』 이후 약 9년 만에 『청구』에
기사를 수록하며 변화한 태도를 보여주었다. 시가는 『러시아의 아침(ロ
シアの朝)』 1993년 6월 25일 자에 수록된 러시아조선인복권위원회 공동
의장 제리밀김(チェリミール·キム)의 글을 통해 중앙아시아 고려인 상당
수가 한국이나 일본이 아닌 연해주로 귀환한 사실을 파악한다.[28] 현재

---

26) ラヴレンティー·ソン, 「旧ソ連邦の朝鮮人は今」, 『靑丘』 16, 1993, p.148.

27) 志賀勝, 「ヴラジヴォストーク瞥見: 強制追放された朝鮮人が帰ってきた」, 『靑丘』 19,
　　1994, p.131.

28) 고려인의 연해주 이주를 계기로 연해주 원주민들과의 갈등, 반(反)조선인 정서 등을
　　언급하며 다양한 문제가 복합적으로 얽힌 조선인 생활사가 응축되어 분출되었다고
　　설명한다.

러시아에서 소수민족을 존중한다는 "여러 민족의 복권(復權)이 단어 상으로 제창된 직후 조선인 일부가 실제행동을 개시했으며 이는 아주 비극적 행동"[29]이라 말하며 소수민족의 권리를 복권하겠다는 러시아의 허울뿐인 제도를 비판한다. 이처럼『청구』는 다양한 기사로 소련과 러시아 정부의 과거와 현재 정책을 비판하고 동시대 고려인 사회가 발신한 실제적 담론을 소개한다. 이밖에도『청구』는 카자흐스탄 고려인 사회에서 발행한 한글신문『레닌기치』에 대한 논의를 이어간다.

다카야나기 도시오(高柳俊男)는『청구』3호(1990.02)에서「페레스트로이카 속의 조선인(ペレストロイカの中の朝鮮人)」을 통해 1989년에 발행된『레닌기치』[30] 1년 치 기사를 분식한다. 1989년 2월 7일호에는 카자흐국립대학 연구생 김겔만의 기사가 수록된다. 김겔만은「극동으로부터의 특별열차에서」를 통해 조선인 강제이주를 다루는데 다카야나기는 해당기사에 대해 "극히 한정적인 역사적 자료에 의존하여 이주의 결정, 그 원인의 실행에 이르는 일련의 사태를 냉정한 학문적 태도로 접근해 초보적 해명을 하고 있다"[31]고 평가했다. 구소련시절 강제이주를 언급하거나 연구하는 것은 금기시된 사항이었다. 이러한 상황에서 김겔만이 제한된 자료로 조선인 강제이주를 정면으로 연구하고『레닌기치』측은 러시아 신문에 수록된 기사를 한글로 번역해 수록한 것에 중요한 의미가 있다고 평가했다.

하나 흥미로운 것은 중앙아시아 강제이주를 둘러싸고 독자 간의 의

---

29) 志賀勝, 1994. p.131.
30) 『레닌기치』(1938.05~1991.12.31.)는 1937년 고려인의 중앙아시아 강제이주 이후 카자흐스탄에서 창간된 한글신문이며 당시 소련에서 발행되던 유일한 한글 전국신문이었다.
31) 高柳俊男, 1990, p.53.

견대립이 나타난 점이다. 김겔만의 글이 발표되고 약 3개월 후인 5월 3일, 소련기자동맹원 M·우셸바워는 『레닌기치』에 「강제이주」라는 글을 통해 "역사의 진실을 있는 그대로 밝히고 대대로 전하는 것은 중요하다" 말하며 강제이주를 비판한다. 이후 독자들의 투서가 이어지는데 독자 이니콜라이는 6월 14일 호에 「1937년의 이주사건에 대하여」를 통해 자신은 '강제'로 이주하지 않았다고 반박하며, 이주는 스파이 박멸을 위해 스스로 받아들였던 것이며 결코 강제적이지 않았다고 말한다. 나아가 만약 당시에 중앙아시아로 이주하지 않았다면 지금처럼 윤택한 생활을 할 수 없었을 것이라 말하며 이주는 "올바르고 현명한 국가정책이었다"고 평가한다. 기사 발표 이후 중앙아시아 각지에서는 반박투서가 이어진다. 7월 15일 호에 강이남은 「이니콜라이에 동의할 수 없다」를 통해 설령 조선인 중에 스파이가 있었다 하더라고 민족전체를 스파이로 본 것은 언어도단이며 중앙아시아 이주 후 조선인들은 학습, 군대 복무 등 각종 권리를 박탈당했다 말하며 이니콜라이를 반박한다. 같은 호에서 송빈은 전 세계가 공인하는 스탈린의 과오와 범죄를 변명하는 것은 무리라며 강제이주를 비판한다. 이처럼 1989년 당시 고려인 사회에서는 중앙아시아 강제이주를 둘러싸고 다양한 의견이 발생한 것을 확인할 수 있다. 다카야나기는 이러한 상황을 설명한 뒤 고려인과 재일코리안을 직접 비교하며 "냉전시대의 구도에서 전부 해석할 수 없는 지금 같은 시대에 사회주의 내의 비판은 의미가 있다. 문제는 문제로, 모순은 모순으로 직시하여 문제에 접근하는 재소조선인의 민족적 각성과 모색은 재일조선인과 일본인의 생활방식에 다양한 시사를 준다"[32]고 평가하며 고려인 사회를 통해 얻은 교훈을 재일코리

---

32) 高柳俊男, 1990, p.56.

안 사회에 발신한다.

『청구』의 고려인 관련 담론 중 가장 흥미로운 부분은 직접적 인적교류를 확인할 수 있다는 점이다. 고려인 사회에서 중앙아시아 이주를 처음 공론화했던 김겔만은 『청구』 10호(1991.11.)에서 편집부와의 대담 「재소조선인은 지금―김·겔만 씨에게 묻다(在ソ朝鮮人は今―キム·ゲルマン氏にきく)」를 진행한다. 대담에서 김겔만은 과거의 사회 분위기에서 중앙아시아 강제이주는 결코 언급할 수 없었지만 1989년부터 분위기가 완화되었다 말하며 냉전 종식 직전 소련의 변화를 말한다. 김겔만은 강제이주 기사를 발표하기까지 몇 번이나 거절당했으며, 젊은 세대를 대상으로 발간된 러시아지 『레닌의 시대』에 겨우 글을 발표할 수 있었다며 당시 경위를 설명한다. 또한 자신의 글을 직접 수록하지 않고 러시아 신문을 인용한 형태를 취한 『레닌기치』측을 "책임을 전가하려 했다"[33]고 비판한다. 김겔만은 중앙아시아 강제이주를 무조건 부정적인 시선이 아닌 객관적으로 볼 필요가 있다 말한다. 현재(1991년)는 강제이주를 부정적으로 평가하는 분위기지만 과거 이주과정에서 정부의 지원금, 가구, 집기, 종자(씨앗) 등의 지원이 있었고 다른 소수민족은 고려인보다 열악한 취급을 받았다 설명하며 이주를 나쁘게만 말하는 것은 객관적이지 않다고 지적한다.[34] 나아가 당시 일본과 소련의 조선인 이주정책을 함께 언급하며 "일본은 조선인을 속여 사할린으로 끌고 왔고, 소련은 조선인을 강제로 끌고 왔다"며 두 관계국을 비판한다. 이처럼 김겔만은 일본에서의 인터뷰 과정에서 재일코리안과 고려인의

---

33) キム·ゲルマン·編集部, 「在ソ朝鮮人は今：キム·ゲルマン氏にきく」, 『青丘』 10, 1991, p.140.
34) キム·ゲルマン·編集部, 1991, p.140.

역사를 비교하고 디아스포라에 대한 논의를 이어갔다. 이러한 사실에서 재일코리안과 고려인의 교류형태와 디아스포라로의 관심사 등을 종합적으로 확인할 수 있다.

재일코리안 사회에서는 중앙아시아 강제이주를 비롯한 각종 고려인 역사문제를 다룬다. 이 과정에서 사할린과 중앙아시아 강제이주와 같은 재일코리안과 고려인의 역사를 비교한다. 또한 교류과정에서 재일코리안 – 일본인 – 고려인의 연결고리를 구축하고 국가를 넘나드는 교류를 이어갔다. 이와 같은 다각적 형태의 교류를 통해 디아스포라 간의 접점을 형성하고 재일코리안 사회에 고려인에 대한 담론을 발신했다.

4. 냉전 이후의 세계사와 디아스포라

1) 재일코리안 사회에서 바라본 고려인 사회

『청구』 창간호가 발행된 1989년, 냉전은 종반을 향해가고 있었다. 1991년 12월 31일, 참여 공화국 중 11개국이 정치공동체 독립국가연합(Commonwealth of Independent States, 약칭 CIS)[35]을 창설하며 마침내 소련은 해체된다. 냉전이 종식된 이후 고려인들은 새로운 시대와 마주하게 되었으며 재일코리안 사회 역시 고려인에 주목했다.

---

35) 1991년 12월 31일 결성 당시에는 러시아·우크라이나·벨라루스·몰도바·카자흐스탄·우즈베키스탄·두르크메니스탄·타지키스탄·키르기스스탄·이르메니이·아제르바이잔공화국 11개국으로 구성되었다. 아제르바이잔은 1992년 10월에 연합 탈퇴 후, 1993년 9월에 복귀했으며 조지아는 1993년 10월 가입하였다가 2008년 러시아와의 전쟁 후 탈퇴하였다. 투르크메니스탄은 2005년 탈퇴 이후 준회원국으로 참가하고 있으며 우크라이나는 2014년 3월 러시아의 내정 개입에 반발하면서 탈퇴하며 현재는 9개 공화국으로 구성되어 있다. ([네이버 지식백과] 독립국가연합 참조 및 수정)

『청구』는 냉전 이후 고려인의 생활양식에 주목한다. 19호(1994.02.)
에서 유효종(劉孝鐘)은 「구소련 중앙아시아의 조선인사회 - 카자흐스탄
에서의 국제 워크숍에서(旧ソ連中央アジアの朝鮮人社会―カザフスタンでの
国際ワークショップから)」를 통해 냉전 종식 이후의 카자흐스탄을 소개한
다. 일본 와코대학(和光大学) 교원이었던 유효종은 1993년 9월 17일부
터 25일까지 카자흐스탄 알마티에서 개최된 〈이산조선민족과 다민족
공동체의 미래상〉 워크숍에 참여한다. 워크숍에는 고려인을 비롯한
다양한 소수민족이 참여해 소련 해체 이후의 디아스포라에 대한 논의
를 이어간다. 과거 고려인을 비롯한 여러 소수민족들은 공화국 단위로
분산되어 있었지만 소련이라는 공동체의 일원이었다. 하지만 이들은
소련의 해체 이후 한순간 외국인이 되었고, 분산되었던 소수민족들은
본국으로 돌아오기 시작한다.

카자흐스탄에서는 1980년대 후반부터 급격한 인구비율의 변화가 나
타났다. 1979년, 카자흐스탄 전체 인구의 36%를 차지하며 인구비율
2위였던 카자흐인은 1989년에는 총 인구의 39.78%를 점하며 러시아인
(37.8%)을 제치고 인구비율 1위를 차지한다. 1994년에는 카자흐인의
인구비율이 43%까지 증가하고 대통령을 비롯한 정부 주요 요직 모두
를 카자흐인이 차지한다.[36] 이러한 당시 상황에 대해 김환기는 "중앙아
시아의 독립 국가들이 자국 중심의 민족주의 정책(고유어/전통)을 펼쳤
으며 카자흐스탄은 자신들의 민족어를 공용어로 채택하였고 한글신문
/출판물에 대한 국가지원의 중단, 농지의 국유화 정책 등을 펼쳤다"[37]

---

36) 劉孝鐘, 「旧ソ連中央アジアの朝鮮人社会―カザフスタンでの国際ワークショップから」,
『青丘』 19, 1994, p.124.

37) 김환기, 「구소련권 고려인 디아스포라 문학의 형성과 전개양상: 『선봉』/『레닌기치』/
『고려일보』를 중심으로」, 『동악어문학』 82, 동악어문학회, 2020, p.73.

고 설명한다. 즉, 자국 중심 경향이 강화되고 소수민족의 배제 현상이 나타난 것이다. 유효종 역시 당시 상황에 대해 "스탈린에 의해 중앙아시아로 강제이주 당했던 소수민족이 이번에는 중앙아시아에서 내쫓기는 사태가 일어나고 있다"[38]말하며 비판적 태도를 보인다. 유효종은 카자흐스탄이 취해야 할 민족정책에 대해 다음과 같이 제안한다.

> 조선인의 민족적 생활의 안정적 유지, 발전이 보장되어있는 것은 아니다. 그렇게 안정된 민족적 생활을 보증하는 환경, 기반으로 보다 중요한 것은 카자흐스탄의 다민족 국가로서 앞으로의 진로, 모습이다.[39]

1994년 당시 고려인과 카자흐인은 우호적 관계를 유지하고 있었지만 이러한 관계와는 별개로 소수민족이 목소리를 낼 수 있는 '다민족국가로서의 카자흐스탄'이 되어야 한다고 유효종은 주장한다. 이와 같은 발언은 재일코리안 사회에서 고려인을 위해 중앙아시아 사회로 발신했다는 점에서 중요한 의미가 있으며 다민족국가를 지향하는 재일코리안의 태도를 확인할 수 있다.

『청구』에서는 소련에서 태어난 고려인의 현안과 가치관을 소개한다. 11호(1992.02.)에서 오카 나쓰코는 「구소련에서 만난 조선인(旧ソ連で出会った朝鮮人)」을 통해 고려인 젊은 세대의 모습과 가치관을 소개한다. 에스토니아 공화국으로 필드워크를 떠난 오카는 탈린의 조선인 문화센터를 방문한다. 이 과정에서 전통과 문화 부흥을 위해 결성된 각종 고려인 조직을 소개하고 자치 영역의 창설 요구와 같은 고려인

---

38) 劉孝鐘, 「旧ソ連中央アジアの朝鮮人社会―カザフスタンでの国際ワークショップから」, p.125.
39) 劉孝鐘, 위의 논문, p.126.

사회의 현안을 소개한다. 나아가 현지에서 만난 고려인 젊은 세대의 가치관을 소개한다. 다음 인용문은 고려인 2세 오리가의 발언이다.

> 러시아어만 말할 수 있으면 소련 어디에 가더라도 살 수 있다. 이것이 보증되어 있는 것이 중요하다. 우리들은 자신의 언어도 모른다. 언어는 민족에게 가장 중요한 것이다. 그것은 스탈린의 이론이다. 역사도 모르잖아. 그래가지고 조선인이라고 할 수 있어? 그럼 우리 여기 모인 검은 머리에 올라간 눈을 가진 인간은 뭔데?[40]

오리가는 에스토니아에서 태어나 러시아인과 결혼한 고려인 2세이다. 그녀는 동양인의 외모를 가졌지만 모국어를 모른다. 오리가는 구소련 연방에서는 러시아어만으로 어디서나 살 수 있으며 모국어와 역사를 모르면 같은 민족이 아니냐며 민족적 견해를 말한다. 이밖에도 본인은 에스토니아의 독립을 지지한다 말하며 거주국에서의 디아스포라의 삶과 미래를 이야기한다. 오리가의 모습에서 소련에서 태어난 고려인 2세의 가치관과 냉전 이후의 삶을 확인할 수 있다. 이에 대해 오카는 "다민족국가 소련 그리고 지금은 독립국가가 된 여러 공화국에 흩어져 자치영역을 갖지 못한 '변경(辺境)'의 조선인의 다른 지역의 동포들과 어떻게 서로 협력할지, 현지의 민족적 토양에 어떻게 녹아들어갈지 격렬한 흔들림의 시대에 더욱 신경이 쓰인다"[41]고 말하며 소련 해체 이후 새로운 환경에 직면한 고려인의 미래를 말한다. 이와 같이 『청구』는 고려인 젊은 세대의 목소리를 수록하며 재일코리안 사회에 고려인의 가치관을 공유했다.

---

40) 岡奈津子,「旧ソ連で出会った朝鮮人」,『青丘』11, 1992, p.140.
41) 岡奈津子, 위의 논문, p.143.

『청구』의 고려인 담론 중 또 하나의 특징은 제3의 코리안 디아스포라를 통해 교류를 이어간 점이다. 19호(1994.02.)에는 헬싱키대학 교수 고송무(高松茂)의 「카자흐스탄의 고려인(カザフスタンの高麗人たち)」이 수록된다. 고송무는 1967년 핀란드 헬싱키로 이주한 뒤 핀란드에 거주하는 코리안 디아스포라이다. 1993년 3월, 고송무는 카자흐스탄에서 필드워크를 진행했으며 카자흐스탄 고려인 사회의 경제를 소개한다. 다음은 슈친스크 현지 한 농장의 모습이다.

> 슈친스크의 가금농장(家禽農場)에는 19개의 소수민족과 약 육천 명의 사람들이 살고 있다. 이 가금농장장은 고려인 트위 니콜라이 페트로이비치 씨로서 그는 30년 전 무인지역이었던 이 토지에서 가금농장을 시작해 현재의 거대한 농장으로 발전시켰다. 여기서는 250명 정도의 고려인들이 '우리들의 천국'이라 말하며 살고 있다.[42]

구소련시절 고려인들은 슈친스크에 농장을 만들었다. 당시 동양인이 가질 수 있는 직업은 제한적이었다.[43] 고려인들은 아무 것도 없던 불모지에 가금류 농장을 만들어 생계를 이어간다. 소련이 해체된 현재, 농장에는 고려인 250여 명이 경제활동을 이어가고 있다. 소련 시절에 형성된 경제적 토대로 냉전 이후의 경제활동을 이어가고 있는 고려인의 모습을 확인할 수 있다.

재일코리안 사회에서는 냉전 이후 고려인의 생활양식에 주목했으며 가치관, 경제, 생활양식 등 고려인의 삶 전반을 재일코리안 사회와 공

---

42) 高松茂, 「カザフスタンの高麗人たち」, 『青丘』 19, 1994, p.103.
43) 1953년 스탈린 사망 이후 거주지 제한 조치가 해제되며 타 도시로의 이주가 가능해졌으며, 교사·의사·엔지니어와 같은 전문직 직업을 가질 수 있었다.

유한다. 이 과정에서 해외에서 직접교류가 가능한 재일코리안, 일본
인, 제3의 코리안 디아스포라 등 다양할 루트를 활용해 교류를 이어갔
다. 재일코리안과 고려인의 교류는 상호 거주국을 넘어 본국 한반도와
연결된다.

2) 냉전 이후의 본국과 디아스포라의 삶

1985년 소련은 페레스트로이카, 글라스노스트[44] 등의 개혁·개방 정
책을 실시한다. 경제체제의 변화는 고려인의 생활 전반과 국제관계의
변화로 이어진다. 이러한 상황에서 『청구』는 재일코리안, 고려인을 한
국과 연결하며 본국과 거주국이 연계된 담론을 형성한다.

3호에서 고지마 아쓰시(小島敦)는 「서울·올림픽 후의 소련(ソウル·オ
リンピック後のソ連)」을 통해 1988년 서울올림픽 이후 달라진 국제관계
를 말한다. 과거 소련에서 한국의 이미지는 반정부데모, 파업, 김대중
필두의 정부비판이었지만 올림픽 중계 과정에서 번영한 한국의 모습이
중계되며 한국에 대한 세계인들의 인식이 달라진다. 인식의 변화는
국제관계의 변화로 이어진다.

> 조선계 사람들에 의하면 '두 개의 조선' 문제가 항상 무겁게 걸려있
> 었다. 때문에 조선 문제를 정면으로 논의하는 것은 매우 금기시되었고
> 솔직한 논의는 좀처럼 하기 어려운 것이 사실이었다. 하지만 모스크바

---

44) 미하일 고르바초프가 1985년 3월 소련 공산당 서기장에 취임한 후 실시한 개방정책이
며 '개방', '공개'를 의미한다. 공산당 기관지 〈프라우다〉, 관영 〈이즈베스티야지〉, 국
영 〈타스통신〉 등을 통해 관리들의 부정부패, 사회 부조리, 정책적 과오 등을 공개적
으로 보도했다.

의 국제자료센터에는 벌써 한국의 무역사무소도 개점하였고 한국 사람들도 일을 시작했다.[45]

냉전체제 당시 소련에서 체제가 다른 한국을 직접 논의하기는 쉽지 않았다. 하지만 서울올림픽을 계기로 조국에 관심이 없던 고려인 2, 3세들은 민족적 자긍심을 갖게 되었고, 경제적으로는 무역이 활성화되며 사회적·국제적 변화가 나타난다. 『청구』에서는 소련 해체 이후 한국에 대한 고려인들의 인식변화를 소개한다.

작가 다나카 미즈에(田中水絵)는 『청구』 21호에 「사할린 잔류조선인의 현재: 1993~94년 여름(サハリン残留朝鮮人のいま：一九九三〜九四年夏)」을 통해 한 설문결과를 보여준다. 1994년 2월, 사할린 한인협회는 한국 정부의 요청으로 한국 귀국의사를 묻는 설문조사를 한다. 조사대상은 사할린 전역에 거주하는 약 43,000명의 고려인이었으며 총 32,685명이 설문에 응답한다. 조사결과 한국에 무조건 귀국하겠다는 응답이 1,443명, 새로운 생활에 적응할 수 있도록 물질적 지원이 있을 경우 귀국하겠다는 응답이 21,699명, 일본 정부에 보상받는 조건으로 러시아에 거주하겠다는 응답이 8,610명, 무조건 러시아에 거주하겠다고 933명이 응답하며 한국에 귀국하겠다는 응답이 약 70%에 달한다.[46] 하지만 설문조사 이후 관련국들의 갈등이 나타난다. 북한과 적십자사는 한국 정부에 의해 설문조사가 시행된 것을 두고 나홋카 주재 총영사에게 불만을 표시한다. 일본과 러시아는 고려인의 전후보상 책임 소재를 두고 대립하며 고려인을 둘러싼 관계국들의 이해관계 대치 양상이

45) 小島敦, 「ソウル・オリンピック後のソ連」, 『青丘』 3, 1990, p.51.
46) 田中水絵, 「サハリン残留朝鮮人のいま: 一九九三〜九四年夏」, 『青丘』 21, 1995, p.148.

나타난다.[47] 이러한 설문조사를 통해 본국을 향한 고려인들의 인식을 확인할 수 있으며 고려인을 둘러싼 한국과 북한의 입장 차이, 전후보상 책임 소재에 대한 일본과 러시아의 갈등과 같은 관련국들의 외교상황을 총체적으로 확인할 수 있다.

재일코리안 사회에서는 냉전 이후 한국이 취해야 할 자세에 대한 의견을 제시한다. 7호(1991.02.)에서 김경호(金京鎬)는 「한국과 중국, 소련의 경제교류(韓国と中国、ソ連の経済交流)」를 통해 시장경제 체제의 한국과 일본, 사회주의 체제의 북한, 소련, 중국 총 5개국이 관계된 경제체제의 필요성을 말한다. 서울올림픽 이후 한국과 중국은 영사업무 기능을 가진 무역대표부를 개설했으며 한국과 소련의 국교가 수립된다. 이밖에도 소련과 일본의 최고레벨 회담이 개최되며 관련국들의 관계 변화가 나타난다. 이러한 상황에 대해 김경호는 "다섯 나라가 관련된 상황에서 경제교류와 협력의 장애였던 기존 이데올로기적·군사적 대립에서 긴밀한 경제적·문화적 경쟁으로의 전환을 의미"[48]한다 말하며 경제를 통한 국가 간 상호의존성 심화의 중요성을 강조한다. 국가 간 의존의 심화는 집권적 계획경제체제의 북한·중국·소련과 시장경제체제의 한국·일본의 관계를 개선하고 '시장경제의 일원화'로 이어질 것이라 주장한다. 또한 경제로 시작된 관계가 만들어낼 효과를 다음과 같이 말한다.

> 상호평화와 정치·경제발전을 맞이한다. 또한 그것은 남북조선의 긴장완화를 유도하고 남북통일을 가능하도록 하여 그것에 의한 진정한

---

47) 고려인들의 본격적인 한국 귀국은 2000년대에 시작되었다.
48) 金京鎬, 「韓国と中国、ソ連の経済交流」, 『青丘』 7, 1991, p.64.

동북아시아 지역의 안정과 번영이 생겨난다. 그런 의미에서 한국과 중국, 소련과의 정당한 관계는 당연한 것이며 동북아시아 지역에서 매우 중요한 역할을 담당한다.[49]

김경호는 경제로 시작된 국가 간 연결이 정치·경제 발전은 물론 남북관계 개선과 통일, 궁극적으로 동북아시아의 평화와 경제발전으로 이어질 거라 말하며 관련국들의 경제교류와 협력을 강조한다. 이 대목에서 경제로 촉발되는 동아시아 공동체의 청사진을 제시했던 재일코리안 사회의 담론을 확인할 수 있다. 나아가 『청구』는 경제를 통한 디아스포라와 본국의 관계를 설정한다. 유효종은 경제를 매개한 본국과의 교류, 경제관계의 설정을 다음과 같이 말한다.

　　현재 한국과 기타 국가의 동포자본 합작기업과 조선민족은행 설립이 구상되고 있다. 합작기업이 생길 경우를 예로 들면 직원을 한국으로 보내 높은 수준의 기술과 노하우를 연수시키는 것도 기대할 수 있다고 한 씨는 말한다.[50]

카자흐스탄으로 필드워크를 떠난 유효종은 고려문화센터 협회장 게오르기 한을 만난다. 게오르기 한은 시장경제 체제 도입 이후 변화하고 있는 카자흐스탄에서 고려인을 통해 한국과 카자흐스탄의 경제관계를 조성해야 한다고 말한다. 유효종 역시 카자흐스탄의 시장경제 조성과 진출을 위해 우리 민족 자본이 필요하며 경제교류를 통해 냉전과 이데

---

49) 金京鎬, 위의 논문, p.71.
50) 劉孝鐘, 「旧ソ連中央アジアの朝鮮人社会―カザフスタンでの国際ワークショップから」, p.122.

올로기를 벗어나야 한다고 주장한다. 이를 위해 고려인은 본국으로 파견을 가고 본국에서는 카자흐 현지로 인원을 파견하는 경제적 인적 교류가 필요하며 그 과정에서 고려인의 역할을 강조한다. 본국과의 교류는 경제에 국한되지 않고 교육 분야로 확장된다.

카자흐스탄 크질오르다 사범대학 동방학부에는 영어과, 불어과, 아랍어과, 터키어과, 고려어과[51]가 편재되어 있었다. 당시 고려어과에는 언어를 가르칠 교원이 없는 상황이었는데 이를 극복하기 위해 학교 측은 고려인과 디아스포라의 본국을 활용한다.

> 작년은 평양에서 선생이 와 일 년 동안 가르쳤지만 그 후에는 교사를 찾지 못해 중국에서 온 조선족 여성과 현지의 고려인 여성이 임시로 담당했다. 하지만 그녀들은 전문가가 아니었으며 고려인 여성은 대학원에 들어가 수업의 지속을 할 수 없는 상황이었다.[52]

크질오르다 대학은 수업운용을 위해 북한에 인력을 요청했고 평양에서는 인원을 파견하여 학과를 운용한다. 하지만 파견교원은 일 년 후 평양으로 돌아갔고 이후 중국 조선족, 현지 고려인을 채용해 학과를 운용했다. 기사 작성 시점을 기준으로 여전히 문제는 해결되지 않았지만 문제 해결을 위해 고려인, 조선족과 코리안 디아스포라의 본국 한반도를 활용했던 카자흐 당국의 모습을 확인할 수 있다. 이 지점에서 냉전 이후 본국과 거주국의 매개로 기능하는 고려인 디아스포라의 역할을 확인할 수 있다.

이처럼 『청구』에서는 냉전기 고려인 사회에서 한국을 바라보는 인

---

51) 원문에서 고려어(高麗語)로 지칭했기 때문에 원문표현을 그대로 인용함.
52) 高松茂, 「カザフスタンの高麗人たち」, p.105.

식 변화, 냉전 이후의 경제·사회 상황을 총체적으로 보여준다. 이 과정에서 경제를 필두로 본국과의 관계를 형성하고 교육·사회 등으로 분야를 확장하는 고려인들의 행보를 확인할 수 있으며 이들과 접점을 형성한 재일코리안 사회의 모습을 확인할 수 있다. 재일코리안과 고려인의 교류를 확인함으로써 국가와 체제를 초월한 디아스포라의 시선과 특수성을 확인할 수 있다. 나아가 서로의 거주국에서 삶을 개척하는 코리안 디아스포라의 다이나미즘을 확인할 수 있다.

5. 마치며

재일코리안 잡지 『청구』는 1989년 창간 이후부터 1996년 종간까지 동시대 재일코리안 사회를 대표하는 지면이었다. 『청구』는 재일코리안 사회의 현안과 한일관계와 같은 국내외에 관련된 담론을 형성했다. 또한 국제적 시각의 중요성을 강조하며 러시아와 중앙아시아의 고려인에 관련된 담론을 형성했다.

『청구』에서의 고려인 담론은 일본의 제국주의와 소련의 중앙아시아 강제이주를 비판하며 전후문제 해결을 촉구하는 형태로 전개되었다. 이 과정에서 재일코리안과 고려인, 일본인이 연대하여 비판적 메시지를 발신했다. 이 과정에서 재일코리안 - 일본인 - 고려인의 연결고리를 구축했으며 제3의 코리안 디아스포라를 활용해 다각적 형태의 교류를 수행한다.

『청구』는 냉전기와 냉전 이후 고려인의 생활, 가치관, 경제, 고국 인식 등 다양한 주제를 재일코리안 사회와 공유하며 디아스포라에 관한 제언을 했다. 고려인들은 경제를 비롯한 다양한 분야에서 본국과 교류하며 본국과 거주국의 매개로 활약한다. 재일코리안과 고려인은 상호 거주국을 넘나들며 초국가적 교류를 수행하며 디아스포라 관계를 형성한다. 이러한 모습에서 디아스포라의 시선과 상이한 거주국에서 삶을 개척하고 국경과 지역을 초월해 접점을 형성하는 코리안 디아스포라의 특수성과 다이나미즘을 확인할 수 있다.

추후 과제로 코리안 디아스포라의 문화교류를 연구하고자 한다. 본 논문에서 재일코리안과 고려인의 경제·사회 등의 생활상 연구에 주력했지만 코리안 디아스포라는 문화를 통해 본국과 거주국에 실제적 영향을 주었다. 디아스포라의 교류로 발생하는 문화 활동에 주목함으로써 코리안 디아스포라 문화의 다양성·혼종성을 종합적으로 확인할 수 있을 것으로 기대된다.

이 글은 전남대학교 글로벌디아스포라연구소의 『디아스포라연구』 제30집에 실린 논문 「냉전과 해빙의 시대 재일코리안과 고려인 디아스포라 : 재일코리안 잡지 청구(靑丘)의 기사를 중심으로」를 수정·보완한 것임.

참고문헌

김경숙·임은희, 「사할린귀환 시설노인의 자아통합감을 위한 집단원예치료 효과」, 『정신건강과 사회복지』 40(1), 한국정신건강사회복지학회, 2012.

김경운·권기창, 「영주귀국 사할린동포 노인의 우울과 삶의 질 관계에 관한 연구」, 『평화학연구』 16(5), 한국평화연구학회, 2015.

김태영, 「에스닉미디어에 나타나는 자기정체성의 전개: 季刊誌 『三千里』·『靑丘』를 중심으로 한 재일한인의 민족적 성격의 변화」, 『한국민족문화』 30, 한국민족문화연구소, 2007.

김환기, 「『靑丘』와 재일코리안의 자기정체성: 문학텍스트를 중심으로」, 『일본연구』 22, 글로벌일본연구원, 2014.

김환기, 「구소련권 고려인 디아스포라 문학의 형성과 전개양상:『선봉』/『레닌기치』/ 『고려일보』를 중심으로」, 『동악어문학』 82, 동악어문학회, 2020.

나승희, 「재일한인 잡지의 변화의 양상과 『청구』의 역할」, 『일어일문학』 36, 대한일어 일문학회, 2007.

남혜경 외, 『고려인 인구 이동과 경제환경』, 집문당, 2005.

박경용, 「사할린 한인 김옥자의 삶과 디아스포라 생활사: '기억의 환기'를 통한 구술생 애사 방법을 중심으로」, 『디아스포라연구』 7(1), 글로벌디아스포라연구소, 2013.

박봉수·김영순, 「영주귀국 사할린 한인의 한국어 교사 경험에 관한 연구」, 『언어와 문화』 14(4), 한국언어문화교육학회, 2016.

_____, 「영주귀국 사할린 한인의 통과의례에 나타난 고향의 의미」, 『교육문화 연구』 22(6), 교육연구소, 2016.

박봉수·이미정, 「사할린 영주귀국 노인의 자원봉사활동 경험과 의미」, 『디아스포라연 구』 10(1), 글로벌디아스포라연구소, 2016.

박신규·이채문, 「영주귀국 사할린 한인의 귀환 이후 삶과 적응과정에 대한 분석: 부산 정관 신도시 사례를 중심으로」, 『한국민족문화』 60, 한국민족문화연구소, 2016.

손영화·박봉수, 「법률용어에 대한 영주귀국 사할린 한인들의 인식과 어려움 해결방 안」, 『교육문화연구』 22(5), 교육연구소, 2016.

신종대·심소영·김옥지, 「『季刊三千里』·『季刊青丘』に関する一考察：在日社会のコミュ ニケテイ形成について」, 『일어일문학』 58, 대한일어일문학회, 2013.

안미정, 「부산 사할린 영주귀국자의 이주와 가족」, 『지역과 역사』 34, 부경역사연구소, 2014.

이재봉, 「국어와 일본어의 틈새, 재일 한인 문학의 자리:『漢陽』, 『三千里』, 『青丘』의 이중 언어 관련 논의를 중심으로」, 『한국문학논총』 47, 한국문학회, 2007.

이한정, 「재일조선인 잡지 계간 삼천리와 코리안 디아스포라」, 『日本語文學』 89, 한국 일본어문학회, 2021.

임성숙, 「사할린 한인의 영주귀국과 새로운 경계의 형성과정」, 『한림일본학』 38, 일본 학연구소, 2021.

임채완, 「영주귀국 사할린 한인의 생활환경과 정책적 욕구」, 『세계지역연구논총』 33(1), 한국세계지역학회, 2015.

조강희, 「在日韓人 雜誌에 나타나는 言語生活의 樣相:『民主朝鮮』, 『朝鮮文芸』, 『三千 里』『青丘』의 「特集」과 「對談」을 중심으로」, 『일본어문학』 33, 일본어문학회, 2006.

하상일, 「재일한인 잡지 소재 시문학과 비평문학의 현황과 의미: 『조선문예』, 『한양』, 『삼천리』, 『청구』를 중심으로」, 『한국문학논총』 42, 한국문학회, 2006.

William Safran, "Diasporas in modern societies: myths of homeland and return." *Diaspora* 1(1), 1991.

高木健, 「일본의 전후(戰後) 보상문제의 현 단계」, 『교민논총』 2, 한국교민연구소, 1998.

海野福寿, 「自著を語る『日清·日露戦争』」, 『青丘』 15, 1993.

岡奈津子, 「旧ソ連で出会った朝鮮人」, 『青丘』 11, 1992.

小島敦, 「ソウル·オリンピック後のソ連」, 『青丘』 3, 1990.

角田房子, 「『悲しみの島サハリン』を書き終えて」, 『青丘』 19, 1995.

金京鎬, 「韓国と中国, ソ連の経済交流」, 『青丘』 7, 1991.

キム·ゲルマン·編集部, 「在ソ朝鮮人は今: キム·ゲルマン氏にきく」, 『青丘』 10, 1991.

木元茂夫, 「高木健一『サハリンと日本の戦後責任』」, 『青丘』 4, 1990.

高松茂, 「カザフスタンの高麗人たち」, 『青丘』 19, 1994.

志賀勝, 「ヴラジヴォストーク瞥見: 強制追放された朝鮮人が帰ってきた」, 『青丘』 19, 1994.

田中水絵, 「サハリン残留朝鮮人のいま: 一九九三~九四年夏」, 『青丘』 21, 1995.

ニコライ·ブガイ, 「極東からの朝鮮人強制移住」, 『青丘』 15, 1993.

編集部, 「創刊のことば」, 『季刊青丘』 1, 1989.

藤井幸之助, 「朴亨柱·民涛社編集『サハリンからのレポート』」, 『青丘』 8, 1991.

ラヴレンティー·ソン, "旧ソ連邦の朝鮮人は今」, 『青丘』 16, 1993.

劉孝鐘, 「旧ソ連中央アジアの朝鮮人社会: カザフスタンでの国際ワークショップから」, 『青丘』 19, 1994.

和田春樹, 「ロシア領極東の朝鮮人 1863-1937」, 『社會科學研究』 40(6), 1989.

민단, "재일동포 연도별 인구추이" https://www.mindan.org/kr/syakai.php (검색일: 2021.12.08.)

세계한민족문화대전, "김 아파나시 아르세네비치." http://www.okpedia.kr/Contents/ContentsView?localCode=cis&contentsId=GC95300373 (검색일: 2021.12.08.)

계간지 『한국문예(韓國文藝)』가
한일 문화교류에 미친 영향

나리카와 아야

1. 들어가며: 『한국문예』의 시대 배경

한국과 일본의 문화교류는 1990년대 후반부터 한국에서 일본 대중문화가 단계적으로 개방되고, 2000년대 한국 드라마『겨울연가』가 일본에서 인기를 얻어 본격적으로 일본에서 한류 붐이 시작하면서 활발해졌다. 그런데 그 전부터 여러 분야에서 한일 문화인들은 교류를 해왔다. 이 글에서는 한일수교 이후 한일 문화교류가 어떻게 이뤄져 왔는지를 살펴보기 위한 하나의 사례로 1975년에 창간한 계간지『한국문예(韓國文藝)』에 주목하고 검토하고자 한다.『한국문예』는 한국에서 발행하고 일본에서 판매하는 잡지로 한국 작가들의 단편소설을 중심으로 시와 수필 등을 일본어로 번역해서 소개했다.

65년 6월 한일 양국은 국교 정상화를 위해 '대한민국과 일본 간의 기본관계에 관한 조약(한일기본조약)'에 조인했으나 양국에서 반대 여론이 높은 상태로 바로 한일 문화교류가 활발해지진 않았다. 한일 국교 정상화를 실현한 박정희 정권은 한편으로 반일 민족주의를 이용했고 일본에서는 한국에 대한 관심 자체가 저조했다. 그런 상황에서 75년에 창간한 계간지『한국문예』는 당시 한국소설가협회장이던 유주현이 주

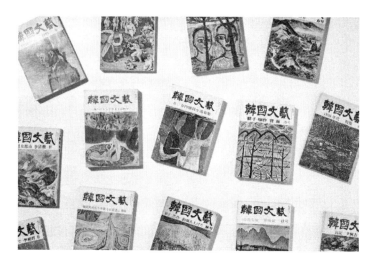

〈사진1〉『한국문예』 변재원 촬영

간(主幹)을 맡고, 편집위원은 창간 당시 소설가 후루야마 고마오(古山高麗雄), 나중에 윤흥길, 황석영, 박범신도 맡았다.

　일본에서 아직 한국 문화에 대한 관심이 저조했던 시기에 11년이라는 긴 기간 발행하고 쟁쟁한 작가들이 참여했던 배경에는 발행 및 편집인 전옥숙의 존재가 있었다. 전옥숙은 세계적으로 알려진 영화감독 홍상수의 모친이기 전에, '한국 문화계의 여걸'이라고 불릴 정도로 영향력이 있는 인물이었다.

　한편 일본에 한국 문학을 알리는 데 큰 역할을 한 일물로 소설가 나카가미 겐지(中上健次)를 들 수 있는데 그가 한국 문학에 관심을 갖게 된 계기가 『한국문예』였다. 전옥숙한테 『한국문예』를 빌려서 거기에 게재된 윤흥길의 「장마」를 읽고 충격을 받았다고 한다.[1]

1) 中上健次, 尹興吉, 『東洋に位置する』, 作品社, 1981, p.9.

한국 문학에 매력을 느낀 나카가미는 전옥숙을 통해 많은 한국 작가들을 소개받아 85년 일본에서 『한국현대단편소설(韓国現代短編小説)』이라는 책을 편자로 내기도 했다. 『한국문예』 자체는 일본에서 많이 팔리지 않았지만 『한국문예』가 계기가 돼서 한일 문화인의 교류에 이어지거나 한국 문학을 일본어로 소개하는 여러 책이 출판되기도 했다.

이 글에서는 『한국문예』가 발행된 시대적 배경과 실린 작품들을 살피면서 한일 문화교류에 미친 영향에 대해 고찰해보고자 한다.

2. 다테노 아키라가 정리한 『한국문예』

『한국문예』 발행의 가장 중심적인 인물은 전옥숙이지만 2015년에 사망했으며 본인은 자서전을 남기지 않았다. 써달라는 요청은 많았지만 "모두 거절했다. 모르는 것이 나은 일도 있는 법"[2]이라고 말하고 쓰지 않았다.

『한국문예』에 관한 선행 연구는 거의 없다. 일본 출판업계지 『출판뉴스(出版ニュース)』(2017년 9월 상순호)에 다테노 아키라(舘野晳)가 쓴 「해외 출판 리포트·한국—계간지 『한국문예』에 대해」라는 제목의 2페이지의 글이 있는데 이 리포트에 따르면 『한국문예』는 75년부터 11년 이상 발행하고 종간은 43호(1986년 가을호) 이후였다고 한다. 각호에 평균 7편의 단편소설이 실렸다고 치면 종 300편을 넘는 단편소설이 실린 것이다. 다테노는 "이렇게 많은 단편소설이 소개된 단편의 '보고

(寶庫)'라고 할 만한 존재였는데 지금까지 이 잡지가 제대로 논의된 적은 없었다"[3]고 지적했다.

『한국문예』에 관한 연구가 거의 없는 것은 한국에서 출판하고 일본에서 판매하는 특수한 잡지였기 때문일 수도 있다. 한국 잡지에도 일본 잡지에도 분류하기 힘들고, 재일코리안들이 발행한 잡지에도 포함되지 않다. 발행소는 소설문예사(나중에 한국문예사)로 주소는 서울시 중구 태평로의 대한일보빌딩 6층으로 돼 있었다. 다테노는 『한국문예』를 한국도서전문점 '삼중당(三中堂)'에서 구입했었다고 한다. 삼중당은 당시 도쿄 교바시(京橋)에 있었으나 현재는 점포 없이 온라인으로 판매하는 서점이다. 『한국문예』에는 정기 구독에 대해 "희망자는 삼중당 도쿄지사에 연락하십시오"라고 삼중당의 주소와 전화번호가 게재됐었다.

삼중당은 원래 한국 출판사로 73년 한국 문화를 일본에 알리는 목적으로 도쿄 교바시에 진출했다. 현재 온라인으로 삼중당을 운영하고 있는 사코 주야(佐古忠八)는 75년에 삼중당에 입사하고 한국 본사의 경영이 어려워지면서 89년 도쿄의 삼중당을 인수했다.[4] 한국 출판사 소설문예사가 발행한 잡지를 한국 출판사 삼중당이 일본에 진출해서 연서점에서 팔았던 것이다.

전옥숙과 『한국문예』의 발행 의도에 대해 다테노는 당시 아래와 같은 소문이 돌았다고 한다.

> "한국 KCIA(당시 중앙정보부)가 배후에 있어서 일본인 공작, 특히 문화인에 대한 공작을 목적으로 하는 잡지다. 한국에서 막대한 자금을

---

3) 舘野晢, 「海外出版レポート・韓国—季刊誌『韓国文藝』について」, 『出版ニュース』, 9月 上旬号, 出版ニュース社, 2017, p.27.
4) 「〔風紋〕三中堂」, 2014.12.04, 『読売新聞』西部夕刊, p.6.

가져왔다고 한다. 사업의 시작으로 잡지를 발행했는데 앞으로 각종 문화활동을 한다고 한다. 발행 겸 편집인 전옥숙은 재색겸비의 수완가 여성으로 일본 문화인들은 그녀의 적극적인 접근에 상당히 곤혹스러워 하고 있다. 앞으로 어떤 움직임을 보일지 모르니 가까이 하지 않은 것이 현명하다."5)

다테노는 '무책임한 소문'이라고는 하지만, 유사한 이야기는 여러 사람이 지적하고 있다. 한국에서도 일본에서도 이 잡지에 대한 연구가 제대로 진행되지 않은 건 이러한 사정도 있는지도 모른다.

한편 다테노는 『한국문예』가 계기가 돼서 일본에서 출간된 책 사례를 몇 가지 들었다. 우선 『한국문예』 편집위원을 맡은 후루야마 고마오가 81년에 펴낸 『한국현대문학 13인집(韓国現代文学13人集)』이 있다. 13명은 선우휘, 최정희, 김승옥, 이청준, 한승원, 윤흥길, 박완서, 김동리, 김문수, 전상국, 서정임, 황석영, 이병주다. 모두 『한국문예』에 소개된 작품으로 후루야마가 해설을 썼다.

또한 나카가미 겐지는 앞에서 언급한 『한국현대단편소설』을 펴낸 것 외에도 81년에 『한국문예』가 계기가 돼서 알게 된 소설가 윤흥길과의 대담집 『동양에 위치하다(東洋に位置する)』를 내기도 했다. 윤흥길은 『장마』, 『황혼의 집』, 『에미』 등 『한국문예』 발행 기간에 잇따라 번역책이 일본에서 출판됐다.

다테노가 지적한 것처럼 『한국문예』의 발행 의도는 정치적인 면이 있었을 수도 있으나 11년에 걸쳐서 300편을 넘는 한국 단편소설을 일본어로 소개한 잡지로 일본에서 한국 문화에 대한 관심을 높인 역할은

5) 舘野晢, 「海外出版レポート·韓国-季刊誌『韓国文藝』について」, 『出版ニュース』, 9月 上旬号, 出版ニュース社, 2017, p.26.

부정할 수 없다. 다테노의 2페이지의 리포트에는 『한국문예』에 소개된 작품에 대한 구체적 언급은 없었으나 자세히 살펴보면 군사정권에 맞선 작가들의 작품도 많이 소개됐다.

3. 『한국문예』 발행 배경과 실린 작품들

1) 『한국문예』 발행 시기와 발행 의도

『한국문예』가 창간된 70년대는 냉전 시대였다. 71년에 남북적십자 회담이 열리고 72년에는 한국과 북한이 분단 이후 최초로 통일과 관련하여 합의해 7.4남북 공동 성명을 발표했다. 그러나 결과적으로 이러한 남북대화는 화해보다는 오히려 새로운 경쟁을 선언한 것이었다. 일본 정부는 남북대화를 환영하고 북한과의 관계 개선을 모색했으나 이는 한국을 자극하게 됐다.

73년 김대중 납치 사건을 계기로 한일 간의 긴장감은 더 높아졌다. 야당 대통령 후보였던 김대중은 71년 대통령 선거에서 낙선하긴 했으나 현직 대통령 박정희를 상대로 득표율 45%를 넘었으며, 선거 후 해외에서 반정부 운동을 주도하고 있었다. 이를 막기 위해 중앙정보부가 도쿄의 호텔에서 김대중을 납치해 한국으로 데려간 것이다.

『한국문예』는 이런 분위기 속에서 창간됐다. 산케이신문 구로다 가쓰히로(黒田勝弘) 기자는 2015년 7월 전옥숙이 사망했을 당시 「현해탄에 '길을 연' 여걸」이라는 제목으로 전옥숙에 관한 칼럼을 썼다. 『한국문예』에 대해서는 "일본에서 계간 『한국문예』를 발행하며 한국 문학 작품을 일본에 소개하고, 일본 작가들을 한국에 초대해서 한국을 소개하는 데 공을 들였다"[6]고 언급했다. 한국에 초대한 일본 작가 중 한 명은 나카가미 겐지다.

전옥숙이 일본 지식인들에게 한국을 소개한 활동에 대해 구로다는 한국 정부의 지원을 받은 것이었다고 밝혔다. 73년 김대중 납치 사건 등으로 일본에서 한국에 대한 이미지가 최악이었던 반면 당시 일본 지식인들 중에 오히려 북한에 공감을 갖는 사람들이 많았다. 그런 속에 서 전옥숙이 고군분투했지만 조총련(재일본조선인총연합회) 관계자나 일 본의 친북·좌익 지식인들 사이에서는 전옥숙에 대해 'KCIA의 공작원' 이라는 소문이 돌았다고 한다.[7]

사실 여부는 알 수 없으나 73년에 김대중 납치 사건이 일어나고 같은 해 한국 출판사 삼중당이 일본에서 한국 책을 팔기 위해 도쿄에 서점을 내고, 75년에 창간한 『한국문예』가 거기서 판매된 것은 시기적으로 무관하지 않을 것으로 보인다. 전옥숙의 남편이 군인 출신이기도 했다.

전옥숙은 일본어로 『한국문예』를 발행하기 전에 한국에서는 월간지 『소설문예』를 발행하기 시작했다. 『소설문예』는 75년 5월에 '7월호'로 창간했는데 이는 75년 10월에 '겨울호'로 창간한 『한국문예』에 5개월 앞선 창간이었다. 그래서 『한국문예』의 발행소가 '소설문예사'였던 것 이다. 『소설문예』 창간호는 서정인, 정연희, 이병주, 이문구, 방영웅, 이정환, 김주영의 7작가의 소설, 강은교, 박성룡의 시, 이상섭의 비평 등이 실렸으며 발행인은 전옥숙, 편집위원은 이청준, 이제하, 송영 등 이 맡았다.[8]

---

6) 黒田勝弘, 「[から(韓)くに便り]玄界灘に『道を開けた』女傑」, 2015.07.12., 『産経新聞』東京朝刊, p.1.

7) 위의 기사.

8) 「문학지 「소설문예」 창간」 1975.05.21., 『중앙일보』, https://www.joongang.co.kr/

이 중 서정인, 이병주, 송영은 『한국문예』 창간호에도 작품이 실렸고, 김주영, 이청준, 이제하도 2호 이후에 실렸다. 『소설문예』가 한국에서 먼저 나왔던 것은 『한국문예』 발행에 크게 도움이 됐을 것으로 보인다.

『한국문예』 창간호의 머리말에는 편집위원 후루야마 고마오가 「『한국문예』에 대한 기대」라는 제목의 글을 썼다. "『한국문예』가 재일한국인들이 갈망하는 잡지일 뿐만 아니라 우리 일본인한테도 필수의 잡지다"[9]라고 하며 재일코리안뿐만 아니라 일본인도 많이 읽기를 기대한 후루야마의 의도를 알 수 있다.

또한 후루야마는 "경제 교류에 비하면 예술 교류는 너무나 가늘었던 것 아닐까. 사건은 소란스럽게 센세이셔널하게 화제가 되는 것에 비해 문학 교류는 너무나 적었던 것 아닐까"[10]라고 지적하며 일본인 입장에서 해방 후 30년이 지난 늦은 창간을 반성했다. 여기서 언급한 '사건' 중 하나는 김대중 납치 사건일 것이다.

후루야마는 문학 교류란 대화의 장을 만드는 것이라며 "전옥숙 씨는 마땅히 그 역할을 하려고 행동하고 있다. 일본 현대문학을 한국어로 번역한 잡지의 간행에 이어 한국 현대문학을 일본어로 번역한 잡지의 간행을 실현했다"[11]고 썼다.

후루야마는 일본인이지만 식민지 조선에서 태어나 고마오의 '고마'는 '고려(高麗)'라는 한자다. 주로 태평양 전쟁의 종군 경험이나 전후의

---

article/1407123 (검색일: 2022.12.14)

9) 古山高麗雄, 「『韓国文藝』への期待―創刊に際して」, 『韓国文藝』 冬号, 小説文芸社, 1975, p.10.

10) 위의 논문, p.11.

11) 위의 논문, p.12.

생활을 소재로 한 소설을 발표했고 70년에 아쿠타가와상을 수상한 『프레오 8의 새벽(プレオ-8の夜明け)』 또한 그런 소설이었다. 후루야마가 사망한 2002년 문예평론가 가와무라 미나토(川村湊)는 그를 추모하며 "후루야마야말로 대일본제국 육군 안에서 마지막까지 '싸운' 병사였는지도 모른다. 대일본제국의 식민지로서의 한반도를 자신의 이름으로 '소유'하는 마지막의 '종주국인(宗主国人)'이었던 것처럼"[12]이라고 썼다. 식민지였던 한국의 문학을 일본에 알리는 것도 후루야마에게는 사명감을 가질 수밖에 없는 일이었을 것이다.

『한국문예』 주간을 맡은 소설가 유주현은 일제강점기에 와세다대학을 졸업하고 여러 잡지에서 편집을 맡았으며 소설가로서는 현대문학사에 대하역사소설이라는 새로운 경지를 개척했다. 특히 장편 『조선총독부』로 높이 평가 받아 68년 한국출판문화상, 76년에 대한민국문화예술상을 수상했다. 74년에 발족한 한국소설가협회 초대 회장으로 『한국문예』 창간 당시 한국 문학계의 중심에 있던 인물이다.

창간호의 편집후기에는 "모든 일은 그 시작에 의미가 있다. 나무를 심는 것과 같다. 날이 갈수록 성숙하고 훌륭한 열매를 맺을 것이라는 기대가 없었다면 처음부터 나무를 심지도 않다"[13]라고 쓰여 있다. 서명이 없어서 누가 썼는지 명확하진 않지만 후루야마 고마오에게 감사의 뜻을 표한다고 쓴 것을 보면 전옥숙이 쓴 가능성이 크다.

77년 봄호의 편집후기에는 "솔직히 좀 더 팔렸으면 한다. 그리고 『한국문예』의 독자가 늘어나고 한국을 이해하는 사람이 많아지면서 동시에 본지 발행의 적자도 메울 수 있다면 그 이상의 기쁨은 없을

12) 川村湊, 「最後まで『戦った』兵士 古山高麗雄氏を悼む」, 『中国新聞』, 2002.03.16.
13) 「編集余滴」, 『韓国文藝』, 冬号, 小説文芸社, 1975, p.206.

것"[14]이라며 발행에 관한 경제적 어려움을 호소하기도 했다. 기대만큼 안 팔렸지만 11년이나 발행한 건 적어도 상업적인 목적은 아니었던 것이다.

79년 봄호의 편집후기에는 "본지에 수차례 실린 윤흥길 씨의 단행본이 도쿄신문 출판부에서 올 봄에 출간된다고 들었다. 본지가 만든 인연이 열매를 맺은 것을 진심으로 가쁘게 생각한다"[15]고 성과를 강조하기도 했다.

『한국문예』 종간 시기는 다테노 아키라에 의하면 86년 이후지만 오히려 88년 서울 올림픽을 앞두고 일본에서 한국 문화에 대한 관심이 높아졌던 시기다. 한편 87년에는 6월 민주 항쟁을 거쳐 대통령 직선제로의 개헌이 이루어지는 등 민주화가 진행된 시기였다. 군사정권이 끝나갈 무렵 박정희 정권하에서 시작한 『한국문예』도 막을 내렸다.

2) 전옥숙의 한일 가교 역할

전옥숙 부고 기사를 보면 대표적인 그녀의 직함은 '영화 제작자' 혹은 '전 시네텔서울 회장'이었다. 전옥숙은 1929년 경상남도 통영에서 태어나 이화여대를 졸업한 후 60년 영화평론지 『주간영화』의 발행인으로 영화계에 입문했다.

언론인이자 정치인 남재희는 전옥숙에 대해 "해방 후 여고 때 좌익 활동에 관계했다가 고생을 했다 한다" "가냘픈 몸매, 약간 긴 얼굴, 오똑한 코, 절세의 미인까지는 아니더라도 당대의 미인이라고 할 수 있겠

---

14) 「編集余滴」, 『韓国文藝』, 春号, 小説文芸社, 1977, p.206.
15) 「編集余滴」, 『韓国文藝』, 春号, 韓国文芸社, 1979, p.204.

다"[16]고 썼다. 전옥숙은 한 때 좌익 활동을 했지만 군인 출신 홍의선과 결혼해 64년 그와 함께 답십리에 900평의 영화촬영소(대한연합영화주식회사)를 설립했다. 국내 첫 여성 촬영소장이 되어 『부부전쟁』(1964)을 시작으로 영화제작에 뛰어들었다.

84년에는 국내 최초의 외주 제작사인 시네텔서울을 설립해『베스트셀러극장』 등 방송 프로그램을 제작했다. 91년에는 한국방송아카데미를 출범시켜 방송계 후진의 교육과 양성을 도모했다.[17] 『한국문예』 발행 시기는 영화 제작자로 활약했던 시기와 방송 프로그램 제작사 회장으로 활약한 시기의 사이의 10여 년이라고 할 수 있다.

전옥숙은 한국에서는 주로 영화/방송계에서 활동한 것으로 알려져 있으나 한일 가교 역할로는 정치, 언론, 영화, 연극, 방송, 음악, 문학 등 여러 분야에 걸쳐서 암약했다.

전옥숙은 일본 언론인하고도 교류가 많았는데 특히 아사히신문과 가까운 사이였다. 남재희가 "아사히신문 간부들과는 사통팔달. 아사히의 역대 주한 특파원은 전 회장을 신주 모시듯 모신다"[18]고 썼을 정도다.

'지한파'로 알려진 전 아사히신문 주필 와카미야 요시부미(若宮啓文)는 아사히신문 입사 후 81년 9월부터 1년 동안 한국에 유학했을 때 전옥숙을 만났다. 술집에서 소개를 받았다고 한다. 와카미야는 전옥숙을 처음 만났던 당시에 대해 "아직 50대 중반이었던 그녀는 당시 한국

---

16) 남재희, 『언론·정치 풍속사』, 민음사, 2004, p.93.
17) 「[플래시백 한국영화 100년] 홍상수 이전 그의 어머니 전옥숙이 있었다」, 2019.10.19., 『한국일보』 https://www.hankookilbo.com/News/Read/201910181489758143 (검색일: 2022.12.14)
18) 남재희, 『언론·정치 풍속사』, 민음사, 2004, p.94.

소설을 일본에 소개하는 문예 잡지를 만들고 있었으며 큰딸이 일본에 유학할 만큼 친일가(親日家)였다" "날카로운 관찰안을 가지고 정계, 언론, 연예계 등 모든 분야에 걸친 폭넓은 인맥에 놀랐다"[19]고 한다.

아사히신문 서울 특파원 출신 기자에 의하면 와카미야는 전옥숙 집에 자주 방문하고 여러 분야의 유명인들을 소개받았다고 한다. 김지하 시인과 처음 만난 것도 전옥숙의 집에서였다. 와카미야는 "그(김지하)의 재능을 높이 사는 전 여사는 본인도 반정부 운동을 해서 구속된 경험이 있었다. 그의 건강에 대해 늘 신경을 쓰면서 챙겨주며 이른바 보호자와 같은 존재였다"[20]고 한다.

또 한 명 전옥숙과 아주 친한 유명인으로 와카미야가 언급한 사람은 가수 조용필이다. 전옥숙의 둘째 딸 생일파티에 기타를 들고 왔다고 한다. 조용필은 한국 가요계에서도 전설적인 가수지만, 82년에 일본에서도 데뷔해 『돌아와요 부산항에』로 히트를 쳤다. 87년에는 NHK『홍백가합전』에 한국인 가수로 처음으로 출연하고 90년까지 4년 연속 출연했다. 전옥숙은 조용필의 후견인으로 일본 진출을 돕는가 하면 조용필의 노래『생명』과『서울 1987년』을 작사하기도 했다.[21]

이렇듯 와카미야가 언급한 전옥숙과 아주 가까운 사이였던 시인과 가수는 둘 다 70~80년대 일본에서 큰 인기를 얻은 인물이기도 했다. 그 외에도 한일 간의 여러 분야에서 중요한 가교 역할을 했는데 김지하 같은 군사정권에 저항한 시인을 지원하고 일본 지식인들에게 소개한

---

19) 若宮啓文, 『新聞記者 現代史を記録する』, 筑摩書房, 2013, p.186.

20) 若宮啓文, 위의 책, p.186.

21) 「[플래시백 한국영화 100년] 홍상수 이전 그의 어머니 전옥숙이 있었다」, 2019.10.19., 『한국일보』 https://www.hankookilbo.com/News/Read/201910181489758143 (검색일: 2022.12.14)

것을 보면 『한국문예』 발행 또한 군사정권의 뜻을 따라서 한 것만은 아니었던 것으로 보인다.

3) 『한국문예』에 실린 작품들

『한국문예』 창간호에는 김동리, 이병주, 서정인, 박완서, 김문수, 송영, 김원일의 소설, 신경림의 시, 김준성, 김화영, 최백산, 정명환의 수필이 실리고 수록 작품 해설은 김주연이 맡았다. 그밖에 이어령과 김병익도 기고하고 문화리뷰의 연극은 이태주, 영화는 유현목이 썼다. 아주 화려한 출범이었다. 그 후 시나 수필이 안 실리는 경우는 있어도 소설은 매호 7편 정도 실렸다. 분량은 호에 따라 약간 다르지만 평균 200페이지 정도였다.

『한국문예』의 편집 방침에 대해서는 명확하지 않지만 다테노 아키라에 의하면 주로 유주현, 윤흥길, 김병익, 장문평, 임헌영, 전옥숙이 게재 작품을 선택한 것 같다고 한다.[22] 유주현은 주간, 윤흥길은 편집위원, 김병익, 장문평, 임헌영은 수록 작품 해설을 담당했다.

한편 가와무라 미나토가 『한국문예』 번역 담당자들로부터 들은 이야기에 의하면 번역자들이 자신이 좋아하는 작품을 스스로 결정하여 번역하고, 그것을 편집부에 송부하여 그대로 게재되었고 특별한 편집 방침은 없었다고 한다.[23]

---

22) 舘野晳, 「海外出版レポート·韓国−季刊誌『韓国文藝』について」, 『出版ニュース』, 9月 上旬号, 出版ニュース社, 2017, p.27.
23) 가와무라 미나토, 「한국문학 일본 소개의 선각자들」, 『대산문화』, 가을호, 대산문화재단, 2004. https://webzine.daesan.or.kr/sub.html?uid=2432&ho=10 (검색일: 2022. 12.14)

　『한국문예』에 나온 작품들을 보면 군사정권에 맞선 작가들의 작품도 많다. 예를 들어 79년 가을호에는 현기영의 소설「플라타너스 시민」이 게재됐다. 현기영은 78년 제주 4.3사건을 소재로 한 소설「순이 삼촌」을 발표해 문단에 파장을 일으키며 문제작가로 주목을 받았다. 79년에는「순이 삼촌」때문에 군 수사기관에 끌려가 고문을 받았다. 현기영의 소설을 그가 문제시되고 있는 와중에『한국문예』에 게재했다는 것은 정권의 뜻을 따른 작품 선정은 아니었다는 것이다. 이 호의 편집 후기에는 "현기영의「플라타너스 시민」도 일독을 권한다"[24]고 강조했을 정도다.

　해설을 쓴 장문평은「플라타너스 시민」에 대해 "주인공 의식 속은 지적 혹은 육체적 여러 욕구불만으로 가득 차있다" "이 작품은 소외당하고 억압당하고 위축된 현대 도시형의 한 사람의 고독한 인간상이 아주 리얼하게 새겨져 있다"고 평했다.[25]「순이 삼촌」처럼 구체적으로 제주 4.3사건에 대해 언급한 것은 아니지만, 군사정권하에서 제주 4.3사건이 금기시되고 소설로조차 쓰기 어려운 작가 현기영의 답답함을 느낄 수 있는 작품이다.

　제주 4.3사건에 대해서는 일본에서는 재일코리안 김석범(金石範)의 소설로「순이 삼촌」보다 훨씬 전인 57년에『까마귀의 죽음(鴉の死)』이 발표됐고 76년부터 그의 대표작『화산도(火山島)』연재가 시작했다. 당시 한국에서는 금기시된 사건이었지만 일본에서는 제주 출신 재일코리안도 많고 김석범의 작품을 통해 관심을 가진 일본 사람들도 적지 않았

---

24)「編集余滴」,『韓国文藝』, 秋号, 韓国文芸社, 1979, p.168.
25) 張文平,「収録作品解説　乱世を生きるいくつかのペタン」,『韓国文藝』, 秋号, 韓国文芸社, 1979, p.165.

다. 「순이 삼촌」을 일본어로 번역한 것도 김석범이다.[26]

군사정권에 저항적인 작가로는 황석영도 들 수 있다. 황석영은 『한국문예』에 작품이 실렸을 뿐만 아니라 편집위원도 맡았다. 『한국문예』 발행 당시 황석영은 『한국일보』에 소설 『장길산』을 연재 중이었고 이미 한국에서는 잘 알려진 소설가였다. 79년 여름호에는 「몰개월의 새」가 실렸다. 장문평은 해설에 황석영에 대해 "상당히 행동적인 작가"라고 소개하고 「몰개월의 새」에 대해서도 역시 "저자 황석영 자신이 해병대 병사의 한 명으로 베트남에 파병되기 직전 게릴라전 교육을 받은 곳에서 경험한 다분히 경험적인 작품"이라고 평했다.[27]

『한국문예』 독자였던 문예평론가 가와무라 미나토는 『한국문예』 게재 작품 중 감명을 받은 작품의 필두로 황석영의 「낙타누깔」을 꼽았다. 「낙타누깔」은 나카가미 겐지가 펴낸 『한국현대단편소설』에도 수록된 작품으로 베트남 귀환병을 그린 단편이다. 나카가미는 『한국현대단편소설』의 해설에 전옥숙의 아파트에서 황석영과 밤새 이야기를 나눴던 추억을 쓰며 "한국현대문학계의 혁신자임을 단정지어도 될 것"[28]이라고 높이 평가했다.

황석영은 인기 작가인 동시에 국내에서도 일본을 포함한 해외에서도 민주화운동가로 활약하기도 했다. 특히 80년대에는 일본에서 5.18민주화운동에 대해 알리는 역할을 했다. 5.18에 대한 실록 『죽음을 넘어

---

26) 김석범은 1984년 현기영의 「순이 삼촌」과 「해룡 이야기」를 일본어로 번역하고 일본 문예지 『海』(中央公論社)에 게재했다. 김석범이 번역한 「순이 삼촌」이 단행본 『順伊 (スニ) おばさん』(新幹社)으로 출판된 건 2001년이다.

27) 張文平, 「收録作品解説 現実と歴史上の諸問題」, 『韓国文藝』, 夏号, 韓国文芸社, 1979, p.160.

28) 中上健次編, 安宇植訳, 『韓国現代短編小説』, 新潮社, 1985, p.298.

시대의 어둠을 넘어』는 일본에서는 85년에 번역 출판되었다.

민주화운동에 참여하는 작가들의 작품은 그 당시 일본 독자들의 수요와 맞는 면도 있었다. 처음 일본에서 각광을 받은 건 군사정권에 저항한 시인 김지하다. 특히 풍자시 「오적」이 주목을 받아 71년에는 김지하의 작품집 『긴 어둠 속 저편에(長い暗闇の彼方に)』가 일본에서 출간됐다.

소설가 오에 겐자부로(大江健三郎)를 비롯해 당시 한국의 민주화운동을 지지하는 일본 문화인들이 많았다. 월간지 『세카이(世界)』에서는 73~88년 「한국으로부터의 통신(韓国からの通信)」이라는 연재 칼럼을 통해 한국의 정치 상황이나 민주화운동에 대해 일본뿐만 아니라 세계에 전달했다. 당시 저자는 'T.K생(T.K生)'이라는 필명을 썼으나 2003년에 지명관이 저자였다는 사실이 밝혀졌다.

황석영은 자서전에 많은 일본 지식인들과의 만남에 대해 썼는데 역사학자 와다 하루키(和田春樹)의 소개로 『세카이』의 당시 편집주간이었던 야스에 료스케(安江良介)와 만났다고 한다. 야스에는 지명관에게 「한국으로부터의 통신」을 쓰도록 권한 장본인이며 당시 한국 정부에 일본의 기피 인물 1호로 찍혀 있었다. 황석영은 89년에 방북했을 때 야스에의 도움을 받은 것도 자서전에서 밝혔다.[29]

남재희에 의하면 야스에는 한국이 민주화되기 전까지 한국 사람을 거의 상대하지 않았지만 손꼽는 몇몇과는 교류했고 "그 몇몇 가운데 전 회장이 상위에 낀다"[30]고 한다. 한국의 민주화를 지원한 일본 지식인들과 전옥숙과의 관계도 흥미롭다.

---

29) 황석영, 『수인』, 문학동네, 2017, p.171.
30) 남재희, 『언론·정치 풍속사』, 민음사, 2004, p.94.

그렇다고 『한국문예』에는 군사정권에 저항하는 작가들의 작품만 나온 것은 아니다. 예를 들어 『한국문예』에 작품이 여러 번 실린 소설가 선우휘는 언론인이자 반공주의운동가로 알려진 인물이다. 조선일보에서 오래 근무하며 논설위원, 편집국장, 주필을 역임했다.

『한국문예』에 실린 그의 작품 중 하나는 「외면」이다. 77년 봄호에 나와 임헌영은 해설에서 "1965년 이후의 그의 작품은 다분히 정치권력의 가까이에 접근하고 있다는 느낌을 풍기고 있다"고 비판적인 평을 썼다.[31] 한편 선우휘는 고향 후배 지명관과 각별히 친한 사이였다. 반공주의운동가로 알려져 있지만 김대중 납치 사건 당시 한국 정부를 비판하는 글을 조선일보에 쓰고 후일 도쿄에서 지명관과 만난 그는 "주필로서 단 한 번만 할 수 있는 일이었지"라고 말했다.[32]

이렇듯 게재 작품들을 살펴보면 기본적으로 이데올로기와 상관없이 다양한 작품들이 실렸다. 또한 동시대 작가들의 작품뿐만 아니라 '1920년대 특집'(80년 봄호), '1930년대 특집'(80년 여름호)과 같은 기획도 있었다. 1920년대 특집은 이광수, 나도향, 염상섭, 김동인의 소설, 1930년대 특집은 계용묵, 이상, 이효석, 김유정의 소설이 게재됐다.

4) 『한국문예』에 기고한 일본인들

『한국문예』에는 일본인도 기고했다. 특히 눈에 띄는 것은 나카가미 겐지와 철학자 가라타니 고진(柄谷行人)과의 왕복서간이다. 81년 가을호에 실렸다. 둘 다 당시 일본에서 영향력이 큰 인물들이다.

---

31) 任軒永, 「收錄作品解說　政治的アリバイの季節」, 『韓国文藝』, 春号, 小説文芸社, 1977, p.182.
32) 지명관, 『경계를 넘는 여행자』, 다섯수레, 2006, p.180.

81년은 나카가미가 한국에 장기 체류했던 시기다. 그 계기를 에세이 『스패니시 캐러밴을 찾아서(スパニッシュ・キャラバンを捜して)』에 썼는데 도쿄에서 극작가 오태석의 연극 '초분'이 상연되고 그 뒤풀이 자리에서 만난 전옥숙이 나카가미에게 한국에 놀러 오라고 했다고 한다. 실제로 놀러 온 나카가미가 장기 체류 비자를 받고 아파트를 빌리는 데 전옥숙이 도움을 줬다.[33]

먼저 가라타니가 당시 한국에서 지내고 있던 나카가미에게 보낸 편지에는 "당신의 충동은 이 일본에 있는 '근본'—정치적으로는 만세일계의 '천황제'로 상징되는—에 대한 환상을 동아시아의 '교통'이라는 관점에서 해체하는 것에 있다고 해도 되는지"[34]라고 물음을 던졌다. 한국에서 지내면서 집필하는 것은 일본의 근본에 있는 천황제로 상징되는 환상을 동아시아(한국)와 교류하면서 풀어보려고 하는 것 아닌가라는 지적이다.

이에 답하며 나카가미가 가라타니에게 보낸 편지에는 한국에 체류한 지 5개월째가 되었는데 한국이 또 자신이 이해할 수 없는 곳으로 가버린 듯하다고 고민을 털어놓고 자신이 직접 보고 들은 한국에 대해 썼다. 나카가미가 한국에서 지낸 81년은 5.18민주화운동이 일어난 다음해였다. 나카가미는 일본에 알려져 있는 것과 다르다며 "일본에서 공산당 신화의 붕괴 후 사춘기를 보낸 나로서는 놀랄 수밖에 없다. 대낮부터 학생들이 정부 비판을 하고 있다. 그것도 공공연하게"[35]라고 전했다.

또한 나카가미가 한국에서 지내고 있는 것에 대해 일본에서는 KCIA

33) 中上健次, 『スパニッシュ・キャラバンを捜して』, 新潮社, 1986, p.174.
34) 柄谷行人, 「中上健次への手紙」, 『韓国文藝』, 秋号, 韓国文芸社, 1981, pp.47~48.
35) 中上健次, 「柄谷行人への手紙」, 『韓国文藝』, 秋号, 韓国文芸社, 1981, pp.165~166.

로 인해 납치당하고 감금상태에 있으며 일종의 세뇌를 당하고 있다는 소문이 있다면서 "한국이라고 하면 KCIA, 무섭다, 한국=블랙이라는 누군가가 만든 이미지로 색안경을 끼고 보면 일본인은 과거도 현재도 직시하지 않아도 된다. 식민지에서 뭘 했는지 3월 1일 만세 운동 때 뭘 했는지 창씨개명이나 강제연행의 폭력, 우행을 안 봐도 되는 것이다"[36]라고 거세게 비판했다.

가라타니와의 왕복서간은 원래 나카가미와 시인 김지하와의 대담을 게재하기로 했었는데 대담 내용을 녹음한 테이프가 잡음이 많아 알아들을 수 없는 상태였기 때문에 갑자기 대신하게 된 것이다. 나카가미는 그런 사정을 밝히면서 김지하에 대해서도 썼다.

나카가미가 『한국문예』에 쓴 내용을 보면 한국도 일본도 망설임 없이 비판하고 오해투성이의 양국에 대해 느낀 것을 솔직하게 쓴 것처럼 보인다. 원래 나카가미는 일본 문학계의 이단아였고 그런 나카가미를 한국에 불러 많은 문화인을 소개한 전옥숙 또한 한국과 일본의 표면적이지 않고 보다 깊은 교류를 지향했던 것 같다.

그밖에도 세계적으로 알려진 감독 오시마 나기사(大島渚)가 76년 가을호에 「우리 사루비아야 대한항공을 타고 파리로 간다」는 제목의 수필을 기고하기도 했다. 파리로 가는 대한항공 비행기를 타며 떠올린 64년에 처음으로 한국을 방문했을 때의 이야기다. 오시마는 한국이나 재일코리안에 관한 영화를 여러 편 만들었다.

나카가미, 가라타니, 오시마만 봐도 일본 문화계의 거물이지만 여러 분야의 일본인들이 한국에 관한 수필을 써서 『한국문예』에 게재되었다. 후루야마가 원했던 대로 『한국문예』는 한일 문화인의 대화의 장이

---

36) 위의 논문, p.169.

되었다.

4. 한일 문화 교류에 미친 영향

한국 문학을 적극적으로 소개한 나카가미 겐지는 76년에 소설『곶(岬)』(1976)으로 아쿠타가와상을 받은 인기 작가였다. 81년 한국에 6개월 체류하면서 그의 대표작『땅의 끝, 지상의 시간(地の果て 至上の時)』(1983)이나 서울을 무대로 한 중편소설『서울 이야기(物語ソウル)』(1984), 한국에 관한 수많은 에세이를 집필하기도 했다.

나카가미가 85년에 펴낸『한국현대단편소설』에는 8편의 단편소설이 수록됐다. 김승옥, 한승원, 전상국, 선우휘, 윤흥길, 박범신, 황석영, 김원일의 작품이며 모두 한 번 이상『한국문예』에 작품이 실린 작가들이다. 나카가미가 쓴 해설에는 "서울에 6개월 체류하면서 대화를 나누고 함께 술을 마신 각각 작가들의 개성 넘친 모습이 눈에 선하다"[37]며 8명의 작가와 직접 만나서 교류한 이야기가 나온다. 전옥숙이 나카가미에게 소개한 것이다. 나카가미는 그들이 "조국분단, 한국전쟁, 학생운동, 군사정권, 베트남전쟁 파병 등 일본에서는 상상하기 힘든 격동의 시대를 겪으면서 어쩔 수 없이 감성을 키우게 되고 언어화하지 않을 수가 없었다"[38]고 설명하며, 수록된 작품들 속에는 그러한 한국 현대사가 등장한다.

나카가미가 가장 열정적으로 일본에 소개한 한국 작가는 윤흥길이

---

37) 中上健次 編, 安宇植 訳,『韓国現代短編小説』, 新潮社, 1985, p.292.
38) 위의 책, p.293.

[사진2] 나카가미 겐지(오른쪽)와 윤흥길(왼쪽), 한승원(중앙). (나카가미 노리 제공)

다. 나카가미는 전옥숙한테 『한국문예』를 빌려서 윤흥길의 『장마』를 읽은 것이 한국 문학에 관심을 갖게 된 계기라고 한다. 『장마』가 79년 일본에서 번역 출판됐을 때 나카가미가 『마이니치신문』에 서평을 쓰고, 나카가미의 『땅의 끝, 지상의 시간』이 81년 한국어로 번역돼서 계간지 『문예중앙』에 실렸을 때는 윤흥길이 해설을 썼다.

　나카가미는 윤흥길과의 대담집 『동양에 위치하다』를 81년에 일본에서 출판하기도 했다. 대담 속에서 처음 『장마』를 읽었을 때의 충격에 대해 "한 번에 시야가 넓어지는 느낌이 들었다" "한국전쟁이라는 것, 전쟁이 일으킨 민족의 균열, 아픔이나 바람, 그런 것들이 바다를 건너 나한테도 전해졌다. 왜 이런 중요한 큰 비극을 몰랐을까라는 것을 윤흥길을 통해 느꼈다"[39]고 이야기했다. 충격의 중심에는 한국전쟁이라는 소재가 있었던 것이다. 나카가미는 당시 일본 문학 상황에 대해 불만을

가지고 있었는데 조국분단의 현실에 직면하면서 쓰고 있는 한국 작가
들의 작품에 매력을 느낀 것이다.

나카가미는 시인 김지하하고도 대담을 나눴다. 나카가미와 김지하
를 만나게 한 것도 역시 전옥숙이다. 90년에 월간지 『주오코론(中央公
論)』에 나카가미와 김지하의 대담이 게재되었다.

「동아시아의 새로운 세계관」이라는 제목의 대담에서는 한일 교류에
대해서도 의견을 나눴다. 나카가미가 "옛날에 바다를 자유롭게 왕래한
것처럼 현재도 잘 왕래하고 싶다. 사람을 아래로 보거나 위로 보거나
그런 것 없이. 같은 눈높이로 뭔가를 만들어나갈 수 있을 것 같다"고
미래지향적인 이야기를 하자 김지하도 "동아시아에서 새로운 문명이
탄생할 거라고 확신하고 있습니다. 그러기 위해서는 지금까지의 수준
보다 훨씬 더 적극적으로 한국과 일본의 민간 차원의 사상적 교류,
세계관적 토론을 강화해야 한다고 생각합니다. 그래서 오늘이 그 출발,
스타트 포인트입니다"[40]라고 호응했다.

나카가미는 개인적으로 한국 작가들과 교류뿐만 아니라 한일 문학계
를 잇는 큰 역할을 했다. 한일 문학자들이 만나서 교류하는 '한일문학
심포지엄'을 처음 제안한 사람이 바로 나카가미다. 안우식에 의하면
90년대 초 한국 작가들을 일본에 초대해서 나카가미와 가와무라 미나
토, 시마다 마사히코(島田雅彦)와 함께 식사한 자리에서 나카가미가 "한
일문학심포지엄을 합시다"라고 제안했다고 한다.[41]

그런데 92년 8월 나카가미는 신장암으로 사망했다. 추모의 뜻으로

39) 中上健次, 尹興吉, 『東洋に位置する』, 作品社, 1981, pp.10~13.

40) 中上健次, 金芝河, 「東アジアの新しい世界観」, 『中央公論』 9月号, 1990

41) 松田繁郎, 「韓国現代文学入門 / 安宇植·桜美林大名誉教授にきく」, 2006.12.25., 『しん
ぶん赤旗』, p.9.

92년 11월 도쿄에서 제1회 심포지엄이 열리고 15명의 작가와 평론가들이 한국에서 왔다.[42) 가와무라가 실행위원장을 맡았다.

그 후 '한일문학심포지엄'은 많은 한일 문학자의 만남의 장이 되고 중국도 참가하는 동아시아문학포럼으로 발전했다.

한편 가와무라는 계간지 『대산문화』 2004년 가을호에 '한국문학 일본 소개의 선각자들'이라는 제목으로 『한국문예』와 나카가미에 대해 썼다. 가와무라 또한 일본에 한국 문학을 소개한 대표적인 존재지만 본격적으로 한국 문학을 만난 것은 70년대 후반 『한국문예』를 통해서였다. 당시 일본 큰 서점에서 팔았던 『한국문예』를 읽으며 "일본에서는 잘 알려지지 않은 한국인 작가의 작품이 거의 날림에 가까운 그다지 다듬어지지 않은 번역문으로 소개되어 있었다" "그러나 비록 고급이라고 할 수 없는 번역을 통해서이지만 나의 가슴이 밀려오는 작품도 있었다"고 한다. 그것은 황석영의 「낙타누깔」이나 이문열이나 임철우의 단편소설들이었고 "이것들은 해방 후 빨치산 전투나 베트남 파병으로 상처 입은 한국의 해방 후 세대의 정신 상태가 어떠한 것인가를 리얼리틱하게 가르쳐 주었다"[43)고 한다. 역시 가와무라도 나카가미와 마찬가지로 한국 현대사를 소재로 한 작품에 끌렸던 것이다.

가와무라는 80년대 전반 부산 동아대에서 일본어 강사로 근무한 후 한국에 관한 다양한 책을 일본에서 출간했다. 조정래의 대작 『태백산맥』 일본어판 번역팀을 이끌고, 한국 작가들에게 인터뷰해서 일본 잡지에 집필하는 등 한국 문학을 일본에 소개하는 데 힘을 써온 가와무라

---

42) 「日韓で現代文学語る 東京でシンポ」, 1992.11.28., 『朝日新聞』, p.11.

43) 가와무라 미나토, 「한국문학 일본 소개의 선각자들」, 『대산문화』 가을호, 대산문화재단, 2004. https://webzine.daesan.or.kr/sub.html?uid=2432&ho=10 (검색일: 2022. 12.14.)

는 『한국문예』와 나카가미에 대해 아래와 같이 평가한다.

> "『한국문예』는 그 이른 시기의 선구자이며 필시 그 이른 선구성만은
> 평가되어야 한다고 사료된다. 나카가미 겐지도 그러한 문맥으로 생각
> 돼야 할 인물일 것이다. 그가 한국 문단과 구축한 신뢰 관계, 윤흥길이
> 나 김지하와의 교우나 교류는 현재도 일한 문학가들의 교류의 원형이
> 되고 있다고 봐야 할 것이다."[44]

5. 맺음말:『한국문예』재평가의 시작

『한국문예』는 75년 창간이라는 시대 배경, 특히 73년 김대중 납치
사건으로 인한 한일 간의 최악의 분위기를 생각하면 일본에서의 이미
지 개선이라는 한국 측의 정치적 의도로 창간된 가능성은 부정할 수
없다. 그러나 게재된 작품들을 보면 제주 4.3사건을 고발한 소설가
현기영의 작품이나 5.18민주화운동을 해외에 알린 소설가 황석영의
작품 등 군사정권에 저항적인 작가의 작품도 많이 게재되었다. 이는
70~80년대 시인 김지하가 인기를 끌고 잡지『세카이』의 칼럼「한국으
로부터의 통신」이 주목받는 등 일본에서 한국 민주화에 대한 관심이
높아졌던 배경도 있다. 한편 선우휘와 같은 반공 성향의 소설가의 작품
도 게재되는 등 이데올로기와 상관없이 다양한 작품이 소개되었다.

『한국문예』발행의 중심에는 전옥숙이 있었고 편집에도 참여했다.
전옥숙은 군사정권과 가깝기도 했지만 한편으로 김지하를 지원하거나
야스에 료스케와 같은 일본에서 한국 민주화를 지원하는 지식인들과도

----

44) 위의 논문.

교류했다. 좌익 활동가로 구속된 경험이 있으나 군인 출신의 남편과 결혼하고 권력에 가까워진 전옥숙의 다면성이 『한국문예』의 다양성을 만든 듯하다.

식민지 조선에서 태어나서 자란 편집위원 후루야마 고마오는 『한국문예』가 한일 문화인의 교류의 장이 될 것을 바랐고 실제로 나카가미 겐지와 가라타니 고진의 왕복서간이 실리거나 오시마 나기사가 수필을 기고하는 등 일본인 문화인들도 참여했다.

11년에 걸쳐서 300편을 넘는 한국 단편소설이 일본어로 소개된 것만으로도 평가할 만하지만, 무엇보다 큰 성과는 나카가미 겐지가 한국 문학에 매력을 느끼는 계기를 만든 것이다. 전후(戰後) 시간이 지나 일본의 미지근한 문학 상황에 대한 불만을 느끼고 있던 나카가미는 한국전쟁이나 베트남전쟁 등 현대사를 소재로 한 한국 문학에 끌렸다. 『한국문예』 독자였던 가와무라 미나토도 마찬가지다.

나카가미는 윤흥길, 김지하 등 한국 문화인과 개인적으로 친하게 지낸 뿐만 아니라 그들의 작품을 일본에서 적극적으로 소개하고 92년에 '한일문학심포지엄'이 탄생하는 계기를 만들기도 했다.

『한국문예』는 지금까지 과소평가되어 왔다기보다 거의 그 존재가 잊혀졌다고 해도 과언이 아니다. 그러나 그 내용과 성과를 봤을 때 연구할 가치가 충분히 있다고 생각한다. 이 글은 그 작은 시작에 불과하다.

이 글은 동국대학교 일본학연구소의 『일본학』 제58집에 실린 논문 「계간지 『한국문예(韓国文藝)』 연구 – 한일 문화교류에 미친 영향을 중심으로」를 수정·보완한 것임.

참고문헌

남재희, 『언론·정치 풍속사』, 민음사, 2004.

지명관, 『경계를 넘는 여행자』, 다섯수레, 2006.

황석영, 『수인』, 문학동네, 2017.

任軒永, 「収録作品解説 政治的アリバイの季節」, 『韓国文藝』春号, 小説文芸社, 1977.

川村湊, 「最後まで『戦った』兵士 古山高麗雄氏を悼む」, 『中国新聞』, 2002.03.16.

柄谷行人, 「中上健次への手紙」, 『韓国文藝』, 秋号, 韓国文芸社, 1981.

黒田勝弘, 2015.07.12., 「〔から(韓)くに便り〕玄界灘に『道を開けた』女傑」, 『産経新聞』 東京朝刊.

舘野哲, 「海外出版レポート・韓国－季刊誌『韓国文藝』について」, 『出版ニュース』, 9月 上旬号, 出版ニュース社, 2017.

中上健次, 尹興吉, 『東洋に位置する』, 作品社, 1981.

中上健次編, 安宇植訳, 『韓国現代短編小説』, 新潮社, 1985.

中上健次, 『スパニッシュ・キャラバンを捜して』, 新潮社, 1986.

＿＿＿＿, 「柄谷行人への手紙」, 『韓国文藝』, 秋号, 韓国文芸社, 1981.

＿＿＿＿, 金芝河, 「東アジアの新しい世界観」, 『中央公論』 9月号, 1990.

張文平, 「収録作品解説 乱世を生きるいくつかのペタン」, 『韓国文藝』秋号, 韓国文芸 社, 1979.

張文平, 「収録作品解説 現実と歴史上の諸問題」, 『韓国文藝』夏号, 韓国文芸社, 1979.

箱田哲也, 「(惜別)全玉淑さん シネテルソウル前会長」, 2015.12.19., 『朝日新聞』東京 夕刊.

古山高麗雄, 「『韓国文藝』への期待－創刊に際して」, 『韓国文藝』, 冬号, 小説文芸社, 1975.

松田繁郎, 「韓国現代文学入門/安宇植·桜美林大名誉教授にきく」, 『しんぶん赤旗』, 2006. 12.25.

若宮啓文, 『新聞記者 現代史を記録する』, 筑摩書房, 2013.

「編集余滴」, 『韓国文藝』, 冬号, 小説文芸社, 1975.

「編集余滴」, 『韓国文藝』, 春号, 小説文芸社, 1977.

「編集余滴」, 『韓国文藝』, 春号, 韓国文芸社, 1979.

「編集余滴」, 『韓国文藝』, 秋号, 韓国文芸社, 1979.

「〔風紋〕三中堂」, 2014.12.04., 『読売新聞』西部夕刊.

「日韓で現代文学語る 東京でシンポ」, 1992.11.28., 『朝日新聞』.

「문학지「소설문예」창간」1975.05.21., 『중앙일보』, https://www.joongang.co.kr/
article/1407123 (검색일: 2022.12.14.)

「[플래시백 한국영화 100년] 홍상수 이전 그의 어머니 전옥숙이 있었다」, 2019.10.19.,
『한국일보』 https://www.hankookilbo.com/News/Read/201910181489758143
(검색일: 2022.12.14)

가와무라 미나토, 「한국문학 일본 소개의 선각자들」, 『대산문화』 가을호, 대산문화재
단, 2004 https://webzine.daesan.or.kr/sub.html?uid=2432&ho=10 (검색
일: 2022.12.14)

국제규범을 통해 본
재일코리안의 인권에 관한 시론*

일본의 대북제재와 조선학교 무상화운동을 중심으로

권연이

1. 들어가며

이 글은 '조선학교 무상화운동(이하 '무상화운동')'의 성격이 일본의 대북제재와 재일코리안의 인권과 관련하여 상호 연관성을 갖는 측면에 대한 문제의식에서 출발했다. 일본 정부가 고교무상화 제도를 도입하면서 조선학교를 그 대상에서 제외한 것을 계기로 조선학교 관계자 및 시민단체들에 의해 전개되어온 무상화운동이 일본 정부의 대북제재 정책의 연장선에서 이루어지고 있는 차별적 조치에 변화를 초래할 수 있는가에 대해 문제제기를 하려는 시도이다. 특히 민족차별이라는 운동 측의 주장과 대북제재라는 일본 정부 정책 사이에서 인권과 관련한 국제규범의 동원을 통해 보편적 인권운동의 관점을 도입해야 할 필요성을 모색한다.

---

* 이 글에서는 '재일코리안', '재일조선인', '재일조선인·코리안'이 혼용되고 있다. 선행연구 요약 부분에서 다루어진 저자들의 용어 사용을 그대로 기술하고 있으며, 본문의 논지와 관련해서 조선학교 학생들의 국적이 '한국적', '조선적' 등 다양한 구성으로 되어 있으므로 이를 반영하여 중립적 의미에서 '재일코리안'을 쓰고 있음을 밝힌다.

주지하다시피 재판 소송을 비롯한 배제 철회 운동은 조선학교에 대한 '차별'(민족차별)의 문제로서 전개되었고, 유엔 등 국제사회에 호소하여 일본의 국내정치 및 정책 변화를 초래하기 위한 것이었다. 일본 내의 시민운동·사회운동은 재판 소송을 통해서 국가를 상대로 이의제기 활동을 전개해 나왔으며, 당사자들 이외에도 한·일 시민단체들이 이들을 지지하며 연대하여 운동을 전개해왔다. 그러나 2012년 제외가 확정된 이래 현재에 이르기까지 고교무상화 제도의 대상에서 조선학교가 제외된 상황은 장기화되고 있고, 중앙정부의 지원금뿐만 아니라 지자체까지도 보조금을 삭감하는 조치를 취하고 있다.

이 글에서는 무상화운동이 전개되어 온 과정과 의의, 운동의 한계 및 향후 전망에 대해서 논한다. 이를 위해 국제인권규범의 현황과 일본 정부의 정책에 관해 살펴보고, 운동이 정부의 정책에 영향을 미치기 위한 국내 정치사회적 환경과 동원하고자 한 자원, 그리고 기회구조란 어떠한 것인지에 대해 언급하고자 한다.

일본 사회에서 재일조선인의 차별 반대 및 시정을 요구한 사회운동에 대한 역사는 오래되었다. 조선학교에 대한 탄압과 이에 대한 재일조선인 사회의 운동은 1948년 학교폐쇄조치와 4.24교육투쟁, 1949년 강제해산, 간부의 공직추방, 재산 몰수 조치와 이에 대한 저항운동에서 시작되었다. 이후에도 1960년대 후반의 '외국인 학교법안(국익이나 정부방침에 따르지 않는 외국인학교를 폐쇄할 수 있게 한 법)' 성립을 둘러싼 갈등 등 조선학교에 대한 차별과 통제의 역사는 재일조선인 사회의 교육투쟁으로 이어져왔다.[1] 일본에서 민족교육을 둘러싼 재일소선인들의 사회운동은 재일조선인 사회의 저항적 정체성을 드러내는 계기가 되었으며, 이후

---

1) 吳永鎬, 『朝鮮学校の教育史』, 明石書店, 2019, pp.261~318.

일본 사회에서 전개되어온 재일조선인들의 사회운동은 재일조선인에 대한 일본 사회의 혐오에 맞서는 인권운동이 중심이 되었다.

2013년 고교무상화 대상에서 조선학교를 제외한 결정은 재일조선인 사회에서 1948년의 학교폐쇄조치에 대한 4.24교육투쟁 이래로 '제2의 교육투쟁'이라고 명명할 정도로 재일조선인 사회가 차별적 조치에 대한 시정을 요구하는 운동을 전개하는 계기가 되었다. 조선학교의 무상화운동은 해방 이후 일본 정부와 사회를 상대로 한 투쟁의 역사로서 출현했던 민족교육운동의 연장선상에서 이루어지고 있다. 민족교육운동과 관련한 최근의 사례연구로서 임영언(2016)은 재일코리안이 민족적 정체성을 후속 세대에 전달하는 데 있어서 교육운동을 통한 민족교육의 중요성을 강조하고, 민단계 한국학교를 중심으로 한 교육실태를 조사, 분석하고 있다. 그리고 임영언(2018)은 역사적 관점에서 전후 일본 사회에서 전개된 재일조선학교 민족교육운동을 기술하고 있으며 조선학교 고교무상화 운동도 그러한 연장선상에서 평가하고 있다. 후지나가(2016) 역시 조선학교 고교무상화 배제 문제와 관련하여 오사카의 총련계 조선학교의 민족교육운동의 현황과 오사카부·오사카시의 보조금 문제에 대해 고찰하고 있다. 중앙정부의 조선학교 무상화 배제 조치와 맞물려서 오사카부의 하시모토 지사가 보조금 불지급을 결정하자 이에 따라 제기된 조선학교 측의 재판투쟁을 다루고 있다. 한편, 권연이(2023)는 조선학교의 고교무상화 배제와 관련해서 민주당 정권기에서 제2차 아베 정권기에 걸쳐 조선학교가 고교무상화 제도에서 배제되어 간 정치과정을 분석하고, 그 과정이 일본 정부의 대북제재라는 정치적 측면이 있음을 지적하였다. 특히 북한에 의한 피해자의 인권문제와 재일조선인에 대한 인권문제가 대립하면서 재일조선인의 인권논의가 약화되어 간 과정으로서 분석하였다.

이 글에서는 조선학교 무상화운동에 대해서 '민족교육운동'의 관점을 넘어서 이 운동의 의의와 한계를 평가하는 데 초점을 맞추고자 한다. 특히 중점을 두고자 하는 것은 조선학교 무상화운동이 일본국내정책에 영향을 미치려고 할 때 동원할 수 있는 자원은 무엇인가에 대해서이다. 일본의 사회운동이 이용가능한 자원으로서 국제규범의 동원을 통해서 국내정책의 변화를 초래하는 방법론을 모색한다. 이를 위해 전후 일본 정부의 이주 노동자나 재일코리안에 대한 정책이 배타적이고 소극적인 특성을 지녔으나 국제규범을 동원한 사회운동의 전개를 통해서 이들에 대한 처우가 점진적으로 개선되어왔음을 논하는 통시적 관점의 연구들을 참고한다.

Tsutsui and Shin(2008)은 국제규범과 재일조선인에 대한 국내정책, 그리고 사회운동의 관계에 대한 연구를 통해서 일본 정부의 재일조선인·코리안에 대한 정책에 있어서 사회운동이 국제규범을 동원하여 정부의 정책 변경에 영향력을 행사해온 방식에 주목했다. 국제규범→사회운동→국내정책의 변화로 이어지는 흐름의 분석을 통해 사회운동이 일본 정부에 대한 압력으로서 국제규범의 동원을 통해 여론을 움직여 국내정치에 영향을 미치는 과정에 초점을 맞추고 있다. 일본의 외국인 정책에 있어서 국제규범을 동원한 사회운동이 일본 내 소수자들에 대한 처우 개선에 기여한 측면이 있음을 논하고 있다. Gurowitz(1999)도 일본 내에서의 재일조선인과 이민 노동자들에 대한 정책을 사례로 하여 일본 정부의 정책에 영향을 미치기 위해서 국내 행위자들이 국제규범을 동원하는 특정 문맥에 대해서 논하고 있다. 그리고 이를 통해서 국제규범이 일본 국내에 통합되어 가는 과정을 논하고 있다.

국제규범을 동원한 운동의 사례는 일본 국내에서의 운동에 국한되지는 않는다. 위안부 소송이나 강제징용공 소송 등이 국경을 초월하여 주목받고 국제적 지지를 얻게 된 배경으로서 제국주의적 식민통치에 대한 저항적 성격보다는 전시에 일어난 전쟁 범죄라는 보편성에 입각한 인권의 측면에서 국제사회에 호소한 것이 주효했음도 간과할 수 없을 것이다.

특히 이 글에서는 조선학교 무상화운동을 국제규범의 동원과 일본 국내 정치에의 영향력 행사의 측면에서 살펴보고 그 의의와 한계에 대해서 논한다. 이를 위해서 국제규범과 일본 정부의 입장, 무상화운동이 전개 되어온 맥락을 살펴보기로 한다. 보수 정권하에서 일본 사회의 배외주의적 경향 속에서 조선학교 무상화운동을 전개하기 위해 어떠한 방법을 동원해왔는지를 살펴보고, 일본 사회 내에서 시민운동이 동원 가능한 자원의 빈약함을 극복하기 위해서 국제규범의 동원을 통한 운동의 가능성을 모색해보고자 한다.

이 글은 문헌 자료와 인터뷰 자료를 토대로 한다. 인터뷰 대상은 조선학교 무상화운동에 관여해온 시민단체 중에서 선정하였다. 이 운동에 관여해온 시민단체는 '김복동의 희망', '우리 학교와 아이들을 지키는 시민모임', 'KIN', '조선학교와 함께하는 시민모임 봄', '조선학교와 함께하는 사람들 몽당연필' 등이 있다. 이 중에서 '조선학교와 함께하는 사람들 몽당연필'의 김명준 사무총장과 인터뷰를 진행하였다. 이 단체는 조선학교와 관련해서 활동하는 다수의 단체들 중 비교적 이른 시기부터 조선학교를 지원하기 위해 활동해온 단체로서 2011년 동일본 대지진을 계기로 하여 조선학교의 실상을 알리고 지원해온 단체이다. 이를 계기로 조직화하여 조선학교 무상화제도 배제 논의가 전개된 과정을 지켜보며 최근까지 이 운동에 관여해오고 있다. 따라서 조선학교 무상화운동의 전개와 한계를 논하는 데 있어서 적절한 답변을 제시해 줄 것으로 판단하여 인터뷰 대상자로 선정하였다. 인터뷰는 반구조화로 진행되어 운동의 목표, 무상화 재판, 한일연대활동, 민족교육운동의 현황 등에 대한 질문을 중심으로 진행되었다. 인터뷰를 통해서 운동의 전반적인 진행 과정과 현황을 파악할 수 있었다.

이와 더불어 한국과 일본의 언론보도자료, 일본재판소 판결문, 일본 정부 홈페이지 등을 통해서 1차 자료를 확보하여 이 글의 집필을 위해 활용하였다.

2. 국제인권규범과 일본 정부의 대북제재

1) 유엔 국제인권규약과 '교육받을 권리'

국제인권규약은 세계인권선언의 내용을 기초로 하여 이것을 조약화한 것이고 인권의 제 조약 가운데 가장 기본적이면서 포괄적이다. 사회권규약과 자유권규약은 1966년 제21회 유엔총회에서 채택되어, 1976년 발효되었다. 일본은 1979년에 비준했다.[2]

유엔의 '경제적, 사회적 및 문화적 권리에 관한 위원회'(사회권 위원회)는 체약국으로부터 「경제적, 사회적 및 문화적 권리에 관한 국제규약(사회권 규약, 1979년 일본 국내 발효)」의 실시 상황의 보고를 받아, 심사, 권고한다. 유엔의 국제인권규약 중 「경제·사회·문화적 권리 규약 제13조」는 '교육을 통해 인권과 기본적 자유의 존중을 강화한다'는 규정을 정하고 있다. 이 「사회권 규약 제13조」는 교육에 대한 권리를 정한 것으로, 구체적으로는 초등교육에 대해서 의무적이며 무상으로 할 것,

---

2) 外務省, 「人権外交: 国際人権規約」, https://www.mofa.go.jp/mofaj/gaiko/kiyaku/index.html (검색일: 2023.06.25.)

중등교육 및 고등교육에 대해서 단계적 무상화 조항을 정하여 교육격차를 없애고 기회균등을 꾀할 것을 요구하고 있다.

또한 「제13조 3항」에서는 '부모 및 경우에 따라서 법정 보호자가 공공 기관에 의해서 설치되는 학교 이외의 학교에, 나라에 의해서 정해지고 혹은 승인되는 최저한도의 교육상의 기준에 적합한 것을 아동을 위해서 선택할 자유 및 자기 신념에 따라 아동의 종교적 및 도덕적 교육을 확보할 자유를 가질 것', 그리고 「4항」에서는 '개인 및 단체가 교육기관을 설치하고 관리할 자유를 방해하는 것으로서 해석해서는 안 된다'고 하고 있다.

그리고 「아동의 권리 조약 제3조」에는 아동에 관한 조치에 대해서 "아동의 최선의 이익이 주로 고려되어야 한다"고 정하고 있고, 인권을 무차별 및 평등하게 보장하는 것이 인권조약 체약국에 부과된 중요한 의무이다.

그러나 국제인권규범은 국제적 감독 기제를 갖추고는 있지만 기본적으로 실행 여부는 개별 국가의 국내적 기제에 의존하는 체계로 이루어져 있다. 따라서 국내적으로 이를 실행하게 할 국제적 기제는 약하다고 볼 수 있다.[3]

2) 국제인권규약에 대한 일본 정부의 입장

일본은 1995년 유엔의 인종차별철폐조약에 가입한 이래 2018년까지 4차례 심사를 받았다. 심사 때마다 지적된 것은 '헤이트 스피치'를 비롯한 일본 내 마이너리티에 대한 차별이었다. 고교수업료 무상화 제도에

---

3) 잭 도널리, 「인권」, 존 베일리스 외, 『세계정치론』, 을유문화사, 2019, pp.668~687.

서 유일하게 조선학교를 제외해온 일본 정부에 대해 인종차별철폐위원
회는 2010년, 2014년, 2018년 평등한 교육을 권고하였다. 유엔아동권
리위원회는 2019년 2월에 우려를 표명하며, 유엔 아동권리협약에 기초
해 조선학교도 일본의 다른 외국인 학교와 동등하게 취급되어야 한다
고 일본 정부에 재검토를 권고한 바 있다. 그러나 이러한 권고에 대해
일본 정부 관계자는 "법령에 따른 심사기준에 적합하지 않아 무상화
대상에서 제외한 것"이라고 주장하며 학생의 국적을 이유로 한 차별은
아니라고 주장해왔다.[4]

유엔 권고는 반드시 따라야 할 의무 사항이 아닌 어디까지나 권고사
항이기 때문에 일본 정부의 대응은 소극적이었다. 유엔 위원회의 권고
는 법적 구속력은 없지만 일본 정부는 다음 심사 때까지 위원회에 대응
조치를 보고해야 하는 의무는 있다.

2013년 5월 아베 정권은 유엔의 사회권규약 위원회와 고문금지위원
회로부터 제출된 70항목에 이르는 시정 권고에 대해 '따라야 할 의무
없음'이라는 각의결정을 내렸다. 이후 일본 정부는 권고에 법적 구속력
이 없는 것을 이유로 각종 조약위원회로부터 제출된 다양한 권고에
거의 대응하지 않았다. 일본은 유엔인권조약의 내용을 담보할 수 있는
국내에서의 인권침해나 차별 금지를 규정하는 국내법의 정비에 소극적
이었다.[5] 일본 정부는 조선학교를 무상화에서 제외한 결정에 대해서
민족차별은 아니라는 입장이며, 조선학교 무상화 제외는 북핵위협과
납치문제 미해결의 상황 속에서 대북 제재적, 안보적 측면과 연동하여

---

4) 「유엔아동권리위, 日에 조선학교 무상화 배제 시정 권고」, 『한국일보』, 2019.02.08.
5) http://www.kinyobi.co.jp/kinyobinews 2014年2月20日 (검색일: 2023.05.15.)
   https://chosonsinbo.com/jp/2022/12/9-28/ 2022年12月09日 (검색일: 2023.05.15)

판단한 것이라 할 수 있다.[6]

3. 조선학교 고교무상화 배제 철회를 위한 운동

1) 조선학교 무상화 재판

자민당으로 정권 교체가 이루어지자마자 조선학교를 고교무상화 적용대상에서 제외하는 것이 확정되었다. 무상화법이 시행된 이후 조선학교만 제외된 가운데 조선학교 관련자들 및 시민활동가들이 서명활동, 문부과학성과 교섭, 집회와 데모 등의 활동을 전개하였다. 그리고 조선학교 관련자들이 중심이 되어서 무상화 대상 제외를 부당한 결정으로 보고 일본 정부를 상대로 소송을 제기하였다.

2013년 1월 아이치를 시작으로 전국의 10개교의 조선고급학교 중 오사카, 히로시마, 후쿠오카, 도쿄 등의 5개교의 학생과 학교가 원고가 되어서 국가를 상대로 한 소송이었다. 오사카와 히로시마는 불지정 처분을 취소하고 무상화 지정 의무를 부여하는 소송을 제기하였으며, 나머지 3곳은 학생들에게 국가배상을 요구한 소송이었다.[7] 일본 정부를 상대로 한 조선학교의 무상화 재판은 2017년 7월 28일 오사카 1심 법원만 청구를 받아들였고, 2021년 7월 29일 5곳의 최종심의 결과 모두 원고 패소 판결로 끝났다. 오사카 2심 법원과 다른 지방법원은 1심부터 무상화 대상에서 조선학교를 제외한 국가의 결정은 재량의 일탈

---

6) 「安倍政権の朝鮮学校差別」, 『ハンギョレ』, https://japan.hani.co.kr/arti/opinion/14989.html (검색일: 2023.06.30)

7) http://www.mongdang.org/kr/bbs/content.php?co_id=fact05

이 아니라는 원고 패소 판결을 내렸다.[8]

원고인 조선학교 관계자들이 제기한 무상화 재판의 쟁점은 크게 세 가지였다. 첫째, 조선학교를 수업료 무상화의 대상에서 제외한 문부과학대신의 결정이 재량권 일탈, 남용에 해당하는가 아닌가. 둘째, 심사회의 의견을 기다리지 않고 불지정 처분으로 결정한 것은 수속 상 법률에 위배되므로 무효가 되는가. 셋째, 고교무상화의 대상에서 조선학교를 제외한 것은 헌법 혹은 국제 조약에 위반하는가 아닌가.

승소판결이 났던 2017년 7월 28일 오사카 지방재판소의 판결은 조선학교를 무상화 대상에서 제외한 문부과학대신의 결정이 재량권 범위를 넘어서고, 이것을 남용한 것으로 판단했다.[9] 그러나 패소판결이 난 나고야 지방재판소(2018년 4월 27일), 히로시마 지방재판소(2017년 7월 19일), 후쿠오카 지방재판소(2019년 3월 14일), 도쿄 지방재판소(2017년 9월 13일)에서는 이를 모두 부정했다.[10] 특히 고교무상화의 대상에서 조선학교를 제외한 것이 사회권 규약, 인종차별철폐 조약 등 헌법과 국제 조약에 위반하는가 여부에 대해서도 그렇지 않다고 결론을 내렸다. 헌법 14조 1항은 법 아래 평등을 규정하고 있으나 이것은 합리적 이유

---

8) 「일 법원, 고교무상화 조선학교 제외 적법 판결」, 『연합뉴스』, 2021.07.30. (검색일: 2023.01.10.)

9) 「오사카 지재 판결 판결문」
https://www.courts.go.jp/app/files/hanrei_jp/038/087038_hanrei.pdf

10) 「도쿄 지재 판결 판결문」
https://www.courts.go.jp/app/files/hanrei_jp/150/087150_hanrei.pdf
「나고야 지재 판결 판결문」
https://www.courts.go.jp/app/files/hanrei_jp/845/087845_hanrei.pdf
「히로시마 지재 판결 판결문」
https://www.courts.go.jp/app/files/hanrei_jp/130/087130_hanrei.pdf
「후쿠오카 지재 오쿠라 지부 판결문」
https://www.courts.go.jp/app/files/hanrei_jp/583/088583_hanrei.pdf

가 없는 차별을 금지하는 것으로 각인에 해당하는 경제적, 사회적 그 밖의 각종 사실 관계상의 차이를 이유로 하여 그 법적 취급에 구별을 두는 것이 합리성을 갖는다면 이 규정에 위반하는 것이 아니라고 보았다. 조선총련이 아이치 조선고교에 대해서 '부당한 지배'를 하고 있다는 합리적 의심이 존재하는 것을 합리적 판단의 근거가 된다고 해석한 것이다.

또한 조선학교를 불지정한 처분이 사회권 규약 13조 2항 (b)를 위반한다고 주장한 조선학교에 대해서 재판은 동 조항을 위반했다고 볼 수 없다고 해석했다. 이 조항이 체약국에 대해서 중등교육에 있어서 무상화의 점진적 도입을 요구하는 것에 그치고, 지급 대상교를 지급법 2조 1항에서 정한 학교로 한정한 것은 상기 사회권 규약의 조약을 위반했다고 해석하기 어렵고, 지정 요건에 적합하다고 인정하지 않은 아이치 조선학교를 지급 대상교로 하지 않은 것이 동 조항을 위반했다고 볼 수 없다고 해석했다.

<표1> 조선학교 고교무상화 재판 (2013년~2021년)

지역	원고	소송제기일	경과
아이치 (나고야 지방재판소)	아이치조선 고급학교 학생들 (5명) 국가배상 청구소송	2013년 1월 24일	- 2018년 4월 27일 나고야 무상화 재판 지방재 판소: 패소 판결 - 2020년 9월 2일 아이치 무상화 재판 최고재판 소: 기각, 최종 패소
오사카 (오사카 지방재판소)	오사카 조선학원 국가 상대로 행정소송	2013년 1월 24일	- 2017년 7월 28일 오사카 무상화 재판 지방재 판소: 승소 판결 - 2018년 9월 27일 오사카 무상화 재판 고등재 판소: 패소 판결 - 2019년 8월 27일 오사카 무상화 재판 최고재 판소: 최종 패소

히로시마 (히로시마 지방재판소)	히로시마 조선학원, 학생, 졸업생(110명) 국가 상대 위자료 소송	2013년 8월 1일	- 2017년 7월 19일 히로시마 무상화 재판 지방 재판소: 패소 판결 - 2019년 10월 16일 히로시마 무상화 재판 고등 재판소: 패소 판결 - 2020년 10월 16일 히로시마 무상화 재판 고등 재판소: 항소 기각 - 2021년 7월 27일 히로시마 무상화 재판 최고 재판소: 기각, 최종 패소
큐슈 (후쿠오카 지방재판소)	큐슈 조고학생, 졸업(67명) 국가배상청구 소송	2013년 12월 19일	- 2019년 3월 14일 큐슈 무상화 재판 지방 재판 소: 패소 판결 - 2019년 9월 3일 큐슈 무상화 재판 최고재판소: 기각, 최종 패소 - 2020년 10월 30일 큐슈 무상화 재판 고등재판 소: 패소 판결 - 2021년 5월 31일 큐슈 무상화 재판 최고재판 소: 기각, 최종 패소
도쿄 (도쿄 지방재판소)	도쿄조선 고급학교 학생들(62명) 국가배상청구 소송	2014년 2월 17일	- 2017년 9월 13일 도쿄 무상화 재판 지방 재판 소: 패소 판결 - 2018년 10월 30일 도쿄 무상화 재판 고등재판 소: 패소 판결 - 2019년 8월 27일 도쿄 무상화 재판 최고 재판 소: 기각, 최종 패소

출처: 권해효, 『가슴 펴고 걸어갈래요』, 조선학교와 함께하는 사람들 몽당연필, 2022, pp.180~185.

그리고 유엔의 인종차별 철폐 위원회의 권고를 무시하고 아이치 조선고교를 지급 대상학교로 하기 위한 조치를 취하지 않은 것은 인종차별 철폐조약에 어긋나는 것에 해당하지 않는다고 보았다. 동 위원회의 권고가 체약국에 대해서 어떤 법적 구속력을 갖는다고 해석하기 어렵다고 보았기 때문이다. 동 위원회의 권고를 따르지 않은 것이 인종차별 철폐조약을 위반했다고 인정할 수 없다고 보았던 것이다.

조선학교 관계자들이 재판을 통해서 조선학교 무상화운동을 전개해 온 것에 대해서는 평가할 만한 측면이 있다. 일본 정부의 정치적 판단에 의한 행정조치의 부당성을 사법을 통해서 알리겠다는 목적이 있었고 오사카 지방재판소의 판결은 그런 측면에서 의미가 있었다. 재판이 진행되는 동안 법정 논쟁에서는 변호인단이 우세를 보여줬다.

그러나 재판이 진행되는 동안 일본에 보수적인 여론이 지배적인 상황 속에서 여론 환기를 통한 무상화 제외의 부당성을 충분히 알리지 못한 것은 재판의 결과에 불리하게 작용한 측면도 있다. 2010년 고교무상화 제도에서 조선학교를 제외해야 한다고 주장한 언론사는 산케이신문 1곳으로 4개 일간지 사이에서 제외 의견은 주류가 아니었다. 그러나 2017년 7월 도쿄 지방재판소에서 원고 패소 판결이 난 이후 조선학교 배제를 주장한 언론사는 요미우리신문도 포함하여 2곳으로 늘어났다.([표2] 참고) 패소 판결 후에도 조선학교 관계자 및 운동 관계자들은 판결이 부당하다는 취지의 여론 환기를 제대로 히지 못하고, 재판 소송을 통한 운동은 종료되었다.

〈표2〉 주요 일간지 사설 제목 (조선학교 무상화 관련)

	아사히신문	마이니치신문	요미우리신문	산케이신문
2010년	"조선학교 제외는 역시 이상하다" (3월 8일)	"(조선학교) 무상화 제외 사리에 맞지 않는다" (3월 11일)	"격차해소의 본질을 놓치지 말라" (3월 5일)	"북한 숭배에 세금을 낼 수 있는가" (3월 5일)
2017년	"조선학교 소송, 무상화의 원점으로 돌아가라" (7월 21일)	"조선학교 무상화 첫 판단, 제도의 이념에 반하지 않는가" (7월 20일)	"불투명한 운영에 공비는 사용할 수 없다" (7월 22일)	"독재자 숭배에 공금 줄 수 없다" (7월 21일)

출처: 각 신문사 사설 저자 정리

2) 조선학교 배제 철회를 위한 집회 및 시위

조선학교 무상화 제외 반대 시위는 2013년부터 2주에 한번 금요일에 조선학교 학생들을 중심으로 도쿄의 문부과학성 앞에서 실시되었다. 시위에는 조선대학 학생들, '조선학교에 다니는 자녀의 어머니회' 등의 당사자들을 비롯해서 야당 의원 및 일본 시민단체 회원, 일반 시민들도 참여해왔다. 조선대학 학생들은 집회를 통해 조선학교에 대한 무상화 적용 제외를 생존과 존엄의 문제로서 정의하고 조선학교에 대한 '차별' 시정을 요구해왔다. "문부과학성은 모든 아이들에 대해 배울 권리를 보장하라" "일본 정부는 조선학교에 대한 차별을 그만두라"는 구호를 외쳤다.[11]

차별 반대를 외치는 금요행동에 참여한 일본 시민단체는 조선학교 무상화 문제와 관련해서 일본인들이 중심이 되어 조선학교 무상화운동을 지원하기 위해서 결성되었다. '조선고급학교무상화를 요구하는 연락회·오사카(朝鮮高級学校無償化を求める連絡会·大阪)', '민족교육의 미래를 생각하는 네트워크 히로시마(民族教育の未来考える·ネットワーク広島)', '도쿄조선고교생 재판을 지원하는 모임(東京朝鮮高校生の裁判を支援する会)'='조선학교무상화 배제에 반대하는 연락회(朝鮮学校無償化排除に反対する連絡会, 2020년 2월 23일 개명됨)' 등의 네트워크 모임이 형성되어 조선학교의 무상화 재판 투쟁을 전개하고 지원해왔다. 이들은 고교 무상화 문제를 포함한 조선학교에 대한 차별과 불평등을 바로잡고 재일조선인에 대한 차별을 없애는 활동을 목적으로 결성되었다. 이들 단체들은 가두시위 활동을 통해서 조선학교 제외의 부당함을 알리거나 재판 과정을 지원하는 활동을 전개해왔다.[12]

이와 더불어 조선학교를 지원하기 위해서 결성된 한국의 시민단체들도 일본의 조선학교 무상화운동과 연대하여 활동을 전개해 나왔다.

---

11) 「"얼마나 소리쳐야" 조선학교 무상화 배제 항의 금요행동 200회째」, 『경향신문』, 2020.02.21.

12) 권해효, 『가슴 펴고 걸어 갈래요』, 조선학교 함께하는 사람들 몽당연필, 2022, pp.127~141.

몽당연필(우리학교), KIN, 조선학교와 함께하는 시민모임 '봄' 등의 단체가 활동하고 있다. 한국의 시민단체 조선학교와 함께 하는 시민모임 '봄'은 후쿠오카의 조선학교들과 긴밀히 협력하면서 연대하는 활동을 전개하고 있다. 부산지역을 중심으로 활동하는 이 단체는 조선학교를 알리는 시민 사업을 진행하고 있다. 이 단체는 성명서를 통해서 "조선학교 학생들과 학부모들이 법으로 보장된 보편적 교육권리를 박탈당하고 있는 것은 부당한 처사"라며 일본 정부의 결정을 비판해왔다.[13]

또한 시민단체 조선학교와 함께하는 사람들 '몽당연필'은 서울 광화문광장에서 '조선학교 차별철폐를 위한 거리 행동'을 진행해왔다. 몽당연필의 김명준 사무총장은 아베 집권 이후 재일조선인 학교에 대한 차별이 갈수록 심해지고 있다고 보고, 무상화 정책에서 조선학교를 배제한 결정은 조선학교를 아예 없애기 위한 노골적인 차별 정책이라고 비판했다.[14]

일본 정부가 고교무상화 제도에서 조선학교를 제외한 결정에 대해 재일조선인 사회가 국가배상 청구소송을 제기하고, 조선학교를 지원하는 운동을 전개함에 있어서 운동하는 측은 이를 재일조선인에 대한 일본 정부의 '민족차별'로 규정하고 스스로를 저항운동, 차별반대운동으로서 성격 규정하고 있다.[15] 1945년 식민지배로부터 해방된 이후에도 지속적으로 사회 제도적, 관습적 차별을 받아온 재일조선인들에 있어서 무상화운동 역시 재일조선인에 대한 '민족차별'을 일본 사회에 묻기 위한 것이었다고 할 수 있다.

---

13) 「일본조선학교 고교수업료 무상화 배제 조치는 적법」, 『부산일보』, 2021.05.31.
14) 「日, 숨기고 싶은 과거라 조선학교 노골적 차별」, 『한국일보』, 2019.11.03.
15) 梁·永山, 「司法が追認した公的な制度差別問題と裁判闘争の意義」, 『女も男も』 130, 2017, pp.62~67.

3) 유엔 인권위 방문

무상화운동이 전개된 이래 일본 정부에 대해 유엔은 5~6번 정도 권고를 내렸다. 이것은 조선학교 무상화운동의 성과라고 할 수 있다. 처음 유엔의 권고를 이끌어낸 것은 군마(群馬)조선학교의 어머니 대표단과 KIN의 로비활동에 의해서였다. 2013년 KIN은 유엔방문을 통한 로비활동을 통해서 유엔의 인권심사 시 일본 정부에 대해서 고교무상화 교육보조금과 관련해서 문제를 제기하고 이에 대한 유엔의 권고를 이끌어냈다. 군마의 조선학교 어머니 대표단들은 종이학을 접어서 모은 것을 들고 유엔에서 로비활동을 벌였다.

2015년에는 '몽당연필'과 민변이 파트너가 되어서 시민사회단체로서 의견서를 작성하였고, 한국 측 유엔인권위원에게 정보를 전달하여 일본 정부에 조선학교에 대한 차별 여부를 묻는 질문을 하도록 어필하였다. 그 결과 일본 정부에 대해서 유엔의 권고를 이끌어낼 수 있었다.

유엔에서 여러 차례 권고가 내려질 수 있었던 것은 조선학교 무상화운동의 성과라고 할 수 있다. 이런 활동을 전개할 수 있었던 것은 우토로(ウトロ) 문제가 국제사회와의 연대를 통해 해결되어가는 과정에서 힌트를 얻었다고 한다.[16] 우토로 문제에 대한 시민사회의 본격적인 운동이 전개되기 시작한 것은 일본 사법에서 패소 판결이 난 다음부터라고 할 수 있다. 그 계기가 된 것이 유엔 인권 특별 담당관이 우토로를 직접 방문하여 우토로의 상황을 살펴보고 심각한 차별이 있다고 판단하였고, 이것이 운동하는 측의 정당성을 강화하는 계기가 되었다. 이로 인해 한국과 외국에서도 호응을 얻게 되었고 우호적 여론 형성의 계기

---

16) 김명준 인터뷰 내용.

가 되었던 것이다. 조선학교 무상화운동도 이러한 선례에 따라 유엔 인권위의 권고를 이끌어낼 수 있었지만, 일본 정부와 사회를 움직일 수 있을 정도의 파급력을 갖지는 못했다.

4. 무상화운동의 특수성과 한계: 민족차별 vs 안보의 논리

1) 운동 아젠다 설정의 한계

조선학교 무상화운동은 일본 정부를 상대로 하여 재판소송을 제기하였고, 문부과학성 앞에서의 집회 및 시위, 유엔 인권위에의 로비활동 등을 통해서 일본 정부의 부당한 차별 행위에 대한 항의 운동을 전개하였다. 그러나 이 운동을 전개한지 10여 년이 지났지만, 일본 정부 및 지방정부의 변화를 이끌어내는 데 한계가 있었다.

조선학교는 일본 사회에서 어떻게 자리매김되고 있는가. 일본에서 재일코리안들이 민족교육을 실시하기 위해 설립한 민족학교에는 민단계의 한국학교와 총련계의 조선학교가 존재한다. 이들 학교의 성격은 교육내용과 목표에서 차이가 있다. 한국학교는 글로벌 시대에 적합한 미래인재양성이 목표라면 조선학교는 조선인으로서 자각을 가진 조선사람을 양성하는 것을 목표로 하고 있다.[17] 조선학교는 문부과학성의 지도지침을 따르는 '1조교(1条校)'가 되지 않고 '각종학교(各種学校)'의 상태에 있으면서, 민족교육 기관으로서 우리말과 역사 교육에 있어서 자각을 가지고 교육하기 위해서 존재해온 측면이 있다.

---

17) 임영언, 「재일동포의 민족교육과 교육운동」, 『재일코리안운동과 저항적 정체성』, 선인, 2016, p.348.

고교무상화 제도에서 조선학교를 제외한 일본 정부의 조치에 대해서 조선학교 무상화운동은 민족교육을 실행하려는 조선학교에 대한 차별 및 배제에 항의하기 위한 저항적 운동의 성격을 가지고 있다. 제외 무효를 다투는 재판소송과 집회 및 시위 등을 통해서 '민족차별'에 대해 항의하는 운동이 전개되어왔고 그 집회 및 시위는 현재도 진행 중에 있다.

무상화 제외로부터 10여 년이 넘는 시간 동안 운동을 전개해온 시민운동 내부에서는 이 운동이 지닌 성격에서 운동이 더 이상 확대·발전되지 못하는 한계를 지적한다. 조선학교와 그 관계자들과 이를 지원하는 일본 시민단체, 그리고 같은 '민족'이라는 동질감과 동포애로서 연대해온 한국 시민단체 간에는 운동의 방향성에 있어서 간극이 존재해왔다.

운동을 전개할 때는 그 운동이 추구하는 목표가 무엇이며, 누구에게 호소하고자 하는가, 그리고 궁극적으로 이 운동이 지원하고자 하는 대상이 누구인지를 명확히 할 필요가 있다.

조선학교 관계자들 및 일본 시민단체들은 일본 국내에서 일본 정부를 상대로 운동을 전개해나갔으며, 일본 정부를 움직이기 위해서 국제사회의 인권규범의 측면에 호소해나갔다. 조선학교 무상화운동이라고 할 때 2013년부터 재판을 중심으로 운동이 전개되어왔고, 이 소송의 주체로서 학생들이 나섰고, 그 학생들을 지원하는 단체로서 일본의 '고교무상화 연락회'가 중심이 되었다. 한국의 시민단체들은 운동을 돕는 형태로 강연회, 활동의 홍보, 재판 경과 홍보 등의 활동을 전개해 나왔다.

한국 시민단체들이 일본 시민단체들과 더불어 연대운동을 실시해왔지만, 어디까지나 차별 철폐를 외치고 호소해온 일본의 운동에 대한 측면지원이라는 한계가 있었다. 한국 정부에 조선학교를 도와야 한다고 호소하기도 했지만, 사실상 이것은 의미가 없었다. 한국 시민단체들이 한국에서 조선학교 무상화 관련 운동을 하는 의의는 한국 사회에 조선학교에 대한 이해를 바르게 하고, 일본에서의 차별 실태에 대해서 알리는 것에 있었다. 그러나 그 이상의 행동은 할 수 없는 한계가 있었다.

가령 한국의 국회의원이 조선학교의 근황이나 학교수, 학생수, 국적 분포 등을 외교부에 문의해도 외교부는 소관 밖이라고 답할 수밖에 없다. 외교부는 조선학교에 대해서 북한의 기관으로 인식하고 있으며, 사실상 조선학교의 행정적 운용 주체는 조총련이고 그 자체는 한국의 교류협력법상 반국가단체로 지정되어 있다. 때문에 한국의 시민단체가 관여할 수 있는 여지가 줄어들게 된다. 또한 조선학교의 책임자들인 조총련 관계자들도 조선학교는 북한학교인데 한국 정부가 관여나 간섭을 해오는 것에 대해서 거부한다고 한다.[18] 여기에서 이 운동의 당사자성을 둘러싸고 갈등이 생기게 된다.

한국의 조선학교 무상화운동의 한계는 바로 이 당사자성을 획득할 수 없다는 점에 있었다. 당사자가 아니기 때문에 운동의 방향성을 설정할 수 없고, 운동의 방향성의 설정 주체로서 능동적으로 활동할 수 없었다. 한국에서 운동을 전개할 때는 조선학교의 무상화 배제는 '우리민족'에 대한 차별로서 다룰 수 있지만, 일본에서 조선학교는 한미일 안보체제가 강화되면서 북한과 연계되어 이를 연상시키는 측면이 있다. 즉, 한국 사회에서도 일본에서도 조선학교의 무상화 배제 문제는 시민운동으로서 의제 설정하기 어려운 측면이 있었던 것이다.

그러면 궁극적으로 이 운동이 지원하고자 하는 대상은 누구이며, 누가 되어야 하는가. 이것은 조선학교를 어떻게 정의할 것인가의 문제

---

18) 김명준 인터뷰 내용.

와 연동되어 있으며, 운동의 아젠다 설정과도 연관되는 문제이다. 특히
나 조선학교 무상화와 관련해서 지원하고 있는 한국 시민단체들에 있
어서 쟁점이 되는 문제이기도 하다. 즉 이 운동이 지원하고자 하는
대상이 조선학교 당국인지 조선학교에 다니는 학생들인지 여부가 이
운동의 아젠다 설정에 영향을 미친다고 할 수 있다. 결론적으로 이
운동이 교육행정 당국인 조선학교가 아닌 궁극적 피해 당사자인 '학생
들'의 인권의 측면을 강조하지 않으면 이 운동은 한국과 일본의 정치적
맥락에서 한계를 갖게 된다.

2) 일본 국내외의 정치상황

조선학교 무상화운동의 전개를 어렵게 하는 것은 일본의 국내외적
정치상황과도 밀접하게 연관되어 있다. 일본 정부의 조선학교에 대한
재정적 압박이 강화되기 시작한 것은 2000년 이후 북한의 일본인 납치
문제, 핵 개발 의혹, 미사일 발사 등으로 북일관계가 악화되면서라고
할 수 있다. 특히 2012년 이후 북한의 핵실험, 탄도 미사일 발사 등의
횟수가 더 빈번해지면서 북한에 대한 제재가 더욱 강화되어 온 것이
사실이다. 이러한 상황에서 일본 정부는 조선학교가 총련(북한)의 영향
하에 있다는 판단으로 조선학교에 대한 재정적 제재 조치를 강화해온
것이다. 일본 정치의 우경화, 야당 세력의 약화 속에서 조선학교 무상
화운동은 적극적인 지지를 얻을 수 없는 환경이었던 것이다.

2010년 조선학교 무상화 제외 논쟁이 시작된 이래 10여 년간 조선학
교 무상화운동이 전개되어왔지만, 10년 사이 조선학교에 대한 지방자
치체의 보조금은 75% 감소되었다.[19] 2009년 27개 도도부현(都道府県)
과 148개 시구정촌이 조선학교에 지급한 보조금은 8억 4천만 엔이었으

나, 2019년 11개 도부현(道府県)과 92개 시구정이 조선학교에 지급한 보조금은 2억 960억 엔으로 이전 대비 4분의 1 수준이다. 조선학교에 대한 지방자치체의 보조금이 줄어든 이유는 고교무상화 대상에서 조선학교가 제외되었기 때문이다. 게다가 2019년 10월부터 시행된 유치원 · 보육원 무상화 정책에서도 재일조선인 유치원 40여 곳의 배제가 결정되었다.

조선학교가 고교무상화 대상에서 제외되고, 지방자치체의 보조금도 줄어드는 가운데 재학생의 수도 점차 줄어들었다. 2009년 8323명이었던 조선학교 학생수는 2019년 기준 5223명으로 10년 사이 37.3%가 급감한 것으로 나타났다.[20]

2013년 조선학교의 무상화 배제 이후 일본 사회에서 납치문제가 갖는 정치적 입지는 여전히 변함이 없고 오히려 더욱 강해지는 경향에 있었다. 하세(馳浩) 문부과학대신은 2016년 3월 29일 '조선학교에 관련된 보조금 교부에 관한 유의점에 대해서 (통지)'를 발표하였다.[21] 이것은 조선학교를 인가하고 있는 전국의 28개 도도부현 지사 앞으로 제출된 것으로 이 '통지'는 조선학교에 교부하고 있는 지방자치체의 보조금

---

19) 『産経新聞』, 2021.02.07. (검색일: 2023.05.15)

20) 『경향신문』, 2021.05.25. (검색일: 2023.01.10).

21) 文部科学省通達027文科際第171号 「朝鮮学校に係る補助金交付に関する留意点について」, 2016年3月29日. https://www.mext.go.jp/ (검색일: 2023.07.09). 이 통지의 내용은 다음과 같다. "조선학교에 관한 보조금 교부에 대해서 …… 법령에 근거하여, 각 지방공공단체의 판단과 책임으로 실시되고 있는 점입니다. …… 조선학교에 관해서는 우리나라 정부로서는 북한과 밀접한 관계를 갖는 단체라고 하는 조선총련이 그 교육을 중요시하고, 교육내용, 인사 및 재정에 영향을 미치고 있는 것으로 인식하고 있습니다. …… 조선학교에 다니는 아이들에게 주는 영향에도 충분히 배려하면서 조선학교에 관련된 보조금의 공익성, 교육진흥상의 효과 등에 관한 충분한 검토와 함께 보조금의 취지·목적에 맞는 적정하면서 투명성 있는 집행의 확보 및 보조금의 취지·목적에 관한 주민에의 정보 제공의 적절한 실시를 부탁합니다. …… "라는 내용으로 되어 있다.

지급에 있어서 주의를 당부하는 내용이었다.

이 '통지'는 2016년 2월에 자민당의 납치문제 대책본부와 관련 단체인 '북한에 납치된 일본인을 구출하기 위한 전국협의회(구출회)'가 조선학교에 대한 보조금 폐지를 자치체에 요구하도록 문부과학성에 압력 행사를 한 데서 비롯된 것이었다.[22] 일본인 납치문제와 연관성을 갖는 이 통지로 인해 일본 언론은 '조선학교 보조 자숙 요청' 혹은 '북한 제재, 조선학교 보조금, 중지 통달' 등의 표제어를 단 기사를 보도하는 등[23] 운동 측이 볼 때 일본의 정치 사회적 환경은 우호적이지 않았다

5. 나가며: 국제인권규범의 동원과 초국적 시민연대

이 글에서는 2012년 고교무상화제도에서 제외된 이후 조선학교 관계자들 및 한일시민운동에 의해 전개되어 온 조선학교 무상화운동의 의의와 한계를 살펴보았다. 이를 토대로 일본 정부의 정책에 변경을 가하기 위해서 향후 운동이 지향해야 할 방향성은 어떠한 것인지를 제시하고자 한다.

보수정권이 장기간 지속하는 가운데 정권 내 우호 연합 세력을 확보할 수 없는 상황 속에서 무상화운동은 국제규범의 동원과 우호적인 시민들의 지지 동원, 재판소송 등 사법적 판단을 통해 일본 정부에 이의제기하는 활동을 전개해 왔다. 조선학교 관계자, 학생들, 학부모

---

22) 佐野,「朝鮮高校無償化排除と三・二九文科大臣通知」,『世界』883, 2016, pp.33~36.

23) 読売新聞,「朝鮮学校補助の自粛要請へ …… 政府、北核実験受け」2016年3月26日、夕刊フジ「北に制裁、朝鮮学校補助金、中止通達へ」2016年2月21日.

및 일본 시민들이 중심이 되어 일본 정부에 항의하는 시위 및 집회를 해왔으며, 유엔에 로비활동을 전개함으로써 일본 정부에 대한 유엔의 권고가 수차례 내려지게 되었다. 그러나 유엔의 권고는 일본 사회에 반향을 일으키지 못하고 결과적으로 일본 정부의 정책에 영향을 미치는 데 한계가 있었고, 재판을 통한 문제 제기도 결과적으로 패소 판결로 끝을 맺었다.

일본의 시민운동이 사법이라는 수단을 통해서 마이너리티에 대한 차별을 호소하고 변화를 이끌어내려고 한 움직임은 비록 재판에서 진다고 하더라도 사회적인 관심을 환기함으로써 해당 이슈에 대한 진전을 이끌어낼 수 있다는 측면에서 의의가 있다. 재판을 진행하는 동안 · 해당 이슈를 사회적으로 공론화시킴으로써 외부의 우호세력을 확보하는 전환점이 되기도 하는 것이다.[24]

그러나 일부 시민운동 진영에서는 무상화 배제 이후 그 부당성을 알리기 위한 수단으로서 재판소송이라는 방법을 선택한 것에 대해서 조급한 선택이었다고 하는 목소리도 나온다. 재판소송이 이후의 재판을 기획하는 데 있어서 판례를 만들어버려 이후 운동이 선택할 수 있는 수단의 폭을 한정시켜버렸다는 인식이다. 패소 이후 운동 진영의 움직임이 활성화되지 못하는 이유이기도 하다.

그래서 사회적 마이너리티에 대한 정책적 변화를 이끌어내는 수단으로써 사법이라는 수단이 갖는 한계성으로 인해 사법에 호소하기보다 입법이나 행정적 조치를 통해서 변화를 유도하는 것이 조금 더 효과적

---

[24] Steinhoff edt., *Going to Court to Change Japan: Social Movements and the law in contemporary Japan*, Center for Japanese Studies the university of Michigan, 2014.

인 수단일 수 있다. 법에 호소하기보다 자치체의 행정수단을 통해서 제도 개선을 요구해온 유·보(幼·保)무상화운동의 대응은 조선학교 무상화운동이 참고할 만한 사례가 될 수 있다.

일본인 납치문제, 북핵·미사일 위기로 인해 일본 정부의 대북정책의 기조가 강화되고 이와 동시에 일본 사회 내에서 재일조선인에 대한 헤이트 스피치 등의 혐오 데모, 보수우익 운동의 활성화, 보수언론의 프레이밍 속에서 무상화운동은 한계를 가질 수밖에 없다. 아베 정권기는 특히 '경제안보' 등의 개념이 중시되기 시작한 시기였기 때문에 북한에 일본의 자금이 흘러가는 것에 대한 우려가 조선학교에 대한 고교무상화 제외를 정당화하는 작용을 하였다. 북한 핵·미사일 위협 속에서 외교 안보에 대한 일본 여론의 보수화는 강화되고 있고, '경제안보'의 이데올로기적 측면은 조선학교에 대한 무상화 제도로부터의 배제가 당분간은 지속될 것이라는 전망을 낳는다.

이렇게 생각할 때 조선학교 무상화운동의 논의는 다른 측면에서 제기해야 할 필요성이 있다. 일본 정부가 조선학교에 대해 갖는 의구심은 조총련과 북한체제와의 관련성 때문이다. 이에 대한 무상화운동 측의 재일조선인에 대한 '민족차별'이라는 주장과의 대립각 속에서 실질적인 피해자는 조선학교의 '학생들'이다. 고교무상화제도에서 배제된 지 10년이 넘어가고 있는 시점에서 배제 당시 고등학생이었던 학생이 이제는 조선학교의 선생님이 되어 다시 무상화운동에 참가하고 있는 현실을 생각할 때, 국제정치-국내정치적 구조하에서 학생들의 인권의 측면을 다시 고려해야 할 시점이라고 할 수 있다. 조선학교 학생들의 교육권, 평등권을 볼모로 한 갈등이 장기화될수록 일본 사회로부터 동등하게 혜택을 받지 못하고 자란 세대가 성인이 되어 일본 사회의 구성원으로서 살아가게 된다.

무상화운동이 지향해야 할 방향성은 한정적 기회구조 속에서 운동이 이용 가능한 자원으로서 국제규범을 기반으로 한 초국가적 인권운동의 지지를 동원하는 것이다. 무상화운동을 일본에 국한하여 전개할 것이 아니라 국제적으로 보편적 인권운동과 연대하여 운동의 보편성을 부각하는 데 있다.

국제사회에서 일본의 외교력을 높이려고 노력해온 일본 정부는 국제사회가 중시하는 인권 규범에서 후진적이라는 이미지를 갖는 것에 대해서는 부담을 가지고 있다. 일본 정부가 조선학교를 고교무상화제도에서 제외한 것에 대해서 조선학교 측은 재일조선인에 대한 '민족차별'이라고 비판하며, 일본 정부는 이를 단호히 부정하고 있다. 무상화운동은 재일조선인에 대한 '민족차별'이라는 프레임을 운동의 주요 캐치프레이즈로 삼아왔지만, 일본 정부는 절대로 민족차별이나 인종차별은 아니라고 항변해왔다. 그러나 해당 규정 기준에 적합지 않은 것을 이유로 한 배제는 민족차별이나 인종차별을 넘어서서 보편적 의미에서 평등한 기회가 주어지지 않았다는 의미에서 '차별'이라고 할 수 있다. 국제규범이 제시하는 '인권'의 보편적 측면에 호소하는 것은 운동의 저변을 넓히고, 일본 사회의 지지를 획득하는 데 도움이 될 것이다.

국제규범을 동원하여 국내정치에 영향을 미치고 정책의 변경에까지 영향을 미치기 위해서는 국내여론과 정치에 영향을 미칠 수 있는 정치사회적 환경, 그리고 그 중간 매개 역할을 해줄 수 있는 정치행위자(정책기업가)의 역할도 필요하다. 국제사회의 인권 규범을 동원하여 일국의 정부가 규범을 수용하도록 압력을 가하는 데 있어서 시민사회를 중심으로 한 비정부행위자들의 활동에 의한 여론조성은 주요한 활동 방법이다. 일본 정부의 정책결정에 영향을 미칠 수 있는 것은 일본 사회의 여론이며 지역사회의 대응이라 할 수 있다. 로컬 레벨에서의 변화는 중앙정부에 압력을 가해 정책 변화를 이끌어낼 수 있다.

더 나아가 국제정치-국내정치적 구조의 영향에 종속적인 조선학교 문제를 생각할 때 바람직한 것은 북한을 대화국면으로 끌어들여 안보 위기를 해소하는 것이다. 인권이라는 가치를 공유하는 한일 양국의 관계가 개선되고 있는 국제정치적 상황을 감안할 때 핵미사일 위협으로 긴장과 갈등을 고조시키고 있는 북한을 대화국면으로 이끌어낼 수 있다면 국가 안보 위기의 해소는 물론 일본 사회에서 재일코리안에 대한 인권 보장 및 갈등 해소에도 영향을 미칠 것으로 기대된다.

이 글은 동국대학교 일본학연구소의 『일본학』 제60집에 실린 논문 「국제규범을 통해 본 재일코리안의 인권에 관한 시론 – 일본의 대북제재와 조선학교 무상화운동을 중심으로」를 수정·보완한 것임.

참고문헌

권연이, 「안보와 국제규범 간 인권옹호의 이중구조: 일본 조선학교 고교무상화 배제의 정치과정」, 『한국과 국제사회』 7(2), 한국정치사회연구소, 2023.

권해효, 『가슴펴고 걸어 갈래요』, 조선학교와 함께하는 사람들 몽당연필, 2022.

이지영, 「일본의 다문화공생사회와 재일코리안의 역할」, 『정치·정보연구』 23(3), 한국정치정보학회, 2020.

이진원, 「일본의 헤이트스피치 해소법의 성격」, 『일본학』 56, 일본학연구소, 2022.

임영언·김태영, 「재일코리안의 사회문화운동 전개과정 고찰」, 『일본문화학보』 58, 2013.

임영언, 「재일동포의 민족교육과 교육운동」, 『재일코리안운동과 저항적 정체성』, 선인, 2016.

_____, 「재일코리안 조선학교 민족교육운동과 고교무상화제도 고찰」, 『로컬리티 인문학』, 한국민족문화연구소, 2018.

정경수, 「국제인권법과 비국가행위자」, 『서울국제법연구』 17(2), 서울국제법연구원, 2010.

잭 도널리 저, 김범수 역, 「인권」, 존 베일리스 외 저, 하영선 외 역, 『세계정치론』 을유문화사, 2019.

후지나가 다케시, 「오사카 민족교육운동의 현재」, 『재일코리안운동과 저항적 정체성』, 선인, 2016.

吳永鎬, 『朝鮮学校の教育史』, 明石書店, 2019.

金栄愛·朴史頌·嚴廣子, 「権利を勝ち取るまであきらめない: 裁判闘争を支える東京朝鮮学校オモニ会」, 『女も男も』 130, 2017.

高津芳則, 「民主党政権と朝鮮学校無償化問題」, 『教育』 61(7), 2011.

佐野通夫, 「朝鮮高校無償化排除と三·二九文科大臣通知」, 『世界』 883, 2016.

佐野通夫, 「民族教育権と朝鮮学校の歴史」, 『女も男も』 130, 2017.

田中宏, 「朝鮮学校の戦後史と高校無償化」, 『教育と社会』 23号, 2013.

中村一成, 「歴史的だが 当たり前の一歩」, 『世界』 900, 2017.

長山靖生, 「朝鮮学校無償化の是非」, 『中央公論』 125(5), 2010.

成澤宗男, 「北朝鮮の強行姿勢が理由なのか「差別としての朝鮮学校無償化除外」」, 『金曜日』 21(10), 2013.

丹羽徹, 「憲法·国際法に反する朝鮮学校無償化除外適法判決」, 『前衛』 982, 2019.

前海満広, 「朝鮮学校無償化への取り組みを前進させよう」 『進歩と改革』 747, 2014.

前田朗, 「朝鮮学校無償化除外裁判判決」, 『社会評論』 190, 2017.

元百合子, 「国際人権から見た朝鮮学校無償化除外と公費助成削減·停止問題」, 『法と民主主義』 469, 2012.

森本孝子, 「朝鮮学校無償化裁判が問うもの」, 『社会民主』 749, 2017.

山本かほり, 「排外主義の中の朝鮮学校」, 『移民政策研究』 第9号, 2017.

梁·永山聡子, 「司法が追認した公的な制度差別問題と裁判闘争の意義」, 『女も男も』 130, 2017.

Gurowitz, Amy, "Mobilizing International Norms: Domestic Actors, Immigrants, and the Japanese State", *World politics* 51(3), 1999.

Kiyoteru tsutsui and hwaji Shin, "Global norms, Local activism, and Social movement outcomes: Global Human Rights and Resident Koreans in Japan", *Social problems*, 55(3), 2008.

Patricia G.Steinhoff, *Going to Court to Change Japan: Social Movements and the law in contemporary Japan* Center for Japanese Studies the university of Michigan, 2014.

『한국일보』, 『연합뉴스』, 『경향신문』, 『부산일보』

『朝日新聞』, 『毎日新聞』, 『読売新聞』, 『産経新聞』, 『ハンギョレ』

『民主党』, http://archive.dpj.or.jp

『自民党』, http://archive.dpj.or.jp

『首相官邸』, www.kantei.go.jp

『文部科学省』, https://www.mext.go.jp/

『外務省』, https://www.mofa.go.jp/mofaj/gaiko/kiyaku/kenkai.html (검색일: 2023.
    06.25)

『朝鮮新報』, https://chosonsinbo.com/jp/2022/06/23-82/ (검색일: 2023.05.15)

『金曜日』, http://www.kinyobi.co.jp/kinyobinews (검색일: 2023.05.15)

『조선학교와 함께하는 사람들 몽당연필』, http://www.mongdang.org/kr/

『조선학교와 함께하는 시민모임 봄』, https://bom1201.modoo.at/

「히로시마 지재 판결 판결문」, https://www.courts.go.jp/app/files/hanrei_jp/130/
    087130_hanrei.pdf (검색일: 2022.06.23)

「도쿄 지재 판결 판결문」, https://www.courts.go.jp/app/files/hanrei_jp/150/0871
    50_hanrei.pdf, (검색일: 2022.06.23)

「나고야 지재 판결 판결문」, https://www.courts.go.jp/app/files/hanrei_jp/845/08
    7845_hanrei.pdf (검색일: 2022.06.23)

「후쿠오카 지재 오쿠라 지부 판결문」, https://www.courts.go.jp/app/files/hanrei_
    jp/583/088583_hanrei.pdf (검색일: 2022.06.23)

「오사카 지재 판결 판결문」, https://www.courts.go.jp/app/files/hanrei_jp/038/
    087038_hanrei.pdf (검색일: 2022.06.23)

「오사카 고재 판결 판결문」, https://www.courts.go.jp/app/files/hanrei_jp/070/
    088070_hanrei.pdf (검색일: 2022.06.23)

「나고야 고재 판결 판결문」, https://www.courts.go.jp/app/files/hanrei_jp/031/
    089031_hanrei.pdf (검색일: 2022.06.23)

「도쿄 고재 판결 판결문」, https://www.courts.go.jp/app/files/hanrei_jp/149/088149
    _hanrei.pdf (검색일: 2022.06.23.)

인터뷰이: 김명준 (조선학교와 함께 하는 사람들 '몽당연필' 사무총장)

일시: 2023년 6월 7일 오후 2시

장소: 조선학교와 함께하는 사람들 '몽당연필' 사무소

편자 _ 재일디아스포라의 생태학적 문화지형과 글로컬리티 연구팀

김환기(金煥基) 동국대학교 일본학연구소 소장

신승모(辛承模) 경성대학교 인문문화학부 조교수

유임하(柳壬夏) 한국체육대학교 교양과정부 교수

이승진(李丞鎭) 건국대학교 모빌리티인문학연구원 조교수

이승희(李升熙) 부산대학교 사학과 조교수

이영호(李榮鎬) 동국대학교 일본학연구소 전임연구원

이진원(李眞遠) 서울시립대학교 국제관계학과 교수

이한정(李漢正) 상명대학교 일본어권지역학전공 교수

정성희(鄭聖希) 동국대학교 일본학연구소 전문연구원

정수완(鄭秀婉) 동국대학교 영화영상학과 교수

필자 _

권연이(權妍李) 이화여자대학교 이화사회과학원 연구원

나리카와 아야(成川彩) 동국대학교 일본학연구소 연구원

신승모(辛承模) 경성대학교 인문문화학부 조교수

신재민(申宰旼) 고려대학교 BK21 중일교육연구단 연구교수

이승진(李丞鎭) 건국대학교 모빌리티인문학연구원 조교수

이영호(李榮鎬) 동국대학교 일본학연구소 전임연구원

이지영(李芝英) 창원대학교 사회과학연구소 전임연구원

이진원(李眞遠) 서울시립대학교 국제관계학과 교수

이한정(李漢正) 상명대학교 일본어권지역학전공 교수

전진호(全鎭浩) 광운대학교 국제학부 교수

정성희(鄭聖希) 동국대학교 일본학연구소 전문연구원

정충실(鄭忠實) 동의대학교 일본학과 조교수

재일디아스포라와 글로컬리즘 3 - 사회·문화

2023년 12월 31일 초판 1쇄 펴냄

엮은이 동국대학교 일본학연구소
펴낸이 김흥국
펴낸곳 도서출판 보고사

책임편집 이순민
표지디자인 김규범

등록 1990년 12월 13일 제6-0429호
주소 경기도 파주시 회동길 337-15 보고사
전화 031-955-9797
팩스 02-922-6990
메일 bogosabooks@naver.com
http://www.bogosabooks.co.kr

ISBN 979-11-6587-663-0 94300
      979-11-6587-660-9 (세트)
ⓒ 동국대학교 일본학연구소, 2023

정가 35,000원

이 저서는 2020년 대한민국 교육부와 한국연구재단의 지원을 받아 수행된 연구임.
(NRF2020S1A5B8104182)